交通工程教学指导分委员会"十三五"规划教材
"十三五"江苏省高等学校重点教材
高等学校交通运输与工程类专业教材建设委员会规划教材

Traffic Design of Urban Road

道路交通设计

（第2版）

主　编　项乔君
副主编　徐良杰　杜志刚　陈　峻　席建锋

人民交通出版社股份有限公司
北京

内 容 提 要

本书根据我国普通高等教育交通工程专业人才培养的实际要求,系统阐述了交通设计的知识体系、基本原理和设计方法,强调对学生应用交通设计基本原理解决实际道路交通问题能力的培养。全书共分十一章,内容包括:绪论、交通设计基础、交通设计依据及基本原理、平面交叉口交通设计、立体交叉口交通设计、路段交通设计、公共交通优先通行交通设计、公共停车场(库)交通设计、慢行交通设计、交通安全设计、交通环境设计。

本书可作为普通高等教育交通工程专业核心课程教材,也可作为交通运输工程等相关专业的研究生教材或参考书,亦可供从事城市规划、道路规划与设计等工作的技术人员和管理人员参考使用。

图书在版编目(CIP)数据

道路交通设计/项乔君主编. —2版. —北京:
人民交通出版社股份有限公司,2022.5
ISBN 978-7-114-17918-1

Ⅰ.①道… Ⅱ.①项… Ⅲ.①道路工程—交通工程—工程设计—高等学校—教材 Ⅳ.①U491

中国版本图书馆 CIP 数据核字(2022)第 064410 号

Daolu Jiaotong Sheji
书　　名：**道路交通设计**(第2版)
著 作 者：项乔君
责任编辑：李　晴
责任校对：孙国靖　宋佳时
责任印制：刘高彤
出版发行：人民交通出版社股份有限公司
地　　址：(100011)北京市朝阳区安定门外外馆斜街3号
网　　址：http://www.ccpcl.com.cn
销售电话：(010)59757973
总 经 销：人民交通出版社股份有限公司发行部
经　　销：各地新华书店
印　　刷：北京虎彩文化传播有限公司
开　　本：787×1092　1/16
印　　张：24.5
字　　数：580 千
版　　次：2017年4月　第1版
　　　　　2022年5月　第2版
印　　次：2024年7月　第2版　第2次印刷　总第5次印刷
书　　号：ISBN 978-7-114-17918-1
定　　价：55.00元

(有印刷、装订质量问题的图书由本公司负责调换)

第2版前言

我国道路交通机动化水平正快速向前推进，随之而来的交通拥堵、交通事故和环境污染等问题已成为制约城市交通系统发展的巨大障碍。解决城市道路交通问题需要综合应用"工程、教育、执法"等手段。交通工程实践证明，"工程"措施的应用是解决交通问题的基础和前提，法律、法规的适用性和教育的可接受程度都需要以良好的"工程"措施作为保障。合理的道路和交通工程设施布局，加上有效的交通管理与控制技术，以及有力的教育和执法措施，是实现城市道路安全顺畅运行的重要保障。

实践性强是交通工程专业最显著的特征，交通工程基础知识来源于实践，研究成果应用于实践。交通设计是一门实践性很强的专业课，其重要性不仅体现在通过学习，学生可以掌握交通设计的基本原理和方法，更重要的是该课程可以帮助学生深入地理解交通工程的基础理论、分析方法和思维逻辑，培养学生应用交通工程基本原理解决实际交通问题的能力。

鉴于交通设计在我国的发展历程较短，我国还没有专门针对交通设计的国家或行业标准，交通设计的依据多为道路工程、交通控制与管理、交通工程设施等领域的相关标准。然而，交通设计与上述领域有着本质上的区别，交通设计更加关注交通参与者的出行特征、交通工具的交通特征以及交通设施的服务特征，更加强调这些特征与交通流运行规律之间的互动关系，更加重视通过交通设施的合理布局和交通流的合理管控来实现道路交通的功能和目标。因此，本教材突出了交通设计基本原理的阐述，强调在交通设计过程中，需要根据交通设计的基本原理，灵活应用相关标准和规范，避免交通设计的盲目性和随意性。

交通设计对象包括公路和城市道路。公路和城市道路无论是在交通流运行特征、交通问题的表现形式，还是在设计方法及设计标准上，既有共同点，也存在较大的差异，笔者深感很难撰写一部能够涵盖全部道路类型和全部道路设施的交通设计内容。因此，本教材强调了交通设计共性的基础知识的阐述，包括相关技术标准的解读、技术标准在交通设计中的应用及交通设计的基本原理等内容；在具体内容及章节安排上，强调了交通设计基本原理的应用和设计对象的功能性分析，强调对学生应用交通设计基本原理解决实际道路交通问题的能力的培养，以弥补教材篇幅受限的问题。

全书共分十一章，可归纳为以下五个方面的内容。

(1) 交通设计基础：包括交通设计基础理论、交通设计依据及基本原理（第二章、第三章）。

(2) 道路基础设施交通设计：包括平面交叉口交通设计、立体交叉口交通设计、路段交通设计、公共停车场（库）交通设计、慢行交通设计（第四章、第五章、第六章、第八章、第九章）。

(3) 公共交通优先通行交通设计（第七章）。

(4) 交通安全设计（第十章）。

(5) 交通环境设计（第十一章）。

第一章由东南大学项乔君教授、北京工业大学顾欣博士编写，第二章由东南大学项乔君教授、河海大学袁黎副教授编写，第三章由东南大学项乔君教授、重庆交通大学郑展骥博士编写，第四章由东南大学项乔君教授、南京邮电大学甘婧博士编写，第五章由武汉理工大学杜志刚教授编写，第六章由东南大学马永锋副教授、宁波工程学院张水潮教授编写，第七章由武汉理工大学徐良杰教授、郭志勇讲师、王潇潇博士、东南大学陈茜副教授编写，第八章由东南大学陈骏教授编写，第九章由吉林大学席建锋教授、丁同强副教授编写，第十章由东南大学项乔君教授、淮阴工学院胡思涛副教授编写，第十一章由武汉理工大学杜志刚教授编写。

近年来，围绕将课程建设成为系统和全面的专业知识训练课程这一目标，教材编写人员开展了一系列的教学研究和实践工作。从2018年开始，东南大学课程团队录制的MOOC(Massive Open Online Course)在线课程正式上线（https://www.icourse163.org/course/SEU-1003360008）。借助于该在线课程平台，课程团队进行了课程资源库的开发,包括东南大学授课教师课件、交通设计院所专家授课内容、交通设计案例库和交通设计实训数字化资源等,弥补了教学时间限制、课本案例时效性限制以及设计素材缺乏的问题,教学团队力争将该在线课程平台打造成师生交流的平台、实践和创新能力培养的平台。

在教材编写过程中,东南大学李燊、明小松、郭一凡、刁天逸、张婷、幺娆、李涵、张晨骁、丁悦、彭铖、李佳硕、任小菡等为教材的编写投入了大量的精力并开展了富有成效的工作。

本教材入选了交通工程教学指导分委员会"十三五"规划教材、"十三五"江苏省高等学校重点教材、"十三五"江苏省高等学校规划教材、高等学校交通运输与工程类专业教材建设委员会规划教材,并得到了"江苏省高等学校品牌专业建设工程资助项目(PPZY2015B148)"的资助。以本教材为核心,结合课程建设取得的系列成果和数字教学资源,"交通设计"课程获得江苏省和国家一流本科课程认定。

由于编者水平有限,书中难免存在错误或不妥之处,恳请使用本书的老师、同学给予批评指正,以便教材的进一步完善。

本书参阅了大量国内外文献,未能一一列出,在此向原作者表示衷心的感谢!

编 者
2022 年 3 月

目录

第一章 绪论 ··· 1
 第一节 交通设计的基本概念 ··· 2
 第二节 交通设计的内容 ··· 3
 第三节 交通设计的功能定位和应用 ··· 5

第二章 交通设计基础 ··· 7
 第一节 交通工程学基本原理 ··· 7
 第二节 道路工程设计基本方法 ··· 11
 第三节 交通工程设施设计方法 ··· 12
 第四节 交通设计技术流程 ·· 13
 第五节 交通调查与问题分析 ·· 15
 第六节 交通设计技术评价 ·· 20
 第七节 交通设计应用软件概述 ··· 26
 第八节 交通设计知识体系 ·· 26

第三章 交通设计依据及基本原理 ··· 29
 第一节 相关技术标准 ·· 29
 第二节 交通设计基本原理 ·· 39

第四章 平面交叉口交通设计 ··· 45
 第一节 平面交叉口时空特征分析 ·· 45
 第二节 交叉口分类与选型 ·· 48
 第三节 平面交叉口交通设计目标与流程 ··· 49
 第四节 信号控制交叉口交通设计 ·· 53
 第五节 无信号控制交叉口交通设计 ··· 80
 第六节 环形交叉口交通设计 ·· 85
 第七节 特殊形式交叉口设计 ·· 89
 第八节 平面交叉口交通标志设计 ·· 92
 第九节 设计示例 ·· 98

第五章 立体交叉口交通设计 111
第一节 立体交叉口概述 112
第二节 立体交叉口运行特征分析 117
第三节 立体交叉口设计原则及方法 124
第四节 立体交叉口交通标志优化设计 130
第五节 立体交叉出入口交通设计 141
第六节 设计示例 147

第六章 路段交通设计 150
第一节 干道交通设计 152
第二节 快速路交通设计 163
第三节 街道设计 181
第四节 设计示例 185

第七章 公共交通优先通行交通设计 192
第一节 概述 192
第二节 公交专用车道设计 194
第三节 交叉口公交专用车道交通设计 202
第四节 公交停靠站设计 208
第五节 公交优先信号控制设计 231
第六节 设计示例 244

第八章 公共停车场(库)交通设计 255
第一节 停车场(库)交通设计基础 255
第二节 路外机动车停车场(库)交通设计 260
第三节 路内机动车停车带交通设计 269
第四节 设计示例 278

第九章 慢行交通设计 281
第一节 慢行交通设计基础 281
第二节 行人过街及通道设计 291
第三节 人行道设计 294
第四节 非机动车道设计 301
第五节 绿道设计 306
第六节 步行街区设计 317
第七节 慢行交通无障碍设计 325
第八节 设计示例 329

第十章 交通安全设计 336
第一节 交通安全设计基础 336
第二节 平面交叉口交通安全设计 340
第三节 道路沿线交通安全设计 342
第四节 交通宁静化设计 351
第五节 设计示例 354

第十一章	交通环境设计	358
第一节	交通环境需求与视觉参照系	359
第二节	交通环境改善思路	364
第三节	视线诱导系统设计方法	367
第四节	评价体系框架及优化应用	370

参考文献……………………………………………………………………………… 379

第一章
绪论

随着城市规模的扩展和机动化水平的提升,城市交通已由单一的道路交通向交通方式多样化、交通网络复杂化、交通需求密集化的城市综合交通系统演变。城市综合交通系统不仅要求能够实现人和物的安全、便捷、高效运转与输送,还应能反映城市风貌、历史和文化传统,在城市发展过程中帮助其获得最佳社会效益、环境效益和经济效益。一个城市的交通,不仅是体现城市文明程度的标志,也是城市发展源源不断的动力和保障。

道路交通是城市综合交通系统最重要的组成部分,道路是其主要载体,是组织城市各种功能用地的"骨架"。城市道路分类多样、纵横交错形成网状,且集中于城市有限的空间范围之内,其布局是否合理、功能是否完备,直接关系到城市能否经济、高效地运转和可持续发展。理想的城市交通系统要求城市道路功能完善、设施齐全,能满足交通参与者的**通行需求**、**换乘需求**、**停车需求**等,能协调各交通方式的**通行权**和**优先权**,营造一个安全、和谐的运行环境。

道路的服务对象是道路上的各种交通流,包括人流和车流。道路的服务功能要求道路要有充足的数量、可靠的结构和良好的路面质量,道路线形要能顺应交通流的运行规律,道路网要有合理的路网结构,道路的空间布局应能与交通流的动态占用空间相适应。道路空间布局具有静态特性,而交通流是实时变化的,具有动态特性。为使两者能够相互适应与协调,一方面,道路空间设计要有明确的设计条件,而这一设计条件通常是针对既定的设计目标而确定的。如在设计某交叉口时,其设计目标是提高高峰时段的通行能力,高峰时段预测或实测的交通量就可以作为主要设计条件，应以此条件确定交叉口的空间布局，包括进出口车道的数量、宽度、长度等空间设计参数。另一方面，道路要有足够的"弹性"，以适应交通流的动态特征。同样以交叉口为例，当交叉口的流量、流向发生变化时，交通控制方式也应做适当的调整，以适应这样的变化。这不仅是交叉口功能实现的需要，也是道路网交通组织、公交优先通行等整体方案设计的需要。因此，单一的道路空间设计无法满足动态交通流对道路弹性服务功能的要求，道路功能的完善需要通过一种集道路空间布局和道路时空资源利用最优化的设计与管理来实现。

第一节　交通设计的基本概念

交通的显性特征以交通流呈现，而道路是交通流的载体，因此不能脱离道路工程设计来谈论交通设计。路线设计是道路工程设计的核心，也是与交通设计密切相关的部分。路线设计包括道路横断面、平面和纵断面、道路与道路交叉等设计内容，是对道路布置进行的具体设计。可以这样理解，道路工程设计为道路提供了交通设计的几何空间。

一、交通设计的定义

交通设计的定义为：以交通工程学基础理论为指导，分析道路基础设施与交通流运行规律之间的互动关系，综合应用道路工程设计、交通管理与控制方案设计、交通工程设施设计的技术和方法，制订道路交通设施的布设方案和交通流的管理方案，以优化道路时空资源，协调出行者路权，实现道路交通系统安全、高效地运行。

根据交通设计项目背景不同，交通设计可分为规划阶段交通设计和治理阶段交通设计。规划阶段交通设计是针对新建或扩建道路，而治理阶段交通设计是针对已有道路的交通治理，包括道路的局部改建。交通设计所处阶段不同，在设计思路、方法上也有所区别。规划阶段交通设计是为了实现道路网的规划目标以及道路网各子系统的服务功能，强调设计的系统性和全局性。当交通设计方案无法实现规划目标要求时，要对规划方案进行重新论证和调整，调整后的方案要为交通设计提供足够的设计空间。治理阶段交通设计是针对已经出现交通问题的道路设施或某一个道路子系统，出现的交通问题可能是运行效率方面的，也可能是交通安全、交通环境方面的。相对而言，治理阶段交通设计的设计目标更加明确，设计方案更加具体。

二、交通设计的基本特征

作为交通工程专业的一门重要教学课程，交通设计具有以下基本特征：

1. 目标性

交通设计以需求为导向，需要明确交通设计所要实现的功能及功能目标。应在资料收集和实地调研分析的基础上，针对实现规划目标所要解决的问题，或实际交通运行中存在的问题，制订交通设计的设计目标。

2. 系统性

道路交通运行状况受诸多因素影响，道路交通各子系统之间也存在相互制约的关系。任何一个交通设计方案都会对道路网交通运行效果产生系统的影响。系统分析方法为实现道路基础设施资源配置的最优化和交通运行效率的最大化提供了有效的手段。因此,交通设计也是一种优化设计,即在各种限定条件(如土地、资金等)下,设计出最好的方案。优化设计需要综合考虑多个指标,如最佳的运行效率、最少的交通事故、最低的环境污染和最少的资金投入。这些要求通常是互相矛盾的,而且它们之间的相对重要性因交通设计目标的不同而异。交通设计者的任务是针对具体情况权衡轻重,统筹兼顾,使交通设计方案能够产生最优的综合效益。

3. 综合性

交通设计需要综合应用交通工程学基本原理和交通设计相关知识体系。与其他工程类设计不同,交通设计既不是开发具有某种特定功能的产品,也不是完全独立于道路工程、交通工程设施和交通控制之外,相反,交通设计方案以道路工程、交通工程设施和交通控制设计方案的形式存在。道路工程设计、交通工程设施设计、交通控制方案设计都有相对完善的标准规范,在交通设计过程中,需要遵循这些标准规范并加以灵活应用,而不能机械地照搬。

第二节 交通设计的内容

从知识体系看,交通设计应包括交通工程学基础理论、相关道路与交通工程设施的设计方法及具体设计依据;从道路横断面形式看,交通设计可针对不同类型道路开展;从设计内容看,交通设计应包含服务于通行效率提升、交通组织优化和交通安全改善等方面的内容。由此可见,准确界定交通设计的内容并不是一项简单的工作。本教材按照知识体系相对独立、设计方法相对完整的思路将交通设计归纳为5个方面的内容。

一、交通设计基础

1. 交通设计基础理论

主要内容包括交通工程学基本原理、道路工程设计原理和方法、交通安全分析方法、交通工程设施设计方法等。

其中,交通工程学基本原理包括解析各交通要素的基本特征、揭示交通流运行规律的交通流理论、描述道路运行效率的通行能力及服务水平分析方法;道路工程设计原理和方法提供道路空间布局的设计方法;交通安全分析方法是交通安全设计的基础,也是交通设计方案评价的重要内容;交通工程设施设计方法提供交通安全与管理设施的设计方法。以上这些内容,共同构成交通设计的基础知识体系。

2. 交通设计依据及基本原理

交通设计依据是指在交通设计过程中需要遵循的国家标准、行业标准等。基于对设计依据的解读分析,本教材提出了在交通设计过程中需要遵循的3个基本原理。

二、道路基础设施交通设计

1. 平面交叉口交通设计

平面交叉口是城市道路的重要基础设施,是道路通行能力的瓶颈地带,其适应交通量制约整条道路乃至路网的通行能力和服务水平。交通设计主要通过对交叉口各设计要素的优化，实现通行效率的最大化，主要内容包括：平面交叉口选型设计、信号控制交叉口交通设计、无信号控制交叉口交通设计、环形交叉口交通设计、特殊形式交叉口处治和平面交叉口交通标志设计等。

2. 立体交叉口交通设计

立体交叉口是实现路网车辆转向的重要基础设施，通过匝道连接不同交通设施，实现交通流的分流、合流和交织运行。立体交叉口交通设计对保障路网通行能力和高质量运行具有重要作用。主要内容包括：立体交叉口形式及适用条件、规划阶段立体交叉口交通设计、立体交叉口交通标志设计和治理阶段立体交叉口交通设计等。

3. 路段交通设计

路段是城市道路的基本组成部分，路段交通设计是城市道路交通设计的基础内容，主要内容包括：干道交通设计、快速路交通设计。

4. 公共停车场（库）交通设计

公共停车场（库）交通设计对于保障静、动态交通的协调组织，土地利用价值最大化，停车便利性，生态环境影响最小化具有重要作用。主要内容包括：路外机动车停车场（库）交通设计、路内机动车停车带交通设计。

5. 慢行交通设计

慢行交通以提供安全、通畅、舒适、宜人的慢行环境为目标，以城市沿线土地利用和服务设施为约束，是一种充分体现人本性的交通模式。慢行交通设计是城市道路交通设计的重要内容，主要内容包括：行人过街及通道设计、人行道设计、非机动车道设计、绿道设计、步行街区设计和无障碍设计。

三、公共交通优先通行交通设计

本部分是公交优先战略的具体体现，通过赋予公共交通优先通行权，提高公共交通系统总体运行效率、服务水平和可靠性。主要内容包括：路段公交专用车道设计、交叉口公交专用车道交通设计、公交停靠站设计和公交优先信号控制设计。

四、交通安全设计

改善道路交通安全是交通工程领域的核心目标之一。本部分通过分析各交通要素对交通安全与交通环境的影响机理，提出降低道路交通安全风险的交通设计方法。主要内容包括：平面交叉口交通安全设计、道路沿线交通安全设计和交通宁静化设计。

五、交通环境设计

交通环境是作用于道路交通参与者的所有外界影响与力量的总和，主要包括视觉环境、听觉环境、振动环境。本部分着重分析视觉环境对道路交通的影响，通过改善视觉环境，提高道路交通安全与交通参与者的舒适程度。主要内容包括：视觉参照系分类分层与评价、视觉参照系改善设计。

第三节　交通设计的功能定位和应用

一、功能定位

道路交通系统是一个复杂的总体，交通系统运行状态受到交通需求、道路基础设施规模和交通管理水平的影响。道路交通系统规划、建设和管理的一体化理念已得到行业的普遍认可。在制订交通规划、建设和管理方案时，必须从全局角度认证方案的可行性，以动态和长远的思维面对和解决发展过程中出现的问题。交通设计的特征决定了其在道路交通系统规划、建设和管理一体化过程中的独特作用。

(1) 交通设计是交通规划目标实现的技术保障。道路交通规划以城市规划为指导，制订城市道路建设的发展目标，构建道路交通系统的基础网络和功能模块，明确各功能模块需要实现的功能目标。交通规划方案是在交通量预测和通行能力分析的基础上制订的。当实际运行中的交通量与预测交通量出现一定程度上的偏差时，极可能造成交通运行的困难；在道路建设过程中，受土地资源及其他客观因素的约束，交通规划方案的调整也时有发生，规划人员必须对方案调整后可能出现的交通流运行困难有充分的认识，并提出可行的交通设计方案。因此，交通规划方案要为日后制订交通设计及交通管理方案预留足够的设计空间，杜绝出现"宏观有余而微观不足""规划有余而设计不足"的现象。只有这样，规划目标才可能得以实现。

(2) 交通设计是制订交通管理与控制方案的基础。交通管理与控制主要是结合交通需求的变化规律，在最小化改变既有交通基础设施的条件下，运用系统工程的分析方法和现代化技术手段，对交通流进行有效的组织与管理。交通设计和交通管理与控制的目的相同，技术手段异曲同工，而"最小化改变既有交通基础设施条件"要求道路空间布局合理、道路资源得到有效利用。显然，没有好的交通设计，不可能有好的交通管理与控制方案，换言之，交通设计应服务于交通管理与控制。

二、应用层面

交通设计作为制订道路交通设施布设方案和交通流管理方案的重要手段，贯穿于城市道路交通系统规划、建设与管理的全过程。交通设计的应用可以从宏观、中观、微观3个层面来说明。

1. 宏观层面

在宏观层面上，必须保证道路网络"功能清晰，系统分明"，能够处理好市际交通与市内交通的衔接以及市域范围内城区之间的交通联系，为组成一个合理的交通运输网创造条件。

城市路网布局规划、红线规划以及交通管理规划是保障路网功能的主要手段，但这些规划方案的确定需要以交通设计技术与方法作为支撑。例如，在城市路网布局规划中，需要将预测的交通量分配至路网方案的各个路段上，分析、评价每一路段及交叉口的交通负荷、服务水平等指标，并根据其评价结果，调整路网规划方案。在这一过程中，就需要应用交通设计技术与方法，制订路段、交叉口等的设计方案，以便最终对规划方案进行评价、调整。

2. 中观层面

城市道路功能需要通过交叉口、路段、公交停靠站、停车场等重要设施的总体布局来实现。在中观层面上，交通设计关注道路与交通设施的选址、选型等，以实现道路各组成部分的功能。

3. 微观层面

交通设计可分解为众多设计单元，包括交叉口交通设计、路段交通设计等，在确定设计参数、制订设计方案时，需要充分考虑土地用地限制、道路条件、交通管理政策和措施等诸多限制因素；每一单元的交通设计方案都会对其他单元的运行乃至整体的交通运行产生很大影响，在城市道路规划、建设和管理过程中，对这种影响要给予足够的重视，尽量减少新建、改建道路对整体路网运行可能造成的不利影响。

【复习思考题】

1. 如何理解"交通设计"与"道路工程设计""交通工程设施设计"的关系？
2. 交通设计与交通规划、交通管理的关系是怎样的？
3. 简述交通设计的定义及主要特征。
4. 交通设计如何应用于城市交通规划、建设和管理的全过程？

第二章 交通设计基础

交通设计以道路交通系统为设计对象,交通设计目标和方案的制订应建立在充分认识道路交通系统规律的基础上。交通工程学所涵盖的基础知识,如人—车—路—环境基本特征、交通流理论、通行能力及服务水平等直接构成了交通设计的基础理论。本章将在介绍交通工程学基本原理、道路工程设计方法、交通工程设施设计方法与交通设计的关系,以及交通设计技术流程、交通调查与问题分析、交通设计技术评价、交通设计应用软件等内容后,构建交通设计的知识体系。

第一节 交通工程学基本原理

一、人—车—路—环境基本特征

道路交通系统是由人、车、路、环境等组成的复杂系统,交通设计的立足点是使道路尽可能适应人、车、路、环境的基本特征。本节主要介绍人—车—路—环境基本特征与交通设计的关系。

1. **人的基本特性**

道路交通系统中的人主要包括驾驶人、行人和乘客。驾驶人的基本特性包括其操作特性、生理特性(如视觉特性、听觉特性、反应特性等)、心理特性(如感知觉特性、注意特性以及情绪等)

和疲劳特性等。行人的交通特性主要表现在其步行速度、对个人空间的需求、步行时的注意力等方面。乘客的基本特性表现在乘坐公共交通时对舒适性的心理需求和乘车反应等。

人是道路交通系统中的主要部分，是交通设计的主体，人的特性指标应用于交通设计的各个方面。例如，在道路基础设施交通设计中，平面交叉口的设计应符合驾驶人的视觉特性和反应特性，并以此作为视距设计的基础；道路的线形设计应符合驾驶人的视觉特性、反应特性、心理特性；交通标志的版面尺寸、颜色、布设等设计应符合驾驶人的视觉特性。在道路交通安全设计中，交叉口交通安全设计、交通宁静化设计、慢行过街安全设计时应充分考虑人的生理特性和心理特性。

2. 车的基本特性

城市道路中通行的车辆主要有机动车(如小汽车、公交车等)和非机动车。机动车的基本特性主要包括几何尺寸(长、宽、高)、动力性能(如汽车的最大速度、加速时间、最大爬坡能力等)、制动性能(如制动效能、制动时汽车的方向稳定性等)以及操纵稳定性等。非机动车的基本特性包括动力递减性、制动性能、爬坡性能、动态性能、行进稳定性和短程性等。

车的特征和性能对交通设计具有重要影响。例如，车辆尺寸决定道路的几何设计、交通设施设计；车辆的动力性能决定道路的线形设计、加速车道的长度、公交优先设计等；车辆的制动性能决定道路线形设计，如下坡路段的长度、坡度等。

3. 道路的基本特性

道路线形、路基、路面以及道路交叉等的设计方案会影响交通流运行的连续性和车辆行驶的舒适性。只有明确道路设施与交通流之间的相互作用规律，并在交通设计中充分遵循这样的规律，道路设施的适用性才有保障。

4. 环境的基本特性

交通环境会影响车辆运行的平顺性和行人步行的有序性，只有提供良好的交通环境，道路交通的安全性才有保障。交通环境既包括视觉环境，要求具有良好的道路线形、完善的交通工程设施、有序的路边环境、道路绿化等，也包括交通运行秩序，要求减少不同交通流之间的相互干扰。人—车—路—环境基本特征与交通设计的关联性可以总结为表2-1。

人—车—路—环境基本特征与交通设计的关联性　　　　表2-1

交通要素	基本特性		与交通设计的关联
人	驾驶人	生理特性 视觉特性	道路线形设计，如直线路段长度设计；交通标志尺寸、颜色、布设设计；平面交叉口功能区设计；交通宁静化设计
		生理特性 反应特性	平面交叉口功能区设计；平面交叉口信号控制设计；交通安全设计；交通宁静化设计
		心理特性	交通标志设计；道路线形设计；交通安全设计；交通宁静化设计；交通容错性设计
		疲劳特性	交通设施设计，如减速带设计；交通安全设计
	行人	步行速度	人行道设计；平面交叉口人行横道设计；行人过街信号配时设计；慢行交通安全设计
		个人空间需求	机非分隔带设计；人行天桥及地下通道设计；路段人行道宽度设计；平面交叉口人行横道设计；信号控制交叉口信号配时、相位设计
	乘客	交通需求心理	交通管理及交通设施设计；公交专用车道设计；公交优先信号控制设计
		乘车反应	道路线形及路面设计；公交停靠站设计

续上表

交通要素		基本特性		与交通设计的关联
车	机动车	几何尺寸		道路几何设计;道路结构设计;路段机动车道宽度设计;交叉口机动车道宽度设计;出租汽车临时停靠点设计;机非分隔带设计;公交专用车道设计;交叉口公交专用进口道设计;公交停靠站设计;停车场(库)交通设计
		动力性能		道路线形设计;加速车道长度设计;掉头车道设计;中央分隔带设计;路段沿线出入口设计;公交优先信号控制设计;出租汽车临时停靠点设计;公交停靠站设计;路段机动车单车道宽度设计;平面交叉口功能区设计;立体交叉匝道与主线衔接即合流区、分流区以及交织区设计;交通环境设计
		制动性能		道路线形设计,如长大下坡路段设计;信号控制交叉口信号配时设计;平面交叉口功能区设计;交通安全设计
	非机动车	爬坡性能		非机动车道纵断面设计,如坡度设计
		动态性能		平面交叉口非机动车道宽度设计;路段非机动车道宽度设计
		短程性		路段非机动车道长度设计
路		线形	平面	道路交通设施的直线、圆曲线设计
			纵断面	道路坡度设计、竖曲线设计
			横断面	道路宽度设计;公交停靠站设计;加速车道设计;掉头车道设计;单向交通设计;变向交通设计;路段交通安全设计
		路基		道路运营质量;交通安全设计
		路面		道路使用性能、道路维护改建设计;交通宁静化设计
		道路交叉		道路平面交叉口设计;立体交叉设计;出入口设计;行人过街设施设计;交通安全设计
环境		视觉环境		道路线形设计;道路视觉参照系设计;道路景观设计
		交通运行秩序		道路横断面设计;行人交通设计;非机动车交通设计

二、交通流理论

交通流运行特征是人—车—路—环境及交通管理与控制方式共同作用的结果,遵循交通流的运行规律是交通设计的灵魂。交通流包括连续流和间断流,交通流理论也可分为连续流理论和间断流理论:连续流理论包括流量、速度、密度三参数关系,微观动力学模型(跟驰模型、换道模型、元胞自动机模型),以及宏观动力学模型(交通流守恒方程、元胞传输模型)等;间断流理论包括排队论、间隙接受理论、交通信号控制模型、交通延误分析模型等。交通流理论可以为确定交通设计中的交通参数提供理论依据。城市道路中由于信号控制交叉口的存在,其交通流大多为间断流;城市快速路中的交通流可认为是连续流,除此之外,当信号控制交

9

叉口的间距大于 3.2km 时,其路段交通流也可认为是连续流。交通流理论与交通设计的关联性可以总结为表 2-2。

交通流理论与交通设计的关联性　　　　表 2-2

交通流理论		交通参数	与交通设计的关联
连续流理论	交通流三参数关系	速度 密度 流量	快速路车速设计;快速路车道设计;快速路出入口匝道优化设计;快速路几何线形设计;快速路交通标志设计;时空设计流量的确定;服务水平的划分;交通管理与控制设计;公共交通优先通行设计;交通安全设计
	微观动力学模型 跟驰模型 换道模型	速度 加速度 反应时间 车间距离 驾驶期望	交通安全设计;交通宁静化设计;路段沿线出入口设计;加速车道长度设计;中央分隔带设计;路段机动车单车道宽度设计;交通环境设计
	宏观动力学模型 交通流守恒方程	流量变化率 密度变化率	快速路交通控制设计;交通安全设计
间断流理论	排队论 间隙接受理论 交通信号控制模型 交通延误分析模型	排队时长 流量 车道数 信号相位 绿信比 损失时间 ……	平面交叉口空间设计;平面交叉口进出口车道设计;平面交叉掉头车道设计;平面交叉口空间优化设计;平面交叉口信号控制设计;公交专用车道设计;公交停靠站设计;公交优先通行设计;交通安全设计;交通宁静化设计;交通环境设计

三、通行能力及服务水平

通行能力是指在一定的道路、交通和管制条件下,单位时间内通过道路某一断面的交通量。其影响因素主要包括道路条件(道路的几何特征,如车道数、车道、路肩、中央分隔带等的宽度,纵断面线形,视距等)、交通条件(如交通流中的交通组成、交通量,以及不同车道中的交通量分布和上下行方向的交通量分布等)、控制条件(如交通信号的设置地点、形式和配时、车道使用限制、转弯限制、停车让行标志、减速让行标志等)和环境条件(如交通秩序、横向干扰程度等)。掌握通行能力理论对认识交通流的运行规律、指导交通设计具有重要的意义。对于规划阶段交通设计,通行能力是交通设计的主要设计参数;在治理阶段,通行能力及服务水平是分析交通问题、制订改善对策和设计方案的重要依据。

服务水平是指道路提供的运行服务的质量水平。通行能力及服务水平的影响因素,也是交通设计的设计元素。通行能力及服务水平与交通设计的关联性可以总结为表 2-3。

通行能力及服务水平与交通设计的关联性　　　表 2-3

交通参与者	交通参数	与交通设计的关联
机动车	V/C^* 自由流速度 行驶速度	路段机动车道设计;辅路设计;平面交叉口空间设计;平面交叉口进出口车道设计;平面交叉口空间优化设计;平面交叉口信号控制设计;交通安全设计;交通环境设计
非机动车	行驶速度	路段非机动车道设计;交叉口非机动车道设计;交通安全设计
行人	行人空间 步行速度	机非分隔带设计;行人过街信号配时设计;人行天桥及地下通道设计;路段人行道宽度设计;平面交叉口人行横道宽度设计;信号控制交叉口信号配时、相位设计;慢行交通安全设计

注:V/C 是指实际交通量与通行能力之比。

第二节　道路工程设计基本方法

　　道路工程设计是交通工程、道路工程、市政工程、景观绿化、城市规划设计等多专业的综合,但其主要内容为路线设计和路面结构设计。路线设计包括横断面设计、纵断面设计和平面线形设计;路面结构设计包括面层设计、基层设计和垫层设计。道路工程设计为交通设计提供了空间,交通设计师需要运用道路工程设计的相关知识,在道路工程设计的基础上进行交通系统的优化设计。

　　道路工程设计与交通设计息息相关。在进行路线设计时,需要考虑道路的交通量设计年限,《城市道路工程设计规范(2016年版)》(CJJ 37—2012)规定:快速路、主干路为20年;次干路为15年;支路为10~15年。也就是说,在交通量设计年限内,道路工程师需要为交通量的变化预留足够的设计空间。例如,对于快速路及主干路的交通设计,需考虑20年内的交通量变化,并以此作为道路设计的依据,调整相关道路工程设计的参数,如道路横断面设计中的人行道和车行道的宽度等。在进行路面结构设计时,需考虑路面结构与交通标志、交通安全设施的匹配协调关系,不同地区的城市道路在地形地貌、土质结构、道路材料等方面存在差异,相应的交通设计要做到因地制宜。

　　道路工程设计与交通设计的关联性可以总结为表 2-4。

道路工程设计与交通设计的关联性　　　　　　表 2-4

道路工程设计范畴	道路工程设计内容	与交通设计的关联
路线设计	横断面设计 纵断面设计 平面线形设计	断面形式的选择；车道数的确定；组合线形条件下标志标线的设置
路面结构设计	面层设计 基层设计 垫层设计	交通标志支撑方式的选择；交通安全设施的安装等

第三节　交通工程设施设计方法

交通工程设施是为保证车辆安全、高效运行而设置的系统或设施，是道路基础设施中不可或缺的组成部分。在城市道路中，交通工程设施根据其承担的功能，可分为管理设施、安全设施、控制设施、照明设施和监控设施等。

交通工程设施广泛应用于交通设计。对于规划设计阶段的道路，交通工程设施作为道路系统的配套设施，应满足同步设计、同步施工、同步验收的要求。对于治理性道路及一些特殊路段道路，工程技术人员有时无法改变道路的选址和空间布局，交通工程设施的合理应用在一定程度上也能取得不错的效果。

交通工程设施设计的原则主要有：

（1）规范性。交通工程设施设计需要满足交通工程行业的相关标准、规范要求。

（2）整体性。交通工程设施包含元素众多，对于不同的道路设施，其设计的侧重点也不同，交通工程设施设计需要在考虑单个设计因素作用的前提下，探求整体效益的最大化。

（3）一致性。一致性包含以下几个方面的内容：交通标志、标线和信号控制所传递的信息要一致；交通标志的设置应具有连续性，确保驾驶人在长距离行驶过程中获得连续一致的信息。交通工程设施的一致性可以帮助驾驶人准确快速地理解交通工程设施传递的信息。

（4）灵活性。由于各类设施在功能上存在重叠和互补的现象，设计者应在正确理解标准、规范本源含义的基础上，灵活应用标准、规范中的条款。

交通工程设施设计是将交通设计思想传达给道路使用者的重要媒介，是交通设计方案的微观体现。交通工程设施与交通设计的关联性可以总结为表 2-5。

交通工程设施设计与交通设计的关联性　　　　　　表 2-5

交通工程设施种类	与交通设计的关联
交通安全设施 （如护栏、防眩设施、隔离封闭设施、视线诱导设施、施工安全设施、减速带等）	减轻事故严重程度；避免事故发生；诱导驾驶人行车；保证养护与维修作业安全等

续上表

交通工程设施种类	与交通设计的关联
交通管理设施 (如交通标志、交通标线、交通信号灯等)	管制驾驶人驾驶行为;诱导驾驶人视线;交通管理与组织等
景观与绿化设施	视线诱导;渠化设计;交通安全设计等
道路照明设施	交通安全设计;视线诱导
道路监控设施	管制驾驶人和行人的交通行为;保障交通安全

第四节 交通设计技术流程

交通设计是介于交通规划与土木工程设计之间的技术环节,交通设计流程应基于其目标、需求、供给,考虑到规划、建设、管理之间的有机衔接。交通设计的流程在规划阶段与治理阶段存在较大的差异。在规划阶段,规划上的功能定位与设计目标、交通需求预测、用地条件等是交通设计的主要依据,交通设计服务于道路的建设;在治理阶段,在相关规划条件的基础上,道路的现状、使用中存在的问题和改善的可能性则成为交通设计的重要依据,交通设计服务于交通的管理。

一、规划阶段

由于新建道路的交通需求量为预测值,无法准确地反映道路使用后的情况,故其交通设计为原则性设计,即可预见性设计。在设计时应为日后的交通量变化预留空间,这样即使道路在建成后发生问题,也可通过较为便捷的方法和措施对其做进一步的改善。需要强调的是,如果交通设计目标始终无法实现,或者说,规划目标无法落实,则说明规划出了问题,这时就需要调整规划方案。规划阶段交通设计流程如图2-1所示。

二、治理阶段

治理阶段交通设计需要考虑的因素多,面对的基础条件也相对复杂。治理阶段的交通设计需要基于治理目标,在设计方案中应重点体现治理目标是如何实现的。例如,对于某主干路,其路侧有大量开口,存在较大的安全隐患,治理的目标是提升安全性,交通设计的重点就在于开口的管理、重点交叉口的时空资源优化等;对于某支路,其通行效率较低,治理的目标是提升通行能力,交通设计的重点就在于交通组织、交

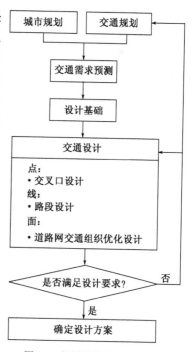

图2-1 规划阶段交通设计流程

通管理与控制,如路侧禁止停车,设置单行道,形成道路微循环等。在制订设计目标和改善方案时,会受到各种条件的制约,治理阶段交通设计方案需要经过反复论证、评价、比选,才能形成最终方案。治理阶段交通设计流程如图 2-2 所示。

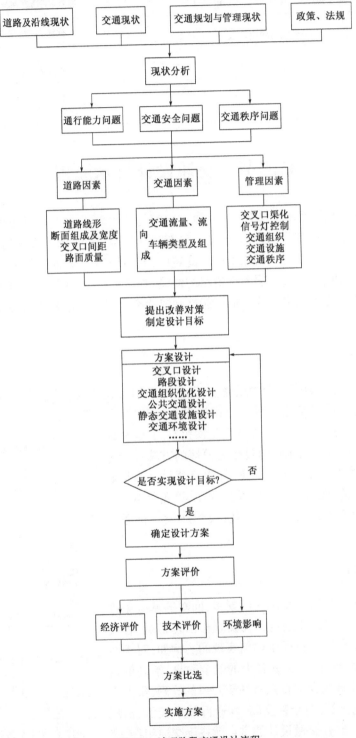

图 2-2　治理阶段交通设计流程

第五节　交通调查与问题分析

交通设计需要基于翔实的资料,有些资料可以从相关部门直接获得,有些则需要进行实地调查。调查完毕后对存在的交通问题进行分析,可以有针对性地提出解决问题的对策和措施。

一、交通调查

1. 资料收集

对于规划阶段的交通设计,尚无现状交通资料,只有道路规划等级、设计车速、红线宽度与位置、道路沿线的大型交通发生与吸引点位置,以及设计年限的预测交通量等有限资料。对于治理阶段的交通设计,需要详细了解交通、道路、沿线的现状以及交通管理现状和未来的交通发展方向。同时,还需要基于现状交通量预测设计交通量,预测应在交通管理规划中给出。若未做交通管理规划,应通过一定范围的交通分析获得设计交通量。交通设计资料收集内容见表2-6。

交通设计资料收集内容　　表2-6

	资料内容	用　途	资料要求
规划资料	城市总体规划、城市交通规划、城市交通管理规划	了解城市的土地利用、道路网及交通结构	相应文本
政策、法规资料	交通管理法规、停车收费法规、交通发展政策、公交发展政策、环境法规和政策	整合各类管理措施与规定	相应文本
道路资料	道路等级	确定几何设计原则及交叉口类型	了解规划及实际情况
	设计车速	确定展宽渐变段长度及转弯半径、信号相位衔接顺序	了解及实测获得
	断面形式、道路纵坡、红线宽度、车道宽度、分隔带宽度等	作为交叉口空间设计及路段设计的基础资料	在1:500或1:1000的电子地图中标出
	车道数、车道功能	作为改善进出口道及其与路段协调设计的基础数据	在1:500或1:1000的电子地图中标出
道路沿线资料	道路沿线的用地类型	用于停车及沿途进出交通和公共汽车停靠站设计	规划部门提供
	沿线出入口、大型交通源发生位置	用于路段交通安全及通行能力改善设计、公共汽车交通设计	在电子地图中标出
	公交线路、停靠站位置	用于公共汽车交通设计、行人过街交通设计	公交主管部门提供
	停车设施的位置和管理措施	用于路段沿线安全及秩序设计	同时了解使用情况

续上表

资料内容		用途	资料要求
交通条件与交通管理资料	机动车设计交通量(分流量和车种)	作为车道功能划分和信号配时方案确定的基本依据	含有一天分时段的高峰小时流量或15min高峰小时流量
	公共交通汽车量	作为公交优先方案设计的基础数据	区分轨道交通与地面交通
	非机动车与行人交通量	确定交叉口的渠化方案(主要是确定机非交通流的组织及停车规划)	区分平峰与高峰
	交通控制状况(信号配时方案)	分析现状问题,改善信号控制方案	含有控制方案与相应的标志标线(电子图)
	交通禁行状况	分析现状问题,提出通行权管理措施	在电子地图中标出
交通事故资料	事故发生时间	分析事故发生的时间分布	在电子地图中标出
	事故发生地点	分析事故空间分布	在电子地图中标出
	事故类型和事故原因	明确事故发生的症结,为改善对策的制订提供依据	以图表形式表现
交通环境资料	废弃物、噪声、振动、城市景观	作为改善交通环境的依据	了解污染源及污染程度
道路及其附属设施资料	路面、铺装、排水等情况	道路动态管理与养护	以图表形式表现,逐路排查
	交通标志与标线	完善交通标志体系	在电子地图中标出
	信号灯、照明设施、绿化及障碍物位置	设施动态管理与养护	在电子地图中标出
出行者问卷调查	交通的安全性、便利性、交通环境污染状况等	以人为本,改善交通	反映不同人群的意见

资料收集要尽量做到全面、翔实,这有利于交通设计工程师从各个层面把握设计对象的历史及现有状况。资料收集完毕后,需要对其进行整理、分析,分析过程需要基于交通设计的目标、设计对象的等级、设计项目的规模等综合考虑。例如,对于低等级农村道路的交通设计,资料分析的重点就在于道路沿线资料、道路及其附属设施资料、交通事故资料。资料分析也无须面面俱到,只需要考虑所设计路段,有针对性地进行分析即可。对于城市快速路的交通设计,分析的内容更加丰富。城市快速路等级高,承担着城市区域交通出行的功能,其资料的分析不仅需要考虑所设计道路的现状,也需要从宏观规划层面进行分析考虑,必要时可进行问卷调查,这样有利于分析出问题的主要症结。

2. 实地调查

交通调查与分析主要针对治理阶段交通设计,当基础资料的收集无法做到全面、细致时,需要结合实地调查进行补充。在实地调查中,要以目标为导向,对交通现状的调查应有所侧重。治理阶段的治理目标主要分为3类:改善交通安全、提升交通效率和优化交通环境。

对于安全类的交通设计,需要对治理对象进行实地调查,包括沿线道路设施、重点交叉口的时空资源配置、线形不良路段、视距不良路段等。可以通过实地录像、拍摄照片等方式,将存在的交通安全问题直观展现,便于有针对性地进行交通安全治理。

对于效率类的交通设计,需要对现状交通量、交通组成、交通流向、交通管理措施等进行实地调查,从而找到影响通行效率的瓶颈。

对于环境类的交通设计,需要对治理对象进行实地调查,可以通过实地录像、拍摄照片,以及问卷调查等方式,获得详尽的现状资料。

二、问题分析

交通问题是指道路系统中存在的降低交通系统利用效率、妨碍道路使用者通行,从而需要加以解决的矛盾。分析交通问题是进行交通设计的前提。交通问题主要分为规划、设计与管理3类。

1. 规划类问题

交通规划阶段存在的交通问题对交通系统具有结构性影响。各设计要素在交通规划方面存在的问题如下:

(1)平面交叉口:交叉口类型布局不合理、交叉口间距过长或过短、畸形交叉口等均由交通规划不合理或未遵循交通规划相关规范造成。

(2)立体交叉口:因缺乏系统的网络分析,导致立交选型不合理、立交间距过短、立交的设置条件存在问题等。

(3)路段:因缺乏对道路周边用地性质与开发强度的约束,导致出现主要道路功能紊乱、道路红线设置缺乏前瞻性、道路沿线出入口管理混乱等问题。隧道选址与洞口位置选择因地质条件限制,与道路路段协调性较差。

(4)公共交通:因各种公交方式的规划不合理,导致公共交通与火车站、客运站及不同类型公交之间的衔接存在问题。此外,公交线路大量布设于主干道,致使公交覆盖率低、线路重复率高、换乘距离偏长、公交服务水平下降。

(5)停车场(库):由于停车场布局不当或建设不足,导致大量车辆停放于道路内,造成道路通行能力下降、交通秩序混乱、交通事故频发等问题。

(6)慢行交通:长期以来,我国城市对于慢行交通的规划处于缺失状态,导致慢行通道的连续性、舒适性得不到保障;同时,对于慢行交通的过街设施布局、慢行通道与其他交通方式的衔接也缺乏合理规划。

2. 设计类问题

在合理的交通规划基础上对交通系统各要素进行优化设计是保障交通使用者安全、快捷、舒适通行的根本。目前,交通系统各要素存在的主要设计问题如下:

(1)平面交叉口:缺乏对交叉口时空特性的分析,导致交叉口相关要素设计不合理;进口车道功能划分与交通需求不匹配、停止线位置设置不当、进口车道与出口车道不匹配、交叉口内部缺少必要的渠化设计、行人过街设施设计不合理等。

(2)立体交叉口:加减速车道的设计、交织区设计、车道平衡、匝道与主线衔接设计、匝道与地面衔接设计等存在问题。

(3)路段:横断面的选取、沿线出入口设计、路段出入口视距、车道数与车道宽度变化、可变车道、潮汐车道等特殊车道的设计、隧道环境与视觉、隧道内照明与监控设施设计等存在问题。

(4)公共交通:公交专用车道在交叉口处的处理、公交站台与慢行交通关系的处理、公共交通与其他交通方式的衔接设计、公交站台设计等存在问题。

(5)停车场(库):停车场出入口设计、路内停车场设计、停车场与其他交通的衔接设计存在问题。

(6)慢行交通:行人视距、慢行通道的宽度及路面设计、慢行交通过街设计、慢行交通与其他交通方式的衔接设计存在问题。

3. 管理类问题

交通管理是维护交通秩序、调节交通供需关系、保障交通设计成果付诸实践的关键。各设计要素在交通管理方面存在的问题如下:平面交叉口控制方式选取不当,信号灯配时不合理导致各流向饱和度不均匀、行人过街信号时长过短等;立体交叉交通流转向、速度变化引导不当或缺失;路段车辆掉头规则不明确,路段交通标志标线设置不完整,路内随意停车,隧道内随意超车;公交停靠站处人、公交车与社会车辆相互干扰严重、秩序混乱,公交专用车道被社会车辆占据,交叉口处公交未能实施优先控制等;慢行通道被路边停车、市政设施等占据;其他,如交通秩序问题等。

三、解决措施

对设计依据存在不足或规定与现实情况存在差异的问题,应从实际出发,在遵循设计依据的前提下,巧妙运用国内外成熟的设计方法加以解决。对于不同设计内容,存在的交通问题及解决措施见表2-7。

交通问题及对应的解决措施 表2-7

内容	类型	问题描述	解决措施
平面交叉口	规划	交叉口间距过短	进行相邻交叉口间的协调设计
		畸形交叉口	以线形优化为主,渠化设计和交通控制为辅
	设计	进口道车道功能划分不合理	根据转向交通流调整车道功能
		进出口车道不匹配	根据车道平衡原理划分车道数
		左转车辆转弯半径不足	根据相交道路宽度及大型车转弯半径,调整左转车道位置
		交叉口内部混乱	根据《城市道路交通标志和标线设置规范》(GB 51038—2015),在交叉口内部设置导流线、禁行线等相关标线
		行车视距受阻	根据视距三角形,清除遮挡视线的障碍物
		人行横道位置不合理	根据转弯车辆安全半径确定其位置
		人行横道过长	根据《城市道路交叉口规划规范》(GB 50647—2011),设置行人过街安全岛或待行区
	管理	交叉口控制方式选择不当	根据交叉口类型、交通量等合理选择控制类型
		信号灯配时不合理	根据时空资源优化原理优化配时
		机动车与非机动车混行	根据速度平衡原理,物理分隔机动车道与非机动车道
		行人过街保护设施设置不当	根据时空资源优化原理,从时间、空间上分离行人与机动车流

续上表

内容	类型	问题描述	解决措施
立体交叉口	规划	立交的设置条件存在问题	充分考虑相交道路等级及上下游交叉口通行能力
		选型不合理	根据时空资源优化原理,综合考虑相交道路等级、各流向交通需求、立交在路网中的功能定位、周边用地环境选择合适类型
	设计	加减速车道长度不足	根据美国《道路通行能力手册》(HCM2000),结合设计年交通需求设置合理的变速车道长度
		交织区设计不合理	根据HCM2000,结合设计年交通需求设置合理的交织区长度
		匝道与主线衔接设计问题	根据《城市道路交叉口设计规程》(CJJ 152—2010),结合交通特性,选择合适的接入方式
		匝道与地面道路衔接问题	根据速度平衡原理及上下匝道的交通特性,选择合适的衔接位置
	管理	交通流转向、速度变化引导不当或缺乏	根据《城市道路交通标志和标线设置规范》(GB 51038—2015)及速度平衡原理,设计完整的指路标志体系,设置合理的连续限速标志
路段	规划	道路功能紊乱	适当改变道路等级
		道路红线设置缺乏前瞻性	根据设计年交通量预留道路红线宽度
	设计	道路沿线出入口管理不当	参照美国《出入口管理手册》,结合实际情况管理
		横断面的选取不当	结合道路等级、慢行交通量、沿线用地综合选取
		沿线出入口设计不合理	参照美国《出入口管理手册》,结合实际情况设计
		路段出入口视距不足	清除视距三角形内的障碍物
		可变车道、潮汐车道等特殊车道的设计依据不足	引进国外相关可变车道与潮汐车道设计理论
	管理	交通标志标线设置不完整	根据《城市道路交通标志和标线设置规范》(GB 51038—2015),完善标志标线设置
		车辆停放随意	完善禁停标志标线,加大处罚力度
公共交通	规划	公共交通与其他交通的衔接不当	合理规划换乘站,满足乘客换乘所需的基础条件
		公交重复率高	调整公交线路走向
	设计	专用车道位置设置不当	根据公交走向和道路条件,合理选择设置位置
		公交站台在交叉口处位置设置不当	遵循设计依据,将站台设置于交叉口上游或下游,并留有足够的换道距离
		公交站台占用慢行通道	将站台设置于机非分隔带,慢行通道设置于其后
		站台形式选择不当	根据道路车道数,结合站台设置形式合理选择
		站台面积不够	根据线路数及高峰小时乘客数计算站台面积
	管理	公交专用车道被占用	加大执法与教育力度
		交叉口公交优先控制考虑不足	为公交车配备专用信号相位
停车场(库)	规划	停车场布局不当或建设不足	根据设计依据合理规划停车场布局
	设计	停车场与公共交通衔接设计不足	公交站点附近停车泊位应根据换乘客流量设置
		路内停车设计混乱	严格按照规定在符合条件的道路两侧设置停车场
		路内停车占用非机动车道	路内停车带应具有保证行人与非机动车通行的最低宽度
		路内非机动车占用人行道	为非机动车配备足够的停车位
		停车场开口位置不当	严格遵循设计依据,控制干道上开口的数量
		停车场开口视距不足	清除视距范围内的障碍物,在开口两侧设置警告标志
	管理	在宽度不足的道路设置停车位	严格遵循设计依据,拆除相应停车位
		禁止停车处停放大量机动车	加大处罚力度

续上表

内容	类型	问题描述	解决措施
慢行交通	规划	慢行通道连续性差	根据设计依据，合理布局不同等级慢行通道网
	设计	行人、非机动车安全视距不足	处于慢行交通的角度计算其视距三角形
		慢行通道的宽度不足	依据行人与非机动车数量设计宽度，同时保证其最小宽度
		慢行通道路面舒适性差，路权得不到保障	保证慢行通道路面强度与平整度，设置物理隔离设施以保证其路权，或慢行通道与机动车道设置于不同平面
		沿线开口处慢行通道设计不合理	设置垂直式缘石坡道，保证慢行交通通行舒适性
		慢行交通过街方式设置不合理	根据慢行交通量及相应道路等级合理确定过街方式
		慢行交通过街设施设置间距过长	严格遵循规范，合理布局过街设施
		路段人行横道过长	在道路中间设置交通岛
		人行横道与两侧公交站台衔接不合理	公交停靠站应尽量选择背向错开形式（尾尾对接），以保证乘客视距
	管理	慢行空间被占用	加强慢行通道管理，清除慢行通道中的障碍物

第六节　交通设计技术评价

交通设计技术评价是通过考量交通设计方案对设计目标的实现程度及效果，对交通设计方案进行评价、分析和比选，是方案选优的依据。交通设计评价应突出交通设计的目的性，需反映交通设计带来的对交通效率、交通安全、交通环境的改善效果。交通评价分为事前评价和事后评价。事前评价只能采用模型模拟、专家评估及仿真实验等方法，事后评价可通过现场调查和观测获取各项指标进行评价。交通设计评价应面向设计方案的各项内容，包括平面交叉口交通设计、立体交叉口交通设计、路段交通设计、公共交通设计和交通安全设计等。

一、评价原则

交通设计技术评价应遵循以下原则：

1. 客观性原则

客观性原则是交通设计技术评价的根本性原则。交通设计技术评价的目的是寻求交通设计方案的真实状态，抛弃客观性，交通设计技术评价就失去了存在的意义。

2. 系统性原则

道路交通是一个复杂的系统，交通设计评价必须坚持系统性原则，从整个交通系统出发，结合影响交通设计方案的各个因素，保证评价的可靠性。

3. 评价指标合理性原则

交通设计评价应遵循评价指标合理性原则。交通设计评价指标应根据改善目标合理选择，避免以一概全。当某一类交通问题突出时，应针对该问题选择合理的评价指标。

二、交通效率评价

1. 评价目的

交通效率评价的目的,是探寻现有交通方案或新的交通设计方案的运输效率与交通系统各方面的相互关系及其互动规律,然后根据这些规律对交通设计方案进行分析,明确方案存在的问题,并寻找提高交通效率的途径和措施。

2. 评价指标

交通效率评价指标包括延误、速度和排队长度等。由于各指标之间有很强的相关性,因此在针对具体道路设施选择评价指标时需要注意两点:

(1)各评价指标之间的独立性。所选取的评价指标之间应存在独立性,即某个评价指标不受另一个评价指标的影响;当指标之间不独立,即存在一定的相关性时,应根据评价目标对存在相关性的指标做出合理的取舍。

(2)选择最能直观体现道路设施交通流运行特点的指标。不同交通设施的交通流特性不同,其评价指标也不尽相同。选取交通效率评价指标时,应选择最能体现道路交通设施交通流运行特点的指标。

对不同评价对象选取的效率评价指标见表 2-8。

交通效率评价指标   表 2-8

评价对象	效率评价指标
平面交叉口	饱和度、平均延误、最大排队长度、行程时间、停车次数、通行能力、信号周期、绿信比、损失时间、行人过街时间
路段	平均行程速度、通行能力、路段饱和度
隧道	平均行程速度、通行能力
公交专用车道	平均行程速度、平均延误
公交停靠站	停靠站延误、停靠站点覆盖率
慢行通道	慢行通道宽度、慢行通道人均延误

三、交通安全评价

1. 评价目的

交通安全评价即比较分析交通设计方案实施前后的交通安全状况。交通安全评价能够发现现有道路的交通安全隐患,查找设计方案的不足,完善交通设计方案。

2. 评价方法

目前,比较成熟的交通安全评价方法主要有交通事故评价方法、交通冲突评价方法以及交通安全诊断方法等。

1)交通事故评价方法

交通事故评价方法是交通安全评价最常采用的方法,其中包括事故数、事故率、事故严重程度等评价模型。交通事故评价方法以事故数及事故率为评价指标,用数学统计方法建立道路的事故模型,对道路事故率和事故严重程度的分布进行统计分析,得出基于统计分析的安全分析结果。事故评价方法具有以下特点：①评价指标具有逻辑上的合理性；②评价精度高；③评价周期长；④评价信度低；⑤事故统计具有不完善性；⑥事故统计数据真实性差等。

交通事故评价方法体系如图 2-3 所示。

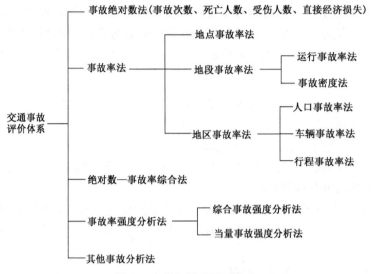

图 2-3　交通事故评价方法体系

2）交通冲突评价方法

交通冲突与交通事故的成因及发生过程相似，两者的区别在于其损害后果不同。由于我国交通事故数据的获得性较差，因此，交通冲突评价方法逐渐成为热门的交通安全评价方法。交通冲突的评价对象可以为交叉口、路段等。

交通冲突评价方法是利用交通冲突所具备的大样本、短周期、小区域、高信度的统计学优势，定量测定相当于准事故的严重冲突，代替传统的事故评价方法，实现交通安全水平快速评价与预测的目的。交通冲突评价方法有以下特点：①交通冲突数据可以通过短期观测得到，较事故评价统计周期短；②可以对冲突类型进行详细划分，依照发生的冲突类型对冲突（事故隐患）的成因进行详细分析，并据此产生解决方案；③可以对冲突的严重程度进行区分，避免了因将不同严重程度的事故综合统计而导致的不合理性；④可以在相对较短的时间内获得交通安全评价的各项指标，对冲突类型具体分析，可应用于各类道路的交通安全评价；⑤数据采集设备与图像处理技术尚不能满足交通冲突观测的需要；⑥人工观测存在观测误差大及判定标准不一致的问题。交通冲突评价流程如图 2-4 所示。

平面交叉口的交通冲突评价方法较为成熟，对其他交通设施如立体交叉、路段等的评价有待进一步研究。平面交叉口的评价指标主要有以下 3 个。

（1）冲突点

交叉口的交通冲突点数量可以用以下公式计算：

$$C_j = \frac{n^2(n-1)(n-2)}{6} \tag{2-1}$$

$$c_i = n(n-2) \tag{2-2}$$

$$c_k = n(n-2) \tag{2-3}$$

式中：C_j——交叉冲突点数量；

n——交叉口相交道路系数；
c_i——合流冲突点数量；
c_k——分流冲突点数量。

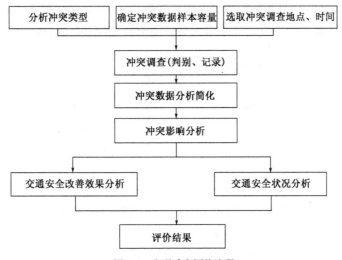

图 2-4 交通冲突评价流程

（2）冲突率

冲突率指标主要有单位时间的冲突数 P、单位时间内每千辆通过平面交叉口的车辆产生的冲突数 P_n 和单位交通量通过交叉口产生的冲突数 P_c，其计算见式（2-4）～式（2-6）。冲突率能够表征冲突数与产生冲突的时间及交叉口交通量的关系，因此可作为冲突评价指标。

$$P = \frac{交叉口冲突数}{产生冲突总时间} \tag{2-4}$$

$$P_n = \frac{交叉口冲突数}{1000\ 辆车 \times 产生冲突总时间} \tag{2-5}$$

$$P_c = \frac{交叉口冲突数}{交叉口交通量} \tag{2-6}$$

（3）冲突严重程度

冲突严重程度能够有效评价交叉口的安全水平，其计算见式（2-7）～式（2-9）。

$$RI = \sum_{i=1}^{n} RI_i \tag{2-7}$$

$$RI_i = K_i \times IV_i \tag{2-8}$$

$$K_i = \frac{W_i}{\sum_{i=1}^{n} W_i} \tag{2-9}$$

式中：RI——交叉口交通冲突的风险指数；
RI_i——交叉口第 i 种冲突的风险指数；
K_i——第 i 种冲突的相对权重；
W_i——第 i 种冲突的严重程度分值；
IV_i——第 i 种冲突在交叉口的冲突数或冲突率。

3）交通安全诊断方法

交通安全诊断方法是应用系统工程的原理和方法，对可能导致道路交通事故发生的原因及其显著性、可能造成的事故的严重程度及各种隐患形式进行定性和定量分析。安全诊断方法与其他方法的不同之处是其多采用主观和定性的方法。

与传统的交通安全评价不同,诊断是直接根据道路的主要特征进行分析和判断,不依赖交通事故数据,而是通过现场调查判断交通事故可能产生的原因,然后根据实践经验和理论分析提高交通安全性的事先预防性方法。交通安全诊断流程如图2-5所示。

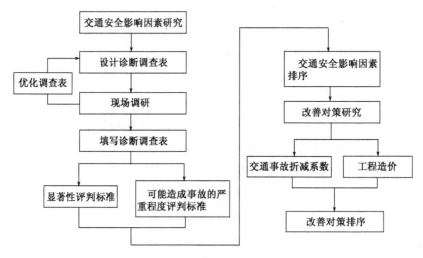

图2-5 交通安全诊断流程

四、交通环境评价

1. 评价目的

交通环境评价是交通设计的一项重要内容,通过环境评价可以对设计方案进行反馈,从而有根据地改善交通设计方案。此外,交通环境评价是环境保护的一项重要内容,是在决策和开发建设过程中实施可持续发展的有效手段和方法。

2. 评价指标

交通对环境的影响主要包括空气质量、噪声、能源消耗、水质量以及光污染5个方面。

(1) 空气质量

交通对空气质量的影响主要来源于汽车尾气,汽车尾气所含有的污染物质主要有一氧化碳CO、碳氢化合物HC、氮氧化物NO_x、颗粒物等。上述污染物质的浓度达到一定程度时会对人类健康和生态环境带来严重的危害,如雾霾(颗粒物)严重影响了人们的健康和生活质量。车辆处在不同状态时,其排放的污染物也不尽相同:怠速时CO排放最多,减速时次之,匀速时最低;减速时HC排放较多,匀速时相对较低;NO_x则在所有状态下排放均较高。因此,采用合理的交通设计方案,如合理地进行信号控制、保证道路线形设计的一致性,可以减少车辆的怠速、减速、加速等状态的发生,从而减少汽车尾气的排放,对空气质量将会有一定的改善作用。

(2) 噪声

在城市噪声污染中,道路交通噪声占30%左右,已经成为我国噪声污染的主要污染源。

交通噪声由通过道路的车辆产生,其特点是大小不规则、变动幅度大。研究表明,机动车速度超过50km/h时,轮胎与路面的接触噪声是交通噪声的主要成分。交通噪声不仅影响人们的身体健康,同时也会影响人们的精神健康。噪声评价最常用的单位为分贝(dB),它是声压的对数表示,用A尺度过滤能更好地反映人对噪声的主观感受,评价单位记作dB(A)。我国采用等效连续声级L_{eq}作为噪声的评价指标,L_{eq}是声场内某一点位的能量均值。交通设计中的交通宁静化设计,其设计目标之一就是减少噪声对人的影响。

(3)能源消耗

目前,汽车已成为最大的石油消费者。以美国为例,其交通方面的石油消耗占石油消耗总量的67%。合理的交通设计可以有效降低能源消耗水平,如共乘(HOV)车道、公交优先设计等。

(4)水质量

水资源的短缺和水质量的恶化是城市面临的一个重要问题。道路表面的不透水性导致了水资源的大量流失;此外,汽车燃油泄漏、处理不当还会严重污染城市区域珍贵的水资源。

(5)光污染

道路照明在美化城市、方便生活的同时,也产生了光污染这一现象。光污染包括眩光污染、射线污染、光泛滥、视单调、视屏蔽、频闪等,对驾驶人视觉作业、居民生活和生态环境均有一定的影响。

交通环境的主要评价指标见表2-9。

交通环境的主要评价指标 表2-9

描 述	评价指标
空气质量	一氧化碳CO浓度 碳氢化合物HC浓度 氮氧化物NO_x浓度 颗粒物浓度
噪声	等效连续声级L_{eq}

3. 评价方法

交通环境评价方法主要包括定性评价方法(如专家调查法、民意测评法等)和定量评价方法(如层次分析法、灰色关联评价法等)。一般而言,交通环境评价采用定性与定量结合的综合评价方法,综合评价方法本身已经相当成熟。

1)定性评价方法

定性评价方法通常采用专业人员评价与专家咨询调查相结合的方法。先由有理论基础和实践经验的评价人员,按照研究确立的环境影响评价提纲提出初步的评价报告,然后请相关学科和领域的专家学者参与,有针对性地咨询调查。这种方法的优点是,通过多学科、多领域专家学者的智力合成和群体经验判别,可以对复杂的城市交通环境影响做出可靠的定性判断。

2)定量评价方法

定量评价方法主要有层次分析法和灰色关联评价法。交通环境评价属于多指标综合评价,各个指标的权重可以根据层次分析法(AHP)确定。灰色关联评价法是根据因素之间发展趋势的相似或相异程度来衡量因素间的关联程度。灰色关联度为系统的发展变化提供了量化的度量标准,交通环境是动态的,因此适用于灰色关联评价法。

交通环境评价一般采用定性与定量相结合的综合评价方法,对评价对象的现状和未来发展进行整体评价。

第七节 交通设计应用软件概述

到目前为止,国内外已经推出了多种交通设计应用相关软件,这些软件覆盖了交通设计辅助、交通方案评价等层面,可用于交叉口、道路线形、标志标线、信号系统、行人等方面的设计。相关软件及其功能简介见表2-10,有兴趣的读者可以查阅相关资料进行深入学习。

常用交通设计应用软件功能简介　　　　　　　　　表2-10

软件类型	软件名称	交通标志	路面标线	信号系统	道路线形	交叉口	停车	公交	行人
交通设计辅助类	EICAD	√	√	√	—	—	—	—	—
	SYNCHRO	—	—	√	—	√	—	—	—
	DICAD	—	√	—	√	√	—	—	—
	TJT	√	√	√	—	—	—	—	—
	OSCADY PRO	—	—	√	—	—	—	—	—
	鸿业市政	√	√	√	√	—	—	—	—
	纬地道路	—	—	—	√	—	—	—	—
	PARKCAD	—	—	—	—	—	√	—	—
交通方案评价类	VISSIM	—	—	√	—	√	—	√	√
	PARAMICS	—	—	√	—	√	—	—	—
	TSIS	—	—	√	—	√	—	√	—
	CORSIM	—	—	√	—	√	—	√	—
	TRANSYT	—	—	√	—	—	—	—	—
	ANYLOGIC	—	—	—	—	—	—	—	√

第八节 交通设计知识体系

交通设计的知识体系可分为5个层面:基础理论、设计内容、设计依据、设计方案和方案评价。各层面所涵盖的内容见表2-11,不同层面间的关系如图2-6所示。

交通设计知识体系　　　　　　　　　　　　表2-11

知识层面	知识领域	具体内容
基础理论与方法	交通工程基本原理	交通特性、交通调查、交通流理论、道路通行能力、交通规划理论、交通安全理论、交通管理与控制理论
	道路设计基本方法	道路路线设计、道路横断面设计、路基路面设计、桥梁设计
	交通工程设施设计方法	交通安全设施设计、交通标志标线设计、静态交通设施设计

续上表

知识层面	知识领域	具 体 内 容
设计依据	国家标准	《城市道路交通标志和标线设置规范》(GB 51038—2015)、《城市道路交通设施设计规范(2019年版)》(GB 50688—2011)、《城市道路交叉口规划规范》(GB 50647—2011)、《城市综合交通体系规划标准》(GB/T 51328—2018)
	行业标准	《城市快速路设计规程》(CJJ 129—2009)、《城市道路交叉口设计规程》(CJJ 152—2010)、《城市道路路线设计规范》(CJJ 193—2012)、《城市道路工程设计规范(2016年版)》(CJJ 37—2012)
	导则	《城市交通设计导则》《城市步行和自行车交通系统规划设计导则》
设计内容	平面交叉口	机动车道设计、慢行交通设计、交叉口渠化设计、信号控制设计、特殊交叉口设计
	立体交叉口	主线交通设计、匝道交通设计、端部交通设计
	路段	出入口设计、交通设施设计、横断面设计、机动车道设计、非机动车道设计、人行道设计
	公共交通	公交专用车道设计、交叉口公交优先设计、公交停靠站设计
	停车场(库)	路内停车设计、路外停车设计、停车场开口设计、智能停车场设计
	慢行交通	慢行交通过街通道设计、慢行通道设计、慢行交通辅助设施设计
	交通安全	交叉口交通安全设计、道路沿线交通安全设计
	交通环境	视觉参照系设计
设计方案	基本原理	车道平衡原理、车速平衡原理、时空资源平衡原理
	设计方法	道路设计方法、交通特性分析方法、交通工程设施设计方法、交通安全分析方法、道路出入口管理
方案评价	交通安全评价	事故评价、冲突评价
	交通效率评价	密度、饱和度、速度等评价
	交通环境评价	空气、噪声、能源消耗、水质量、光污染影响评价
	经济评价	费用效益比评价

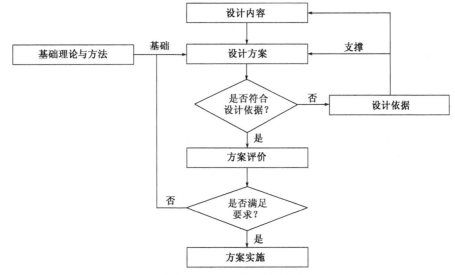

图2-6 不同知识层面间的关系

【复习思考题】

1. 如何理解交通工程设施设计中"一致性"的要求?
2. 对于规划阶段和治理阶段的交通设计,设计方法和设计流程有什么区别?
3. 谈谈你对交通设计知识体系的理解。
4. 交通设计技术评价包含哪些常见类型?评价指标有哪些?
5. 面向交通设计的交通调查应收集哪些方面的资料?

第三章 交通设计依据及基本原理

交通设计以城市规划、交通规划、土地规划等文件为指导,除此之外,交通设计还应符合道路工程、交通管理与控制、交通工程设施等的相关设计标准和规范。这些文件、标准和规范构成了交通设计的设计依据。由于不同设计内容的标准和规范相互交叉,且同一设计内容存在多个设计标准,因此,在交通设计过程中,需要灵活应用这些标准和规范。本章重点介绍国内交通设计的主要设计标准和规范,总结其设计要点,分析其应用于交通设计时需要注意的问题。同时,列举同一设计内容在不同规范之间存在的矛盾之处。最后,根据对相关标准规范的解读,综合交通设计基础,总结交通设计应遵循的基本原理。

第一节 相关技术标准

交通设计参照的技术标准包括国家标准、行业标准、导则和地方标准。国家标准是指对全国经济技术发展有重大意义,需要在全国范围内统一技术要求而制订的标准;国家标准是所有标准规范制订的基础,其他各级标准不得与之相矛盾。行业标准是对国家标准的补充,是专业性、技术性较强的标准,或没有相应国家标准而又需要在某个行业范围内统一技术要求而制订的标准。导则是对行业技术要求和实施程序所作的统一规定,不具有强制性。地方标准是在国家标准的基础上制订的具有地方特色并只在该地区执行的标准。本节就交通设计国家和行业相关技术标准进行分类解读,总结设计要点及在交通设计中应该注意的技术环节。

一、平面交叉口

平面交叉口交通设计的依据主要有《城市道路交叉口规划规范》(GB 50647—2011)与《城市道路交叉口设计规程》(CJJ 152—2010)。两个规范分别从宏观与微观角度对城市道路交叉口设计提出了基本设计要求,并为各设计要素提供了设计方法。

1. 设计依据要点

(1) 交叉口分类及选型

设计依据根据相交道路等级与交通组织方式将平面交叉口划分为信号控制、无信号控制和环形交叉口三大类,并给出了相应等级道路交叉口选型。

(2) 交叉口进出口道设计

设计依据规定了不同控制方式的交叉口交通组织原则,列出了进口道左转专用道、右转专用道的设计方法,给出了进出口道与渐变段长度的计算方法。设计依据对高架道路匝道与交叉口的衔接也做出了说明。

(3) 行人与非机动车过街设施设计

设计依据对行人与非机动车过街设施的设置原则做出了相应的规定。

(4) 环形交叉口设计

设计依据通过计算模型,对环形交叉口的交通岛大小、交织区段长度做出了详细规定,对车道数、车道宽度、断面布置做出了定性规定。

2. 需要注意的问题

(1) 设计依据对左转(右转)车辆转弯半径、停止线设置位置等未做出规定。

(2) 对慢行交通过街设计重视程度不够。如对人行横道在交叉口的设置位置、行人安全岛的设计面积、非机动车的膨胀性、非机动车过街等待设计未给予定量分析。

(3) 对相邻两交叉口的间距未做出相应规定。

(4) 对 X 形、Y 形、错位等畸形交叉口的渠化及设计未给出相应方法。

(5) 缺乏对交叉口渠化设计的方式与方法的规定,而《城市道路交通标志和标线设置规范》(GB 51038—2015) 中有与渠化设计相关的标志标线介绍。

(6) 两个规范对同一设计要素存在说法不同或解释不清晰的问题,如对进口道展宽长度取值的规定、在出口道有公交站台时对出口道展宽长度的规定。《城市道路交叉口规划规范》(GB 50647—2011) 规定:道路展宽在无交通资料时,支路最小长度不应小于 30m,次干路最小长度不应小于 40~50m,主干路长度不应小于 50~70m,与支路相交应取下限值,与主干路相交应取上限值。而《城市道路交叉口设计规程》(CJJ 152—2010) 规定,在无交通资料时,道路展宽最小长度应按不小于:支路 30~40m、次干路 50~70m、主干路 70~90m 取值,与支路相交取下限,与主干路相交取上限。

3. 设计依据与现实情况的差别

(1)《城市道路交叉口设计规程》(CJJ 152—2010) 规定:各类交叉口最小间距应能满足转向车辆变换车道所需最短长度、红灯期车辆最大排队长度,以及进出口道总长度的要求,且不宜小于150m。而一些城市道路交叉口的间距不满足要求，例如南京市珠江路与成贤街交叉口距珠江路与太平北路交叉口不足100m。

（2）《城市道路交叉口设计规程》（CJJ 152—2010）规定：全无控制及让行交叉口进口道必须布设人行横道线，并设让行标志。而一些城市道路交叉口并未设置人行横道线或让行标志。

（3）《城市道路交叉口设计规程》（CJJ 152—2010）规定：交叉口人行横道两侧沿路缘石30~120m范围内，应设置分隔栏等隔离设施，主干路取范围上限，支路取范围下限。但现实情况中，很多交叉口人行横道两侧未设置隔离设施。

（4）《城市道路交叉口设计规程》（CJJ 152—2010）规定：当人行横道长度大于16m时，应在人行横道中央设置行人二次过街安全岛，其宽度不应小于2m，困难情况下不得小于1.5m。《城市道路交叉口规划规范》（GB 50647—2011）也对此做出了类似规定。但很多城市的大型交叉口未设置二次过街安全岛。

（5）《城市道路交叉口规划规范》（GB 50647—2011）规定：总体规划阶段，除支路外，进口道规划车道数应按上游路段规划车道数的2倍进行用地预留。而现实中一些城市总体规划中并未涉及相关条款，常导致道路红线宽度不足。

（6）《城市道路交叉口规划规范》（GB 50647—2011）规定：视距三角形限界内，不得规划布设任何高出道路平面高程1.0m且影响驾驶人视线的物体。而现实中大量城市交叉口因绿化带过高或标志牌遮挡而不满足视距要求，如武汉市关山大道与珞瑜路交叉口，绿化带影响了右转车视距。

（7）《城市道路交叉口规划规范》（GB 50647—2011）规定：在信号交叉口处，出入口匝道接地点距交叉口的距离应满足车流交织长度的要求。而现实中常存在不满足这一要求的交叉口，如杭州市萧山区湘湖路与萧西路交叉口。

二、立体交叉口

城市道路立体交叉口的设计依据与平面交叉口的设计依据相同。《城市道路交叉口规划规范》（GB 50647—2011）从宏观角度确立了城市立体交叉各要素在设计时应遵循的规定，《城市道路交叉口设计规程》（CJJ 152—2010）更加详尽地阐述了立体交叉各要素的设计方法及应满足的相关指标。

1. 设计依据要点

（1）立体交叉分类及选型

设计依据根据相交道路等级、直行及转向交通流特征、非机动车的干扰等，将立体交叉划分为枢纽立交、一般立交、分离式立交三大类。

（2）立体交叉主线设计

设计依据对主线的横断面组成做出了简要介绍，对主线机动车道与非机动车道应满足的坡度及坡长等做出了详尽规定。

（3）匝道设计

设计依据对不同形式匝道的横断面布置形式、曲线路面的加宽值做出了相应规定，并给出了加宽缓和段、平纵曲线与匝道端部的设计方法与计算公式，规定了在不同交通条件下应满足的线形指标。

(4)变速车道与辅助车道设计

设计依据给出了不同形式的变速车道及其适应的基本条件,给出了在不同条件下变速车道的设计参数取值,同时明确了集散车道的设置条件。

2. 需要注意的问题

(1)立交选型

对于立交选型,设计依据是从相交道路等级、城市规模、交通需求等角度做出规定,选型条件较为抽象与宏观,未充分考虑不同类型立交的特性、适应条件及该处交通流的时空特性。

(2)立交匝道与地面衔接

设计依据对立交匝道与地面衔接的相应规定较少,因此现实中常出现匝道与地面衔接位置错误、离交叉口过近、衔接道路等级过低或车道不足等问题。立交匝道与地面衔接道路通行能力不匹配,匝道排队导致立交主线和地面局部区域交通拥堵的问题日趋突出。

3. 设计依据与现实情况的差别

(1)车道分配问题

由于车辆的合流、分流及交织,立交范围内常出现车道数量的变化,设计依据针对此类情况,明确了立交设计需满足车道平衡。而现实中常出现匝道与主线连接处无变速车道、交织段无辅助车道、二次分流车道与交通量不匹配等问题,致使局部交通拥堵或发生交通事故。

(2)立交匝道与主线衔接

设计依据对不同匝道与主线连接方式的适应条件做出了相应规定。而现实中由于城市用地的限制或缺乏对汇入交通量的考虑,会出现接入方式无法满足现状交通量要求、未设置变速车道或变速车道长度不足等状况。

三、路段

路段交通设计的依据主要有《城市道路工程设计规范(2016年版)》(CJJ 37—2012)与《城市道路路线设计规范》(CJJ 193—2012),其中快速路交通设计可参考更为详细的规范,即《城市快速路设计规程》(CJJ 129—2009),道路沿线相关标志标线的设置依据有《城市道路交通标志和标线设置规范》(GB 51038—2015)。这些规范对城市道路的功能等级、通行能力、基本设计要求等做出了原则性规定。

1. 设计依据要点

(1)城市道路设计基本规定

设计依据将城市道路划分为快速路、主干路、次干路、支路4个等级,并规定了不同等级道路的设计速度、不同断面道路的建筑限界。此外,对设计车辆尺寸、道路设计年限、荷载标准、防灾标准也做出了基本规定。

(2)道路通行能力与服务水平

设计依据规定了不同等级道路的设计通行能力、基本通行能力,界定了服务水平分级标准。同时,对慢行交通的通行能力、服务水平分级标准也做出了量化规定。

(3)道路横断面设计

根据道路的横断面形式,可将城市道路划分为单幅路、两幅路、三幅路、四幅路和特殊断面形式的道路,设计依据对各种断面的布置及适应条件分别做出了简要说明。为便于设计,设计依据还将横断面细化为机动车道、非机动车道、人行道、分车带、设施带、绿化带,特殊断面还包括应急车道、路肩和排水沟等。同时,设计依据对各要素应满足的设计要求做出了详细规定。

(4) 平面和纵断面设计

平面线形由直线、平曲线组成,平曲线宜由圆曲线、缓和曲线组成,设计时应处理好直线与平曲线的衔接,合理地设置缓和曲线、超高、加宽等。规范对平曲线的半径及最小长度做出了量化规定。对于纵断面设计,规范对不同设计速度的坡度、坡长、竖曲线最小半径与最小长度及合成坡度做出了量化规定。对于线形的组合设计,规范只进行了简要说明。

(5) 其他方面设计

除上述设计外,规范对城市道路路基和路面、桥梁和隧道等的设计也做出了相应说明。

2. 需要注意的问题

(1) 横断面的选取

设计依据对各个断面形式的适用条件未做出详细规定,致使部分设计人员在规划阶段对于道路横断面的选取较为随意。

(2) 道路沿线出入口管理

设计依据对各级道路沿线的出入口规定过于简略,对出入口位置、大小、组织形式等均未做出规定。

(3) 路内停车布局

路内停车常占用非机动车道与人行道,而设计依据对路内停车场与非机动车道之间的关系未做出相应规定,致使支路与次干路上行人与非机动车的路权常得不到保障。

(4) 分车带最小宽度取值

《城市道路工程设计规范(2016年版)》(CJJ 37—2012)表 5.3.5 规定的不同情况下分车带取值与《城市道路路线设计规范》(CJJ 193—2012)表 5.3.4 规定的分车带取值不一致。

(5) 潮汐车道、单行道、双向左转车道设置

设计依据对潮汐车道、单行道及双向左转车道的设置条件、设置方法、设置标准等未做出任何规定,而《城市道路交通标志和标线设置规范》(GB 51038—2015)对上述车道的标志标线形式都做出了相应说明。

3. 设计依据与现实情况的差别

(1) 道路功能

设计依据明确规定了不同等级道路的功能、设计速度、设计交通量等,而现实情况中,常出现道路功能紊乱,未发挥其规定的功能等情况。例如,城市主干道因周边商业林立、开口过多,导致其交通功能淡化、服务功能逐渐凸显。

(2) 机动车道、非机动车道、人行道设置

设计依据规定路段机动车道的最小宽度为 3.25m,非机动车道的最小宽度为 1m,人行道的最小宽度为 2m。而现实中常出现以下现象:

① 不同地方标准和规范对机动车道最小宽度的规定不统一,如浙江省规定的路段车道最小宽度为 2.8m,江苏省为 3m。

②机非混行是我国城市道路中的普遍现象,其重要原因是非机动车道宽度不足、舒适性差或中断,无法保障非机动车的通行权。例如,在一些道路上,非机动车道常被路边停车、公交站台占据。

③人行道被市政设施、非机动车、商铺货品等占用,导致行人无法安全通行。

(3) 视距问题

设计依据对车辆的停车视距做出了明确规定,而现实情况中,由于道路绿化设施、路侧停车及道路施工等影响,在急弯、坡道与路侧出入口等处,停车视距常无法达到规范的最低要求。

四、公共交通

公共交通的设计依据分散于与城市道路相关的各个规范中,公共交通设计的一般规定为《城市综合交通体系规划标准》(GB/T 51328—2018),一般交叉口附近的公交站与公交专用车道需遵循的主要设计依据为《城市道路交叉口规划规范》(GB 50647—2011)与《城市道路交叉口设计规程》(CJJ 152—2010),路段公交专用车道的主要设计依据为《公交专用车道设置》(GA/T 507—2004)。

1. 设计依据要点

(1) 公共交通线网

设计依据对不同等级城市的公共交通线网密度、线路长度、换乘系数及非直线系数等参数做出了相应规定,同时也规定不同类型的公共交通、不同位置的公交线路应注意衔接。

(2) 公交专用车道设计

设计依据明确了公交专用车道的设置条件,将公交专用车道分为外侧式、内侧式公交专用车道,并介绍了不同形式公交专用车道的设置方法。

(3) 交叉口公交专用车道设计

设计依据对公交专用车道在交叉口进出口道的设置方式、长度及宽度做出了相应规定。

(4) 路段公交停靠站设计

设计依据对不同公交类型的站点间距做出了规定,也对快速公交站台与常规公交站台的设计条件及应满足的基本要求做出了相应规定。对于交叉口处公交站台的设置位置、站台形式的选择、站台宽度与长度及可容纳的最大线路数等均做出了相应要求。

2. 需要注意的问题

(1) 不同类型公交专用车道的适用条件

路侧型和路中型公交专用车道各有优劣,其适用条件也存在差异,设计依据对此未做出任何规定。

(2) 公交停靠站与慢行交通关系的处理

在路段,公交停靠站常占用慢行车道,影响行人与非机动车安全通行。此外,设计依据对公交停靠站与人行横道的衔接也未做明确规定。

(3) 公交站台与地铁站的衔接

实现地面公交与轨道交通的便捷换乘是实现公交优先的关键,而设计依据未涉及相关内容。

（4）公交站台几何尺寸

设计依据对公交站台几何尺寸的规定存在矛盾。对于公交停靠站的渐变段，《城市道路交叉口规划规范》(GB 50647—2011)的规定为不小于20m，而《城市道路交叉口设计规程》(CJJ 152—2010)的规定为12~15m。

3. 设计依据与现实情况的差别

（1）交叉口处公交专用车道设置

设计依据规定在交叉口进出口道一定范围内均不设公交专用车道。而现实情况中，公交专用车道常于进口道停止线处结束或从出口道起点处开始设置，干扰右转车辆的通行。

（2）公交停靠站设置

①《城市道路交叉口规划规范》(GB 50647—2011) 8.3.1 第4条规定：无轨电车与公共汽车应分开设站，无轨电车停靠站应设置于公共汽车停靠站的下游。而现实情况中，一些城市将无轨电车公交站与常规公交站合并设置。

②《城市道路交叉口规划规范》(GB 50647—2011) 8.3.1 第5条规定：立体交叉匝道出入口段及立体交叉坡道段不应设置公共汽(电)车停靠站。而现实情况中，常有公交站台设置于高架道路的出口处，甚至不能满足公交进站所需的长度。

③《城市道路交叉口设计规程》(CJJ 152—2010) 4.4.10 规定：当多条公交线路合并设站时，线路数不宜多于5条，特殊情况下不应超过7条。而在一些公交线路重合较多的干道上，公交线路的条数常多于7条，例如南京新街口东站停靠线路多达10条。

④对于停靠站台的设置，规范规定站台的最小尺寸为1.5m。而现实情况中，常存在站台无法满足此宽度要求的现象，而且在一些城郊公交站台，由于无明显的公交站台，乘客常无法确认停靠站的具体位置。

五、公共停车场(库)

路内停车的设计依据主要是《城市道路路内停车泊位设置规范》(GA/T 850—2009)，该依据规定了路内停车泊位的设置条件与基本要求；路外停车的设计依据主要有《城市道路工程设计规范(2016年版)》(CJJ 37—2012)与《城市道路公共交通站、场、厂工程设计规范》(CJJ/T 15—2011)。两个规范规定了机动车与非机动车停车场的设置条件与停车场的开口设置要求。

1. 设计依据要点

（1）路内停车设置

设计依据明确了路内停车泊位设置的一般条件、不同类型城市路内停车泊位的设置率、设置泊位的道路宽度、占用道路设置停车泊位的 V/C 值、人行道设置停车泊位后剩余宽度、道路沿线出入口的安全视距，同时还列出了不应设置停车泊位的条件。

（2）路内停车泊位设计

《城市道路路内停车泊位设置规范》(GA/T 850—2009)与《城市道路交通标志和标线设置规范》(GB 51038—2015)对停车泊位标线设置、泊位宽度及泊位排列形式做出了规定。

（3）其他方面设计

《城市道路工程设计规范(2016年版)》(CJJ 37—2012)对公共停车场的布置位置，机动车停车场的开口位置、开口净宽,不同类型停车场的开口数量等的设计做出了详细规定。

2. 需要注意的问题

(1)路内非机动车停车设计不足。对于路内停车设计,人们关注的焦点为机动车,而忽略了非机动车停车设计,致使非机动车乱停乱放,占用人行道或非机动车道的现象严重。

(2)停车场与其他交通的衔接设计不足。设计依据多关注于停车位置选择、停车泊位数等设计,而忽略了停车场与慢行交通、公共交通、路边开口等的衔接设计,从而导致了停车位占用非机动车道、其他交通与公共交通衔接不当、路内停车影响路侧开口视距等诸多问题。

3. 设计依据与现实情况的差异

(1)《城市道路路内停车泊位设置规范》(GA/T 850—2009)第4.1.2条规定:路内停车泊位的设置应当处理好与机动车、非机动车和行人交通的关系,保障各类车辆和行人的通行和交通安全。而现实情况中,路内停车常以牺牲慢行通道为代价,未能妥善处理好两者间的关系。

(2)《城市道路路内停车泊位设置规范》(GA/T 850—2009)做出了对"设置路内停车泊位的道路宽度"的规定,但许多道路并不满足两侧或一侧设置停车泊位的宽度要求,却设置了停车泊位,导致道路通行能力下降,同时造成机非混合现象。

(3)《城市道路路内停车泊位设置规范》(GA/T 850—2009)对不同等级的城市人行道设置停车泊位后的剩余宽度做出了相应规定。而现实情况中,常出现停车泊位占据整个人行道或致使人行道过窄,行人被迫在机动车道上通行的现象。

(4)路边停车在道路沿线出入口应满足一定的安全视距。而现实情况中,一些停车泊位紧邻开口处,视距无法满足要求。

(5)《城市道路工程设计规范(2016年版)》(CJJ 37—2012)规定:机动车停车场的出入口不宜设在主干路上,可设在次干路或支路上,并应远离交叉口,不得设在人行横道、公共交通停靠站及桥隧引道处。而现实情况中,常有小区停车场或建筑物配建停车场的开口设置于交叉口附近或主干路上。

(6)《城市道路工程设计规范(2016年版)》(CJJ 37—2012)规定:停车场出入口位置及数量应根据停车容量及交通组织确定,且不应少于2个,其净距宜大于30m;条件困难或停车容量小于50辆时,可设一个出入口,但其进出口应满足双向行驶的要求。而现实情况中,常出现大型停车场开口过少或开口过小等现象。

六、慢行交通

慢行交通设计与其他设计要素均存在关联,与其他设计要素的衔接设计要求分布于各要素设计依据中。对慢行交通设计指导较为全面的依据是《城市道路工程设计规范(2016年版)》(CJJ 37—2012)与《城市步行和自行车交通系统规划设计导则》(以下简称《导则》)。

1. 设计依据要点

(1)慢行交通设计的基本要求

慢行交通设计应遵循安全性、连续性、方便性、舒适性原则,在设计过程中应着重处理好与其他交通、周边环境间的关系,并符合相关规定,遵循相关的设计规范。

(2) 步行交通设计

《导则》将步行道按城市不同区域步行交通特征的差异划分为3个区,按不同类型步行道的功能和作用划分为3个等级,不同区域、不同等级步行道的密度、间距、宽度及过街设施布局应满足不同要求。同时,《导则》为步行过街设施设置、交叉口转角空间设计、步行环境设计提供了方法。

(3) 自行车交通设计

《导则》同样将自行车道划分为3个不同区域和3个不同等级,对不同等级自行车道的设计指标应满足的基本要求做出了规定;对于自行车空间与环境设计,《导则》对自行车道宽度、隔离形式、过街设施及停车设施设计给出了设计指标与设计方法。同时,《导则》也对公共自行车租赁、选址及场地设置等提出了相应要求。

(4) 慢行交通与其他交通的衔接

《导则》为慢行交通与公共交通、路内停车与出入口的衔接提供了设计依据和设计思路。

2. 需要注意的问题

(1) 设计依据对行人的视距考虑不足。目前,设计依据对视距的考虑多从机动车的角度出发,而对行人视距的考虑几乎为零。行人视距常被路边停车、绿化设施、路政设施及桥墩等遮挡,使行人通行的"安全感"不足。

(2) 设计依据对非机动车的差异性考虑不足。目前,非机动车包括自行车、电动车和三轮车,而设计依据主要考虑了自行车的交通特性,忽略了其他非机动车,使得电动车等非机动车成为事故多发车型。

3. 设计依据与现实情况的差异

(1)《导则》第5.1.2条规定:步行道各分区应保证连续,避免分区间发生重叠或冲突。而现实情况中,步行道常被路政设施、路边停车占用,路边施工常阻断人行道。

(2)《导则》第8.2.1条规定:城市主、次干路和快速路辅路的自行车道,应采用机非物理隔离。城市支路上的自行车道,可采用非连续式物理隔离。而现实情况中,机非隔离带的设置较为混乱。

(3) 对于过街人行横道的设置,设计依据明确规定应保持路面平整连续、无障碍物,遵循最短线路。而现实中却存在人行横道设置于花坛处或与道路中心线不垂直的现象。

(4)《导则》第8.2.3条规定:在宽度大于3m的非机动车道入口处,应设置阻车桩。而现实情况中,很多地方并未设置,导致机动车停车或行驶于非机动车道。

(5)《导则》中多处明确规定应优先保证慢行交通的安全性与通行的连续性,而现实情况中,常发生慢行通道被挤占或未设置慢行通道的现象,影响慢行交通的安全性。

七、交通安全

交通安全设计贯穿交通设计的始终,其设计依据主要有《中华人民共和国道路交通安全法》(2011年修订)与《城市道路交通设施设计规范(2019年版)》(GB 50688—2011)。《中华人民共和国道路交通安全法》是交通设计的最高准则,需贯穿设计的始终;《城市道路交通设施设计规范(2019年版)》(GB 50688—2011)为各种道路安全设施的设计提供依据。

1. 设计依据要点

(1) 道路通行条件

《中华人民共和国道路交通安全法》(2011年修订)在路段和交叉口行人保护、路内停车、公交优先、施工区交通安全防护、路侧防护、交通标志标线设置等方面提出了相应要求。

(2) 交通设施分级

《城市道路交通设施设计规范(2019年版)》(GB 50688—2011)将交通设施分为A、B、C、D四个等级,规定在不同等级的道路应设置不同级别的交通设施。如在主干路上应设置B级交通设施。

(3) 交通标志、标线设置

《城市道路交通设施设计规范(2019年版)》(GB 50688—2011)对不同交通标志的设置、版面设计、支撑方式等做出了相应规定,对交通标线的设置、材料使用及轮廓标做出了相应规定。

(4) 防护设施设置

城市道路防护设施包括防撞护栏、防撞垫、限界结构防撞设施、人行护栏、分隔设施、隔离栅和防落物网、防眩设施、声屏障。《城市道路交通设施设计规范(2019年版)》(GB 50688—2011)对防护设施的设置位置、设计要求做出了详细规定。

(5) 交通信号灯设置

《城市道路交通设施设计规范(2019年版)》(GB 50688—2011)对交通信号灯的设置条件及信号灯配时应注意的要求做出了相应规定。

(6) 服务设施设置

服务设施包括人行导向设施、人行过街设施、非机动车停车设施、机动车停车设施和公交停靠站等。《城市道路交通设施设计规范(2019年版)》(GB 50688—2011)对这些设施的设置做出了相应规定。

(7) 照明设施

《城市道路交通设施设计规范(2019年版)》(GB 50688—2011)明确城市道路应设置人工照明设施,对不同等级道路、非机动车道与人行道、隧道的路面亮度做出了相应规定。

2. 需要注意的问题

(1) 不同设计依据对交通标线的设置规定不统一。如《城市道路交通设施设计规范(2019年版)》(GB 50688—2011)规定车行道边缘线宽度为15cm或20cm,《城市道路交通标志和标线设置规范》(GB 51038—2015)则规定为10cm或15cm。

(2) 设计依据对防眩设施和声屏障的设置条件未做出详细说明。

(3) 不同设计依据对服务设施的设置规定不统一。如《城市道路交通设施设计规范(2019年版)》(GB 50688—2011)规定机动车道不少于6条或人行横道长度大于30m时应设安全岛,而《城市道路交叉口设计规程》(CJJ 152—2010)规定当人行横道长度大于16m时,应在人行横道中央设置行人二次过街安全岛。

3. 设计依据与现实情况的差异

(1)《城市道路交通设施设计规范(2019年版)》(GB 50688—2011)规定交通设施不能侵入道路建筑限界。而现实情况中,很多交通设施存在遮挡道路使用者视线或占用部分道路等问题。

(2)《城市道路交通设施设计规范(2019年版)》(GB 50688—2011)规定交通标志不得被桥墩、柱、树木等遮挡。而现实状况中,很多树木由于缺乏修剪,导致交通标志被遮挡;或交通标志设置不当,导致在部分车道无法看清交通标志。

(3)《城市道路交通设施设计规范(2019年版)》(GB 50688—2011)规定指路标志应简洁清晰地反映道路名称、地点、线路等内容,版面尺寸应符合规范。而现实情况中,很多指路标志存在信息选取不明、版面信息不合规范等问题。

(4)《城市道路交通设施设计规范(2019年版)》(GB 50688—2011)规定立交的分合流处应设置出入口标线及导向箭头,而现实情况中,部分立交并未设置。

第二节　交通设计基本原理

交通设计需要尽可能地消除道路通行能力的瓶颈,减少交通流之间的交通冲突,优化道路时空资源。为保持交通流的连续运行,结合对设计依据的解读和分析,在交通设计中需要遵循以下3个基本原理。

一、车道平衡原理

车道平衡原理是指交通流在路径转移过程中所拥有的车道数应保持连续的平衡状态。

1. 车道平衡原理在平面交叉口的应用

主要应用在以下两个方面:①信号控制交叉口若设置了左转或右转相位,进口道须设置左转或右转专用车道;②交叉口出口道车道数应与各相位中不同流向的最大汇入车道数相平衡。举例说明,如表3-1所示。

平面交叉口车道平衡原理类型图例　　　　　　　　　　表3-1

类型	图例	说明
十字形交叉口案例(一)	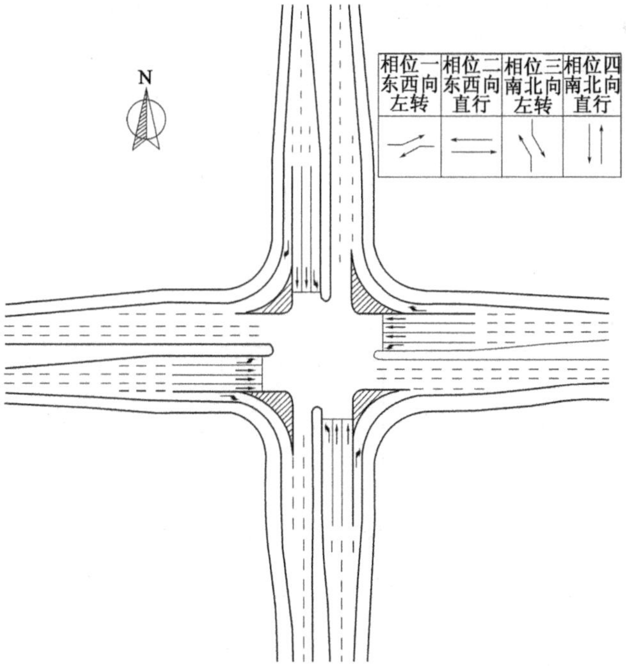	①该交叉口设置了左转专用相位,各进口均须设置左转专用车道; ②该交叉口采用四相位控制,东西方向的出口道应与最大汇入车流的车道数相平衡(相位二),即4进4出; ③该交叉口各进口均设置了右转专用车道,且各出口均设置了右转合流车道,为灵活设置右转信号控制提供了便利

续上表

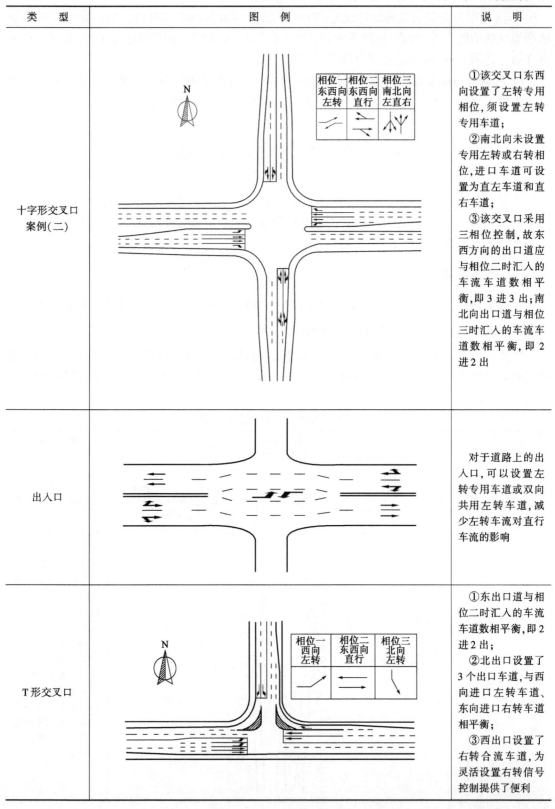

类型	说明
十字形交叉口案例(二)	①该交叉口东西向设置了左转专用相位,须设置左转专用车道;②南北向未设置专用左转或右转相位,进口车道可设置为直左车道和直右车道;③该交叉口采用三相位控制,故东西方向的出口道应与相位二时汇入的车流车道数相平衡,即3进3出;南北向出口道与相位三时汇入的车流车道数相平衡,即2进2出
出入口	对于道路上的出入口,可以设置左转专用车道或双向共用左转车道,减少左转车流对直行车流的影响
T形交叉口	①东出口道与相位二时汇入的车流车道数相平衡,即2进2出;②北出口设置了3个出口车道,与西向进口左转车道、东向进口右转车道相平衡;③西出口设置了右转合流车道,为灵活设置右转信号控制提供了便利

2. 车道平衡原理在路段上的应用

车道平衡原理主要应用在交通流的分流与合流阶段,举例说明,如表3-2 所示。

路段车道平衡原理类型图例 表3-2

类型	图例	说明
合流	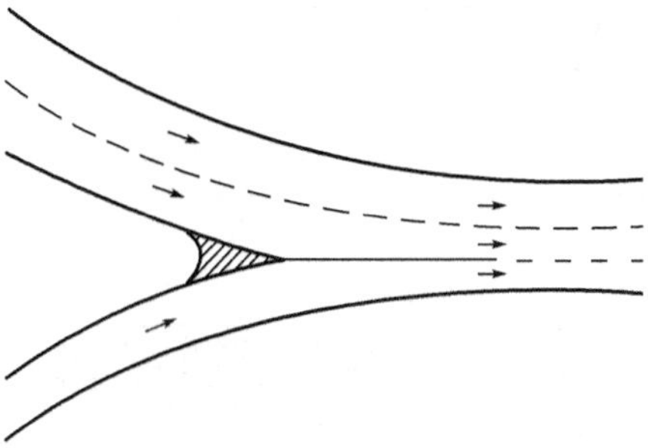	合流后的车道数应与合流前各个车道数相平衡
分流(一)	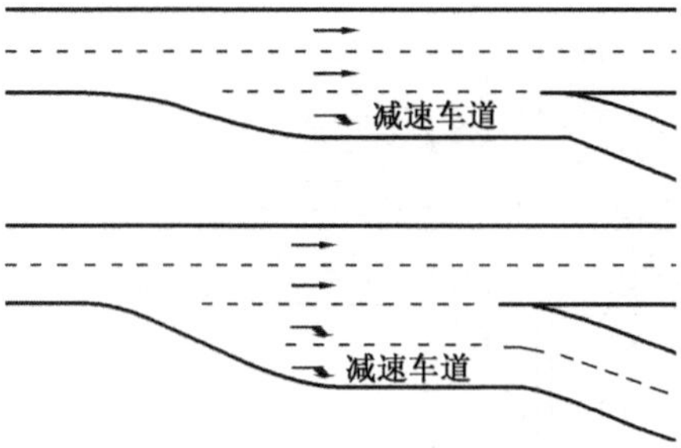	当有车辆驶出需求时,需要增加减速车道以满足车道平衡原理;同时,减速车道应与出口匝道车道数保持平衡;例如,出口匝道有2条车道,则减速车道应设置2条车道与之对应
分流(二)	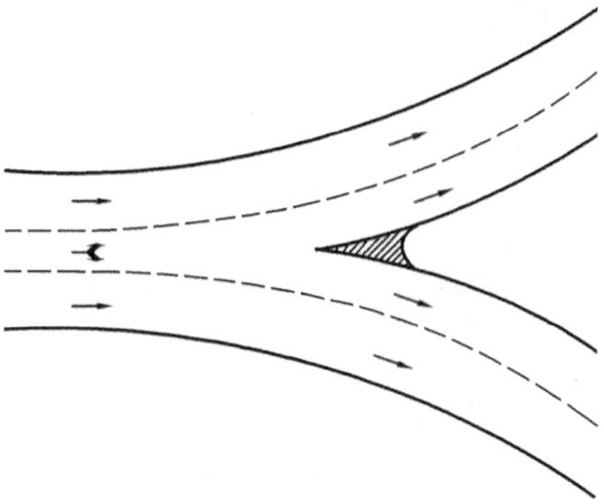	2个出口各设置了2条车道,进口设置了3条车道,中间车道上的车辆可以自由选择行驶方向

在城市道路中,快速路必须满足车道平衡原理;主干道作为城市道路网络的骨架,应满足车道平衡原理;次干路和支路可部分满足车道平衡原理。

二、速度平衡原理

速度平衡原理是指不同流向的车流在合流或交织过程中,速度能够保持相互接近的状态。速度平衡能够使驾驶人采用连贯的驾驶方式行驶,相邻车辆之间保持相对静止的状态,从而避免或者减少彼此间的交通冲突,达到安全行驶的目的。举例说明,如表 3-3 所示。

速度平衡原理类型图例　　　　　　　　　表 3-3

类型	图例	说明
加速车道		车辆由匝道进入快速路时,经过加速车道加速后,车辆接近或达到路段上车辆的速度,实现合流
右转合流车道		在交叉口出口道均设置了右转合流车道,使右转汇入的车量接近或达到路段上车辆的速度,实现合流
公交停靠站		设置公交停靠站时,需充分考虑公交车进站时减速与出站时加速的过程,减少交通冲突
掉头加速车道		车辆掉头时,设置相应的辅路使掉头车辆加速,减少因其与直行车道之间的速度不平衡而导致的交通冲突

三、时空资源平衡原理

时空资源平衡原理是指在交通设计时,需根据道路的几何条件、交通流状况以及周围环境,确定道路的各种交通流的合理通行空间、通行权及通行规则,使道路的空间资源与时间资源得到充分利用。

在进行交通设计的过程中,应充分认识到道路时间资源和空间资源是两个相互联系的集合,时间资源和空间资源之间能够相互转化。例如,在早晚高峰时段,可以通过设置可变车道来提高空间资源利用率;当交叉口的空间资源受限时,可以通过增加信号周期时长等方式来弥补空间资源的不足。举例说明,如表3-4所示。

时空资源平衡原理类型图例   表3-4

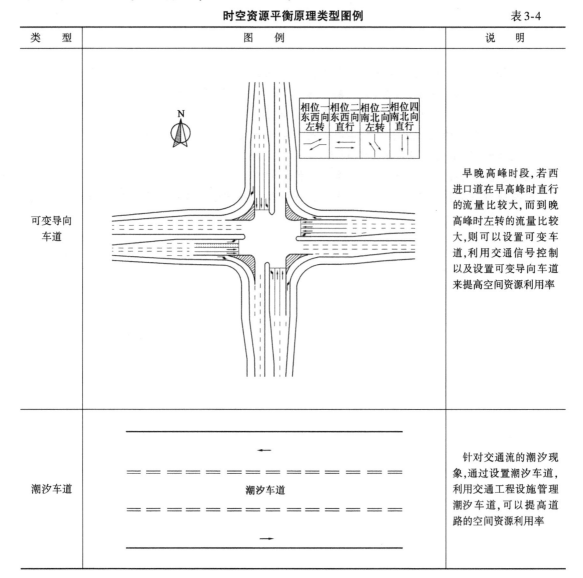

类型	图例	说明
可变导向车道		早晚高峰时段,若西进口道在早高峰时直行的流量比较大,而到晚高峰时左转的流量比较大,则可以设置可变车道,利用交通信号控制以及设置可变导向车道来提高空间资源利用率
潮汐车道		针对交通流的潮汐现象,通过设置潮汐车道,利用交通工程设施管理潮汐车道,可以提高道路的空间资源利用率

需要指出的是,交通设计基本原理为诊断交通运行中存在的问题、制订交通设计方案提供了一个基本的分析思路。当不符合上述原理时,交通拥堵和交通事故可能增加,但这并不表示

所有不符合交通设计基本原理的道路都会出现运行上的困难,对于交通量较小的道路,交通运行中潜在的交通问题可能暂时不会暴露出来,例如:

(1)次干路和支路的路段和路口,部分满足上述原理时,也可运行良好。

(2)当交通量较小,左转车流和右转车流无法达到设置专用车道的最低要求时,交叉口不满足车道平衡和速度平衡原理也可运行良好。

(3)当交叉口本身设计有较宽的非机动车道且非机动车流量较小时,机动车可以借用非机动车道运行,即使交叉口出口处不满足车道平衡原理也可运行良好。

【复习思考题】

1. 交通设计的设计依据可分为哪几类?不同类型设计依据之间存在怎样的关系?
2. 指导不同道路设施(如交叉口、路段等)设置的设计依据有哪些?
3. 当同一设计内容的设计依据之间存在矛盾时,应如何处理?
4. 举例说明交通设计中不符合车道平衡原理和速度平衡原理的实例(各不少于3例),并针对这些实例,提出交通设计的基本对策。
5. 如何理解和应用交通设计的主要设计依据?
6. 交通设计的基本原理包含了怎样的设计逻辑?如何理解3个基本原理之间的关系?

第四章
平面交叉口交通设计

平面交叉口是城市道路最重要的组成部分之一,是交通流实现路径转换的节点。由于交通流路径转换的需要,车辆在通过交叉口时,驾驶人需要完成减速、变道、停车、转向、加速等一系列操作,且这一过程需要在交叉口及其相邻区域内完成,因此在交叉口及其相邻区域就形成了若干交通冲突点,不同流向车流之间会产生交叉、合流、分流等交通冲突。相对于路段而言,平面交叉口的交通特性更加复杂,是道路通行的瓶颈和交通事故多发地带。保证平面交叉口良好的运行状态对整个道路网的安全、高效运行至关重要。

本章以十字形交叉口和T形交叉口交通设计为主,重点介绍信号控制交叉口交通设计中的交叉口选型设计、机动车道设计、非机动车交通设计、行人交通设计、渠化设计和信号控制设计等相关内容,同时也简要介绍无信号控制交叉口、环形交叉口以及一些特殊类型交叉口的设计要点。

第一节 平面交叉口时空特征分析

一、平面交叉口空间特征

1. 平面交叉口物理区和功能区

平面交叉口物理区是指交叉道路的重叠部分,是由进口车道停止线及延长线与道路边界合围形成的区域。

在车辆通过交叉口的过程中,驾驶人需要完成减速、变道、停车、转向、加速等一系列操作,这不仅会影响交叉口物理区内交通流的运行,也会对交叉口连接道路的交通运行安全性和畅通性有所影响。因此,确定交叉口功能区是进行交叉口空间特征分析的重要内容。平面交叉口功能区是指交叉口物理区及车辆进入交叉口之前或离开交叉口之后,交通流运行状态显著区别于连接道路上交通流运行状态的区域。这种运行状态上的区别表现在多方面,如速度的明显变化、速度离散性指标(如方差、标准差、变异系数等)的明显变化等。

根据车辆在交叉口的驶入和驶出方向,平面交叉口的功能区可划分为物理区、上游功能区和下游功能区。上游功能区是指停止线前特定的区间,在上游功能区,驾驶人需完成减速、变道、停车等操作;下游功能区是指交叉口出口车道后特定的区间,在下游功能区,驾驶人仅需完成加速操作。平面交叉口物理区及功能区如图4-1所示。

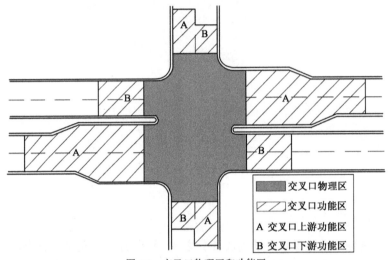

图 4-1　交叉口物理区和功能区

交叉口上游功能区由三部分组成:驾驶人在发现交叉口后的"感知—反应时间"内行驶的距离、车辆减速行驶和侧向移动的行驶距离,以及车辆排队长度。

交叉口下游功能区的范围可以由安全停车距离来确定,其长度应保证通过交叉口的车辆在遭遇来自下游交叉口或接入道路的交通冲突时能够安全停车。

平面交叉口功能区的范围大小与设计速度、交通控制方式、信号相位设计和交通量等因素密切相关。根据定义,平面交叉口功能区的长度根据各组成部分的长度确定。信号控制平面交叉口功能区各组成部分的具体长度取值见表4-1和表4-2。

交叉口功能区长度　　　　　　　　　　表 4-1

设计速度 (km/h)	"感知—反应时间"行驶距离 d_1 (m)	减速行驶距离 d_2 (m)	车辆排队长度 d_3 (m)	上游功能区长度 (m)	下游功能区长度 (m)
100	45~70	155	见表4-2	$d_1+d_2+d_3$	160
80	35~60	100			110
60	25~45	45~55			75
40	20~30	20~25			40

信号控制平面交叉口车辆排队长度 表4-2

单车道交通量(pcu)		100	200	300	400	500	600	700	800	900	1000
车辆排队长度(m)	二相位	20	25	35	45	50	60	70	75	85	95
	三相位	30	40	45	55	60	70	80	85	95	100
	四相位	40	50	55	65	70	90	85	95	105	110

2. 平面交叉口交通设计范围

平面交叉口设计范围应包含完整的功能区。由于上游功能区范围要大于下游功能区范围，在交叉口设计过程中，进口车道线形的变化会影响对向出口车道的线形。因此，出口车道的设计范围扩展至对向进口车道上游功能区的起始位置。交叉口设计范围如图4-2所示。

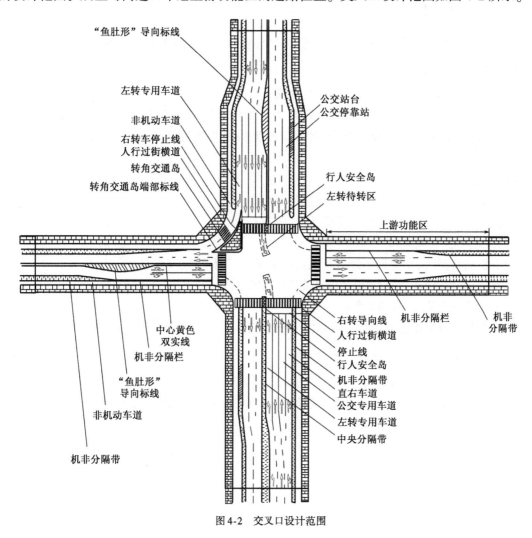

图4-2　交叉口设计范围

二、平面交叉口时间特征

平面交叉口混合交通流相互干扰的现象多采用交通管理与控制手段来进行改善，而各种交通流在不同管理方式下的特性也存在差异。因此，交叉口的时间特征主要反映为通过交叉口的各交通流的时间特性,主要特征指标为速度、交通量、到达规律等。信号控制交叉口利用交通信号对交叉口运行的车辆和行人进行通行权分配,交叉口信号控制方案对交叉口时间特征会产生决定性影响。

第二节　交叉口分类与选型

本节介绍平面交叉口的分类方法,结合《城市道路交叉口规划规范》(GB 50647—2011),阐述各类型平面交叉口的功能、基本要求和选型方法。

一、交叉口分类

城市道路交叉口可根据交通组织方式、几何形状和相交道路数量进行划分。

1. 按组织方式划分

城市道路交叉口包括平面交叉口和立体交叉口。

平面交叉口分为信号控制交叉口(平 A 类)、无信号控制交叉口(平 B 类)和环形交叉口(平 C 类)3 种类型。其中,信号控制交叉口和无信号控制交叉口又可按以下方式进一步细分。

(1)信号控制交叉口

①交通信号控制,进口道展宽交叉口(平 A1 类)。

②交通信号控制,进口道不展宽交叉口(平 A2 类)。

(2)无信号控制交叉口

①中心隔离封闭,支路只允许右转通行的交叉口,简称右转交叉口(平 B1 类)。

②减速让行或停车让行标志管制交叉口(平 B2 类)。

③全无控制交叉口(平 B3 类)。

立体交叉可分为枢纽立交(立 A 类)、一般立交(立 B 类)和分离立交(立 C 类)。

2. 按几何形状和相交道路数量划分

平面交叉口按几何形式可分为 T 形交叉、Y 形交叉、十字形交叉、X 形交叉、错位交叉以及环形交叉等,如图 4-3 所示;按相交道路数量可分为三路交叉、四路交叉和多路交叉。

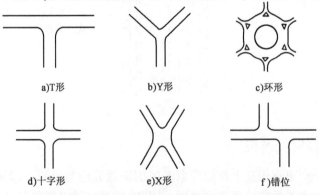

a)T形　　b)Y形　　c)环形
d)十字形　　e)X形　　f)错位

图 4-3　交叉口几何形式分类

二、交叉口选型

交叉口选型应满足交叉口的功能要求,交叉口的功能由相交道路类型决定。根据《城市道路交叉口设计规程》(CJJ 152—2010),交叉口应根据相交道路类型的不同,按照交通组织方式的分类进行选型,并应符合表4-3的规定。

交 叉 口 选 型   表 4-3

相交道路类型	选 型	
	推荐形式	可用形式
快速路—快速路	立 A 类	—
快速路—主干路	立 B 类	立 A 类或立 C 类
快速路—次干路	立 C 类	立 B 类
主干路—主干路	平 A1 类	立 B 类中的下穿型菱形立交
主干路—次干路	平 A1 类	—
主干路—支路	平 B1 类	平 A1 类
次干路—次干路	平 A1 类	—
次干路—支路	平 B2 类	平 A1 类或平 B1 类
支路—支路	平 B2 类或平 B3 类	平 C 类或平 A2 类

注:1. 当城市道路与公路相交时,高速公路按快速路、一级公路按主干路、二三级公路按次干路、四级公路按支路来确定与公路相交的城市道路交叉口的选型。
  2. 人口在 50 万以上的城市,次干路与次干路相交,因景观需要采用环形交叉口时,应充分论证。

第三节 平面交叉口交通设计目标与流程

一、交叉口交通设计目标

设计目标是设计方案制订的基础。

对于道路规划阶段,平面交叉口交通设计的主要目标包括:①高效,即使得交叉口的通行能力匹配相交道路的类型,降低交叉口通行延误及阻塞程度;②安全,即在时间或空间上对交叉口范围内的冲突交通流进行分隔,减少交通冲突的数量和减轻冲突程度;③有序,即在平面交叉口为各种交通流提供可以通行的空间,并保持不同交通流之间的良好秩序,实现交通功能与景观的协调。

对于道路治理阶段,交通设计目标的制订是一个严谨的过程,通常情况下,按照主要问题诊断—提出改善对策(排序)—制订改善目标的思路进行。

平面交叉口常见问题主要包括交通通行问题、交通安全问题和交通秩序与环境问题3类。3种类型的常见问题及其对应的可用改善对策见表4-4。

平面交叉口常见问题与可用改善对策　　　　　表4-4

类型	常见问题	可用改善对策
交通通行问题	进出口道车道数量不足	①进出口道展宽； ②重新调整进出口道车道宽度及数量
交通通行问题	进口道车道功能不合理	根据交通量进行相应的调整，满足车道平衡原理
交通通行问题	交通流量分布不均匀	①根据流量分布调整车道功能； ②根据流量分布调整信号相位，满足时空资源平衡原理
交通通行问题	左转车辆转弯半径不足	①左转车道外置； ②后移左转进口道的停止线
交通通行问题	信号周期或相序不合理	①根据各个进口道的交通流量、流向重新测算； ②调整相序，重新测算； ③调整进口道各个方向的车道数
交通通行问题	交叉口控制方式选择不当	根据相交道路的功能等级重新选择交通控制方式
交通安全问题	人行过街安全无法得到保障	①利用中央分隔带设置行人安全岛； ②调整行人过街信号相位
交通安全问题	行车视距受阻	清除视线遮挡，保证视距三角形
交通安全问题	标志标线视认性差或设置不合理	根据交叉口的整体交通组织重新施划标线
交通安全问题	转向车辆汇入主路时与主路车辆存在交通冲突	遵循速度平衡原理，设置加速车道
交通秩序与环境问题	机动车与非机动车混行	①进口道处设置机非隔离带； ②设置非机动车导流线
交通秩序与环境问题	交叉口内部区域过大或交通通行混乱	①在交叉口内部施划导流线； ②在交叉口内部设置物理渠化
交通秩序与环境问题	附属设施缺乏或设计位置不当	根据相交道路功能等级所对应的功能定位，合理布设附属设施

在选用改善对策时，应当以改善效果与改善成本之比作为排序原则，优先采用优化控制方式、调整标志标线等易于实施的改善对策，其次采用物理渠化等布设物理设施的改善对策，尽量不选用调整交叉口位置、调整路线等交叉口整体调整的改善对策。

在问题诊断与提出改善对策的基础上，明确设计条件，就可以制订最终的改善目标，以便对设计方案进行评价。根据平面交叉口交通问题的常见类型，改善目标也可以相应地分为效率、安全、秩序与环境3类，见表4-5。

平面交叉口交通设计的改善目标　　　　　表4-5

类型	主要目标	类型	主要目标
效率	①降低交叉口延误； ②增加有效通行能力； ③降低交通拥挤程度	秩序与环境	①改善机动车辆交织秩序； ②减少混合交通相互间的干扰； ③减少交通出行工具尾气排放量； ④减小城市交通噪声； ⑤实现交通功能与景观的协调
安全	①减少机动车辆之间的交通冲突； ②减少机动车辆与慢行交通流之间的交通冲突； ③减少慢行交通流之间的交通冲突	—	—

二、交叉口交通设计内容和设计要点

平面交叉口交通设计内容包括：布局设计、机动车道设计、慢行交通设计、交叉口渠化设计、特殊交叉口设计、管理与控制设计及其他附属设施设计。各设计内容的具体设计要点及主要设计参数见表4-6。

交叉口交通设计要点与主要设计参数　　表4-6

设计内容	设计要点	主要设计参数
布局设计	交叉口空间布局设计	①交叉口形式； ②红线宽度； ③功能区确定； ④横断面资源分配
机动车道设计	进出口车道展宽设计	①进口道展宽形式； ②进口道展宽段长度； ③进口道展宽渐变段长度； ④出口道展宽段长度； ⑤出口道展宽渐变段长度
机动车道设计	进出口车道设计	①进出口机动车道数； ②进口机动车道宽度； ③出口机动车道宽度； ④进口路段车道宽度； ⑤出口路段车道宽度
机动车道设计	进口道车道功能划分	①直行车道数量及位置； ②左转车道数量及位置； ③右转车道数量及位置； ④转向车道与直行车道合并设置
机动车道设计	停止线设置	①停止线距人行横道距离； ②左转进口道停止线后退距离
机动车道设计	视距设计	①停车视距； ②行人视距
机动车道设计	掉头车道设置	①掉头车道位置； ②掉头车道宽度
慢行交通设计	非机动车过街组织设计	①非机动车组织方式； ②交叉口非机动车道宽度； ③非机动车待行区位置
慢行交通设计	人行横道设计	①人行横道位置； ②人行横道宽度； ③人行横道长度； ④行人安全岛； ⑤行人过街信号

续上表

设计内容	设计要点	主要设计参数
交叉口渠化设计	交通岛几何尺寸	①交通岛大小； ②交通岛端部半径； ③交通岛前端内移距； ④交通岛偏心距
	导流线设计	①导流线位置； ②导流线长度
	左转待转区设计	①左转待转区车道长度； ②对向左转待转区车道之间的距离
特殊交叉口设计	环形交叉口交通组织与渠化设计	①交织段长度； ②环道车道数及其宽度； ③进出口转角半径
	畸形交叉口处理	①道路交叉角度调整； ②渠化设计
管理与控制设计	交通标志标线设计	①标志标线的类别； ②标志标线的设置位置； ③标志标线的设置形式
	交叉口交通流组织与管理模式设计	①交叉口控制方式选择； ②机动车与慢行交通协调方式
	信号控制方案设计	①相位周期； ②相序； ③绿信比
附属设施设计	绿化、灯柱、栏柱、垃圾桶、电话亭、消防栓等	设置位置

对于规划阶段交通设计,由于用地限制较小,交通设计的重点在于确定规划红线及路段与进出口道的衔接等渠化问题。对于治理阶段交通设计,受用地条件约束,交通设计的重点在于几何设计及几何设计与管理控制方案设计的组合优化。

三、交叉口交通设计流程

交叉口交通设计流程根据项目背景的不同而不同,规划阶段设计流程和治理阶段设计流程也有所不同,但大致都可分为目标制订和设计两个阶段,如图4-4所示。

第一阶段为目标制订阶段。对于规划阶段交通设计,设计目标制订的主要依据是相关规划文件。治理阶段交通设计要对交叉口进行详细的调查,整理分析与设计相关的数据和资料,包括路口的分车型和流向的交通量、自行车和行人交通量、交通事故资料、交通管理状况、交通控制状况、道路网形态、地形地物、道路现状及邻近产生大规模交通的设施与公共交通设施等。

第二阶段为设计阶段。对于规划阶段交通设计,首先要对交叉口的形式进行确定,然后确定交叉口的基本几何参数,最后进行交叉口范围内的详细设计。若在建设层面不能达成设计目标,应重新调整交叉口的规划条件,再进行交叉口设计。对于治理阶段交通设计,由于交叉口的基本几何构成已经确定,因此设计阶段主要是针对改善目标进行具体的改善设计。同时,也需要对设计方案进行评价与比选,经过反复地论证,确定最终的设计方案。在设计阶段,设计方案的评价比选是交叉口交通设计的核心。

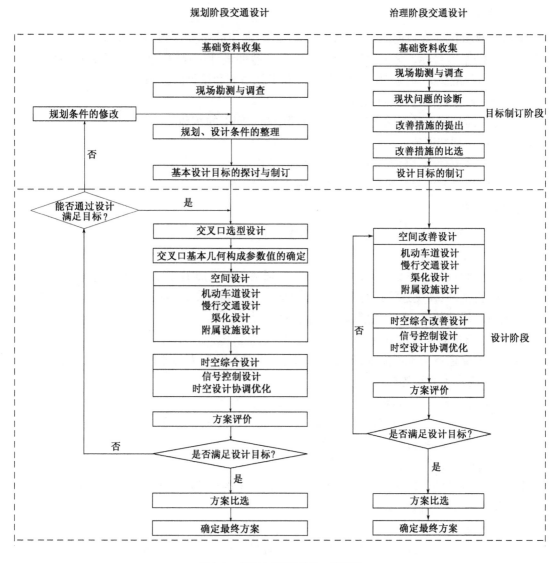

图 4-4 交叉口交通设计的一般流程

第四节 信号控制交叉口交通设计

信号控制交叉口利用交通信号灯对在交叉口运行的车辆和行人进行通行权和优先权的分配,在交通量较大的情况下更具优势。信号控制交叉口是城市道路平面交叉口中最常见、最复杂的交叉口类型,其设计既具有一般交叉口设计所涵盖的机动车设计、慢行交通设计等空间设计内容,又有将空间资源与时间资源协调分配的内容。因此,信号控制交叉口交通设计包含的内容更加广泛,后续其他类型交叉口的设计内容与本节有重复的将不再赘述。

一、交通设计原则、内容和流程

1. 设计原则

通过合理分配交叉口内的空间资源实现不同交通流的安全、高效和方便运行是交叉口空间优化设计的基本目标。为了保证目标的实现,在空间设计过程中应坚持以下设计原则:

(1)合理分配交叉口内有限的空间资源,并坚持协调和平衡的原则。
(2)与交通流的运行特性相适应。
(3)尽可能地减少或消除交通流运行过程中在空间上的瓶颈。
(4)明确不同交通流的运行轨迹。
(5)坚持分流理念,降低不同交通流之间的干扰。
(6)空间设计与信号配时相结合,进行时空综合优化。

2. 设计内容

信号控制交叉口包括空间设计和信号控制设计。

1)交叉口空间设计

交叉口空间设计是根据交叉口几何条件、交通流状况及周围环境等,确定交叉口各种交通流的合理通行空间,使交通流运行安全、有序,从而充分利用交叉口的空间资源。交叉口空间设计以道路红线为约束,主要包括以下 5 个方面:

(1)交叉口横断面资源分配

根据各种交通流的不同需求,确定机动车、非机动车和行人的不同通行空间,包括机动车道、非机动车道和人行道等的宽度。

(2)机动车道功能划分与设计

车道功能划分主要是确定进出口机动车道数量及各车道交通流流向,包括左转车道、直行车道、右转车道的设置数量和设置方法等。

(3)非机动车交通设计

根据非机动车的流向,分别确定不同流向非机动车的运行组织方式,例如左转非机动车二次过街、右转非机动车借用人行道等。

(4)行人交通设计

交叉口行人交通设计主要包括行人过街横道设计、行人与右转车冲突处理、人行天桥或地下通道设计等。

(5)交叉口渠化设计

导向线的施划、转弯车道的长度设计、左转待转区的设置、安全岛的设置等都是交叉口空间优化设计的重要内容。

2)信号控制设计

信号控制设计不仅包括机动车、非机动车、行人的信号控制策略、周期和相位设计,还包括信号控制方案与空间设计方案相互协调优化的内容。

3. 设计流程

空间设计是交叉口交通设计中一个承前启后的过程,首先根据交叉口的交通流和几何条件确定交叉口空间设计的初步方案,然后进行交叉口信号控制设计(即信号配时设计),并对方案进行评价,根据评价结论,对设计方案进行调整优化。具体流程如图4-5所示。

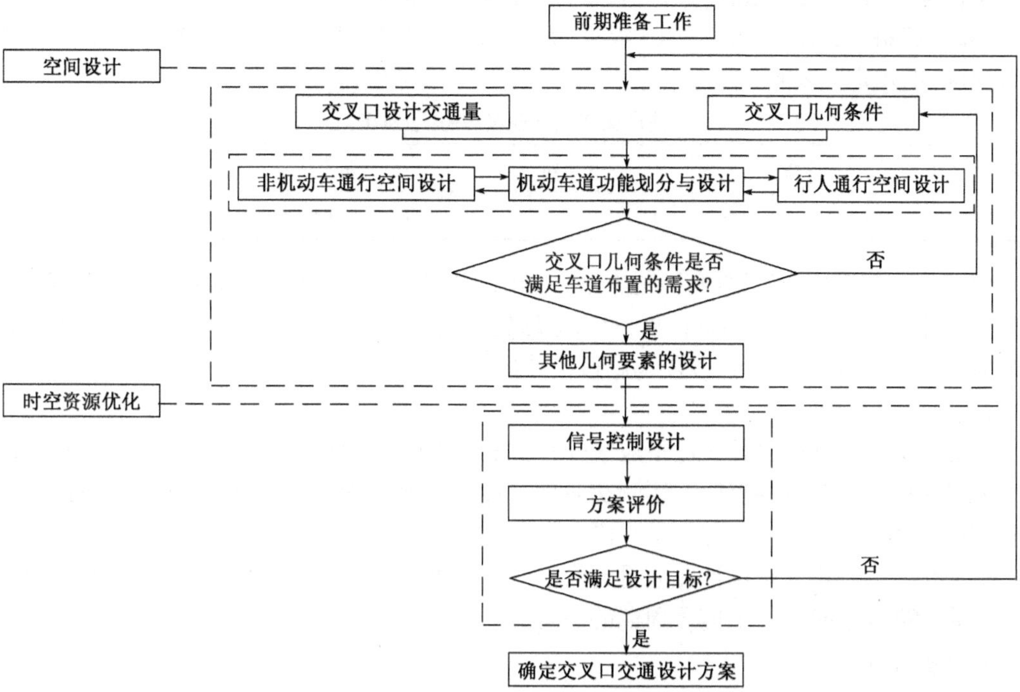

图4-5 信号控制交叉口交通设计流程

二、交叉口机动车道交通设计

机动车道设计是平面交叉口设计的重要组成部分。为保证机动车顺畅、高效、安全地运行,此处基于平面交叉口交通设计的控制因素,分别对平面交叉口进口道、出口道以及掉头车道的交通设计进行阐述。

1. 控制因素和标准

(1) 设计车辆

车辆的特征和尺寸决定道路几何设计、结构设计等,《城市道路工程设计规范(2016年版)》(CJJ 37—2012)规定城市道路平面交叉口几何设计采用的设计车辆为小客车、大型车和铰接车,其外廓尺寸见表4-7。

设计车辆外廓尺寸(单位:m)　　　　　表4-7

车辆类型	项目					
	总长	总宽	总高	前悬	轴距	后悬
小客车	5.0	1.8	1.6	1.0	2.7	1.3
大型车	12.0	2.5	4.0	1.5	6.5	4.0
铰接车	18.0	2.5	4.0	1.7	5.8+6.7	3.8

(2) 设计速度

一方面,平面交叉口的设计速度决定渠化岛、附加车道、交叉口转角等的几何尺寸;另一方

55

面,对于交叉口连接路段,其设计速度必然受到路段设计速度的制约,二者的速度差必须控制在一定范围内,否则变速过程将难以实现,易发生行车危险。

《城市道路工程设计规范(2016年版)》(CJJ 37—2012)对各级城市道路设计速度(即计算行车速度)的规定见表4-8。

城市道路设计速度(单位:km/h)　　　　　表4-8

道路等级	快速路			主干路			次干路			支路		
设计速度	100	80	60	60	50	40	50	40	30	40	30	20

《城市道路交叉口设计规程》(CJJ 152—2010)规定,平面交叉口范围内的设计速度应按各级道路设计速度的50%~70%计算,直行车取较大值,转弯车取较小值。另外,当验算视距三角形时,进口道直行车设计速度应与路段设计速度一致。

(3) 设计交通量

平面交叉口机动车设计交通量应区分直行及左右转交通量。对于规划阶段交通设计,设计交通量应取高峰时段各流向的预测交通量。对于治理阶段交通设计,设计交通量应由实测或预测的高峰时段各流向的交通量来确定。

平面交叉口非机动车设计交通量的确定方法与机动车相同。平面交叉口行人过街设计交通量应采用高峰小时内一个信号周期的平均到达量。

2. 交叉口进口道设计

1) 进口道车道数及宽度设计

平面交叉口进口道的车道数应匹配路段通行能力,并以进出口道红线为约束。进口道车道数应大于上游路段的车道数,有条件时宜分设各流向的专用车道,并应满足其交通量所需的车道数要求。根据相交道路等级,进口道车道数一般可参照表4-9选取。

进口道车道数　　　　　表4-9

路段车道数(单向)	1	2	3	4
进口道车道数	2	3~4	4~6	6~8

由于进口道车辆行驶速度明显低于路段,因此,进口道车道宽度可比路段车道宽度略小,但每条进口车道的宽度不宜小于3.0m。

2) 直行车道设计

为使机动车在交叉口内部的运行轨迹尽可能简单,应尽量保证进口道的直行车道与出口车道在同一直线上。根据车道平衡原理,交叉口常会偏置左转专用车道,这样就经常需要偏移交叉口内的车道,如图4-6所示。除对进口道直行车道进行偏移设置外,出口道的车道也应作相应的偏移,使其位于进口道直行车道的延长线上,否则将导致车辆运行轨迹的不平顺。

3) 左转专用车道设计

(1) 设计依据

《城市道路交叉口设计规程》(CJJ 152—2010)规定,当高峰小时每信号周期左转车平均流量达2辆以上时,宜设左转专用车道;当每信号周期左转车平均流量达10辆,或需要的左转专用车道长度达90m时,可根据实际情况设置2条左转专用车道。左转交通量特别大且进口道上游路段车道数为4条或4条以上时,可根据实际情况设3条左转专用车道。

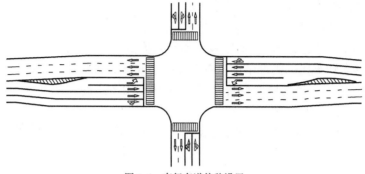

图4-6　直行车道偏移设置

（2）设置方法

左转专用车道的设置能够有效疏导左转车流,防止左转交通引起的平面交叉口通行能力降低。

进口道左转专用车道设置可采用下列方法：

①展宽进口道,以便新增左转专用车道。

②压缩较宽的中央分隔带,新辟左转专用车道,但压缩后的中央分隔带宽度对于新建交叉口至少应为2m,对于改建交叉口至少应为1.5m,其端部宜为半圆形,如图4-7a)所示。

③偏移道路中线,以便新增左转专用车道,如图4-7b)所示。

④在原直行车道中分出左转专用车道。

⑤当设置2条及以上左转专用车道,且左转专用车道设在最内侧将导致部分公交车等大型车辆转弯半径不足时,可将左转专用车道设置在进口道外侧,同时设置左转保护相位,如图4-7c)所示。

⑥当进口道只有1~2条车道且直行交通量较大时,可考虑在进口道外侧拓宽1条左右转合用车道,如图4-7d)所示。

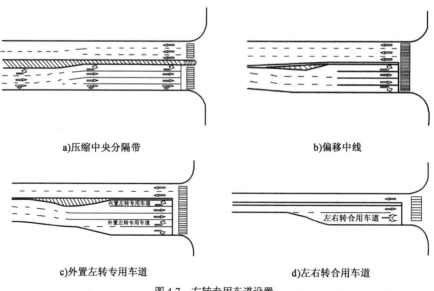

a)压缩中央分隔带　　　　　　　　b)偏移中线

c)外置左转专用车道　　　　　　　d)左右转合用车道

图4-7　左转专用车道设置

4）右转专用车道设计

在以下几种情况宜设置右转专用车道：

(1) 当进口道右转流量达到300辆/h,且相邻直行车道流量达到300辆/(h·车道)时。

(2) 当非机动车流量达到500pcu/h,或过街行人流量达到800人/h时。

(3) 当进口道右转车比例接近于进口总流量的$1/n$(n为进口道车道数)时,将当前本进口道总流量按有右转专用车道的情形重新分配,若右转专用车道的饱和度不小于其他车道的饱和度,则考虑设置右转专用车道。

根据车道平衡原则,宜展宽进口道,新增右转专用车道。根据速度平衡原则,宜在相交道路外侧设置加速路段,保证右转车辆能够以合适的速度汇入车流,如图4-8所示。

右转车道也可从原直行车道中分出。

确因需要在向右展宽的进口道上设置公交停靠站时,应利用展宽段的延伸段设置港湾式公交停靠站,并应增加站台长度。

5）进口道展宽设计

当交叉口的进出口道需要拓宽时,需在拓宽前后的车道之间设置衔接段,即渐变车道。渐变车道既可以引导车流流向,又能为车辆提供加减速的距离。一般情况下,渐变段中间利用直线过渡,两端使用圆曲线或抛物线衔接。

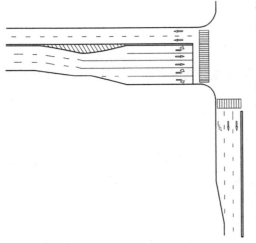

图4-8 右转专用车道设置示意图

进口道拓宽既有左侧拓宽,也有右侧拓宽,二者长度计算方法相同。根据《城市道路交叉口设计规程》(CJJ 152—2010),进口道长度l_a由渐变段长度l_d和展宽段长度l_s两部分组成,如图4-9所示。

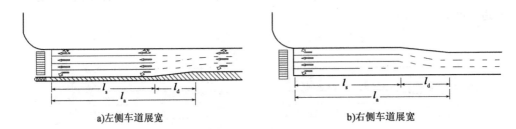

a)左侧车道展宽　　　　　　　　　　b)右侧车道展宽

图4-9 进口道展宽设计

渐变段长度l_d和展宽段长度l_s按如下公式计算：

$$l_d = \frac{v \times \Delta w}{3} \tag{4-1}$$

$$l_s = 9N \tag{4-2}$$

式中：v——进口道设计速度,以50%~70%路段设计速度计算,km/h；

Δw——横向偏移量,m；

N——在一个信号周期内到达进口道的左转车或右转车的最大排队数。

当需设2条转弯专用车道时,展宽段长度可取一条专用车道长度的60%;当缺少平面交叉口的交通流量资料时,新建/改建平面交叉口的进口道长度应满足表4-10的规定。

进口道最小长度(单位:m)　　　　　　　　　　　　　　表4-10

道 路 等 级	渐变段最小长度	展宽段最小长度
主干路	30~35	70~90
次干路	25	50~70
支路	20	30~40

注:与支路相交时取下限,与主干路相交时取上限。

3. 交叉口出口道设计

1) 出口道车道数及宽度设计

根据车道平衡原理,出口道车道数应与上游各进口道同一信号相位流入的最大进口道车道数相匹配。相邻进口道设有右转专用车道时,出口道应展宽一条右转专用出口车道。

由于出口道车辆行驶速度高于进口道车速,因此出口道车道宽度可大于进口道车道宽度。根据《城市道路交叉口设计规程》(CJJ 152—2010),出口道每条车道宽度不应小于路段车道宽度,宜为3.50m,条件受限的改建交叉口出口道每条车道宽度不宜小于3.25m。

2) 出口道展宽设计

根据速度平衡原理,若出口道为主要道路,则出口道可向外拓宽,该展宽段的延伸段可用于布置港湾式公交站台,如图4-10所示。

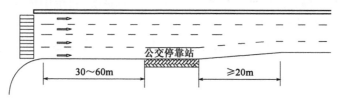

图4-10　出口道展宽设计

《城市道路交叉口设计规程》(CJJ 152—2010)规定,出口道长度由出口道展宽段长度和渐变段长度组成(图4-10)。展宽段最小长度不应小于30~60m,交通量大的主干路取上限,其他可取下限;当设置公交停靠站时,应再加上站台长度。渐变段最小长度不应小于20m。

4. 掉头车道设计

我国城市道路交叉口多数没有明确禁止车辆掉头,但也没有为掉头车辆提供诱导信息,导致部分交叉口因车辆掉头出现秩序混乱、通行能力降低等情况。掉头车道的设置是解决这一问题的重要途径之一。

设置掉头车道时,应遵循下列原则:当左转与掉头预期交通量小于左转车道通行能力时,可设置左转掉头混合车道;当左转与掉头预期交通量大于左转车道通行能力时,应分别设置左转车道和掉头车道。

根据掉头车道在交叉口的位置,掉头车道可分为以下4种模式:

1) 掉头车道设置在进口道停止线上游

为减少掉头车辆与过街行人之间的相互干扰,一般可在进口道停止线上游约3m处的中央分隔带上开口设置掉头通道,并遵守左转专用相位,如图4-11所示。

该模式下,一般需设置左转专用车道和左转专用相位,并且在一个信号周期内到达的左转交通量与掉头交通量的总和不应超过左转专用车道的通行能力。

2）掉头车道设置在平面交叉口上游

该模式下,掉头车道开口设在平面交叉口进口道的停止线上游一定距离处,根据车道平衡原理,可压缩进口车道宽度以增加 1 条进口道,如图 4-12 所示。

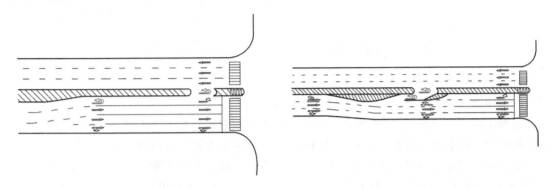

图 4-11　掉头车道模式（一）　　　　　图 4-12　掉头车道模式（二）

为保证掉头车辆在汇入对向车流时,不与对向车道的车辆冲突,应设置专门的掉头信号。该模式一般用于拓宽车道条件不足的进口道。

3）直接在交叉口内部掉头

该模式下,掉头车辆先进入平面交叉口内部,然后再掉头,过程中掉头车辆与左转车辆使用同一相位,如图 4-13 所示。

该模式一般用于设有左转专用相位,且行人不多、掉头车辆与过街行人冲突较少的情况。

4）非常规设置

掉头车辆要完成掉头,必须有足够的转弯掉头空间。以上 3 种模式中,掉头车辆均借助较宽的中央分隔带实现掉头。但是,当中央分隔带较窄甚至未设置中央分隔带时,车辆掉头转弯半径不够,可在进口道右侧车道设置掉头车道,即掉头车道外置,如图 4-14 所示。

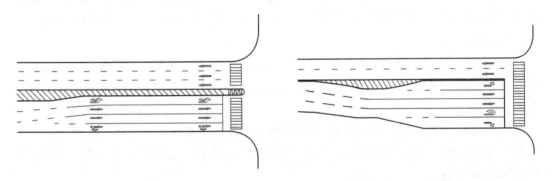

图 4-13　掉头车道模式（三）　　　　　图 4-14　掉头车道模式（四）

该模式可能导致不安全状况,因此一般不与左转车辆在同一相位放行,需单独做信号相位及配时设计,并在进口道上游设置提醒标志,使掉头车辆适时变换车道。该模式常见于没有右转交通的 T 形交叉口进口道。

5)交叉口掉头车道设计案例

案例概况:某交叉口南进口道设有中央分隔带,左转交通量较少,掉头交通量较多。交叉口采用四相位信号控制,设有左转专用相位和左转专用车道。经调查,一个信号周期内南进口道到达的左转交通量和掉头交通量之和小于左转专用车道的通行能力。此外,南出口道处有一条接入支路,掉头车辆多由这条支路驶出。

设计方案:在南进口道停止线上游6m处的中央分隔带上设置掉头通道。设计方案图如图4-15所示。

方案分析:该方案掉头车辆采用与左转车辆相同的通行相位。掉头车辆设置在停止线后可减少掉头车辆与过街行人之间的干扰。进入支路的车辆,掉头后可在出口道上行驶一段距离到达支路的位置,给驾驶人较多的时间寻找机会变换车道。

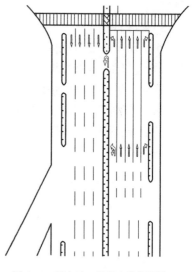

图4-15 某交叉口掉头车道设计图

三、交叉口非机动车交通设计

1. 非机动车交通流特性

1)运行特性

非机动车具有体积小、便于存放、机动灵活等优点,在我国拥有很大的用户群体。非机动车的运行特性见表4-11。

非机动车运行特性　　　　　　　　　　表4-11

特　性	内　　容
群体性	由于非机动车众多,在多车道高峰期间常首尾相连、成群结队,甚至连绵不断,像水流一样不可遏止
潮汐性	在信号控制交叉口,非机动车流由于受到交叉口红灯的阻断,呈现出一队一队如潮汐般前进的现象
离散性	在车辆不多时,为了不受其他骑行者的干扰,骑车人常选择车辆少、空当大的路段骑行
赶超现象	青年骑行者常喜欢赶超其他骑行者,甚至出现相互追逐、你追我赶的情况
并肩或并排骑行	骑行者常三五成群并肩骑行,甚至有拉手、勾肩的情况,形成压车现象
不易控制	非机动车机动灵活,尤其是在机非混行车道上,有空就钻,常不遵守交通法规,闯红灯或逆行频繁发生

2)聚集特性

在信号控制交叉口红灯期间,非机动车会聚集在进口道。当交通量较少时,非机动车与机动车互不干扰。然而在高峰时段,非机动车常占用机动车道,穿插在机动车的间隙里,干扰机动车运行。与机动车在进口道排队等候不同,非机动车在平面交叉口的聚集只是无序、混乱的简单集中,因此可用非机动车占有的停车面积来衡量其聚集特性。非机动车的单位停车面积呈不稳定状态,随着非机动车数量的增加,其单位停车面积逐渐减小,直至趋于稳定。

3）膨胀特性

非机动车在红灯期间大量聚集在进口道停止线后,当绿灯启亮时,直行的非机动车会迅速移动,希望以最少的时间通过平面交叉口;而左转非机动车或等待左转专用相位,或采取二次过街方式。另外,非机动车起动更快,在绿灯启亮时会率先进入交叉口。非机动车在前进过程中沿曲线行驶,导致其行驶时的占用面积要比停车时的占用面积大得多,骑行者对行驶空间有更高的要求,因此当非机动车越过停止线进入交叉口内部时,往往表现出离散膨胀的特性,如图4-16所示。

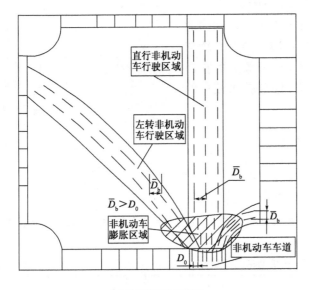

a)交叉口非机动车膨胀　　　　b)直行非机动车膨胀

图4-16　非机动车膨胀特性示意图

2. 直行非机动车运行组织

1）直行非机动车交通影响分析

直行非机动车常见冲突类型如图4-17所示。

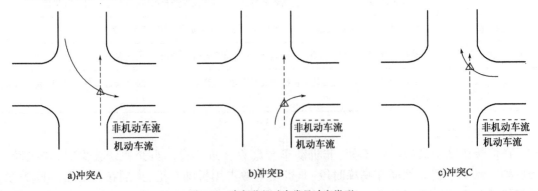

a)冲突A　　　　b)冲突B　　　　c)冲突C

图4-17　直行非机动车常见冲突类型

冲突A:直行非机动车流与对向左转机动车流的冲突。

冲突B:直行非机动车流与本向右转机动车流的冲突。

冲突 C:直行非机动车流与垂直方向右转机动车流的冲突。

2)运行组织

运行组织需要尽可能消除各类与非机动车相关的交通冲突。直行非机动车运行组织方式见表 4-12。

直行非机动车运行组织方式 表 4-12

冲突类型	产生原因	运行组织
A	两相位交叉口对向左转机动车需穿越直行非机动车流的间隙,完成左转	①根据交叉口流量选择合适的相位,当流量较大时,选择多相位即可避免该类冲突
	对于多相位交叉口,在直行绿灯信号结束时,直行非机动车由于速度较机动车慢,仍有部分车辆滞留在交叉口内,此时会产生与对向左转机动车的冲突	②将非机动车信号与机动车信号分离,并采用非机动车信号"早断"或对向机动车左转信号"晚开"的方式
B	对于两相位交叉口,右转机动车与同向直行非机动车同时放行	③利用交通标志提醒右转机动车让行
	对于多相位交叉口,机动车右转信号与同向非机动车直行信号处于同一相位	④将机动车右转信号调整至与对向左转信号处于同一相位,并可结合方式②实施
C	对于部分两相位交叉口,右转机动车不间断放行,与垂直方向直行非机动车会产生冲突	⑤同③; ⑥将机动车右转信号相位与垂直方向非机动车直行信号相位分离
	对于部分多相位交叉口,机动车右转信号与垂直方向非机动车直行信号处于同一相位	⑦同⑥

3. 左转非机动车运行组织

1)左转非机动车交通影响分析

左转非机动车常见冲突类型如图 4-18 所示。

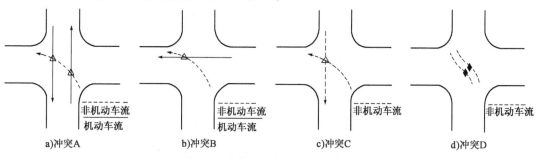

图 4-18 左转非机动车常见冲突类型

冲突 A:左转非机动车流与本向、对向直行机动车流的冲突。

冲突 B:左转非机动车流与相交道路直行机动车流的冲突。

冲突 C:左转非机动车流与对向直行非机动车流的冲突。

冲突 D:左转非机动车流之间的冲突。

2)运行组织

(1)两相位信号控制交叉口

①左转非机动车二次过街。

左转非机动车二次过街,是指左转非机动车由进口道进入交叉口后,先直行至相交道路进

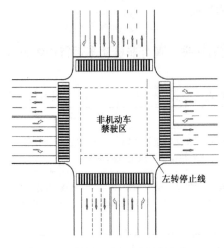

口道人行横道前方左转待转区等候,待相邻进口道非机动车获得通行权后再通过交叉口的通行方式。左转非机动车二次过街消除了左转非机动车与机动车之间的干扰,但也增加了左转非机动车的绕行距离。该方式的要点是设置非机动车禁驶区,设置方式如图4-19～图4-21所示。

②非机动车停止线提前。

为避免绿灯初期驶出停止线的左转非机动车流与机动车流之间的冲突与干扰,根据非机动车起动较快的特点,可将非机动车停止线与机动车停止线前后错开。红灯期间,非机动车在机动车前方待行;当绿灯启亮时,使非机动车先驶入交叉口,设置方式如图4-22所示。

图4-19 左转非机动车二次过街方式(一)

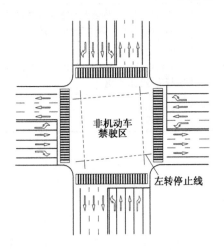

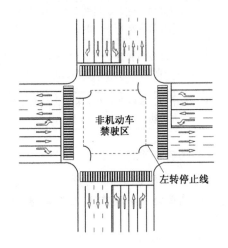

图4-20 左转非机动车二次过街方式(二)　　图4-21 左转非机动车二次过街方式(三)

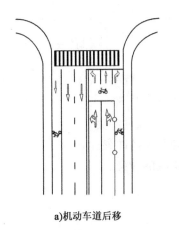

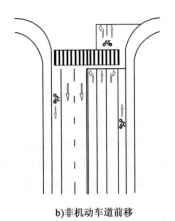

a)机动车道后移　　　　　　　　b)非机动车道前移

图 4-22

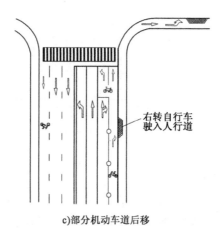

c)部分机动车道后移

图 4-22　非机动车停止线提前

③非机动车绿灯信号早启早断。

非机动车绿灯信号早启早断也是减少左转非机动车与直行机动车冲突的有效方法。该方法对非机动车绿灯信号实施早启早断,使绿灯初期非机动车提前 10～15s 通过交叉口,绿灯末期减少抢进的左转非机动车与机动车之间的冲突。该方法可以与非机动车停止线提前设置结合使用,从时间和空间上分离非机动车与机动车。

(2)多相位信号控制交叉口

①设置左转待转区。

对于"直行—左转—停车等候"的多相位信号控制交叉口,可以设置非机动车左转待转区,缩短交叉口左转非机动车通行时间,有效避免冲突 A 与冲突 C 的产生,如图 4-23 所示。非机动车左转待转区的设置不得影响其他方向车辆的正常行驶。

②左转先于直行。

将"直行—左转—停车等候"的信号相位调整为"左转—直行—停车等候"的方案是另一种可有效消除冲突 A 与冲突 C 的组织方式,但需要与机动车信号控制相协调,其相位如图 4-24 所示。

③非机动车信号早断。

对于左转非机动车流与垂直方向直行机动车流的冲突(冲突 B),可采取非机动车流的"早断"技术,将非机动车流的绿灯信号提早截断。

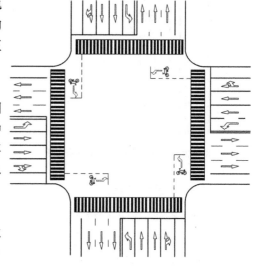

图 4-23　非机动车左转待转区设置

4. 右转非机动车运行组织

1)右转非机动车交通影响分析

平面交叉口经常出现非机动车右转困难的现象,具体表现为停车等候的非机动车会堵塞右转通道,从而影响后续到达的非机动车右转,尤其在非机动车道宽度较小而非机动车流量较大时更为明显。

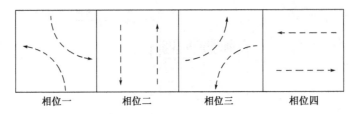

图 4-24 非机动车"左转—直行—停车等候"相位组织

2）运行组织

（1）非机动车进口道拓宽

常见的拓宽方式为向机非隔离带方向拓宽或向人行道方向拓宽。若机动车进口道也需要拓宽，则应将机非进口道作为整体考虑。当非机动车进口道较宽时，可考虑用醒目标志、标线或隔离物（栅栏或绿岛）画定非机动车右转专用车道，如图 4-25 所示。

（2）非机动车借用人行道

对于非机动车道狭窄、行人流量不大且人行道宽度较大的交叉口，可采用非机动车借用人行道右转的方式。人行道应采用斜坡式设计，并用不同色彩区分出非机动车临时行车区。非机动车在右转完成后应及时回到非机动车道，以免长时间对行人交通产生干扰，如图 4-26 所示。

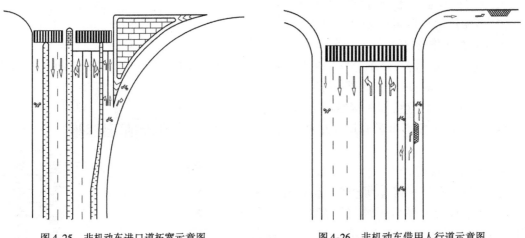

图 4-25 非机动车进口道拓宽示意图　　图 4-26 非机动车借用人行道示意图

5. 非机动车道交通设计

交叉口非机动车道的交通设计应结合非机动车的运行组织方式进行。其中，两相位信号控制交叉口的非机动车运行组织方式常需相应的非机动车道的交通设计来配合，而多相位信号控制交叉口的非机动车运行组织方式多是通过信号相位及配时方案的调整来实现。因此，本部分重点介绍两相位信号控制交叉口的非机动车道交通设计。

1）非机动车过街横道设计

当交叉口采用左转非机动车二次过街方式时，应设置非机动车禁驶区与非机动车过街横道。由于非机动车的运行具有膨胀性，因此非机动车过街对空间要求较高。在图 4-27 中，W_i ($i=1,2,3,4$) 为各进口道非机动车道宽度，D_i ($i=1,2,3,4$) 为各方向非机动车过街横道宽度。非机动车过街横道宽度 D_i 可取进口道宽度和非机动车流膨胀宽度的平均值，即：

$$D_i = \frac{W_{Bpi} + W_i}{2} \tag{4-3}$$

式中：W_{Bpi}——非机动车流膨胀宽度，$W_{Bpi} = W_i \cdot K_{pi}$；

K_{pi}——膨胀系数，取值范围为 $1.2 \sim 1.6$，非机动车流量越高，膨胀系数越大。

非机动车道设计的另一个重要参数是非机动车横道偏移量 O_i：

$$O_i \geq \frac{W_{Bpi} - D_i}{2} \tag{4-4}$$

偏移量需满足式(4-4)的要求，以确保非机动车的膨胀不影响直行机动车通行。

2）路口转角处隔离栅栏或标线设计

当交叉口采用左转非机动车二次过街方式时，交叉口转角处栅栏的设计长度 L 应满足右转机动车的停驶要求，一般应不小于 6m，当存在右转公交车辆时，其设计长度一般应不小于 15m。栅栏的曲线半径 R 还应能满足右转机动车的转弯半径要求，视右转机动车的设计速度和道路状况而定。另外，栅栏的设置应能满足左转非机动车的停候空间需求，如图 4-28 所示。

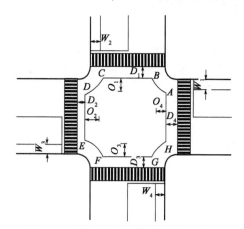

图 4-27 非机动车过街横道偏移量示意图

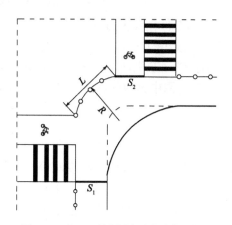

图 4-28 交叉口转角隔离设施设计示意图
S_1-直行非机动车停止线；S_2-左转非机动车停止线

3）非机动车停候区及路缘石设计

当两相位信号控制交叉口采用左转非机动车二次过街方式时，左转非机动车需在路口转角处停车等候，因此有必要对非机动车停候区和路缘石进行处理，适当增加候车区面积，并保证非机动车平顺通行。一般情况下，路缘石的处理有以下两种做法：一是将 A 到 D 之间的路缘石改为平缓的斜坡，并辅以适当的防滑处理，如图 4-29a)所示；二是将 A 到 D 的路缘石收缩一段距离，如图 4-29b)所示。

对路缘石做处理后，左转非机动车的停候特征形态如图 4-30 所示。图中，h 是左转非机动车排队总长度，f 是非机动车道宽度，Δf 是为满足停候面积的要求路缘石向后拓展的宽度。停候区后方应留有供右转或侧向直行非机动车通过的空间，要求 $f + \Delta f \geq h + 0.5$m。

停候区域面积的大小与相应进口道驶入的左转非机动车的周期到达量有关，应满足式(4-5)的要求：

$$A = \frac{n_i}{\rho} \tag{4-5}$$

式中：A——设计停候面积，m^2；

n_i——侧向进口道 i 的左转非机动车周期到达量,辆/周期;

ρ——停车密度,可取 0.54 辆/m²。

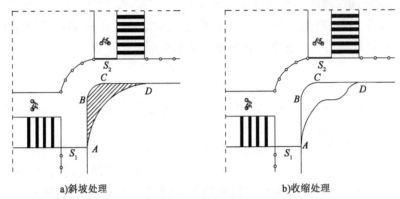

a) 斜坡处理　　　　　　　　　b) 收缩处理

图 4-29　交叉口路缘石处理示意图

S_1-直行非机动车停止线;S_2-左转非机动车停止线

4) 非机动车停止线提前设计

对于规模较小的交叉口,不再设置交叉口禁驶区,为使非机动车顺利通行,可将非机动车停止线提前设置。非机动车停止线与机动车停止线的间距应满足非机动车的停候空间需求,如图 4-31 所示,图中参数的含义及计算见式(4-6)、式(4-7)。

$$L = L_1 + \Delta L \tag{4-6}$$

$$L_1 = \frac{q}{\rho B} \tag{4-7}$$

式中:L——非机动车停止线与机动车停止线的间距,m;

ΔL——自行车穿行宽度,取 1~2m;

q——红灯期间非机动车到达数量;

ρ——停车密度,可取 0.54 辆/m²;

B——非机动车停候区宽度,m。

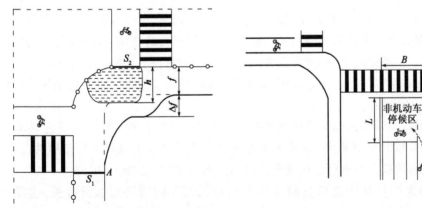

图 4-30　交叉口路缘石处理后非机动车停候形态　　图 4-31　非机动车停止线提前设计示意图

S_1-直行非机动车停止线;S_2-左转非机动车停止线

5) 交叉口非机动车车道设计案例

案例概况:某交叉口非机动车流量很大,并采用禁止非机动车直接左转的二次过街方式,但未设立非机动车过街通道。经调查,该交叉口的非机动车进口道宽度 $W=3m$。经调查分析,非机动车膨胀系数 $K=1.32$。

设计方案:增加非机动车过街通道。将各方向的进出口向后移动,人行横道线向交叉口外移动,设置非机动车的过街通道,进行非机动车和行人的分离,减少混行。已知自行车进口道宽度 $W=3m$,非机动车膨胀系数 $K=1.32$,则交叉口非机动车道宽度 D 的计算方法如下:

$$D = \frac{W + W \cdot K}{2} = \frac{3 + 3 \times 1.32}{2} = 3.48(m)$$

D 取 3.5m。偏移量 $O = \frac{W \cdot K - D}{2} = \frac{3 \times 1.32 - 3.5}{2} = 0.23(m) < 6m$,该膨胀值不会影响直行机动车的通行。设计方案如图 4-32 所示。

方案分析:该方案增加了机动车与非机动车和行人与非机动车的分离,减少了车流之间的干扰,提升了安全性。

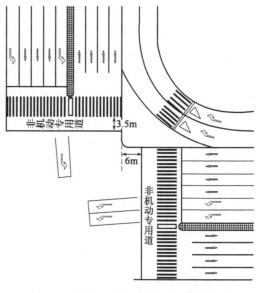

图 4-32 某交叉口非机动车过街通道设计

四、交叉口行人交通设计

1. 行人交通特性

行人交通特性主要体现在步行速度、个人空间要求、注意力等方面。这些表现会受到多方面因素的影响,见表 4-13。

行人交通特性及影响因素　　　　表 4-13

因素	步行速度	个人空间要求	注意力
年龄	成年人正常步行速度为 1.0~1.3m/s,儿童的步行速度随机性大,老年人较慢	成年人对个人空间的要求为 0.9~2.5m²/人,儿童对个人空间要求较小,老年人要求较大	成年人更重视交通安全,注意根据环境调整步伐与视线,儿童常任意穿梭
性别	男性比女性快	男性大、女性小	大致相当
出行目的	工作、事务性出行的步行速度较快,生活性出行则较慢	—	工作、事务性出行的注意力较为集中,生活性出行则相对分散
文化素养	—	受教育程度高则要求高,反之则要求低	受教育程度高则注意力比较集中,反之则较为分散
心境	心情放松时速度正常,紧张烦恼时速度较快	心情放松时要求正常,紧张时要求小,烦恼时要求大	心情放松时注意力易分散,紧张时较集中
街景环境	街景丰富时速度放慢,单调时速度加快	街景丰富时要求小,单调时要求大	街景丰富时较分散,单调时较集中

2. 交叉口行人过街横道设计

1)设置原则

(1)应设在驾驶人容易看清楚的位置,与行人的自然流向一致并与车行道垂直,以缩短行人过街的步行距离。

(2)人行横道宽度与过街行人数及通行信号时间有关,应根据行人交通量和单位宽度行人通行能力确定,顺延干路的人行横道宽度不宜小于 5m,顺延支路的人行横道宽度不宜小于 3m,宜以 1m 为单位增减。

(3)对于行人过街交通量特别大的交叉口,可并列设置两道人行横道线,使斑马线虚实段相互交错,并在人行横道线的端头分别设置方向箭头,指示行人靠右分道过街。

(4)当在平面交叉口附近高架路下设置人行横道时,桥墩不应遮挡行人视线,并宜设置行人二次过街安全岛和专用信号。

2)设置位置

人行横道设置位置如图 4-33 所示。

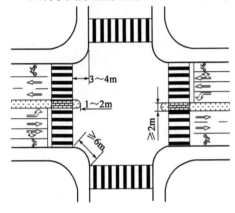

图 4-33 人行横道设置

(1)人行横道应设置在驾驶人容易看见的位置,宜与车行道垂直,平行于路段路缘石的延长线并适当后退。在右转车辆易与行人发生冲突的交叉口,宜后退 3~4m,人行横道间的转角部分长度不应小于 6m。

(2)有中央分隔带的进口道,行人过街横道应设置在中央分隔带端部后退 1~2m 处,为行人驻足提供安全保障。

(3)对于 Y 形交叉口,应结合导向岛设置人行横道,若无导向岛则设置在 A 处(图 4-34);对于 T 形交叉口,行人流量较小时,A 段或 B 段保留一个即可(图 4-35)。

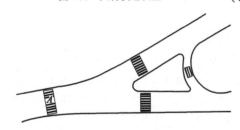

图 4-34 Y 形交叉口人行横道布设

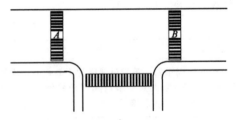

图 4-35 T 形交叉口人行横道布设

3)设置宽度

人行横道宽度通常根据高峰小时设计行人流量确定,常见的计算方法如下:

$$W_p = \frac{q_p}{C_{实}} \tag{4-8}$$

式中:W_p——人行横道宽度,m;

q_p——人行横道高峰小时双向行人流量,人/h;

$C_{实}$——1m 宽人行横道的设计行人通行能力,一般取 2000~2400 人/(h·m)。行人流量较大时宜采用低值,行人流量较小时宜采用高值。

3. 行人过街安全岛设计

1)设置条件

当人行横道长度大于 16m 时,为确保行人过街安全及减少冲突交通流的等待时间,应在中央分隔带或对向车道分界线处设置二次过街安全岛,安全岛长度应不小于人行横道线宽度,安全岛宽度应不小于2m,困难情况下应不小于1.5m,如图4-36所示。

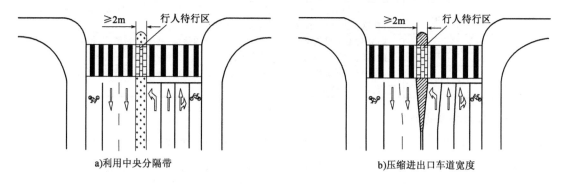

图4-36 行人过街安全岛设置

2) 设置形式

常见的行人过街安全岛有以下两种形式:直接式和错开式,如图4-37所示。其中,错开式安全岛可以增加安全岛面积,设计中应保证行人在安全岛内的横向行进方向与待穿越路段车流的行进方向相反。

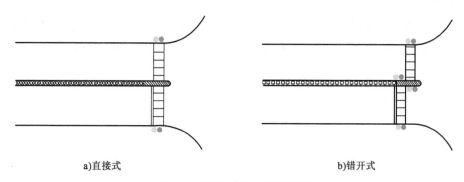

图4-37 行人过街安全岛设置形式

3) 安全岛面积

安全岛面积应根据高峰小时绿灯时间行人流量以及不同设计服务水平下的人均占地面积确定,设计时一般采用C级服务水平。安全岛面积按下式计算:

$$S = P \cdot S_p \tag{4-9}$$

式中:S——安全岛面积,m^2;

P——高峰小时绿灯时间双向行人流量,人/周期;

S_p——人均占地面积,m^2,见表4-14。

安全岛不同服务水平人均占地面积　　　　表4-14

服务水平	人均占地面积(m^2)	说　明
A	≥1.21	可以站立或自由穿过排队区,不会干扰队内其他人
B	0.93~1.21	可以站立或不干扰队内其他人做有限制的活动
C	0.65~0.93	可以站立和穿过排队区做有限制的活动,但会干扰队内其他人,该密度仍在使人舒服的范围内

续上表

服务水平	人均占地面积（m²）	说 明
D	0.28~0.65	站立时不同他人接触是可能的,在队内行动受到很大限制,只能随着人群一起向前走,在这一密度下,长时间等待使人很不舒服
E	0.19~0.28	站立时不可避免同他人接触,不可能在队内活动,在这一密度下,排队只能持续很短的时间,否则行人会感到非常的不舒服
F	≤0.19	站立时不可避免同他人接触,不可能在队内活动,在这一密度下,行人感到十分不舒服,拥挤人群存在潜在的恐慌

4. 行人与右转车的处理

《中华人民共和国道路交通安全法》(2011年修订)第四十四条和第四十七条规定:交叉口人行横道处行人比与之冲突的右转机动车拥有更高的优先权。但是实际情况中,过街行人与右转机动车的冲突仍十分普遍。为避免过街行人与右转机动车的冲突,提出以下处理方式。

1) 设置右转专用车道

过街行人与右转车冲突的严重程度与二者交通流量的大小密切相关。当右转车辆较少时,二者之间的干扰较小。但当右转车与行人流量都较大时,其相互干扰就会影响交叉口通行效率,严重时还会导致交通事故。在这种情形下,可以考虑设置右转专用车道,见本书第58页。

2) 相位设计

为避免行人与右转车的冲突,可以将行人与右转车在时间上进行分离,使行人随平行方向直行机动车放行,右转机动车与垂直方向左转机动车同相位放行,如图4-38所示。

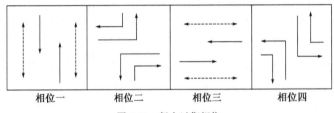

图4-38 行人过街相位

3) 行人相位早启与早断

当绿灯启亮时,可通过提前启亮行人相位的方法减少行人与右转车的相互干扰。如果绿灯时间后期过街行人明显减少,则可提前截止行人相位,同时允许相应进口的右转机动车通行,如图4-39所示,相位一、相位四为行人放行相位,其他相位为右转车放行相位。

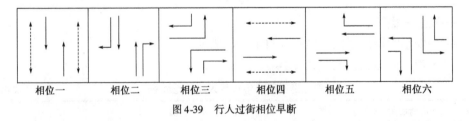

图4-39 行人过街相位早断

4) 交叉口人行横道案例

案例概况:某交叉口的人行横道线设置于交叉口转角弧线段,且未设机动车停止线,行人过街时间长,易与右转机动车发生冲突,如图4-40a)所示。

设计方案:如图4-40b)所示,将人行横道线后移至进口道弧线起点位置,设置右转专用车道和右转专用相位,同时施划进口车道停止线。

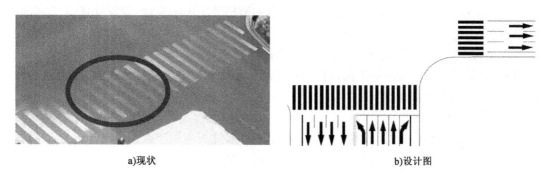

a)现状　　　　　　　　　　　　　　b)设计图

图4-40　某交叉口人行道改善

方案分析:人行横道线磨损严重是由右转车辆与行人流冲突造成的,因此,设计重点是分隔行人与右转机动车,并缩短行人过街距离。

五、交叉口渠化设计

1. 平面交叉口渠化的含义及作用

1)平面交叉口渠化的含义

平面交叉口渠化是指在交叉口内,运用交通标志、标线和实体设施等多种措施,对交通流进行分流导向设计,使不同类型的交通、不同方向及不同速度的车辆可以互不干扰地顺畅通过,从而使车辆和行人安全有序地行进。

组织渠化交通,可以有效地解决城市道路的交通拥挤和阻滞,提高行车速度和通行能力,保证交通安全。

2)平面交叉口渠化的作用

(1)分隔道路上不同类型的交通流

交叉口渠化可以分隔道路上不同类型的交通流,减少同向车辆在行驶过程中的相互干扰,使交叉口各种车辆能按各自规定的车道行驶,从而提高行车速度和交叉口通行能力,同时保障交通安全。

(2)控制进入交叉口车辆的速度

主路车辆通过交叉口有优先通过权,次路车辆必须让主路车辆先行。交叉口渠化可以控制次路车辆进入交叉口的速度,避让主路车辆,从而保证速度相对较快的主路车流安全顺畅地行驶。

(3)减小车流交叉角度

相交车流以大于120°的角度合流时,车辆穿越交叉口的时间变长,更容易引发交通事故。通过交通岛的合理渠化设置,可以减小车流交叉角度,降低车流冲突的强度。这样既能提高交叉与合流的顺适性,又能提高交叉口的安全性,不但可以缩短交叉时间和交叉距离,而且便于判断交叉穿行速度,可减小交通事故发生概率。

(4)导流和导向

交通渠化具有导流和导向的作用,可以诱导车辆的行驶路线,使得车辆在交叉口任何一点穿越时,至多有两个方向行驶路线。利用交通岛的布置,可规范车辆行驶轨迹。

(5) 规范行驶轨迹

交通渠化可以规范车辆行驶轨迹,从而减小车辆行驶的不确定性,限制交通流,提高整个交叉口的安全性。

(6) 帮助驾驶人辨认标志标线和遵守交通规则

设置交通岛等设施可以增强路面标线和交通标志所欠缺的易见性和强制性,帮助驾驶人辨认标志、标线,遵守交通规则。

(7) 保护过街行人

交通岛可以用作行人过街的安全岛,为在单个行人过街相位中未能及时通过交叉口的行人提供一个不受车流影响的安全等候区域,以实现二次过街。

3) 平面交叉口渠化的主要设计原则

(1) 符合规范,简单明确,易于理解

交叉口渠化设计应符合国家相关标准与规范的规定,不能随意变更或改动。同时,设计后交叉口的形状应当简单明了,避免采用过于复杂的方案,以便各类交通参与者正确选择自己的交通路线和时间。

(2) 路线平顺,保证安全

交叉口渠化设计应尽可能使行驶轨迹平顺,能使交通流以最短时间或最短路程通过,切忌迂回、逆向、急转或者采用有可能引起碰撞的尖锐角度。同时,各种交通流,即不同流向、不同车辆、不同车种、不同速度的交通流,应尽可能实现分道行驶,以减少相互干扰或碰撞,保证安全。

(3) 保证视距,净化视野

交叉口渠化设计应充分保证各方向、各车道车辆和行人的视距,并净化机动车驾驶人的视野。交叉口附近的所有绿化栽植和街道上的市政公用设施,均应以不阻挡驾驶人视线为准则,凡阻挡视线的建筑或绿化,均应拆除或砍伐,以确保行车的视距要求。

2. 平面交叉口渠化的主要设计要素

根据平面交叉口渠化控制的主要作用和原则,交叉口渠化设计时应注意如下设计要素。

1) 交通岛

交通岛是在两车道间用来控制车辆的移动而车辆不能使用的区域。交通岛也可以用于庇护行人和安置交通控制设施。在交叉口内的中央分隔带或车道分离的部分都被认为是交通岛。从这个定义可以看出,交通岛的形状并不唯一,路缘石所包围的区域、油漆或热塑性标线所画的区域都可以称之为交通岛。车辆一旦进入交叉口,行车轨迹就被确定下来,拥有这种特性的交叉口称为渠化交叉口。在一些情况下,采用标线或与路面齐平的中间带和可横向穿越的分隔带或交通岛,比设置物理交通岛的效果更加理想。

(1) 交通岛的种类

根据交通岛的功能对其进行分类,可将交通岛分为两类,现实中设置的交通岛一般具有一种或者兼有两种功能。

① 为指示、规定左右转弯等交通方向而设置的岛——导流岛。

一般以下几种情况宜设置导流岛(图 4-41):在四车道道路相交而成的交叉口,若直行、左转和右转驶入某个进口道的交通量过大,宜在该交通流汇合处设置导流岛;在四车道以上道路相交而成的交叉口,可以在各进口道都设置导流岛;当交叉口某进口道设有右转减速车道或者偏置右转车道时,宜在该处设置导流岛;当交叉口为非正交时,若相交角小于 70°,可以在小交角处设置导流岛,如图 4-42 所示。

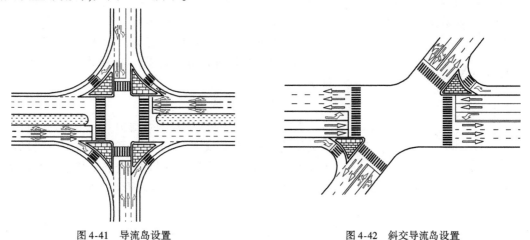

图 4-41　导流岛设置　　　　　　　图 4-42　斜交导流岛设置

②为给行人提供庇护空间而设置的岛——安全岛或庇护岛。

安全岛一般为长条形或者三角形,而且一般位于车辆行驶轨迹不需要占用的地方。行人使用的安全岛设置在人行横道或非机动车道附近,在行人和非机动车穿越时提供帮助或保护。在转角处的交通岛、中心导流岛及分隔岛都可以作为安全岛使用。

(2)交通岛的设计参数

交通岛必须具有能够引起驾驶人注意的足够的尺寸。不同类型交通岛(图 4-43)的最小尺寸见表 4-15。

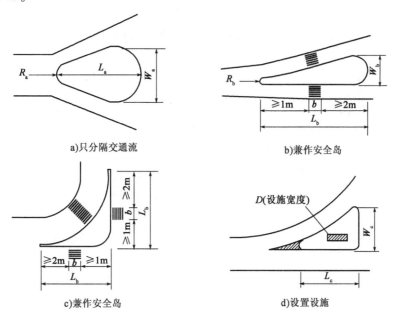

a)只分隔交通流　　b)兼作安全岛　　c)兼作安全岛　　d)设置设施

图 4-43　交通岛各部分要素

交通岛各个要素的最小尺寸(单位:m)　　表 4-15

图示	图 4-43a)			图 4-43b)、c)			图 4-43d)	
要素	W_a	L_a	R_a	W_b	L_b	R_b	W_c	L_c
最小值	3.0	5.0	0.5	3.0	$b+3$	1.0	$D+3$	5.0

交通岛的形状由直行交通和左右转交通的侧面富余空间决定。考虑到岛的边角部的识别性和施工的难易度,宜使圆角偏移,去掉突出的部分,端部的半径最好为0.5~1m。前端内移距(Q)以及偏心距(S)根据通过车辆的速度、岛的大小、交叉口所处的位置等确定,如图4-44所示。其尺寸取值见表4-16。

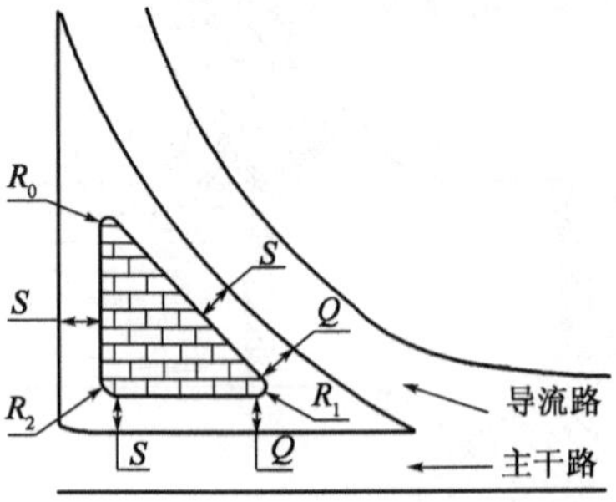

2)机动车导向线

设置机动车导向线能够明确地引导各个方向机动车的行驶轨迹,使得整个交叉口的车辆运行轨迹不会出现不可预知的情况,避免潜在冲突,同时也分隔了机动车与非机动车。通常情况下,在面积较大或者形状不规则的交叉口,要设置机动车导向线。

图4-44 交通岛的偏移距、内移距和端部曲线半径

交通岛偏移距、内移距、端部曲线半径的取值　　表4-16

设计速度(km/h)	偏移距 S(m)	内移距 Q(m)	R_0(m)	R_1(m)	R_2(m)
≥50	0.50	0.75	0.5	0.5~1.0	0.5~1.5
<50	0.25	0.50			

具体设置规定为:当交叉口是四车道与四车道相交时,宜设置机动车左转导向线;当交叉口任意一条相交道路进口车道数大于4时,宜设置机动车左转导向线,如图4-45所示;当交叉口的对向进口道出现偏置错位情况时,宜设置机动车直行导向线,如图4-46所示,引导直行车辆的运行,需要注意的是,此种情况仅适用于已有道路,而且是由于几何条件等因素不能将偏置道路改建,但道路偏置又影响交通安全时。新建道路禁止进口道的错位。当交叉口为非正交时,若相交角小于70°,宜设置机动车左转导向线,如图4-47所示。

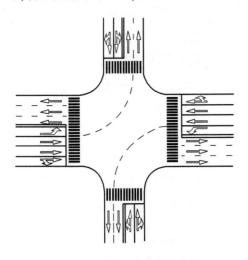

图4-45　多车道交叉口左转导向线

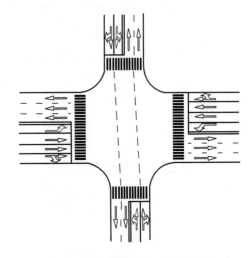

图4-46　偏置错位交叉口直行导向线

3)左转待转区

为规范左转车的行驶轨迹,充分利用交叉口空间,减少左转车通过交叉口的时间,在设有左转专用进口道的交叉口内部应设置左转待转区。左转待转区应设置于左转专用车道前端,伸入交叉口,如图4-48所示。

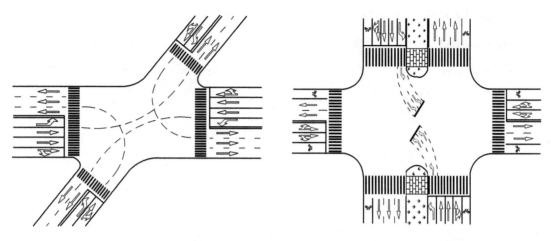

图 4-47 非正交交叉口左转导向线　　　　　图 4-48 交叉口左转待转区

左转待转区不得相互交叉以及影响本方向和对向直行车辆的正常行驶。当满足下列条件时,左转待转区可比进口道左转专用车道多设 1 条:

(1) 交叉口相应进口设置有超过 4m 宽的中央分隔带。
(2) 左转待转区的设置与运行速度相匹配,满足转弯半径要求(表 4-17)。
(3) 对向左转待转区外侧车道间的侧向间距不低于 2m。
(4) 左转待转区对应的出口车道符合车道平衡原理。

交叉口最小转弯半径　　　　　表 4-17

转弯计算行车速度(km/h)	30	25	20	15
最小转弯半径(m)	25	20	15	10

3. 平面交叉口渠化的主要作用

1) 规范行驶轨迹

规范车辆行驶轨迹,减小交通流在交叉口的冲突范围,降低车辆和行人过街时发生碰撞的危险,如图 4-49 所示。

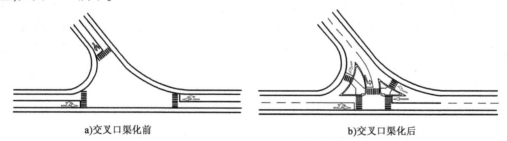

a) 交叉口渠化前　　　　　b) 交叉口渠化后

图 4-49 交叉口渠化前后交通冲突对比

2) 分车道转弯

减少过多的机动车道,减少路基路面工程量,降低工程造价,并减轻右转车辆对直行、左转车辆的影响,同时也可以利用渠化岛设置行人安全岛,如图 4-50 所示。

3) 设置行人过街安全岛

合理利用交叉口空间布设交通岛,缩短行人单次过街的时间和距离,减少行人与车流的冲突,从而保障行人的安全,并提高车辆运行速度,如图4-51所示。

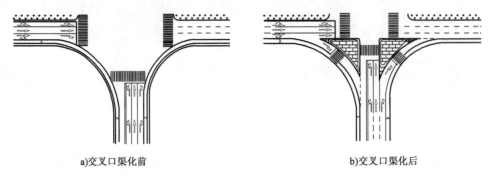

a)交叉口渠化前　　　　　　　　　b)交叉口渠化后

图4-50　交叉口分车道转弯渠化前后对比

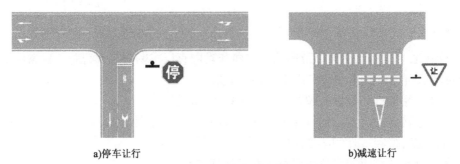

a)停车让行　　　　　　　　　b)减速让行

图4-51　交叉口行人安全岛渠化前后对比

4)非机动车渠化

根据对非机动车交通基本特性、非机动车在道路交叉口交通管理原则的考虑,为充分利用交叉口的空间资源,交叉口非机动车渠化设计可分别采用左转二次过街、非机动车停止线前移等方法。具体参见本节前述内容。

六、交叉口信号控制设计

交叉口信号控制是指利用交通信号灯,对在交叉口内运行的车辆和行人进行通行权的分配。根据所控制的对象的不同可以分为单点信号控制、干线信号协调控制及区域信号协调控制等。本节简单介绍单点信号控制的基本知识,详细介绍可以参考《交通管理与控制》教材。

实践表明,并非所有交叉口都适合采用信号控制。对于交通量较低或主支路权清晰的交叉口,有时采用减速或停车让行控制的效果较信号控制更好。因此,在进行交叉口信号控制设计之前,应慎重考虑其适用性。

1. 信号控制的基本参数

平面交叉口信号控制设计是一个复杂的过程。其基本参数主要有:

1)信号周期

信号周期是指信号灯色按设定的顺序显示一轮所需要的时间,通常用 C 表示,单位为秒(s)。一般而言,中小型交叉口的信号周期一般取 $40\sim80s$,大型交叉口一般取180s左右。

2)信号相位

在信号控制交叉口,各进口道不同方向所显示的不同灯色的组合,称为信号相位。最基本的相位方案为两相位。十字形交叉口通常采用 $2\sim4$ 个相位。

3)绿信比

绿信比是指一个信号周期内某信号相位的有效绿灯时长与信号周期的比值,一般用 λ 表示：

$$\lambda = \frac{g_E}{C} \tag{4-10}$$

式中：g_E——有效绿灯时长,s。

4)损失时间

损失时间是指在信号周期内无法被利用的时间,包括前损失时间、后损失时间以及全红损失时间。前损失时间又称启动损失时间,是指绿灯刚启亮时由于驾驶人的反应延迟,车辆由静止状态加速到正常行驶速度的时间损失。后损失时间是指绿灯末期及黄灯期间驾驶人减速损失的时间。全红损失时间即全红信号时长。

5)绿灯间隔时间

绿灯间隔时间是指一个相位绿灯结束到下一相位绿灯启亮之间的时间间隔,通常用 I 表示。绿灯间隔时间由黄灯时间或黄灯时间与全红时间组成。其作用是确保已通过停止线进入交叉口的车辆能够在下一相位的首车到达冲突点之前安全通过冲突点,驶出交叉口。

6)全红时间

全红时间是指交叉口所有进口方向的车道信号灯都为红灯的时间。全红信号通常置于黄灯之后,主要目的是使得黄灯期间进入交叉口而未能驶出交叉口的车辆在下一相位的首车到达冲突点之前安全驶出交叉口。

7)黄灯时间

黄灯信号通常置于绿灯之后,提醒驾驶人红灯即将开启。黄灯时长与驶入进口道的车辆车速有关,一般设置为 2~3s。

应当注意,无论是规划设计阶段还是道路治理阶段,主要设计参数的选取都依赖于交通量的预测和调查数据。因此,除上述设计参数外,交通量也是设计过程中应重点考虑的参数。

2. 基本相位方案

1)两相位控制

图 4-52 为最简单、应用最广泛的两相位信号控制示意图。当左转车辆与对向直行车辆混合行驶,且不会因为左转车而造成不合理的延误增加和不安全时,可以采用两相位控制。图 4-52 中,相位一内南北向车辆通行,相位二内东西向车辆通行。

2)多相位(左转专用)控制

两相位控制方式无法有效分离左转车流和对向车流。因此,当左转车流和直行车流较大时,两相位信号控制无法保证一个周期的左转车流在该周期内顺利通过交叉口,往往会导致左转车流延误以及相应的交通冲突的增加。缓解该问题的最佳方法即设置左转专用相位。我国左转专用相位一般设置于直行相位之后。某个交叉口是否应设置左转专用相位是一个复杂的问题,一般应遵循以下原则：

(1)左转车流量少于 100pcu/h 时,一般可不设置左转专用相位。

(2)左转车流量大于 200pcu/h 时,通常考虑设置左转专用相位。

(3)左转车流量介于两者之间时,左转专用相位的设置应考虑对向直行交通量及车道数、历史事故情况、区域信号协调控制和其他相关因素。

图 4-53 为典型的三相位信号控制示意图,其中东西进口方向设置了左转专用相位。应该注意,左转专用相位的设置一般要求设有左转专用车道,且其必须有足够的长度容纳每个信号周期的左转车辆。

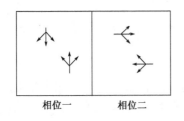

图 4-52 两相位信号控制示意图　　　图 4-53 三相位信号控制示意图

第五节　无信号控制交叉口交通设计

城市道路中,对于主支路路权清晰或者交通量较低的交叉口,采用信号控制会降低其运行效率,增加追尾冲突的可能性,而采用无信号控制如减速让行或停车让行会使交叉口延误降至最低,得到较好的效果。无信号控制交叉口中支路车流应减速或停车,在保证主路车流不受影响的前提下,寻找可穿越的间隙通过主路。本节主要介绍无信号控制交叉口的控制方式、视距设计、几何设计和渠化设计。

一、交叉口控制方式

无信号控制交叉口的控制方式分为全无控制和主路优先控制两类,其中主路优先控制包括停车让行和减速让行两类。

1. 全无控制交叉口

全无控制交叉口是指相交道路具有相同或基本相同的重要地位,因而具有同等通行权利,通常流量较小,不采取任何管理手段的交叉口。全无控制交叉口通常没有明确的进口道停止线,在车辆到达交叉口时,驾驶人将在距冲突点一定距离处做出决策,或减速让行,或直接通过。驾驶人做出的决策及通行规则应满足视距三角形的要求。

2. 主路优先控制交叉口

相交的两条道路中,交通量大的道路称为主路,交通量小的称为支路。主路车辆通过交叉口时具有优先通行权,支路车辆必须让主路车辆先行,这种控制方式称为主路优先控制,包括停车让行和减速让行两类。

1)停车让行

停车让行是指进入交叉口的支路车辆必须在停止线以外停车观察,确认安全后,才允许通行。停车让行分为单向停车让行和多向停车让行两类。

(1)单向停车

单向停车是指在支路进口处设置停车交通标志或标线。《城市道路交通标志和标线设置

规范》(GB 51038—2015)指出,停车让行标志的设置应满足以下条件:
①道路等级、车速相差较大的无信号控制交叉口,视距不足、容易发生交通事故时,在支路交叉口前应设置停车让行标志。
②无人看守的铁路道口,车辆进出频繁的沿街单位、宾馆、饭店、路外停车场等出入口,应设置停车让行标志。
③对支路的左转或直行穿越车辆,在交叉口处应设置停车让行交通标志,支路车辆确认主路无车辆通过时,再继续行进。
④停车让行标志应设置在人行横道前、铁路道口前或单位等出入口处的道路右侧、停车让行标线齐平或上游的适当位置。
⑤停车让行标志应配合设置停车让行标线。

(2)多向停车

多向停车是指各路车辆在进入交叉口时均须先停车后通过,最多为四路停车。《城市道路交通标志和标线设置规范》(GB 51038—2015)指出,在主路和支路的等级分配有困难的情况下,交通流量较小时,应对所有路口设置停车让行标志。

在美国,多向停车主要考虑交通安全和交通流量两个方面。交通安全方面,当交叉口在12个月中有5起以上直角碰撞或左转碰撞交通事故时,可采用多向停车控制。交通流量方面,当超过以下规定的最小流量时,可采用多向停车控制。
①一天任意连续的8h时间段内,进入交叉口的平均小时车流量至少为500辆。
②一天任意连续的8h时间段内,车辆和行人的综合交通量至少为200单位(车辆与行人各按"单位"计算),并且高峰小时内,旁侧支路车辆的平均延误为30s。
③当主路85%的车流量在通过平面交叉口时,其速度超过64km/h,上述两项标准可降低30%。

当达到上述三项中任意一项时,即可设置多向停车;此外,适于采用信号灯控制的交叉口,由于投资困难,也可采用多向停车作为临时性措施,直至改用信号控制为止。

2)减速让行

减速让行是指进入交叉口的支路车辆,不一定要停车等候,但必须减速瞭望,让主路车辆先行,寻找可穿越间隙安全通过交叉口。减速让行标志的设置应满足以下条件:
①道路等级、车速相差较大的无信号控制交叉口,交叉口视距良好、在危险情况下驾驶人能够从容控制停车,可设置减速让行标志。
②主路和支路的右转车辆与直行车辆汇合。
③无信号控制的环形交叉口的进口道处,宜设置减速让行标志。
④T形交叉口的横向主路交通流在交叉口具有优先权,支路必须设置停车让行或减速让行标志。
⑤减速让行标志应设置在交叉口让行道路进口道、右转专用车道出口道合流点或快速路合流点的道路右侧,减速让行标线齐平或上游的适当位置。
⑥减速让行标志应配合设置减速让行标线。

停车让行与减速让行的区别在于,前者对停车具有强制性。与停车让行和减速让行相关的标志标线如图 4-54 所示。

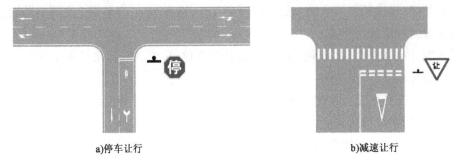

a)停车让行　　　　　　　　　　　　　　b)减速让行

图 4-54　停车让行和减速让行交通标志标线示意图

二、交叉口视距设计

视距良好是保证车辆在无信号控制交叉口安全通行的必要条件,因此,视距设计是无信号控制交叉口设计的重要内容。根据无信号控制交叉口采用的控制方式的不同,视距设计可分为全无控制交叉口视距设计、停车让行/减速让行控制交叉口视距设计。

1. 全无控制交叉口视距设计

在全无控制交叉口中,各方向车辆所拥有的路权一致,运行无主次之分。因此,保证每个方向均有足够的停车视距,才能避免交通事故的发生。平面交叉口视距三角形如图 4-55 所示。视距三角形应保证位于冲突路径的车辆刚好能看到彼此时,可以及时采取行动,避免交通事故的发生。在视距三角形内不应存在遮挡驾驶人视线的物体。《城市道路工程设计规范(2016 年版)》(CJJ 37—2012)指出,停车视距应大于或等于表 4-18 的规定值。

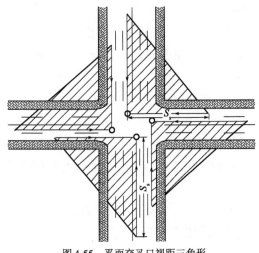

图 4-55　平面交叉口视距三角形

交叉口视距三角形要求的停车视距　　　　表 4-18

交叉口连接道路设计车速(km/h)	100	80	60	50	40	30	20
停车视距(m)	160	110	70	60	40	30	20

对于典型的两路交叉的平面交叉口,通常存在 4 个视距三角形。为保证无控制交叉口安全运行,交叉口的 4 个视距三角形均应满足要求。只要有一个视距三角形不满足要求,就需要采取一定的控制措施。此外,充足的视距是交叉口车辆安全通行的必要但非充分条件。即使满足视距三角形的要求,当交通需求较高、车速等交通条件使得交叉口存在安全隐患时,亦应采取一定的控制措施,例如,采用停车让行或减速让行控制方式、采用信号控制方式、降低主路限速、移除视距范围内高于 1.2m 的障碍物等。

2. 停车让行/减速让行控制交叉口视距设计

在停车让行/减速让行控制交叉口中,主路车辆拥有优先权,支路车辆只有等待主路车辆间有足够大的间隙时才能驶入或穿越交叉口,其交叉口视距为临界间隙乘以主路设计速度,见式(4-11)。对于支路右转车辆,其视距必须大于主路第一辆车到其本身的距离,由于右转运行较为简单,因此右转时要求的临界间隙相对较小;左转车辆同样需满足此条件,由于操作较为复杂,其需要的临界间隙较右转车辆大;直行车辆介于两者之间,但须同时考虑左右两个方向的临界间隙,如图4-56所示。

$$S_s = t_c \cdot v \tag{4-11}$$

式中:S_s——视距值,不同车型、不同转向的车辆其视距值不同,m;

t_c——临界间隙,s,无实测数据时,取6~8s;

v——主路设计速度,m/s。

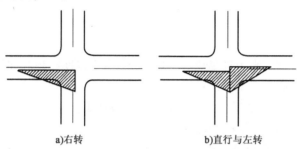

a)右转　　　　　　　　b)直行与左转

图4-56　支路车辆右转、直行与左转沿主路视距

多向停车控制交叉口虽没有明确划分路权,但所有方向车辆进入交叉口都要停车,因此只要满足任意一条车道第一辆车能被其他车道的第一辆车看见即可,如图4-57所示。

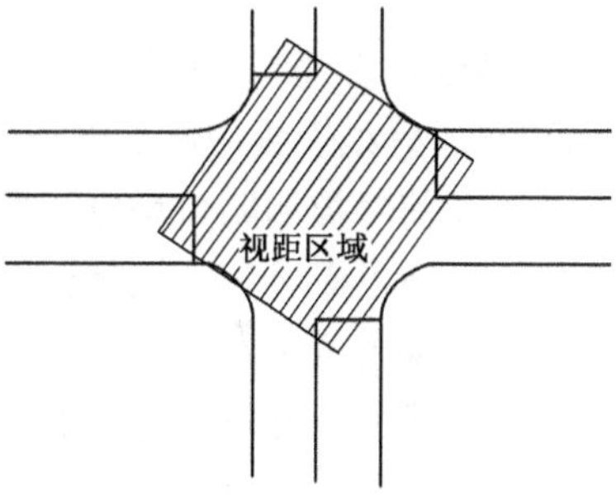

三、交叉口几何设计

无信号控制交叉口几何设计主要包括机动车道设计、非机动车道设计、人行道及人行横道设计等。

1. 机动车道设计

车道条数由设计车辆、设计车速、设计交通量以及交通控制条件等决定。《城市道路交叉口规划规范》(GB 50467—2011)指出,无信号控制交叉口支路进口道仅有1条车道且空间允许时,宜拓展为2条车道;主路进口道车道数可与路段车道数相同。此外,驶出方向的车道数应不少于驶入交叉口的直行车道数。根据交通情况,必要时可考虑设置非机动车道。由于受交通管制,车道宽度可适当变窄,但不应小于3.25m。右转车道的曲线段,应考虑路面加宽因素。

图4-57　多向停车控制交叉口视距

2. 非机动车道设计

路段上设有非机动车道的交叉口,一般应在右转车道的外侧设置非机动车道,其宽度应符合《城市道路工程设计规范(2016年版)》(CJJ 37—2012)的规定:1条非机动车道宽度应不小于1.0m;与机动车道合并设置的非机动车道,车道数单向不应少于2条,宽度不应小于2.5m。当条件允许时,右转车道与非机动车道之间采用绿化带分隔;条件不允许时,右转车道与非机动车道之间采用标线分隔。

3. 人行道及人行横道设计

交叉口附近的人行道除需保证行人通过外,还应为过街行人提供等待区域,原则上交叉口处人行道的宽度应不小于路段人行道的宽度。当设置拓宽车道压缩人行道时,应根据行人交通量决定其最小宽度。《城市道路工程设计规范(2016年版)》(CJJ 37—2012)指出,人行道宽度不应小于2.0m。人行横道宽度不宜小于3m,其位置选择应使行人穿过道路的距离最短。

四、交叉口渠化设计

为保障交通安全和提高交通效率,无信号控制交叉口必须设置路权分配标志、标线和必要的行人过街安全设施等。

1. 交通标志设计

无信号控制交叉口的标志主要包括停车让行、减速让行标志和其他标志。无信号控制交叉口交通标志的设置应满足以下条件:

(1)保证主路优先,设置停车让行标志或减速让行标志。
(2)交叉口人行道须设置行人过街标志。
(3)有凸台导流岛时,两侧设置两侧通行标志。
(4)有中央凸台鱼肚皮时,设置右侧通行标志。

2. 交通标线设计

无信号控制交叉口的标线主要包括停止线、让行线、人行横道线、车道线等。无信号控制交叉口交通标线设置应满足以下条件:

(1)无信号控制路口均应设置标线和标志以给出明确的"路权分配"措施,即在支路的入口处设置"停车标线"。在道路无法辨识主次的情况下,则应在所有入口处设置"停车标线"。
(2)根据需要可在各个方向设置人行横道线。
(3)标线的尺寸可参考《城市道路交通标志和标线设置规范》(GB 51038—2015)的相关规定。

有中央分隔带的道路与支路相交时,若支路采用右进右出管制,可在支路进口道和出口道之间设置三角形导流交通岛,以避免支路车辆左转,如图4-58所示。图4-59为典型的无信号控制交叉口渠化设计示例。

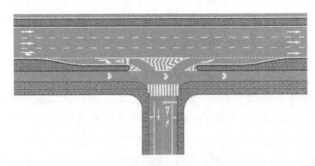

图4-58 支路右进右出交通设计示例

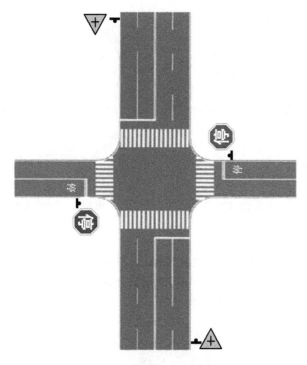

图 4-59　无信号控制交叉口渠化设计示例

第六节　环形交叉口交通设计

环形交叉口是自行调节的交叉口。这种交叉口是在中心设置中心岛,使进入交叉口的所有车辆都以同一方向绕岛行进。车辆行驶过程一般为合流、交织、分流,避免了车辆交叉行驶。

环形交叉口的优点是驶入环形交叉口的各种车辆可以连续不断地按照逆时针方向行驶,不会有停滞,减少了车辆在交叉口的延误时间。同时,可起到美化城市的作用。对于多路交叉和畸形交叉,采用环道组织渠化交通更为有效。

环形交叉口的缺点是其占地面积较大,通行能力有限,机动车与非机动车之间的相互干扰大。

一、环形交叉口类型

在我国,环形交叉口可按中心岛直径大小分为以下两类:

(1)常规环形交叉口。其中心岛直径大于 25m,交织段较长,进口引道不拓宽成喇叭形。我国现有的环形交叉口大都属于此类(图 4-60)。

(2)小型环形交叉口。其中心岛直径小于 25m,进口引道拓宽成喇叭形,便于车辆进入交叉口(图 4-61)。

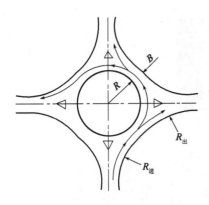
图 4-60 常规环形交叉口

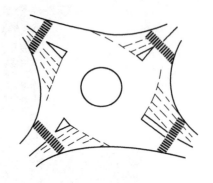
图 4-61 小型环形交叉口

二、设计要素

根据《城市道路交叉口规划规范》(GB 50647—2011)的规定,常规环形交叉口的设计要素应包括交织段长度、中心岛形式和大小、环道车道数及其宽度与横截面、环道外缘形状、进出口转角半径、交通岛、人行横道等(图 4-62)。

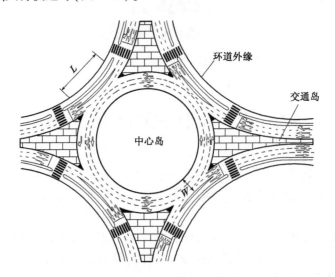
图 4-62 常规环形交叉口各组成要素

《城市道路交叉口设计规程》(CJJ 152—2010)、《城市道路交叉口规划规范》(GB 50647—2011)对环形交叉口的各设计要素进行了如下规定。

1. 交织段长度 L

交织段长度是指环形交叉口入口岛端部与相邻出口岛端部间的距离,如图 4-63 所示。

最小交织长度不应小于以环道设计速度行驶 4s 的距离,行驶接驳车时,最小交织长度应不小于 30m。最小交织长度应符合表 4-19 的规定。

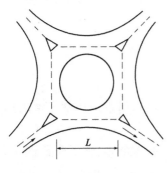
图 4-63 环形交叉口交织段长度

最小交织长度 表4-19

环道设计速度(km/h)	20	25	30	35	40
最小交织长度(m)	25	30	35	40	45

2. 中心岛形式和大小

中心岛的形状根据交通条件可采用圆形、椭圆形、圆角菱形、卵形等。

中心岛最小半径(或当量半径)应同时满足环道设计速度和最小交织长度的要求,即:

1) 满足环道设计速度要求

中心岛最小半径 R_1(单位:m)可由下式确定:

$$R_1 = \frac{v^2}{127(\mu \pm i)} - \frac{b}{2} \tag{4-12}$$

式中:v——环道设计速度,km/h;环道设计速度应按相交道路中最大设计速度的50%~70%取值,车速较大的,宜取较小的系数值;

μ——横向摩阻力系数,取0.14~0.18;

i——路面横坡,取1.5%~2%;

b——内侧车道宽(含车道加宽),可取5.5m(大型车)。

中心岛最小半径与相应的环道设计速度应符合表4-20的规定。

环道设计速度与中心岛最小半径 表4-20

环道设计速度(km/h)	20	25	30	35	40
中心岛最小半径(m)	20	25	35	50	65

2) 满足相邻两条道路交角间的最小交织长度要求

中心岛圆弧半径 R_2(单位:m)可由下式确定:

$$R_2 = \frac{360L}{2\pi\omega} = \frac{180L}{\pi\omega} \tag{4-13}$$

式中:ω——相邻两条相交道路间的交角,(°);

L——最小交织长度,m,见表4-19。

在实际应用中,中心岛半径 $R = \max(R_1, R_2)$。

3. 环道的车道数、宽度及断面布置

(1) 环道的机动车道宜设为2~3条,对于现有大型环形交叉口的改建或具有特殊要求的可放宽要求。

(2) 环道上每条车道的宽度等于正常车道宽度加上环道车道加宽的宽度,环道车道加宽值应符合表4-21的规定。

环道车道加宽值(单位:m) 表4-21

中心岛半径		$10 < R \leq 15$	$15 < R \leq 20$	$20 < R \leq 30$	$30 < R \leq 40$	$40 < R \leq 50$	$50 < R \leq 60$
车道加宽值	小型车	0.80	0.70	0.60	0.50	0.40	0.40
	大型车	3.00	2.40	1.80	1.30	1.00	0.90

(3) 非机动车道宽度不应小于交汇道路中的最大非机动车道的宽度,也不宜大于6m。

(4) 根据交通流的情况,环道可布置为机动车与非机动车混行或分行。分行时可用分隔带、分隔物或标线分隔,分隔带宽度不应小于1m。

(5)中心岛上不应布设人行道。环道外侧人行道宽度不应小于与该段环道相邻的相交道路路段上人行道的宽度。

(6)环道横断面宜设计成以环道中线为路拱脊线的两面坡,中心岛四周低洼处应布设雨水口;环道纵坡度不宜大于2%。

4. 环道外缘形状

环道外缘宜设计成直线;出口缘石半径应大于或等于进口缘石半径;进口缘石半径的要求可与一般平面交叉口相同,但不应大于中心岛的设计半径;进口缘石半径相差不应过大。

5. 进出口曲线半径

环道进出口的曲线半径取决于环道的设计速度。为使进环车辆的车速与环道车速相适应,应对进环车辆的车速加以限制。一般,环道进口曲线半径采用接近或小于中心岛半径的值,且各相交道路的进口曲线半径不应相差太大。环道出口的曲线半径可较进口曲线半径稍大,以便车辆加速驶出环道。

6. 交通岛

环形平面交叉口应采用交通岛、路面标线、交通标志进行渠化设计。在环道进出口上各向车辆行驶迹线的盲区范围,可设计三角形的交通岛,交通岛中布置绿化或交通设施时,不得阻挡行车视线。

7. 人行道

环道外侧人行道的宽度不宜小于与该段环道相邻的相交道路路段上人行道的宽度。

环形交叉口在同地下设施相配合或地形有利的情况下,宜设置行人地下通道。

三、交通组织设计

环形交叉口通过设置环道使各向车流均按逆时针方向行驶,从而减少了交叉口的冲突点。当环道内交通流交织频繁时,应设置相应的标志标线,从而明确各条道路的行驶路权,使交通更加流畅。

对于环形交叉口的交通控制有一个明确的规定,即:所有从支路进入环道的车辆在遇环内车辆时,必须"让"环内车辆先行。因此环道的地面标线和标志设置必须完备,否则,在交通流量大时,环道反而会成为事故的多发点。

环形交叉口标志标线的设置方法如下:

(1)环形交叉口的各个入口须设置让行标线和标志,使进入交叉口的车辆让行环内的车辆。

(2)在中心导流岛上,面向各进口道方向安装环岛行驶标志。

(3)在正对路口的环岛上,设置环形交叉口标志。

(4)如在导流岛位置处设置人行横道,则需设置相应的人行横道标志与标线。

(5)在多车道环形交叉口中,应避免采用同心圆渠化。

(6)如机非混合行驶,环内标线设置须明确通行权,环内应该设置2个车道环,外侧环的宽度不小于4m,以便非机动车行驶。

(7)在距环形交叉路口30~150m处设置指路标志。

环形交叉口的标志标线设置示例如图 4-64 所示。

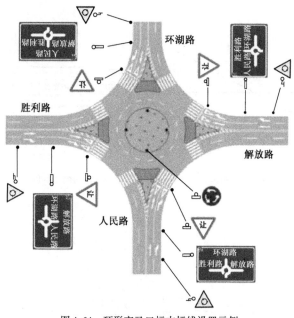

图 4-64　环形交叉口标志标线设置示例

环形交叉口也可采用信号控制的交通组织方式,相关内容可参阅交通管理与控制的文献。

第七节　特殊形式交叉口设计

城市道路在发展过程中,由于受用地、规划落实的时序、道路断面形式及交叉口视距等问题的限制,会形成一些特殊形式的交叉口。本节对现状具有典型意义的特殊形式交叉口的设计进行简要分析和优化,以提高道路的交通效率和通行能力,保障道路交通安全。

一、X 形交叉口

1. 设计原则

在设计中,应尽量避免采用这种不安全的交叉口形式,对这类交叉口宜进行治理,原则上应使其交角尽量接近直角(约 75°以上)。

2. 设计标准

(1)用地条件允许情况下

对于 X 形交叉口,在用地条件允许的情况下,应将等级低的道路改为两个 T 形交叉口,然后对两个交叉口进行协调设计,如图 4-65 所示。

(2)用地条件有限情况下

在用地条件有限的情况下,应在 X 形交叉口内部进行渠化设计,明确行车路径,改善冲突位置不明确、视距不良等问题。

X 形交叉口的设计与十字形交叉口基本相同,但应在锐角部分设置三角形导流岛,钝角部分在有条件的情况下设置导流岛。采用凸台式导流岛时,导流岛上应设置两侧通行标志(图4-66)。

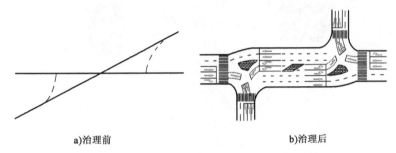

a)治理前　　　　　　　　　　　　b)治理后

图4-65　用地条件允许情况下X形交叉口的治理示例

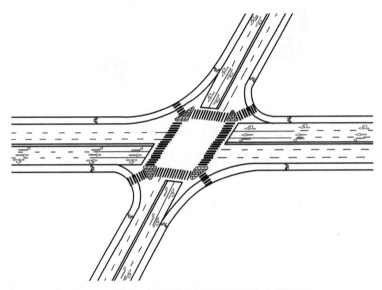

图4-66　用地条件有限情况下X形交叉口的治理示例

二、Y形交叉口

对于Y形交叉口,可通过调整交叉口的交叉角度,使相交车流尽可能形成直角交叉,减小车辆产生冲突的面积。可在Y形交叉口锐角部分设置凸台式导流岛,并根据主支路情况设置停车让行或减速让行标志标线,如图4-67～图4-69所示。

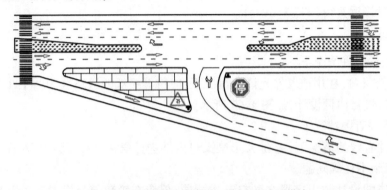

图4-67　斜交道路为支线的Y形交叉口交通设计

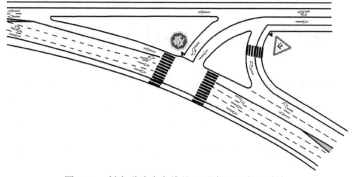

图 4-68　斜交道路为主线的 Y 形交叉口交通设计

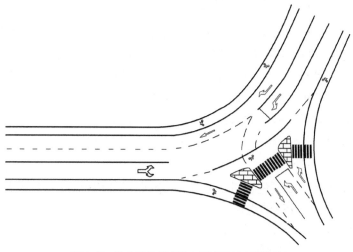

图 4-69　均为钝角相交的 Y 形交叉口交通设计

三、错位交叉口

错位交叉口是由两个或多个 T 形交叉口紧密相连而形成的特殊形式交叉口,一般间距在 150m 之内。此类交叉口由于间距过小,容易引起车流间的相互干扰,严重时易引发交通事故及交通阻塞,因此应对此类交叉口进行相应的治理型设计。

在用地条件允许的情况下,可通过改变错位交叉口的结构,将其改造成十字形交叉口(图 4-70)。

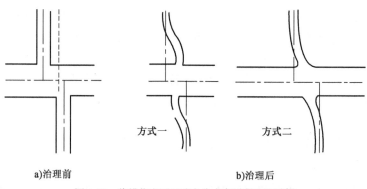

a)治理前　　　　　　　　　　b)治理后

图 4-70　将错位交叉口改良为十字形交叉口示例

第八节 平面交叉口交通标志设计

道路交通标志是以颜色、形状、字符、图形等向道路使用者传递信息,用于管理交通的设施。交通标志应结合道路及交通情况设置,通过交通标志提供准确及时的信息和引导,使道路使用者顺利快捷地抵达目的地,保障交通畅通和行车安全。平面交叉口作为城市道路系统中的密集区,也是交通冲突频发的区域,合理设置交通标志对于提高交叉口的运行效率和安全性意义重大。

一、交叉口交通标志设计基本要求

交叉口交通标志设计的基本要求是在考虑驾驶人行车实际情况的基础上,将不同的环境情况和道路信息迅速、准确地传递给驾驶人。驾驶人对标志的识别距离取决于标志的视角大小、环境亮度水平、背景与目标之间的对比、标志与符号的形状以及道路环境的复杂性,但对同一个标志的识别主要取决于标志背景和环境亮度水平。而识别时间随驾驶人能够同时感知的标志数量和其设置位置的不同而变化。因此,交叉口交通标志设计主要应从版面、布设、支撑方式3个方面来考虑。

1. 版面

平面交叉口交通标志的颜色、形状、字符、尺寸、图形等应符合《城市道路交通标志和标线设置规范》(GB 51038—2015)的规定。

除此之外,还应符合以下几点要求:

(1)标志之间不应有矛盾和重复。

(2)道路环境复杂处的交通标志设置不应增加驾驶人的视觉负荷。

(3)事故多发段应提高标志警示、诱导和信息传递的效果。

2. 布设

根据《城市道路交通标志和标线设置规范》(GB 51038—2015),交通标志应设置在车辆行进方向上易于被看到的地方,并宜设置在车辆前进方向的右侧或车行道上方。当路段单向车道数大于4条、道路交通量大、大型车比例高时,宜分别在车辆前进方向左、右两侧设置相同的交通标志。

交叉口交通标志设置除须确保驾驶人在动态条件下能识认标识信息外,还应预留一定的前置距离,为驾驶人采取相应行动提供时间和空间。除此之外,还应符合以下几点要求:

(1)不同种类的标志不宜并列设置。

(2)当受条件限制,同一位置需要布设多个标志时,应满足下列规定:

①安装在同一支撑结构上的标志不应超过 4 个,并按禁令、指示、警告的顺序,先下后上、先左后右排列。

②同类标志的设置顺序,应按提示信息的重要程度排列。

3. 支撑方式

根据《城市道路交通标志和标线设置规范》(GB 51038—2015),标志的支撑方式应根据交通量、车型构成、车道数、沿线构造物分布、风荷载大小,以及路侧条件等因素按表 4-22 确定。

标志支撑方式及适用条件　　　　　表 4-22

支撑方式		适用条件
柱式	单柱式	警告、禁令、指示及小型尺寸指路标志
	双柱式	大中型长方形的指示或指路标志
悬臂式		道路较宽、交通量较大、外侧车道车辆阻挡内侧车道车辆视线; 视距或视线受到限制
门架式		同向三车道以上的多车道道路需分别指示各车道去向; 交通量较大、外侧车道车辆阻挡内侧车道车辆视线; 受空间限制,柱式、悬臂式安装有困难
附着式		支撑件设置有困难; 采用附着式更为合理

对于交叉口交通标志,还应注意,当标志与交通信号灯结合布置更为合理时,标志与交通信号灯的支撑结构宜一并设计,或将标志附着安装在交通信号灯的支撑结构上。

二、交叉口常用交通标志分类及设置方式

交通标志按其作用分为主标志和辅助标志两大类,其中主标志包括禁令标志、警告标志、指路标志、指示标志、旅游区标志、作业区标志、告示标志;辅助标志应附设在主标志之下。

平面交叉口处常用的交通标志有指示标志、禁令标志、警告标志、指路标志等。

1. 指示标志

指示标志表示指示车辆和行人行进的含义,道路使用者应遵循。

(1)除个别标志外,指示标志颜色为蓝底、白图案。形状分为圆形、长方形和正方形,交叉口常见指示标志如图 4-71 所示。

(2)指示标志设置于指示路段的起点附近。

(3)有时间、车种等规定时,应用辅助标志说明;除特别说明外,指示标志上不允许附加图形。附加图形时,原指示标志的图形位置不变。

a)向左和向右转弯

b)路口优先通行

c)单行路(直行)

图 4-71　指示标志示例

2. 禁令标志

禁令标志表示禁止、限制及相应解除的含义,道路使用者应严格遵守。

(1)除个别标志外,禁令标志的颜色为白底、红圈、红杠、黑图案、图形压杠。形状为圆形,停车让行标志为八角形,减速让行标志为顶角向下的倒等边三角形,如图 4-72 所示。

(2)禁令标志设置于禁止、限制及相应解除开始路段的起点附近。

(3)对于车辆如未提前绕行则无法通行的禁令标志设置的路段,应在进入禁令路段的路口前或适当位置设置相应的预告或绕行标志。

(4)除特别说明外,禁令标志不允许附加图形、文字。

a)禁止停车　　　　　　b)停车让行　　　　　　c)减速让行

图4-72　禁令标志示例

3.警告标志

警告标志是警告车辆驾驶人、行人前方有危险的标志,道路使用者需谨慎行动。

(1)警告标志的颜色为黄底、黑边、黑图案。"注意信号灯"标志的图案为红、黄、绿、黑四色。形状一般为等边三角形或矩形,三角形的顶角朝上。交叉口常见警告标志如图4-73所示。

a)交叉路口　　　　　　b)注意信号灯　　　　　　c)注意行人

图4-73　警告标志示例

(2)根据《道路交通标志和标线　第2部分:道路交通标志》(GB 5768.2—2022)的有关规定,交叉口警告标志设置的前置距离可参考表4-23,并根据道路的限速、运行速度等实际情况适当调整。

警告标志前置距离(单位:m)　　　　　　表4-23

速度 (km/h)	条件A	减速到下列速度(km/h)										
		条件B										
		0	10	20	30	40	50	60	70	80	90	100	110
40	100	30	*	*	*	—							
50	150	30	*	*	*	*	—						
60	190	30	30	*	*	*	*	—					
70	230	50	40	30	30	*	*	*	—				
80	270	80	60	55	50	40	30	*	*	—			
90	300	110	90	80	70	60	40	*	*	*	—		
100	350	130	120	115	110	100	90	70	60	40	*	—	
110	380	170	160	150	140	130	120	110	90	70	50	*	—
120	410	200	190	185	180	170	160	140	130	110	90	60	40

注:1.条件A是指交通量较大时,道路使用者可能减速,同时伴随变换车道等操作通过警告地点,典型的标志如注意车道数变少标志。

2.条件B是指道路使用者减速到限速值或者建议速度值,或停车后通过警告地点,典型的标志如急弯路标志、连续弯路标志、陡坡标志、注意信号灯标志、交叉路口标志、铁路道口标志等。

3.*是指不提供具体建议值,视当地具体条件确定。

(3)警告标志可以和禁令标志、辅助标志等联合使用。

4.指路标志

指路标志表示道路信息的指引,为驾驶人提供去往目的地所经过的道路、沿途相关城镇、重要公共设施、服务设施、地点、距离和行车方向等信息。

(1)除特别说明外,指路标志的颜色一般为蓝底、白图案、白边框、蓝色衬边;城市快速路指路标志为绿底、白图案、白边框、绿色衬边。形状一般为长方形和正方形。

(2)指路标志信息根据重要程度、道路等级、服务功能等因素分层。

①A层信息:高速公路、国道、城市快速路,直辖市、省会、自治区首府等控制性城市,及其他本区域内相对重要的信息。

②B层信息:省道、城市主干道,县及县级市,及其他本区域内相对较重要的信息。

③C层信息:县道、乡道、城市次干道路、支路,乡、镇、村,及其他本区域内的一般信息。

④根据地区特点,可以继续下分。

(3)指路标志信息的选取应遵循以下原则:

①交叉口指路标志上的信息层级,根据相交道路的等级、服务区域的特点,应在对交通流的流向和流量综合分析的基础上,按表4-24选取。

交叉口预告、告知标志信息要素选择配置 表4-24

道路等级	标志所在位置			
	主线道路	被交道路		
		主干路	次干路	支路
主干路	(A层)、B层、C层	(A层)、B层、C层	(A层)、B层、C层	(B层)、C层
次干路	(A层)、B层、C层	(A层)、B层、C层	(A层)、B层、C层	(B层)、C层
支路	(B层)、C层	(A层)、B层、C层	(A层)、B层、C层	(B层)、C层

注:1.表中不带括号的信息为优先选择的信息;带括号的信息适用于无优先信息时,可根据需要作为选择的信息。
2.当接近首选信息所指示的地点时,该信息作为第一个信息;如需选取第二个,则仍按本表的顺序筛选。

②当同一方向有同层多类信息时,应按由上至下的顺序按照地区名称、交通枢纽、文体旅游和重要地物的顺序加以选择。

③当同一方向有同层同类多个信息时,宜按由近至远的顺序加以选择。

④当同一方向有多个C层信息时,应综合考虑交通吸引量等因素选取相对更为重要的信息。

⑤当同一方向有多层同类优先选择的信息时,应选择距当前所在地最近的信息。

(4)交叉口指路标志的设置应根据交叉口各交叉道路的等级,按表4-25确定。

交叉口指路标志设置 表4-25

主线道路	被交道路		
	主干路	次干路	支路
主干路	(预)、告、确	告、确	(告)、确
次干路	(预)、告、确	告、确	(告)、确
支路	告、确	告、确	(告)、确

注:1."预"为预告标志;"告"为告知标志;"确"为确认标志,包括路名牌标志、街道名称标志、地点方向标志等;( )为可根据需要设置的标志。
2.如条件限制,可降低指路标志的配置要求,但应设置必要的交叉口告知标志。

(5)交叉口指路标志中的预告、告知标志的版面类型及适用情况应符合以下要求:

①根据设置道路的等级,交叉口预告、告知标志的版面设计可按表 4-26 分为 3 类。Ⅰ类版面指示前进方向 2 个目的地的信息(近信息、远信息);Ⅱ类版面指示前进方向 1 个目的地的信息(近信息);Ⅲ类版面仅指示前方相交道路路名。

交叉口预告、告知标志版面分类　　　　　　表 4-26

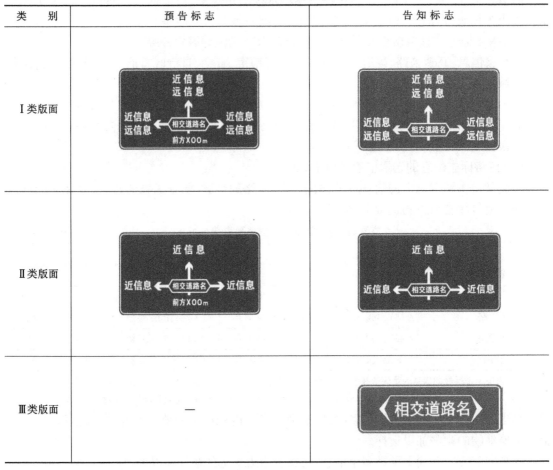

②各级道路交叉口预告、告知标志的版面类型,宜按表 4-27 选用。

交叉口预告、告知标志版面类型　　　　　　表 4-27

主线道路	被交道路					
	主干路		次干路		支路	
交叉口信控条件	信控	非信控	信控	非信控	信控	非信控
主干路	Ⅰ、(Ⅱ)	—	Ⅰ、(Ⅱ)	—	(Ⅱ)、Ⅲ	(Ⅱ)、Ⅲ
次干路	(Ⅰ)、Ⅱ	—	(Ⅰ)、Ⅱ	—	(Ⅱ)、Ⅲ	(Ⅱ)、Ⅲ
支路	Ⅱ、(Ⅲ)	(Ⅱ)、Ⅲ	Ⅱ、(Ⅲ)	(Ⅱ)、Ⅲ	Ⅲ	Ⅲ

注:表中不带括号的类型为优先选择的类型;带括号的类型为条件限制或特殊需求情况下选择的版面类型。

(6)交叉口指路标志的设置位置如图4-74所示。

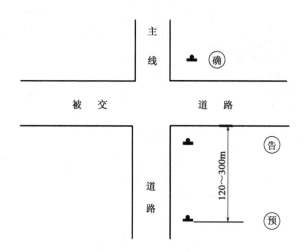

图4-74 交叉口指路标志的设置

①交叉口预告标志宜设置在交叉口告知标志上游120～300m处,并宜设置于道路行车方向的右上方,版面应面对来车方向。若条件受限,可向交叉口适当移动,但距交叉口停止线不应少于100m,且不应遮挡其他交通标志。

②交叉口告知标志宜设置在距离交叉口停止线30～80m处,宜设置于道路行车方向的右上方,版面应面对来车方向。

三、交叉口交通标志设计示例

图4-75所示是人民路与解放西路交叉口。该交叉口位于市中心,全线禁鸣、禁停。南北方向设有交叉口预告、告知标志。东西方向由于交叉口间距较小,不满足设置交叉口预告标志的条件。

该交叉口设置的交通标志可分为3类:指示标志、禁令标志、指路标志。

(1)指示标志。指示标志包括分向行驶车道标志、靠道路右侧行驶标志。

分向行驶车道标志:在一些平面交叉口或出入口,某些方向的交通流容易错误行驶,需设置分向行驶车道标志。

靠道路右侧行驶标志:一些大型平面交叉口需控制车辆转弯时,可设置靠道路右侧行驶标志。

(2)禁令标志。禁令标志包括禁止鸣喇叭标志、限制速度标志、区域禁止停车标志、禁止驶入标志。

禁止鸣喇叭标志:在城市划定的禁鸣区域的入口处,应设置禁止鸣喇叭标志。

限制速度标志:在城市道路平面交叉口出口匝道车道处,应设置限制速度标志。

区域禁止停车标志:平面交叉口内禁止停放车辆,需设置区域禁止停车标志。

禁止驶入标志:对不允许一切车辆驶入的道路,应设置禁止驶入标志。

(3)指路标志。指路标志包括交叉口预告标志、交叉口告知标志、交叉口确认标志。

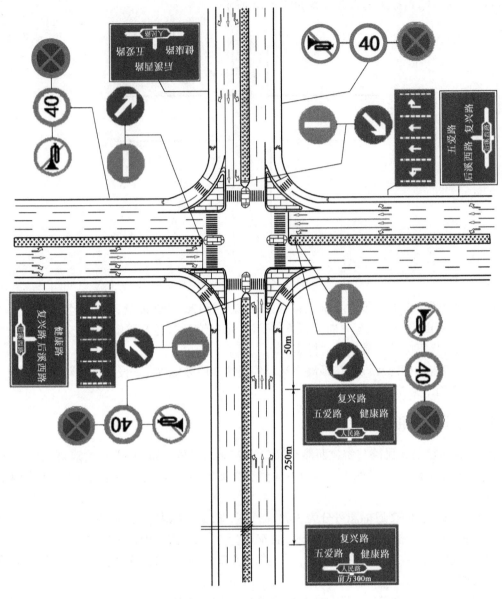

图 4-75 交叉口交通标志设计示例

第九节 设 计 示 例

本节给出了两个交通设计案例,分别为十字交叉口和不规则交叉口的治理阶段交通设计。

一、十字交叉口设计示例

1. 概况

苏源大道与诚信大道交叉口位于南京市江宁区,苏源大道北段、诚信大道中部。苏源大道为南北向城市主干道,道路横断面为两幅路形式,机动车道为双向四车道。苏源大道交通量较大,全线限速70km/h。诚信大道为东西向城市主干道,四幅路形式,机动车道为双向六车道,机动车道与非机动车道实施了隔离,全线限速70km/h。该交叉口现状如图4-76所示。

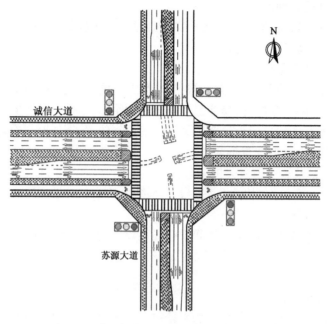

图4-76 苏源大道与诚信大道交叉口现状示意图

该交叉口的交通设计为治理型交通设计,应按照主要问题诊断—提出改善对策—制订设计目标—确定设计方案—方案评价的思路进行交通设计。

2. 问题诊断

(1)交通通行问题及影响因素分析

交通高峰期,该交叉口北进口掉头车辆相对较多,掉头车辆利用左转专用车道在交叉口内掉头,大量占用左转专用道,部分车辆不能在一个周期内完成左转或掉头运行;交叉口延误较大;行人过街困难。主要影响因素有:

①车道功能划分不合理。

北进口未设置掉头车辆专用车道;东西进口上游路段均为3条直行车道,且直行流量较大,占80%左右,右转流量较低,进口道处却只设置了2条直行进口车道;北进口有3条直行车道,但南向出口仅有2条出口车道,不符合车道平衡原理。

②人行道缺失。

城市主干路应设置人行道,但该交叉口除东北转角外均未设置人行道,行人通行权得不到保证,行人不得不与非机动车混行,增加了行人出行的风险。

③信号配时方案不合理。

该交叉口在高峰期间有排队现象,信号配时不合理,交叉口延误较大。

(2)交通安全问题及影响因素分析

车辆在交叉口进口车道范围内随意变道;行人过街过程中没有安全保护。主要影响因素有:

①进口道车道展宽渐变段长度不足。

该交叉口南、北、西进口均因展宽渐变段长度不足(分别为30m、36m、36m),导致高峰期间车辆来不及变道或者进入禁止车道变更段还在变更车道,存在较大的安全隐患。

②行人过街安全得不到保证。

该交叉口人行横道较长,部分行人无法在绿灯时间内通过交叉口,且交叉口未设置二次过街安全岛,导致行人过街安全性较低。

③交通标志视认性较差。

沿线指路标志不符合规范要求,并且被树木遮挡,功能难以发挥。苏源大道禁止货车由南向北通行,但交叉口处的禁令标志(货车禁行标志)版面太小,货车驾驶员难以辨识;规范要求禁止车辆向某方向通行的标志应设置在交叉口之前适当位置,需要时可重复设,但该交叉口均设置在对向出口车道处,设置位置不合理。

(3)交通秩序问题及影响因素分析

该交叉口地区处于城市化的快速发展阶段,车型结构多样,机非混行严重。主要影响因素有:

①缺乏机非隔离设施。

苏源大道机动车道与非机动车道之间没有隔离设施,高峰期间机动车占用非机动车道现象突出;诚信大道尽管设置了机非分隔带,但是缺少必要的指示标志,也导致一定程度的机非混行。

②交叉口内部渠化不合理。

该交叉口北进口道设置了3条并列的左转待行区车道,待行区位置设置不合理,左转待转车辆严重影响了对向直行车辆的通行;人行横道线设置于交叉口转角弧线段,既增加了过街的时间,又导致不同方向的行人在此聚集,造成秩序混乱。

3. 改善对策

针对该交叉口存在的问题,分别提出相应改善对策,见表4-28。

苏源大道与诚信大道交叉口存在的问题与改善对策 表4-28

类 型	存 在 问 题	改 善 对 策
交通通行问题	车道功能划分不合理	根据交通量调整车道功能,满足车道平衡原理
	人行道缺失	①利用路侧绿化带设置人行道; ②设置非机动车与行人共享车道
	信号配时方案不合理	①根据各个进口道的交通流量、流向重新测算配时方案; ②调整进口道各个方向的车道数
交通安全问题	进口道车道展宽渐变段长度不足	调整展宽渐变段长度
	行人过街安全无法得到保障	①利用中央分隔带设置行人安全岛; ②调整行人过街信号相位
	交通标志视认性差	①重新设计标志版面或清除遮挡物; ②调整交通标志设置位置
交通秩序与环境问题	机动车与非机动车混行	①在进口道处设置机非隔离带; ②设置非机动车导流线
	交叉口内部渠化不合理	①在交叉口内部合理设置待转区; ②在交叉口内部设置导流线、导向线

4. 设计目标

(1)降低交叉口延误,提高交叉口的通行能力。

(2)减少各交通流之间的冲突和干扰,改善交通秩序。

5. 方案设计

本方案采用高峰时段各流向的预测交通量为设计交通量,采用限速70km/h为设计速度。

(1)通行能力改善

①设置掉头车道。

在北进口停止线上游3m处设置长10m的提前掉头通道,使左转等待车辆与调头车辆分离,掉头车辆与左转车辆共用同一进口道左转专用相位。

②调整车道功能。

北进口道直行车道数大于南出口道车道数,也大于上游直行车道数,因此可使北进口道保留2条直行车道,将外侧车道改为右转专用车道。同时,由于东西进口道直行车辆较多,右转车辆较少,且上游为3条直行车道,为满足直行车的通行需求以及符合车道平衡原理,可将东西进口道的右转专用车道改为直右合用车道。

③设置人行道。

利用道路两侧绿化带设置2.5m宽的人行道,并设置盲道。

④调整信号配时。

该交叉口采用如图4-77所示的四相位信号控制方案,在平峰时段和高峰时段分别采取不同的配时方案。平峰时段配时设计比较合理,交叉口延误较小,但高峰时段延误较大,因此需根据设计交通量调整高峰时段的配时设计。本方案采用HCM(2010)法进行信号配时。

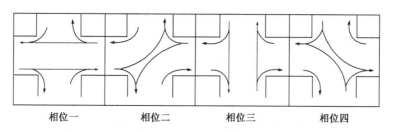

图4-77 交叉口信号相位示意图

该交叉口各进口道车道宽度达到3.0m,无纵坡,行人流量较低,直行车道饱和流率为1650辆/h。实测高峰小时各流向交通量及直行当量见表4-29。

苏源大道与诚信大道交叉口高峰小时交通量及车道组直行当量(单位:pcu/h) 表4-29

进口方向	转向	流量	直行当量	车道组直行当量	平均单车道直行当量
东进口	左	260	273	273	273*
	直	664	664	722	241
	右	48	58		
西进口	左	205	215	215	215
	直	884	884	947	316*
	右	52	63		

续上表

进口方向	转向	流量	直行当量	车道组直行当量	平均单车道直行当量
南进口	左	221	232	232	232
	直	790	790	879	440
	右	74	89		
北进口	左	293	308	308	308*
	直	883	883	944	472*
	右	50	61		

注：* 直行当量数为各相位的关键车流流量值。

则调整后的各相位绿灯时长见表4-30，其中黄灯时长为3s，则总损失时间为 $L=12s$，各相位的关键流率如下：

$y_1 = q_1/S_T = 316/1650 = 0.191, y_2 = q_2/S_T = 273/1650 = 0.165,$

$y_3 = q_3/S_T = 472/1650 = 0.286, y_4 = q_4/S_T = 308/1650 = 0.187,$

$Y = y_1 + y_2 + y_3 + y_4 = 0.829 < 0.9,$ 满足要求。

已知高峰小时流量系数 $PHF = 0.975$，设计目标 $V/C = 0.95$，则周期时长为：

$$C_{周期} = \frac{L}{1 - \frac{Y}{PHF \cdot \frac{V}{C}}} = \frac{12}{1 - \frac{0.851}{0.975 \times 0.95}} = 114(s)$$，为便于控制，取信号周期为120s。

根据各相位关键流率分配各相位绿灯时长，得到信号配时见表4-30。

苏源大道与诚信大道交叉口高峰时段信号配时（单位：s）　　表4-30

相位	相位1	相位2	相位3	相位4
绿灯时间	26+3	21+3	37+3	24+3

(2) 交通安全改善

① 调整展宽渐变段长度。

根据《城市道路交叉口设计规程》（CJJ 152—2010），应当将交叉口南进口、北进口和西进口的渐变段长度增加，原渐变段长度分别为30m、36m、36m，采用限速70km/h为路段设计速度，进口道取0.7倍路段速度，按照拓宽3m来计算渐变段长度：

$$l_d = \frac{v \times \Delta w}{3} = \frac{70 \times 70\% \times 3}{3} = 49(m)$$

因此应延长渐变段，如图4-78所示。

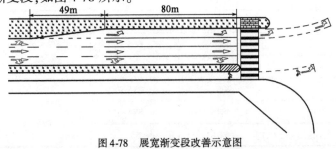

图4-78　展宽渐变段改善示意图

②重新设置交通标志并清除遮挡物。

沿线的指路标志按照标志规范进行重新设计版面,并及时修剪遮挡指路标志的树木,使标志显露清晰,如图 4-79 所示;货车禁行标志外径应调整为 100cm,并在交叉口进口道渐变段起点之前适当位置重复设置,以提前告知货车驾驶员。

a)改善前　　　　　　　　　　　　　　b)改善后

图 4-79　指路标志改善前后对比图

(3)交通秩序与环境改善

①设置机非隔离设施。

苏源大道全段在道路两侧将机非隔离标线更换为物理隔离,设置机非隔离栅以分离机动车与非机动车(图 4-80)。

a)改善前　　　　　　　　　　　　　　b)改善后

图 4-80　设置机非隔离栅前后对比图

②设置非机动车道指示标志。

在该交叉口东西出口道的机非分隔带上设置非机动车道指示标志,引导机动车与非机动车各行其道,减少机非冲突(图 4-81)。

a)改善前　　　　　　　　　　　　　　b)改善后

图 4-81　设置非机动车道指示标志前后对比图

(4)慢行交通渠化设计

①设置非机动车左转待转区。

为减小左转非机动车延误,并减少左转非机动车与直行非机动车的干扰,设置非机动车左转待转区,其中,东西进口的非机动车待行区借用机非隔离带设置,南北进口的非机动车左转待转区应沿机非隔离栅向外偏移1m,以保证不影响同向机动车的直行。

②调整人行横道线位置并设置行人二次过街安全岛。

为减少行人过街时间,并为直行非机动车预留过街通道,将人行横道线后移至进口道弧线起点位置。《城市道路交叉口设计规程》(CJJ 152—2010)规定,当人行横道长度大于16m时,应在人行横道中央设置行人二次过街安全岛,其宽度不应小于2m,因此利用中央分隔带设置长度为5m、宽度等于中央分隔带宽度(>2m)的安全岛,如图4-82所示。

a)改善前　　　　　　　　　　　　b)改善后

图4-82　设置行人二次过街安全岛前后对比图

(5)重新设置左转待转区标线

由于北进口与东进口左转机动车流量较大,因此将交叉口东进口与北进口的机动车左转待转区车道设置为一条变两条的形式,长度为20m,左转待转区的设置不得相互交叉及影响其他方向车辆的正常行驶。

交叉口改善设计如图4-83所示。

6.方案评价

本方案目的为提高苏源大道与诚信大道交叉口的通行能力和服务水平,改善交叉口的交通安全状况。因此,方案评价也应从通行效率与交通安全的角度进行。

(1)通行效率评价

本次评价采用延误作为交叉口通行能力和服务水平的评价指标,通过VISSIM仿真,得到改善前后各进口道的平均延误,见表4-31。

苏源大道与诚信大道交叉口改善前后平均延误(单位:s)　　　表4-31

进口方向		东进口	西进口	南进口	北进口
平均延误	改善前	40.63	38.33	40.52	30.63
	改善后	34.06	33.10	26.82	26.31

从表4-31可以发现,改善后交叉口的延误显著降低,说明通行能力和服务水平显著提高。

(2)交通安全评价

①本方案通过设置掉头车道、增加渐变段长度规范了交叉口的几何设计,使不同流向的交

通流提前分流,减少了相互冲突。

②增加机非分离,使机动车与非机动车各行其道,减少了车流之间的干扰,提高了安全性。

③规范了交通标志与标线的设置,禁令标志的重复设置使货车驾驶人提前获知禁令信息,避免因禁令不清而闯红灯造成的安全隐患;人行横道线的后移缩短了行人过街时间,改善了交通安全。

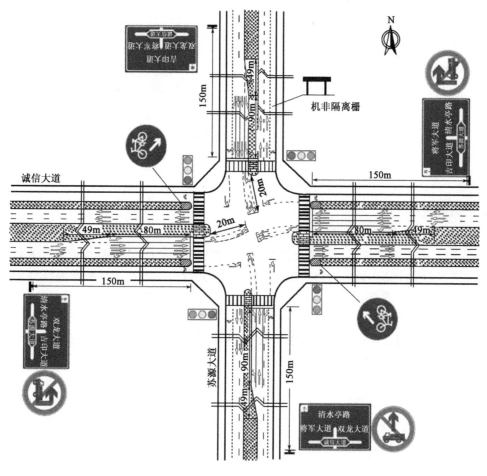

图 4-83 苏源大道与诚信大道交叉口改善设计图

从上述分析来看,一方面该设计方案消除了部分安全隐患,提高了通行能力,使苏源大道与诚信大道能更好地发挥其城市主干道的功能,另一方面该方案简单易行,工程成本较低,具有较高的可行性。

二、不规则交叉口设计示例

1. 概况

某无控制交叉口位于城乡结合部,现状如图 4-84 所示,东北侧进口道为快速路出口匝道,其余方向的进出口道均为城市主干道。该交叉口几乎无非机动车通行需求,在北部区域、西部商业区以及南部区域存在显著行人通行需求。该交叉口存在的问题如下:

(1)事故数据表明,快速路出口匝道车辆与东侧进口道右转车辆发生多次追尾事故。

(2)各方向道路进出加油站的车辆经常与正常行驶的车辆形成交通冲突,从而进一步发展成交通拥堵或事故。

(3)由于主干道车速过快,部分行人无法安全顺畅地通过人行横道。

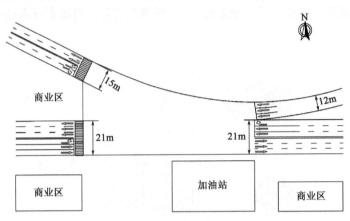

图4-84 不规则交叉口现状示意图

2. 问题诊断

(1)交通通行问题及影响因素分析

在交叉口内部,频繁进出加油站及商业区的车辆经常导致局部拥堵,如进入加油站车辆的排队溢出现象对主干道车辆的通行造成干扰。在高峰时段,局部拥堵很快发展成整个交叉口的拥堵。主要影响因素有:

①控制方式不合理。

该交叉口3个进出口道均为城市主干道,应采用信号控制,而现状采用全无控制,未明确各方向车辆行驶路权,不仅会造成交叉口拥堵,导致通行效率下降,还会带来交通安全方面的隐患。

②车道标志标线不规范。

该交叉口东北侧进口道共有3个车道,然而3个车道的车道标志均为直行箭头,无法区分驶入不同出口道的车流;3个车道的上游缺少引导标线,易造成车辆行驶轨迹混乱。

③道路接入管理不合理。

该交叉口违反了《城市道路交叉口规划规范》(GB 50647—2011)的要求:交叉口70m范围内不允许有道路接入。该交叉口内部及进出口道上有多个交通吸引点,来往于这些区域的车辆易造成交叉口内部拥堵。针对这些交通吸引点,该交叉口并未进行合理的接入方式设计,导致多种交通需求不能被有效疏导,从而造成了一系列交通拥堵与安全问题。

(2)交通安全问题及影响因素分析

根据交通冲突观测分析方法,该交叉口存在大量危害交通安全的交通冲突,如东北侧进口道处存在较多追尾冲突;加油站北部主干道处存在频繁的侧击冲突、追尾冲突;西侧主干道人行横道处存在车辆与行人的冲突。且相关交通冲突与事故统计数据相吻合,说明该交叉口整体交通安全形势严峻,局部交通安全问题亟待改善,影响因素分析如下:

①各进口道车流之间、车流与行人流之间的路权关系不清晰。

该交叉口未明确快速路出口匝道以及其余3个进出口道的车流之间、各进口道车流与行人流之间的路权关系,导致交通冲突大量出现,且未在快速路出口匝道设置警告标志或指示标志,容易导致驶离快速路的车辆超速行驶,危害交通安全。

②主干道夹角过小。

西北侧主干道与南侧主干道夹角过小,且因建筑物遮挡,不满足视距要求,容易导致事故发生。

③未进行渠化设计。

该交叉口面积较大,机动车交通量与行人过街需求较大,又采用了全无控制,使得该交叉口内部出现大量冲突点,严重影响交叉口交通安全与秩序。

3.改善对策

针对该交叉口存在的问题,分别提出相应改善对策,见表4-32。

交叉口存在的问题与改善对策   表4-32

类　型	存在问题	改　善　对　策
交通通行问题	控制方式不合理	按照《城市道路交叉口规划规范》(GB 50647—2011),将交叉口控制方式改为信号控制
	车道标志标线不规范	按照《城市道路交通标志和标线设置规范》(GB 51038—2015),重新设计标志标线
	道路接入不合理	设计一条支路,采用合适的方式将其接入主路,满足车辆进出加油站等区域的交通需求
交通安全问题	路权不清晰	主路交叉采用信号控制,将快速路出口匝道改为停车控制或让行控制接入交叉口
	主干道夹角过小	将主干道相交锐角通过渠化改为直角,即将Y形交叉口改为T形交叉口
	未进行渠化设计	①在交叉口内部设置导流岛; ②在交叉口内部设置导向线

4.设计目标

(1)优化交叉口控制方式,改善交通通行状况。

(2)减少交通冲突,提高交通安全性。

5.方案设计

根据问题诊断,首先明确该交叉口控制方式应改为信号控制,设计方法与示例一相同,这里不再赘述。以下主要介绍渠化设计以及控制方式与接入设计。

(1)渠化设计

①设置导流岛。

在交叉口西侧两条主干道相交处设置导流岛,将主干道相交锐角改为直角,明确车辆转弯半径与行驶轨迹,引导车辆规范通行,同时为行人穿行提供安全空间;在快速路出口匝道处设置导流岛,以分离从匝道进入不同主干道的车辆,同时满足交叉口北部区域与其他区域的行人通行需求,为行人通行提供安全空间;导流岛多余空间采用绿化,达到空间隔离与环境美化的效果。

② 设置导向线。

在导流岛分隔后形成 T 形交叉口的基础上,为西进口道、北进口道的左转进口道设置车流导向线,规范车辆行驶轨迹。

(2) 控制方式与接入设计

① T 形交叉口控制方式。

采用信号控制,信号配时以及车道分配方案应根据各进口道车流量、行人流量决定。

② 快速路出口匝道控制方式。

考虑到主路车流量较大、匝道车流量较小,应采取停车控制或让行控制,将匝道接入相应主路。

③ 加油站、商业区接入管理。

按照《城市道路交叉口规划规范》(GB 50647—2011)的要求,关闭交叉口内加油站、商业区与主干道的接入口,重新进行交叉口土地利用规划。首先,在交叉口物理区 70m 范围外设计一条支路接入东西向主干道,使用加减速车道控制车辆出入的合流、分流行为,车辆驶出采取让行控制的方式,以降低支路车辆对主路车流的影响。考虑到南侧主干道的行人通行需求,在该主干道南侧设计一条人行道,并以合适的绿化分隔人行道与主路、支路的空间,以满足车辆与行人的安全通行需求。对于交叉口西部商业区,采用右进右出的方式满足车辆的交通需求,并通过接入导流岛的行人空间满足行人的交通需求。

④ 人行横道。

由于重新进行了交叉口内部空间设计,故对交叉口人行横道设计进行相应调整:取消交叉口西部商业区与两条主干道之间的人行横道,在 T 形交叉口处设置人行横道;在北部区域与中部导流岛之间设置人行横道,由于该处人行横道步行距离较短,可以采用停车控制或让行控制。

交叉口改善设计如图 4-85 所示。

6. 方案评价

本方案目的为提高该交叉口车流、行人流运行的安全性与有序性,主要内容为渠化设计与支路的接入方式设计。

本方案的特点在于改变了原有交叉口的全无控制状态,明确了各进口道车流的路权,利用渠化设计减少了冲突点数量并降低了冲突严重程度,规范了各方向车辆的行驶轨迹,提高了交叉口的安全性。同时设计了一条支路,用于满足车辆进出下方商业区、加油站的需求,不仅提升了交叉口的通行能力与运行效率,也在一定程度上规范了车流轨迹,减少了交通冲突带来的安全隐患。

本方案的车道划分、支路的进出方式等设计仅作示例,在具体设计中需要进行量化分析。如渠化设计应考虑各方向主要车型车辆的转弯半径;道路接入管理应考虑具体的土地利用条件。因此,在工程实践中,应以各进口道交通量、交通事故等数据为依据,进行精细化设计。

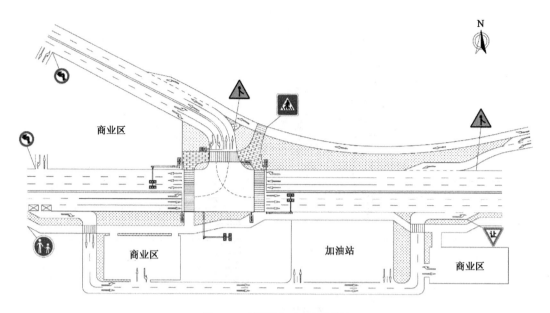

图 4-85　不规则交叉口改善设计

【复习思考题】

1. 交叉口渠化设计应注意哪些因素？
2. 如何保障基本通行规则之下运行的交叉口具有充足的视距？
3. 分析左转非机动车二次过街、非机动车停止线提前设计的适用条件。
4. 某交叉口如图 4-86 所示，其东进口道所在路段设计速度为 50km/h。经统计，该进口道高峰时段一个信号周期内排队的最大右转车辆为 12 辆。求该进口道渐变段长度与展宽段长度。

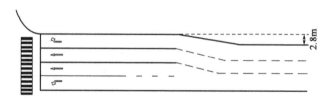

图 4-86　题 4 图

5. 已知某小型交叉口采用非机动车停止线提前设置，非机动车停候区宽度为 7m。在高峰时段，一个信号周期的红灯期间到达非机动车 20 辆。计算非机动车停止线与机动车停止线的间距。
6. 某交叉口现状如图 4-87 所示，请提出该交叉口改善方案的主要思路，并画出改善方案设计图。

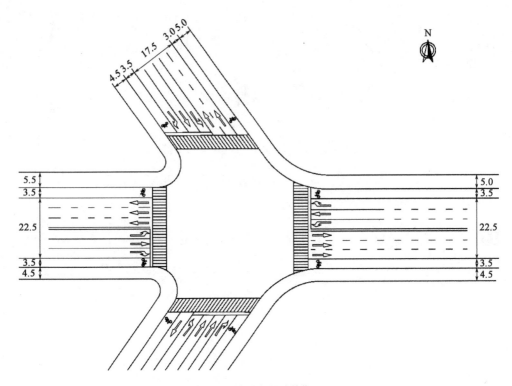

图 4-87 题 6 图(尺寸单位:m)

第五章
立体交叉口交通设计

　　立体交叉是公路和城市道路必不可少的组成部分,在道路交通中起着非常重要的作用。设置立体交叉可使各方向车流在不同高程的平面上行驶,减少或消除冲突点;车流可连续稳定运行,提高道路的通行能力;节约运行时间和燃料消耗;控制相交道路车辆的出入,车辆各行其道,互不干扰,为车辆的快速、安全、经济、舒适行驶提供保证。但是立体交叉往往占用土地较多、构造物多、施工复杂、投资较大,不易改建,对周围环境有较大影响。同时,相较于其他路段而言,由于车辆分流、合流、交织运行频繁,运行特性复杂,立体交叉也是道路通行的瓶颈和交通事故多发区域。立体交叉设计的合理与否,直接关系到其功能的发挥、营运的经济性和行车的安全性等。因此,科学、完善的立体交叉规划和设计对于保证立体交叉乃至整个路网的安全、平稳、高效运行具有重要意义。

　　本章以立体交叉口交通设计为主,重点介绍立体交叉口的形式、立体交叉口运行特征、立体交叉口交通设计原则及方法、立体交叉路段交通标志优化设计、立体交叉出入口交通设计等相关内容,同时也介绍了立体交叉区域视线诱导改善方法。

第一节 立体交叉口概述

一、立体交叉的定义与作用

立体交叉,简称立交,是指道路与道路(或铁路)相交时,利用"跨线"结构物使其在不同高程相互交叉连接的道路设施。立体交叉是将同时出现且存在互相冲突的交通,通过设施在空间上加以分离。立交作为一种现代建筑,首次于1925年出现在法国。美国许多城市更多地采用菱形或其变形的简单形式立交。我国第一座立交于20世纪50年代在乌鲁木齐修建,随后在北京、天津、上海、广州等诸多城市得到了广泛应用。

立交作为一种交通设施,在功能上,主要承担不同交通设施之间交通流的转移;在物理空间上,则通过匝道(左、右转)将不同的交通设施相连;在交通流性质上,通过分流、合流、交织实现各种交通流之间的重组,保证各流向交通顺畅与安全。立交将车道空间分离,避免车流交叉行驶,从而减少交叉口的冲突点,起到提高通行能力和减少交通事故的作用。

二、立体交叉的组成

立体交叉范围是指从与正线有不同之处起所包含的全部区域。其组成部分为跨线构造物、正线、匝道、匝道端部、出入口、变速车道、辅助车道、绿化地带、集散车道,如图5-1所示。

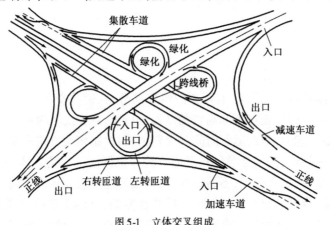

图 5-1 立体交叉组成

(1)跨线构造物:指立体交叉实现车流分离的主体构造物,有跨线桥(上跨式)和地下通道(下穿式)之分。

(2)正线:指相交道路的直行车道,主要包括连接跨线构造物两端到地坪高程的引道和交叉范围内引道以外的直行路段,是组成立交的主体。

(3)匝道:指相交道路之间相互连通的连接道路。它是供进出相交道路(正线)转弯车辆行驶的连接道(形式多样、大小不一),是立交的重要组成部分。

(4)匝道端部:指匝道两端分别与主线相连接的道口。

(5)入口与出口:指进、出正线与匝道相连接的部位,由正线驶出进入匝道的道口为出口,由匝道驶入正线的道口为入口。

(6)变速车道:指为适应车辆变速行驶的需要,在正线的出入口附近设置的附加车道。出口前端为减速车道,入口后端为加速车道。

(7)辅助车道:指在快速路立体交叉的分合流附近,为使匝道与快速路车道数平衡和保持主线的基本车道数而在主线外侧增设的车道。

(8)绿化地带:指匝道与主线之间或匝道与匝道之间围成的区域,一般作为立体交叉绿化、环境美化和照明的用地。

(9)集散车道:指位于城市附近交通繁忙的快速路,为了减少车流进出快速路的交织和进出口的数量,在快速路一侧或两侧修建的与快速路平行且横向分离,并在两端与快速路相连的专用道路。

三、立体交叉口的形式

立体交叉形式多样,可以按以下 4 个方面进行分类,具体见表5-1。

立 体 交 叉 形 式　　　　　　　　表5-1

分类标准	形式	含义或优缺点	图 例
按结构物形式分类	上跨式	指用跨线桥从相交道路上方跨过的立交方式。上跨式立体交叉的主线高出地表面,施工比较方便,造价较低,因下挖较小,与地下管线干扰小,排水容易处理。其主要缺点是占地较大,跨线桥影响视线和周围景观,引道较长或纵坡较大,不利于非机动车交通行驶	
	下穿式	指用地道(或隧道)从相交道路下方穿过的交叉方式。下穿式立体交叉的主线低于地表面,占地较少,立面易处理,立交构造物对视线和周围景观影响小,如果机动车道与非机动车道按规定分别采用不同的净空高度,那么非机动车道的引道纵坡较小,对非机动车交通影响不大。其主要缺点是施工时地下管线干扰较大,排水困难,施工工期较长,造价较高,养护管理费用大	
按交叉口交通流线相互关系分类	完全立交型立体交叉	指相交道路的所有交通流线均空间分离的立体交叉	
	交织型立体交叉	指相交道路的交通流线相互重叠,即存在交织路段的立体交叉	
	不完全型立体交叉	指相交道路的交通流线之间至少存在一个或一个以上平面冲突点的立体交叉	

113

续上表

分类标准	形式	含义或优缺点	图例
按平面几何形状分类	三岔Y形	优点：①能使所有方向车辆完全、无阻地直接运行，适用于各个方向交通量都很大且相互接近的交通枢纽等情况；②匝道修建里程和运行里程都较短，线路直捷，运行流畅，不会发生错路运行；③主线外侧不需占用土地，适用于主线外侧有障碍物的情况。 缺点：①主线来往车道之间必须隔有充分距离才能满足匝道纵断面布置的要求；②左转弯匝道由左边进入主线，当主线有两条以上车道时，左边车道为快车线，进入较难；③占地较多，造价较高，须建一座三层的立交桥	
	三岔T形	优点：①对繁重的交通量能提供高速度的半直线运行，没有交织；②所有运行为自由流式，通行能力较强；主线外侧需占土地宽度较小，特别适宜于路线外侧有障碍物（如平行于路面的铁路、河流、房屋等）的情况；③左转弯匝道由右侧进入主线，运行较易，主线不必分开。 缺点：①需建三座跨线桥；②匝道长度较Y形长	
	喇叭形	喇叭形立交分为A、B两种形式，广泛应用于道路T形交叉或收费道路的十字交叉。当连接的道路是交通量较大的主线道路时，可采用双喇叭形组成四路交叉的完全立交形式。 优点：①对比较繁重的转弯交通量提供了一个相当高速度的半直连运行；②只需一个单一的建筑物，没有交织；③由于所有运行都是自由流式，故通行能力较强。 注意：①主线左转弯交通量较大时宜采用A式，次线交通量较大时宜采用B式；②次线上跨时对整个转弯匝道系统能有清楚的视野；③次线下穿时宜斜穿或弯穿，环形匝道做成卵形或水滴形	a) b)
	子叶形	优点：①造型美观；②仅需一个建筑物，造价经济；主线上跨时，对主线左转弯高速车辆运行较为有利；③环形匝道不一定使用圆形，如果改为卵形或水滴形，更有利于行车顺畅、安全且更为美观；④可以为将来建设四路交叉的立交做准备。 缺点：①主线驶出车辆须经过小半径环形匝道转弯运行；②主线在两个环形之间的道路上存在加速的驶入车辆和减速的驶出车辆之间的交织，必要时可加设集散道来改善运行条件	

续上表

分类标准	形式	含义或优缺点	图 例
按平面几何形状分类	菱形	优点：①在构造物之前高标准地单一驶出，过构造物之后高标准地单一驶入；②土地费用和工程造价较为经济；③当主线下穿时，匝道坡度有助于驶出车辆减速和驶入车辆加速；④单一的驶出状态简化了主线的标志；在构造物上面或下面无须变速车道；⑤主线上无交织。 缺点：①次要道路由于为左转弯运行，通行能力较低；②在敞开的匝道终点处难以得到适度的视距空间，特别是在次要道路跨越主线时；③除非进行信号管理，次要道路上的许多冲突点增加了这种设计的事故潜在性；④有可能造成错路运行，容许互通立交将来扩建的可能性很小	
	苜蓿叶形	优点：①只需设置一个构造物，设计中所有的左转弯冲突都将被消除；②不需交通信号，交通运行连续且自然；③必要时可分期修建。 缺点：①要求较大的用地，环形匝道半径不宜过小；②在快速路和次要路线上的交织可能会严重限制通行能力；③环形匝道出口在构造物之后；④快速路上有双重出口使标志复杂；⑤构造物下面有附加交织车道，增加了造价；⑥由快速路速度到内部环圈式匝道控制速度的减速长度不足；⑦安全状况不良	
	涡轮形	优点：①结构紧凑，造型美观宏伟；②车辆运行全部右出右进，顺畅安全；③匝道纵坡缓和，转弯半径大，便于高速行驶。 缺点：①需建5座跨线桥；②属大回旋式匝道，绕行距离较长，运营费用较大；③工程造价较高；④占地面积较大	

续上表

分类标准	形式	含义或优缺点	图例
按平面几何形状分类	环形	环形立交多用在交通量不是很大的交叉路口，城市环形立交一般设计为3层，比公路立交多一层用来处理行人和非机动车。 优点：①用地较省，对于用地紧张的城市来说是有利的；②层数少，跨线构造物少，造价相对较低；③可保证主干线的交通流顺畅。 缺点：①承担的转弯交通量有限，常用于左转弯交通量较小的交叉；②必要时需要在环道上设置信号灯，会使转弯车辆行驶不顺畅，因此在大城市中不建议采用	a) b)
按交通功能分类	分离式	仅设跨线构造物一座，使相交道路空间分离，无匝道。这种类型立体交叉结构简单，占地少，造价低，但相交道路的车辆不能转弯行驶，只能保证直行方向的车辆空间分离行驶。 分离式立体交叉主要适用于直行交通量大，转弯车辆少，可不设置转弯车道的交叉处；道路与铁路交叉处；快速路同其他各级道路交叉时，除在控制出入的地点设置互通式立体交叉外，均采用分离式立体交叉；一般等级道路之间交叉，因场地或地形条件限制，可采用分离式立体交叉，以减少工程量，降低造价	
	互通式	指不仅设跨线构造物使相交道路空间分离，而且上、下道路之间有匝道连接，以供转弯车辆行驶的交叉方式。这种类型立交的主要特点是上、下道路的车辆可以转弯行驶，全部或部分消灭了冲突点，各方向行车相互干扰小，但立交结构复杂，占地多，造价较高。 互通式立体交叉适用于快速路与其他各级道路、大城市出入口道路及通往重要港口、机场或游览胜地的道路相交处。 互通式立体交叉根据交叉处车流轨迹线的交叉方式和几何形状的不同，又可分为部分互通式、完全互通式和交织型立交3种类型	主线 a) b) c)

第二节 立体交叉口运行特征分析

交通安全是影响立体交叉设计的控制要素之一。国内外大量研究成果表明,高速公路的运行安全在很大程度上受立体交叉的设计和运行效果的影响,高速公路的大部分事故发生在立体交叉范围,尤其在立体交叉出口匝道鼻端上游 300m 和入口匝道鼻端下游 300m 之间,该范围为高速公路事故率最高的区域。因此,重视立体交叉特别是高速公路立体交叉和城市快速路立体交叉的安全设计,降低立体交叉区域的事故率,对于提升整个道路交通系统的安全水平具有关键作用。

研究成果表明,在影响交通安全的人、车、路(环境)三大因素中,人是最主要的因素,这就要求设计者对驾驶人特征有比较深入的了解和掌握,从驾驶人的角度进行交通设计,使立体交叉的运行条件和交通环境与驾驶人特性相匹配,形成人、车、路相互协调的运行系统,减少驾驶人的错误操作和交通事故。

一、交通运行特征

1. 合流区车辆运行特征

入口匝道的合流车辆要进入主线,先要进入加速车道行驶,同时寻找主线道路最外侧车道车流中的可插入间隙,并调整加速度大小。当出现可插入间隙时,合流车辆实施换道操作,进入主线最外侧车道。合流车辆与主线车辆在匝道连接点附近争夺交通需求空间,造成这个区域的交通流特征非常复杂。

由于交通运行规则的存在,合流车辆与主线上的车辆在争夺行驶空间上处于不平等地位:在出现争夺行驶空间的情况下,主路车辆优先行驶,汇入车辆只有在主线车流中出现足够大的空隙时,才能进行插入;否则,加速车道上的车辆只有等待下一个空隙,重复同样的判断,一直到出现可接受插入间隙,完成汇入行为。

由于主线车流与汇入车流在合流区合流,必然造成该区域车流量增加,当车流量很大时,会产生拥挤甚至阻塞,因此如果合流区设计不合理,合流区可能会是立体交叉的瓶颈区域。合流车辆直接汇入主线最外侧车道,对主线最外侧车道车流影响最大,同时会影响整个路段所有车道的车流分布。其特征表现为靠近外侧车道上的车辆为避免与合流车辆产生空间冲突,会尽量向内侧车道换车道行驶,与内侧车流争夺空间。这将使内侧车道的车流量增加,导致车速降低,内侧车辆驾驶的舒适程度和安全性也会降低。合流区内交通流的这种运行特性必然导致交通冲突,影响主线上交通流的正常运行,在一定条件下可能减慢车流的运行速度,影响车流运行的稳定性,其影响波及合流上下游的一段距离。

2. 分流区车辆运行特征

从减速车道道口上游一段距离起,分流车辆就开始向外侧车道换车道,为进入减速车道做准备。当行驶到减速车道起点附近时,开始寻找可换入间隙,并调整加速度,当出现合适间隙后,汇入外侧车道或直接换入减速车道,并跟驰减速车道上的车辆从出口匝道驶离。在这个过程中,需要驶出的车辆要进行加减速操作以寻找其右侧车道上的间隙,完成车道变换,从而影响其他车辆的正常行驶,引起交通流的紊乱,并导致交通量在各个车道上的分布发生变化。分流车辆为分流做准备及分流时的换车道行为对外侧车道的车流影响最大,如果分流车辆过多,则会影响其他车道车流。

由于驾驶人特性不同,从上游来的分流车辆在到达减速车道起点时可能会有以下两种情况:①分流车已经在最外侧车道;②分流车还没有换到最外侧车道。如果车流量不是非常大,大部分车辆会出现第一种情况。在第一种情况下,一部分驾驶人从减速车道起点处就开始换入;另一部分则并不急于减速换入,而是继续在最外侧车道上行驶一段时间后,才开始换入减速车道。第二种情况的出现往往是因为分流交通量太大,部分分流车辆在到达减速车道时未来得及换到最外侧。这时,分流车辆为了在到分流点之前驶入减速车道必然要强行挤入外侧车道和减速车道。如果在到达分流点附近还没有换到减速车道,则只能停车等待。

3. 交织区交通运行特征

(1) 交织区车辆跟驰特性

车辆跟驰特性描述了车流中车辆之间相互影响、跟驰行驶,形成连续交通流的特性。车辆的跟驰特性受众多因素的影响,如驾驶人心理、车辆性能及交通流特性和环境特性等。

交织区内的交织车辆必须在交织区长度限制内完成车道变换,所以,交织车辆运行时往往不是追求最大的直行速度,而是保持和前导车之间的最小车头时距,在行进过程中寻找相邻车道车流中合适的可插入间隙。交织车辆的这种特性导致了当与前导车间的车头时距增大时,驾驶人也不急于加速紧跟,甚至反而会因等候相邻车道中的可插入间隙而减速。

(2) 交织区车辆换道特性

变换车道过程可描述为判断目标车道上前导车和跟随车之间临界间隙的接受和拒绝风险的过程。

换道特性是交织区微观分析中必须考虑的问题。由于各车道交通流中的交织车辆需要转向期望的行进方向,因此必然进行车道变换操作。与基本路段上相比,交织区内车辆的车道变换行为具有不同特点。基本路段上,车辆在行驶过程中的车道变换一般出于超车目的,并且驾驶人会随时根据变换车道的可能性决定是否进行车道变换,具有选择性;交织区内的车道变换操作必须在交织区长度内完成,所以交织车辆必须在交织区内找到变换车道的可能并实现操作,否则就只能在交织区内被迫减速等候,造成交织区拥堵。一定条件下,驾驶人还有可能冒险进行车道变换。交织区内的车道变换比基本路段上的操作约束性更强。

实际调查显示,交织区内的非交织车辆不可避免地要受交织车辆的干扰,因此换道的频率也较基本路段更高。这是驾驶人对交织车道运行条件恶化做出的必然选择。因此,宏观上交织区不仅交织车道交通紊乱,非交织车道的车辆运行同样波动较多。将交织车辆与非交织车辆的换道行为综合考虑,才能得到交织区宏观上独特的流量、密度、车速分布特征。

二、交通事故形态及成因

1. 事故形态

由于立体交叉具有交通转换且几何指标受限的特点,其运行安全问题也有其特征。通过对国内外大量交通事故的统计与分析,发生在立体交叉区域的交通事故主要有如下5种形态。

(1) 撞固定物:最常发生的交通事故之一。碰撞对象主要为桥墩、信号立柱和护栏等构造物,出口匝道或线形急剧变化路段是该类事故的多发点。

(2)追尾:主要发生在分、合流部位和出口匝道上。

(3)侧翻:主要发生在匝道曲率半径突变且曲率半径较小、超高较大的路段。

(4)侧向剐蹭:主要发生在车道数变化过渡段和分、合流部位。

(5)车辆相撞:主要为侧向碰撞,主要发生在被交叉道路侧的平面交叉。

对国内某立交出口匝道事故的研究成果表明,在出口匝道事故中,与固定物碰撞事故占50%以上,追尾和侧翻事故各占20%左右。

2. 事故成因

在所有交通事故的成因中,驾驶人失误为主要原因,而道路条件和信息条件等的缺陷是驾驶人失误的主要诱发因素。

针对前述5种交通事故形态,总结可能诱发交通事故的主要原因如下。

(1)撞固定物:立体交叉是需要判断复杂信息的区域,同时多种道路线形临界指标集中,当行驶方向变换且匝道曲率半径突变时,极易导致车辆失控而冲出路外,此时如果紧靠路侧有固定物,则容易被失控车辆撞击;另外,视线诱导效果不良也容易使驾驶人碰撞杆桩和护栏等固定物。

(2)追尾:一是在分、合流区域,流出和流入车辆与主线直行车辆之间往往有较大的运行速度差,在这种情况下,驾驶人既要侧向观察和判断相邻道路交通状况,又要与前车保持一定车距,当交通量较大时,极易发生追尾事故;二是在匝道曲率半径突变路段,如果发生紧急减速的情况,也容易导致后车的追尾;三是在主线出口或匝道分流端部,如果视距不足或匝道连接不当,驾驶人难以辨别方向,容易产生驾驶彷徨(Driving Dilemma),并导致后车追尾,更为严重的是,走错道路的车辆如果违法倒车,易引发更重大的追尾事故。

(3)侧翻:在匝道曲率半径突变路段,特别当位于纵坡较大的下坡路段时,车辆往往以较高的速度驶入前方小半径、大超高路段,对于重心较高的大型车,极易发生侧翻事故。

(4)侧向剐蹭:在车道数变化过渡段和分、合流路段,如果过渡段或变速车道长度不足,当交通量较大时,可能出现车辆强行变道的情况,极易发生侧向剐蹭。

(5)车辆相撞:在被交叉公路侧的平面交叉,当主线上跨被交叉公路、平面交叉距离主线桥梁很近,且由于桥墩、护栏或被交叉公路竖曲线的影响而使视距受到限制时,极易发生交叉冲突并导致车辆相互碰撞。

由上述分析可知:立体交叉的交通设计应与驾驶人及车辆特性相适应,否则极易诱发交通事故。

三、交通设计存在的问题及设计要求

1. 交通设计中的常见问题

经对大量实体工程运行状况和交通事故进行分析总结,归纳其主要交通设计缺陷几种如下:

(1)从主线左侧分、合流。从主线的左侧分、合流可以显著减少桥梁和降低造价,但却与驾驶人期望相违背。尤其当从主线的左侧分流时,因与驾驶人期望不一致,将增加驾驶人视认反应时间或导致错过出口。此外,大型车基本位于主线最右侧车道,若从左侧分流,大型车需通过横向多次变道穿越直行车流，极易导致主线交通流的紊乱。因此，从主线左侧分流导致的事故在互通式立体交叉各类事故中占比最高。

（2）分流端视距不良。若分流鼻端设置于凸形竖曲线顶部之后，曲线内侧的分流鼻端前有桥墩和立柱等固定物的遮挡，可能导致驾驶人视距不足，难以提早看见出口部分的构造及匝道走向，从而产生交通事故隐患。另一方面，如果主线平曲线半径较小，曲线内侧的分流鼻端位于驾驶人有效视区(Sight Zone)之外，对驾驶人的视认判断也会产生不良影响。

（3）合流区长度不足。合流区长度不足或加速车道的连接方式不当，可能导致部分车辆在合流区末段强行汇入主线，不仅会使运行效率下降，而且可能引发侧向刮蹭、碰撞等交通事故。当匝道入口交通量较大时，更容易出现此种情况。

（4）连续出现多个出口。连续出现的多个出口将导致驾驶人信息超载，来不及判断和反应，从而极易出现错路运行和追尾等事故。

（5）线形急剧变化。线形指标和几何形状的急剧变化会带来运行速度的突变，可能超出驾驶人所能接受的程度。当急剧变化的线形位于出口匝道或下坡路段时，其危险性会大大增加。

（6）线形违背期望。视距不良、方向诱导不足、独出心裁的匝道连接和渠化方式等，都可能导致驾驶人对方向和线形变化的驾驶彷徨，对前方交通状况的观察和判断不足。

（7）信息超载。除连续出现多个出口外，标志内容的不清、冗长及环境的繁乱等，都可能导致信息超载，使驾驶人不能及时、准确地获取有用信息和做出判断，不能在有限的时间内安全、有效地完成驾驶任务。

（8）视线诱导设施不完善。主线和匝道处的视线诱导设施设置不完善或不合理，尤其是在夜间和不良天气条件下行车将会加重驾驶人的驾驶负荷，驾驶人难以视认道路轮廓和线形走向变化，严重时会导致事故的发生。

2. 交通设计要求

对于立体交叉口交通设计，在进行立体交叉形式、匝道布局和匝道线形等几何构造设计及信息处理时，要充分考虑驾驶人视觉能力、信息处理能力、驾驶人期望、反应时间、车辆运行特征和交通事故分布规律等，使所提供的运行条件与驾驶人特征及车辆运行特征相适应。并在视线诱导、路侧安全和防护设计等方面，进一步增强车辆运行的安全性。

针对驾驶人特征和交通事故分布规律等，立体交叉口交通设计应满足以下基本要求：

（1）简化驾驶任务，尽量减少转向、变速、超车及变道的频次与强度。

（2）充分考虑驾驶人视觉特性，避免有用信息超出驾驶人的视觉能力。

（3）充分考虑驾驶人信息处理能力，避免信息超载或信息不足。

（4）提供的信息应与驾驶人期望相一致，最大限度减少驾驶人视认反应时间。

（5）为驾驶人感知信息、反应和行动提供足够的时间。

（6）保证良好的视线诱导，明晰路权，减少反应时间，降低驾驶任务难度。

四、驾驶人特征与交通安全

1. 驾驶人特征

驾驶人特征主要指驾驶人的特性、能力和表现等，反映在生理特性和心理特性两方面。

驾驶人生理特性包括视觉、听觉和反应时间等。生理特性决定了驾驶人接收信息、处理信息、决策和行动的能力与极限。

驾驶人心理特性则更为复杂，它反映了驾驶人能力、气质和性格等基本心理素质。除驾驶人自身气质和性格等以外，驾驶人的心理特性与行车速度、运行环境及其变化等有关。如果运行环境及信息杂乱，超出了驾驶人的负荷能力，可能导致驾驶人出现不良的心理状态，并会导致接收和处理信息的能力及驾驶操作的准确率明显下降。因此，从某种意义上说，生理特性和心理特性之间呈互为影响的关系。

2. 驾驶任务层次模型（Driving Task Hierarchy Model）

驾驶任务，即驾驶人由出发点沿途行进至目的地，驾驶人应尽责履行的行为。驾驶人行车的过程会接收信息、处理信息、预测行动方案、决策和实施行动。在不同的出行路段，驾驶人承担着不同的驾驶任务。驾驶任务与交通工程规划与设计的细节息息相关，并隐含于各相关设计规范、准则、指南的条文中。美国 *Highway Safety Manual*（1st Edition，2010）第 2 章人因中的驾驶任务层次模型将驾驶任务分为 3 个层次子任务，如图 5-2 所示。

（1）控制（Control）——基础驾驶任务

"控制"指车辆驾驶人在出行过程中，沿途必须正确且有效地操控其车辆（如正确操控转向盘、根据道路运营状况适当加减速）。"控制"是驾驶人应尽的责任，一旦发生交通事故，在道路交通工程设计合理的前提下，驾驶人自身应承担事故的后续责任。

道路交通工程规划与设计者也应对驾驶人的"控制"有清楚的认知，充分考虑驾驶人的车辆控制能力。例如应深入优化道路几何线形，避免急弯又急陡。

图 5-2　驾驶任务层次模型

（2）引导（Guidance）——中级驾驶任务

道路是公共财产，具有法定通行路权时，任何人都有使用的权利。但道路上行驶的车辆众多，驾驶人的教育水平、年龄、驾驶习惯与经验等都不同，故而驾驶人应有随时注意自身车辆与周围其他车辆运行状况的责任，根据当时车流状况依序依规进行安全驾驶。同时，驾驶人必须遵循各式交通控制设施的引导，在车流中顺畅运行。对于道路交通工程设计与管理人员，应充分了解驾驶任务中"引导"的含义，适时适地做到主动引导（Positive Guidance）。例如，正确有效布设标志、标线、视线诱导设施，引导驾驶人适当调整车速、保持车距等。

（3）运行（Navigation）——高级驾驶任务

驾驶人应有明确的出行计划及确定的方向性、目的地，沿途遵循各式交通控制设施指引，使出行过程顺利，平安抵达目的地。驾驶人执行这项任务的主要信息来自地图、文字、互通式立体交叉出口预告标志、出口标志和地点方向标志等。

综上，"控制"的重点在驾驶人须能有效操控车辆；"引导"则指驾驶人必须能够与邻近车辆有正确的互动；"运行"意指驾驶人在长期行进中必须遵守交通控制设施指引。

若道路交通视觉信息不足，驾驶人就无法依据信息及时地做出正确的驾驶决策；若视觉信息分布不合理，易导致驾驶人分心，不利于驾驶决策。因此，需要以降低驾驶任务难度、减轻驾驶负荷为目标，优化立体交叉道路行车环境，保障驾驶人能顺利完成按路径行驶（避免车道偏离）、保持车距（避免跟车过近）、控制车速（避免超速、疲劳分心驾驶）等任务。立体交叉路段驾驶任务的分类及含义见表 5-2。

驾驶任务分类及含义　　　　　　　　　表 5-2

分 类	含 义
车辆控制(控制)	操控车辆在当前车道安全稳定行驶
车距保持(引导)	选择并保持与周边车辆的安全距离
路径选择(运行)	根据环境信息(如交通标志、诱导信息等)完成自身行驶路径变换

3. 视觉能力

感知和处理信息是驾驶任务的重要组成,在驾驶人获取的所有信息中,有 90% 以上来自视觉,其余来自听觉和触觉等。因此,应充分考虑驾驶人的视觉能力,使路线分岔、运行方向改变和交通标志等信息能被驾驶人迅速而有效地接收。

(1)视力

驾驶人在静止状态的视力称为静视力,在驾车行驶中的视力称为动视力。研究成果表明,在静止状态下,人的眼睛可以看到 300m 远的 90mm 大小的物体,能估计远至 400m 以外的物体尺寸。但在车辆行驶中,驾驶人视野因注视远方而变窄,视线的焦点随着车速的增加而变远,速度越快,视线的焦点越远。动视力一般要比静视力低 10% ~ 20%,特殊情况下低 30% ~ 40%。

(2)视角范围

视角是驾驶人头部和眼球相对固定时,能够引起视觉注意的范围在人眼光心处所形成的夹角。驾驶人的视角越大,所能看到的范围就越宽。

如图 5-3 所示,驾驶人有效视角范围可分为有效周边视角、可观测视角、清晰视角和敏感视角。驾驶人对信息的全面收集和整体认知主要依靠周边视觉,当周边视角内的目标被感知时,驾驶人会注意到它,以帮助评估并采取合适的对策。在静止状态下,有效周边视角接近180°。在运行状态下,驾驶人的视野会收缩,周边视角随着运行速度的增加而减小,当运行速度为 30km/h 时,有效周边视角约为 100°;当运行速度为 60km/h 时,有效周边视角约为 75°;当运行速度为 96km/h 时,有效周边视角缩小到 40°。

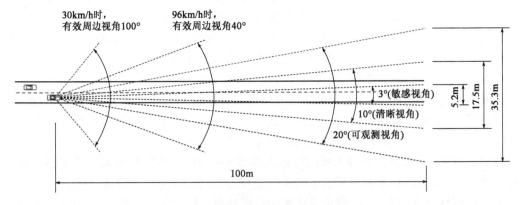

图 5-3　驾驶人有效视觉范围示意图

在运行状态下,能满足观察要求的视角即可观测视角是 20°以内;能清晰观察的视角即清晰视角是 10°以内;最敏感的视角是 3°以内。当距离为 100m 且视角分别为 20°、10°和 3°时,视觉范围的宽度分别为 35.3m、17.5m 和 5.2m。

4. 信息处理

前已述及,车辆运行过程实际是驾驶人感知信息、处理信息和操作控制车辆的循环过程。安全运行和有效驾驶的关键之一,就是避免信息处理的失误。

(1) 信息处理能力

受人的生理、心理特性的限制,驾驶人对感知到的信息并非都能进行有效处理。研究成果表明,在通常情况下,驾驶人视觉接收信息的能力为 4.6×10^6 bit/s,听觉为 8000bit/s,而其处理信息的能力仅为 25～30bit/s。由此可见,驾驶人能处理的信息只是所能感知到的很小一部分。

影响驾驶人信息处理能力的主要因素有信息量、时间和驾驶人自身状态等。道路是信息的主要来源。信息量的大小和复杂程度直接影响驾驶人的信息处理能力,信息量主要取决于道路几何线形、连接部构造、路面状况、天气情况、交通量和车辆性能等。时间因素与车辆运行速度有关,运行速度越高,在一定距离内处理信息的时间越短,驾驶人也就需要更强的信息处理能力。

(2) 信息密度

信息密度指单位时间内呈现在驾驶人视觉范围内的信息量。信息密度与信息量和车辆运行速度有关,运行速度越高,在单位时间内落到驾驶人视觉范围的信息量越大。

根据驾驶人信息处理能力的高低,每个驾驶人都有一个最佳信息密度,在这个信息密度条件下,驾驶人能及时处理信息并安全驾驶。信息密度超过驾驶人最佳信息密度,可称为信息超载,吸引驾驶人注意力的事件数量超过其视认反应能力,导致驾驶人忽略掉部分有用的信息,且对外界不能及时、准确地做出判断,出现交通事故的概率也会随之增加。在这种情况下,驾驶人需要注意力高度集中并减速驾驶,以便获得可以接受的信息密度。信息密度小于驾驶人最佳信息密度,可称为信息不足,驾驶人能接收到的信息少于正常驾驶所必需的数量,驾驶人对行车环境的感知敏锐性就会降低,心理生理反应能力也会随之降低,并易产生驾驶疲劳。

因此,在进行立体交叉设计时,一方面,应尽可能减少无用信息,以免信息超载;另一方面,应提供足够、适宜且易于获取的有用信息,以免信息不足。

(3) 最有意义的信息(Most Meaningful Information)

驾驶人在行车过程中不可能全程以及百分之百地维持专注,人的大脑也并不会对视觉信息百分之百地进行处理,在某些情况下,大脑甚至会自动排除无用的信息。而在各种有用的信息中,驾驶人会主动搜寻并注意对其最有意义的信息。重要性越高,对行驶安全的影响越大。因此,设计时应正确判别信息的重要性,通过提供开阔的视线和良好的视觉质量将最有意义的信息凸现出来,以在繁杂的信息中将驾驶人的注意力集中在关键信息上,从而达到提高运行安全与效率的目的。

5. 认知—反应时间(Perception-Reaction Time, PRT)

认知—反应时间就是驾驶人从接受刺激到反应的时间,包括感觉器官所需时间、大脑信息加工所需时间、神经传导和肌肉反应时间等,等于感觉、思考、判断和决策 4 部分时间的总和。

以紧急制动为例,当驾驶人遇到险情时,首先意识到需要紧急制动,然后在大脑的指挥下,脚从加速踏板移到制动踏板并踩下踏板,这段时间称为认知—反应时间。驾驶人的反应时间会因各种因素影响而产生差异,其在室内模拟试验时为 0.6s 左右,在室外试验时为 0.52～1.34s。

驾驶人的反应时间与其当时的警觉程度、对事件的预料程度、对多种方案的把握程度和对任务的熟悉程度等有关,同时还与驾驶人的驾驶技巧、经验、身体和精神状态,以及酒精和药品的作用等有关。此外,驾驶人的认知—反应时间还与车辆运行速度有关。运行速度越高,认知—反应时间越长;运行速度越低,认知—反应时间越短。尤其在高速行驶状态下,驾驶人视野变窄,情绪紧张,认知—反应时间明显变长。国外的研究成果表明,在紧急情况下,大多数没有戒备的驾驶人能在 2.5s 内对明确的刺激做出反应,而且该值接近能力较弱驾驶人的平均值。

6. 驾驶人期望

驾驶人期望指驾驶人依据过去的成功操作方式对运行环境所做出的下意识反应。这个下意识反应建立在驾驶人经训练和学习得到的知识以及长期积累的经验之上。在长期的驾车经历中,有些情况常以同样的方式发生,并已成功地得到了处理,这些记忆都存储在每个驾驶人的知识库里。

当驾驶人从道路本身及其他交通设施获得所期望的信息时,会迅速、有效和准确地做出反应,而当出现异常、特殊或偶发的违背期望的信息时,则可能导致其反应时间增加、出现不适当的反应或失误。

事件与驾驶人期望相一致的程度称为期望度。如前所述,驾驶人的反应时间与其当时对事件的预料程度有关,这个预料程度取决于期望度。期望度越高,驾驶人对事件判断的准确性和预料的程度就越高,其反应速度也就越快。相反,期望度很低或事件与驾驶人期望不一致时,驾驶人就可能判断失误或反应滞后,进而可能引发交通事故。

第三节 立体交叉口设计原则及方法

根据前文总结的立体交叉口交通事故形态和成因,以及驾驶人特征与交通安全的关系,综合考虑实际道路工程建设的需求,可得出立体交叉区域的交通设计原则及方法。立交区域的交通设计原则及方法主要包括两方面:驾驶人需求和工程需求。驾驶人需求重点考虑空间路权、驾驶人因和驾驶任务的要求;工程需求重点考虑全寿命周期成本最小和保障路侧安全两项原则。

一、驾驶人需求

1. 空间路权

路权是指道路交通主管部门为提升道路使用效率、确保道路使用者的安全,根据道路交通工程与管理的原理,由道路交通法规、交通控制设施,在一定空间、时间内规范用路人使用道路的权利。空间路权包含静态与动态两大类,如在路边合法停车就是享有静态空间路权。动态空间路权是指在有通行路权的前提下,车辆可以合法行驶的长度(即距离)、宽度和高度。

根据空间方位的不同,空间路权可分为横向路权、竖向路权和纵向路权,如表 5-3 和图 5-4 所示。通过界定路权,可以对驾驶人通行的空间进行划分,提升道路使用效率、保障交通安全。

空间路权的分类及应用 表5-3

分类	在交通设计中的应用
横向路权	明确出入口车道分界线、车道边线
竖向路权	提供出入口轮廓信息,避免道路通行区和车道竖向信息被遮挡
纵向路权	连续提供前进方向的视觉参照信息,同时前进方向路权保持一致

图 5-4　空间路权示意图

鉴于立体交叉匝道出入口多为弯道和坡道的组合路段,更应提供良好的空间路权感知环境。为此,应突出立体交叉匝道出入口三角区的轮廓(车道边线、护栏、出入口标线、线形诱导标),避免车辆撞击护栏、追尾等事故发生。

2. 驾驶人因

人是交通安全的主体,研究发现,80%以上道路交通事故的发生都与驾驶人及其驾驶特性直接相关,这些事故通常是因为驾驶人在驾驶过程中发生感知、判断或操作差错造成的。立体交叉设计应着重关注人因(Human Factor),以减少人的失误(Human Error)为主,从而有效调控驾驶任务。在正常路段行驶时,人因在道路交通安全中是一个重要的影响因素,驾驶人会搜索道路环境线索,确定行车过程必要的速度感、空间感和距离感。驾驶人因分类及含义见表5-4。

驾驶人因分类及含义 表5-4

分类	含义
视距	驾驶人行车可清晰明视的前方距离
视区	驾驶人行车可清晰明视的前方广度
视错觉	速度错觉、距离错觉、方向错觉

(1) 视区要求

立体交叉出口与入口一般设在主线行车道的右侧,位于跨线构造物之前,易于识别;若位于跨线构造物之后,应与构造物保持150m以上的距离,并在匝道汇入主线之前保持主线100m和匝道60m的三角形区域内通视无阻,如图5-5所示。若出入口匝道转弯路面较窄,并且道路两旁有树木遮挡,视区受限,后车驾驶人就难以及时发现前车,从而无法及时制动,进而与前车发生追尾事故,如图5-6所示。

(2) 视距要求

若驾驶人的视觉受到干扰,甚至出现紊乱,认知反应时间将会延长。良好的道路设计应使驾驶人在道路上任何位置都能很清楚地看到前面视距范围内的道路交通状况,保证有良好的视距、足够的视区范围。这里需要重点强调识别视距的作用。

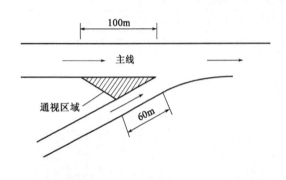

图 5-5 入口的通视三角区

图 5-6 匝道弯道视区被树木遮挡

研究驾驶人在分流区的驾驶行为特点可发现,满足驾驶人识别视距需求在交通状况复杂的区域显得尤为重要。充足的识别视距可为驾驶人在交通复杂地区发现前方交通情况,根据需求采取改变方向、避让障碍物、调整操作提供足够的条件距离,是驾驶人在分流区安全行驶的重要保障。

美国公路与运输协会(AASHTO)发布的 *A Policy on Geometric Design of Highways and Streets*(又称"绿皮书")中对于决策视距(Decision Sight Distance)的定义为:在复杂地段做出各种判断所需要的视距,即用以发觉在可能引起视觉混乱的道路环境中意外的,或是难以察觉的信息源或危险,判别危险或其潜在迹象,选择适当的速度和路线,并安全、有效地做出决策所需的安全运行距离。我国《公路工程技术标准》(JTG B01—2014)附录 B.0.2 中指出:识别视距是指车辆以一定速度行驶中,驾驶人自看清前方分流、合流、交叉、渠化、交织等各种行车条件变化时的导流设施、标志、标线,做出制动、变换车道等操作,至变化点前使车辆达到必要的行驶状态所需要的最短行驶距离。

我国《公路路线设计规范》(JTG D20—2017)规定,各级公路的互通式立交、服务区、停车区、客运停靠站等各类出口路段应满足识别视距的要求。该规范给出了不同设计速度需要满足的识别视距。此外,规范规定互通式立体交叉区域应具有良好的通视条件,主线分流鼻之前应保证判断出口所需的识别视距,条件受限时,识别视距应大于 1.25 倍主线停车视距(即极限识别视距),见表 5-5。

立体交叉出口识别视距的要求   表 5-5

设计速度(km/h)	120	100	80
简单识别视距(m)	350	290	230
复杂识别视距(m)	460	380	300
极限识别视距(m)	262.5	200	137.5

日本在确定互通式立体交叉范围内凸形竖曲线的最小半径时,视距采用基本路段停车视距的 1.5~2.0 倍。澳大利亚则规定出口端部前的停车视距为 200~300m。美国公路与运输协会(AASHTO)将决策视距分为"A、B、C、D、E"5 种状况,见表 5-6。

美国决策视距与我国停车视距对比 表5-6

设计速度 (km/h)	美国公路与运输协会(AASHTO) 决策视距(m)					我国 停车视距 (m)
	A	B	C	D	E	
60	95	195	170	205	235	75
80	140	280	230	270	315	110
100	200	370	315	355	400	160
120	265	470	360	415	470	210

注:表中 A 指农村公路车辆为决策而需停止;B 指市区道路车辆为决策而需停止;C 指农村公路车辆为决策而需变换车速、车道或车向;D 指郊区公路车辆为决策而需变换车速、车道或车向;E 指市区道路车辆为决策而需变换车速、车道或车向。

视距是指沿着当前车道中心线,驾驶人发现目标物的最短距离。驾驶人发现目标物的过程受驾驶人的视点高和目标物高影响。视距随着驾驶人视点高的变化而变化。不同国家对视点高和目标物高的规定不同,见表5-7。

不同国家对视点高和目标物高的设计规范 表5-7

规 范	驾驶人视点高 H (m)		目标物高 H(m)		
			停车视距	识别视距	超车视距
美国公路与运输协会 (AASHTO)规范	小客车	大货车	0.60	0.60	1.08
	1.08	2.33			
中国公路路线设计规范	1.2	2.0	0.10	0	0.60
日本道路构造令	1.2		0.1		

3. 驾驶任务

驾驶人在进入立体交叉及其邻近区域内时,必须"同时"进行的驾驶任务可归纳为以下10项:

(1)清楚认知前方有立体交叉的存在;

(2)关注与调控自身车辆的速度;

(3)保持行驶在车道宽度内的正确位置,不至于影响相邻车道的车辆正常运行;

(4)清楚认知邻近其他车辆的动向与行驶轨迹,能以此调整自己的驾驶动作,即强调驾驶人应具备防御驾驶的驾驶习惯;

(5)注视其他方向车辆的行驶轨迹,尤其潜在的冲突点;

(6)遵循各交通控制设施的指示,也即驾驶人应绝对遵循路权的分配;

(7)转向车辆必须评估是否具备足够的安全间距;

(8)转弯前慢速行进及减速;

(9)选用正确的车道,尤其是准备驶离立交路段的车辆;

(10)保持车辆行驶在正确车道位置。

驾驶人必须在极短时间内或在时间压力情境下,同时正确执行这10项驾驶任务,因此驾驶人在立体交叉处的驾驶工作任务明显比普通路段多且复杂。该10项驾驶任务与驾驶任务层次模型的对应关系见表5-8。

驾驶任务对应关系　　　　　　　　　表5-8

驾驶任务层次	具体驾驶任务
控制	(2)、(3)、(4)、(8)、(9)、(10)
引导	(2)、(3)、(4)、(5)、(7)、(9)、(10)
运行	(1)、(2)、(6)、(9)、(10)

驾驶人从主线进入匝道,需要完成减速、换道、并线等任务,若线形变化多、车流量大或交通环境信息复杂,驾驶人的驾驶任务则更重。因此,需要分解驾驶任务,使驾驶人在立体交叉范围内特定位置完成相应的驾驶任务,避免太多驾驶任务堆积在匝道出入口处,导致驾驶人难以全部完成,进而发生交通事故。

二、工程需求

1. 全寿命周期成本最小原则

现代设计对成本的理解和掌握已经远远超出了初期投资成本的概念,进而引出了全寿命周期成本分析(Total Life Cycle Cost Analysis)的概念。

全寿命周期成本分析也称寿命周期成本分析(Life Cycle Cost Analysis,LCCA),可用于评价项目的总经济价值,包括初始成本和进一步成本——整个寿命周期内的维护、修复、重建和翻新处理成本等。对于互通式立体交叉而言,包括建设成本、运营成本、交通事故成本、征地费用、对环境的影响、养护、维修费用和建设期间对现有交通的延误等。

在美国,全寿命周期成本分析既是政府法令,又是工程投资的评估、计算方法。政府指令全寿命周期成本分析首先在交通、公路系统的基础设施工程和管理中实行。

推行全寿命周期成本分析的目的,是通过对工程投资的评估,使所选择的方案有利于发展先进技术,降低初期投资比,优化施工、养护,考虑环境保护,以获得优良的总寿命结构性能,是一种完善、科学的成本理念。

道路交通工程的完工通车之日即是管理养护开始之日。目前,立交的建设一般仅考虑建设期的直接投入,但立交的设计使用寿命长,为了节省后期管理养护成本,必须考虑工程全寿命周期的经济性与合理性,其设计与施工需考虑工程的长期经济效益及使用期限,因此要以全寿命周期成本最小为重要原则。应避免劣质品或不恰当的交通设施设置造成养护频繁,产生一系列的交通安全隐患与问题。常用交通安全设施的用途与寿命周期分析见表5-9。

常用交通安全设施的用途与寿命周期　　　　　　　　　表5-9

交通安全设施	用　　途	寿命周期
钢结构护栏	主线和匝道出入口防护,防止车辆冲出道路	20年
反光膜	贴于护栏和防眩板上,夜间或不良天气条件下能够较好地勾勒道路轮廓,明确空间路权,提升空间感、方向感、与前车距离感,特别对大货车安全行驶有利	10年
突起路标	配合道路标线,强化路权,提升局部方向感	5年
柔性示警桩	遮挡匝道鼻端建筑物,实现主线与匝道处的视觉过渡,具有较强连续性、一致性	2~6年
标线	限定行车范围,明确行驶路权	6~12个月
彩色涂装路面	具有防滑、警示、混凝土路面防护等综合功效	3~12个月

由表5-9可知,各交通安全设施的用途和寿命周期有所不同,对于立交范围处,需选择使用周期长、养护频率低的交通安全设施。养护过程中,可根据交通安全设施的用途、重要性,确定相应的养护顺序,力争在确保交通安全设施发挥其功能,保证立交交通运行安全的前提下,将立交交通设施养护成本降到最低,最终使立交全寿命周期成本最低,提高立交运营经济效益。

2. 保障路侧安全原则

路侧是指从车道外边缘到道路红线边界的这一范围。路侧安全设计也就是对这一区域进行安全设计,又称路外设计。路侧安全设计的核心是在路侧设计过程中体现宽容设计理念。基于宽容设计理念的道路允许驾驶人犯错误驶出路外,但需要设计人员提供尽可能减少事故发生或降低事故严重程度的设计对策,即不管什么原因致使车辆驶出路外,设计人员都应该尽可能为驾驶人提供充分的路侧净区,以确保路侧安全性,驾驶人所犯的错误不应以牺牲生命为代价。"路侧净区设计""主动引导"和"全时保障"是路侧宽容设计理念的重要体现。

(1) 路侧净区设计

路侧净区是指由车道边缘线开始向路外延伸的平缓、无障碍物区域。路侧净区为冲出路外车辆提供了充分的安全保证,驶入净区内的车辆一般不会在边坡上发生翻车,也不会与危险物发生碰撞,即便不可避免地与危险物发生碰撞,仍应保证碰撞的后果最轻。

(2) 主动引导

确保车辆在正常的车道内行驶是防止和减少路侧事故的最根本措施,是设计人员进行路侧安全改善时应优先考虑的,通常防止车辆驶出路外的措施也是最为经济有效的路侧安全保障措施。主动引导是指通过采取安装交通安全设施和改善道路行车环境等措施实现驾驶人与道路的良性交互,使驾驶人能够根据行车环境所传达的信息自觉地改变操作行为和行驶方向,在驾驶人与行车环境进行信息交互的过程中,行车环境起到了"主动"引导的作用,有效降低了车辆驶出路外的可能性。

(3) 全时保障

全时保障要求道路安全设施无论是在白天还是在夜间,无论是在良好天气条件下还是在恶劣气象条件下均能够发挥良好性能。在昼夜和不同天气条件下,性能具有明显差异的常见道路安全设施主要为:轮廓标、线形诱导标、路面突起路标、交通标志、路面标线等依靠反光性发挥作用的设施,以及路面防滑材料。

保障路侧交通安全的方法与意义总结于表5-10中。

保障路侧交通安全的方法与意义 表5-10

方法	意义
路侧净区设计	驶出路外的车辆在该区域内不会发生倾覆,失控车辆能够得到有效控制,并能够安全返回行车道
主动引导	通过采取视线诱导设施,使驾驶人能够自觉地改变操作行为和行驶方向,降低了车辆驶出路外的概率
全时保障	交通安全设施在白天与夜间、良好天气条件与恶劣气象条件下均能够发挥良好性能

分析可知,立体交叉区域需要设置良好的视线诱导及防护设施,实现对车辆的警示、缓冲、导正功能,保障各种自然气象条件下(白天、夜间、雨雪天气等)的交通安全,从工程设施层面

实现宽容性设计理念。

《公路交通安全设施设计规范》(JTG D81—2017)和《公路交通安全设施设计细则》(JTG/T D81—2017)规定,公路交通安全设施设计应坚持以人为本、预防为主、系统设计、重点突出的原则。应优先设置主动引导设施,根据需要设置被动防护设施。

综上分析,立体交叉运行安全设计的基本理念是"诱导为主、防护为辅",以主动引导加全时保障的手段降低交通事故发生概率和严重程度。

第四节 立体交叉口交通标志优化设计

一、交通标志的种类

立交交通标志(图 5-7)主要包括以下 4 种。
(1)入口指引标志:包括入口预告标志、入口告知标志、入口确认标志。
(2)行车确认标志:包括地点距离标志、命名编号标志、路名标志等。
(3)出口指引标志:包括出口预告标志、出口方向标志、出口标志及下一出口预告标志。
(4)其他标志:包括立交行驶路线标志、单向行驶标志、跨线桥名标志、限高标志、限制质量标志和限制轴重标志、限制速度标志和解除速度限制标志等。

a)匝道分流鼻处地名标志　　b)限高标志　　c)限速标志

图 5-7 交通标志

其中,最重要的为入口指引标志和出口指引标志,下文将对入口指引标志和出口指引标志进行详细介绍。

二、设计原则

1.设计原则

(1)满足需要

交通标志必须满足交通控制和指引的需求,仅在需要时才安装使用。过度使用会导致道路使用者对交通控制设施的重视程度降低甚至不遵从;安装不足则会导致交通控制和指引不连续并产生交通安全隐患。满足需要同时包括满足道路交通控制管理的需要、满足不同气候环境条件的需要、满足道路使用者的需要。

图 5-8a)中,地面指引标记重复过多,会令驾驶人产生驾驶彷徨;距离过远的目的地指引

标志也没有必要在此设置,这些信息均属于非必要信息。此外,道路右侧出口并未设置指引标志,属于必要信息缺失。改善后如图 5-8b)所示,改后的车道指示标志指引简单明了,去掉不必要交通标志,增设右侧出口指示标志,更符合驾驶人的驾驶需求。

a)改善前　　　　　　　　　　　　　　b)改善后

图 5-8　改善前后对比

(2)引起注意

交通标志必须有效地引起驾驶人的注意。设计时,需考虑交通标志的物理特征(即外形尺寸和形状、颜色组合、语言的易读性等)及安装位置和视线。图 5-9 中,出口预告标志版面(EXIT)使用荧光黄黑,出口信息显著性好,能引起驾驶人注意,是良好的设计示例。

图 5-9　美国出口预告标志

(3)传达明确简单的含义

交通标志传达的含义决不能使驾驶人混淆,应只给出单一指令。

设置交通标志的目的是向过往的驾驶人提供信息。色彩配合各种形状传达交通标志的含义,进一步强化标志传达的信息。图 5-10a)就是形状、颜色配合不当的反例,建议优化成图 5-10b)的形式,优化后交通标志文字信息量显著减少,但是最有意义信息并未减少,传达的含义更加简单明确,驾驶人辨识难度降低。

(4)获得遵从性

交通控制设施必须得到道路使用者的遵从。统一设置交通控制设施可使驾驶人快速得到道路的信息。设置的内容必须和实际相符,协调周边环境,避免因缺乏合理统一的设计和安装、缺乏维护保养或周边环境的干扰,降低驾驶人对交通控制设施的遵从。

a) 形状颜色配合不当

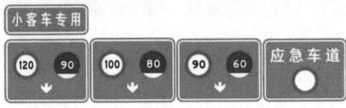

b) 优化设计

图 5-10　优化前后对比

不规范或损坏的交通标志不易获得遵从。图 5-11 为改善前后对比，由文字改为图，驾驶人更容易视认，标志类型由警示变为禁止，更容易获得遵从性。

a) 改善前

b) 改善后

图 5-11　改善前后对比

（5）给予足够的反应时间

交通标志的设置要充分考虑驾驶人的视认—反应时间，给予合适的提前量。所有的交通标志必须设置在合适的地点，以便驾驶人有足够的时间阅读信息，对信息做出反应，并完成信息指示的行动。图 5-12 交通标志信息量过载，直接导致驾驶人反应时间不足。

2. 视距保证

在互通式立体交叉出口处，驾驶人需完成识别交通标志、读取标识信息、判断标志信息和操作 4 个步骤。识别视距即驾驶人完成 4 个步骤的安全距离，如图 5-13 所示。

匝道设计应满足识别视距（公路简单识别视距和城市道路复杂识别视距）的要求，保证驾驶人提前知晓和判断前方的分流和交通状况。

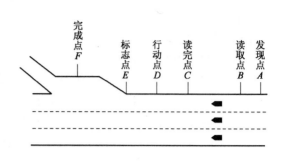

图 5-12 信息量过载导致反应时间不足

图 5-13 交通标志识别视距示意图

3. 五大设计点位

道路指路标志按照标志的功能可分为路径指引、沿线信息指引和沿线设施指引标志,下面重点介绍路径指引标志的优化设计方法。

路径指引标志为连续式信息系统,利用具有连续性意义的数个标志,形成完整的路径指引系统,引导驾驶人往预定目的地行进。路径指引标志沿途布设,可归纳出五大设计点位,包括:预告点(Advance Point)、警戒点(Warning Point)、行动点(Action Point)、告知点(Notification Point)和确认点(Assurance Point)。图 5-14 为路径指引标志沿途布设五大点位示例。

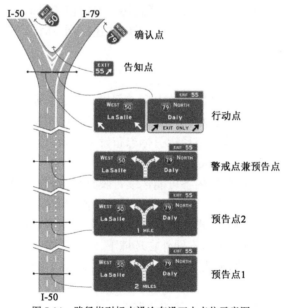

图 5-14 路径指引标志沿途布设五大点位示意图

路径指引标志的五大设计点位是由驾驶情节任务分析(Task Analysis of Driving Scenarios,TADS)确定的。TADS 完成后,就可以决定使用何种预告指引标志(即预告指引标志的内容),结合其他道路交通工程设计原理,确定指引标志的合宜布设位置。

需要注意,五大设计点位的顺序不可更改,但实际布设标志数目不定。不同路径指引,预告点可能为 1~3 点;在短路径上,警戒点也可能兼作预告点、行动点;在复杂出口或多出口处,行动点的数目可能不止一个；告知点、确认点通常为一个，如果有特殊需求，可另外增设。有多个预告点时，靠近出口匝道的预告点可与警戒点合并；条件受限时，警戒点与行动点可合并。主线单向不少于3个车道时，建议设立门架式标志，避免内侧车辆视野被外侧大型车辆遮挡，从而错过标志信息。

五大点位的设置目的及特征如下：

(1) 设置预告点的主要目的在于令驾驶人有心理准备，不可分心，提示其将精力集中在完成驾驶任务上，与驾驶人的出行目的地有关。

(2) 设置警戒点的主要目的在于再次提醒驾驶人下游端"行动点"已接近，准备行动。长路径指引中，警戒点可能单独存在，位于预告点下游，或与上游端某一预告点共用；较短路径指引中，警戒点可能单独存在，位于行动点上游，也可能与其下游端行动点共用。

(3) 设置行动点的主要目的在于指引驾驶人必须依标志内容进行"驾驶动作"的改变，如"变换车道""进入某车道""左转向""右转弯"等。长路径指引中，行动点必然位于警戒点的下游端短距离处。行动点可能单独存在，在短路径指引中可能与警戒点共用；在交叉路口处，也可能与告知点共用，如"停"标志。依道路路网形态而异，行动点可能不止一个，只是相邻两个不同行动点间的最短间距必须精准计算。

(4) 设置告知点的主要目的在于清楚明示驾驶人道路上某节点处的具体方位、位置、出口编号等，可帮助驾驶人检核其行车路径是否与其原先规划相同。在长路径指引系统中，告知点通常独立存在，只有在较短路径指引系统中，告知点可与行动点、确认点共用。

(5) 设置确认点的主要目的在于让驾驶人针对行驶路径做最后的确认，包括其正行驶中的路径是否与其原先规划的行程一致，是否能到达想要前往的目的地。在短距离路网中，如市区道路路网，确认点或可忽略；但对于长距离的高、快速路网，布设确认点有利于驾驶人完成驾驶任务。

4. 布设要点

合理有效的路径指引标志可辅助驾驶人完成驾驶任务，兼具"预告"与"指引"功能，将相关道路信息准确地传输给驾驶人，令其对标志内容有所警戒，根据自身需求在短距离内采取合适的对应驾驶动作。立体交叉道路路径指引标志布设要点如下：

(1) 路径指引标志设置应结合人因理论考虑。

设计路径指引标志应了解路网内各可能连续行驶路径、驾驶人面对的各种驾驶情节任务，向驾驶人传递有意义的信息，并适用于该道路上所有不同的车辆动线。

路径指引标志布设要结合人因理论重点从以下3个方面考虑：

①具备主动引导作用，且标志在不同外在环境下，均应具有明视性，可一目了然。

②不同位置的标志需要驾驶人注意的程度不同，根据车辆路径轨迹有"程度轻重"的区分。

③传递的信息符合驾驶人预期，使其能根据路径指引标志找到应有的行驶路径信息；当驾驶人识认到第一个预告标志内容与自身有关时，会继续关注且预期后续有相关标志出现；对道路路线越不熟悉的人，越依赖路径指引标志的信息。

表5-11为五个点位结合人因理论考虑的对应关系。预告点的布设重点在于主动引导和吸引驾驶人注意力，即预告点设置得当，可引起驾驶人的注意；警戒点需要吸引驾驶人注意力的程度比预告点高；行动点需要吸引驾驶人注意力的程度也较高；告知点和确认点主要对应预

期效应,符合驾驶人的期望。

五个点位结合人因理论考虑的对应关系　　　　　　　　　　表 5-11

设 计 点 位	对应人因考虑
预告点	主动引导(Positive Guidance)、注意力(Attention)
警戒点	注意力(Attention)
行动点	注意力(Attention)
告知点	预期效应(Expectancy)
确认点	预期效应(Expectancy)

(2)路径指引标志的信息量应合适。

传输给驾驶人的信息量一定要合适,否则若驾驶人信息过载,无法全部有效识认,将导致不能采取恰当应对或反应时间不足,产生安全隐患。

路径指引标志预告重点包括:前方立交出口编号;进入前方立交出、入口后的城市名、道路名或编号;前方立交出口与预告标志的距离;箭头指向,标明道路遵行方向为左、右、左前、右前、正上方等,用向下指正车道中心的形式明确应遵行的车道。各点位应结合道路形态及本身需要传输的信息布设。

(3)根据实际情况选用路径指引标志支撑结构。

考虑车道数、道路横断面的构造,路径指引标志的支撑结构设计有上方门架式标志和路侧立柱、悬臂式标志两类。在同一路径指引系统中,可以根据实际情况合理搭配使用这两类支撑结构形式。一般而言,门架式标志较适用于单向三车道以上的高速公路、快速路。

(4)距离信息估算基准点选取原则。

①入口预告标志,以一般道路与高速公路连接线或城市快速路相交的平面交叉口或减速车道渐变段起点作为计算基准点。

②出口预告标志及出口方向标志:

a.直接式单车道,以出口的渐变段起点为计算基准点,见图 5-15a);

b.平行式单车道,以出口的减速车道起点为计算基准点,见图 5-15b);

c.设辅助车道的平行式双车道,以出口的减速车道起点为计算基准点,见图 5-15c);

d.设辅助车道的直接式双车道,以出口的减速车道起点为计算基准点,见图 5-15d);

e.主线分岔,以渐变段起点(有共用车道)或分流点(无共用车道)为计算基准点,见图 5-15e)、见图 5-15f);

f.复杂情况下,经论证可使用部分硬路肩作为渐变段、辅助车道,计算基准点同上;

g.按车道指引时,出口方向标志移至一个车道或两个车道宽度起点处,计算基准点同上。

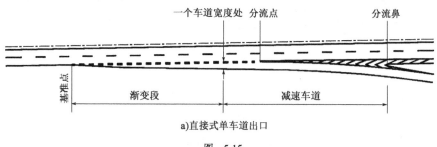

a)直接式单车道出口

图 5-15

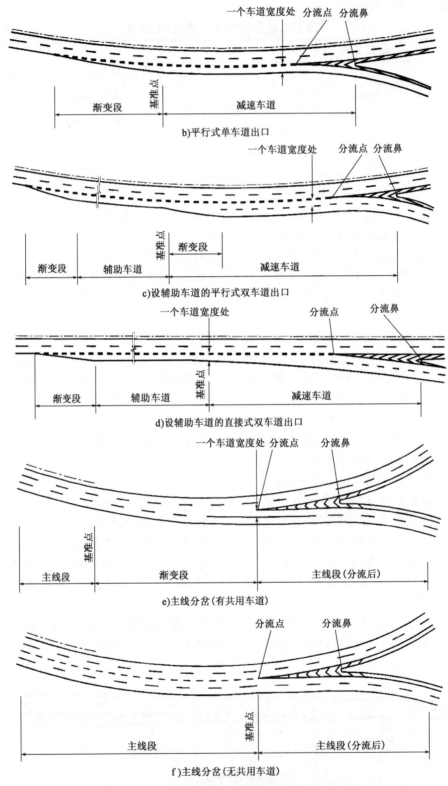

图 5-15 互通式立体交叉、沿线设施计算基准点

路径指引标志布设也不能太集中,两不同设计点位的间距设计应考虑驾驶人的认知—反应时间,保证驾驶人有足够时间提前应变。

5. 中外指路标志设置比较

立交出口区域的预告指路标志旨在为驾驶人提供及时、准确、可靠的出口交通信息,其设置距离直接影响出口区域的通行效率和行车安全。"《道路交通标志和标线 第2部分:道路交通标志》(GB 5768—2022)规定在距离基准点2km、1km、500m和基准点处应分别设置2km、1km、500m出口预告标志,出口方向标志;并应同时附着出口编号标志。枢纽互通式立体交叉在距离基准点3km处,宜增加3km出口预告标志。"美国《统一交通控制设施手册》(Manual on Uniform Traffic Control Devices, MUTCD)将出口分为两类:①大中型出口,在出口前距离减速车道的渐变段起点2mile[1]、1mile和1/2mile位置分别设置预告指路标志;②小型出口,只在前1/2mile位置设置一个标志。

预告指路标志主要设置参数有3个:最后一块预告指路标志的位置、重复次数和重复间距。表5-12给出了中国、美国和加拿大的设置推荐值。

预告指路标志的设置推荐值 表5-12

国家	中国	美国	加拿大
标志数量	3	3	2
第一块标志距基准点距离(m)	2000	3219	1200
第二块标志距基准点距离(m)	1000	1609	600
第三块标志距基准点距离(m)	500	805	—
出处	公路交通标志和标线设置规范(JTG D82—2009)	Manual on Uniform Traffic Control Devices(2009版)	Manual of Standard Traffic Signs & Pavement Markings(2000版)

在各块预告指路标志中,最后一块的设置位置尤为重要。一旦错过该指路标志,很有可能错过正确出口;该标志最靠近分流区,对分流区的安全和运行影响最显著。预告指路标志的信息需要重复设置,目的是:①给驾驶人以重复信息刺激,以防遗忘信息。②防止标志因货车或植物遮挡而影响驾驶人视认。重复设置的工作需要考虑重复次数和重复间距两个问题。重复间距的计算主要基于驾驶人的短时记忆区段为0.5~2min这一参数,而重复次数则与主线基本车道数、交通量、大车比例等多个参数有关。

三、入口指引标志

入口指引标志按车辆行进方向依次设置,设置示例如图5-16所示。

1. 标志类型

入口指引标志分为预告标志、告知标志、确认标志3种,具体样式如图5-17所示。

2. 标志版面

1) 预告标志

根据需要可在被交道路或通往相交道路的道路上设置1~2处预告标志。预告标志版面内容主要包括高架道路名称、方向和方向指示信息。

---

[1] 1mile = 1609.344m,下同。

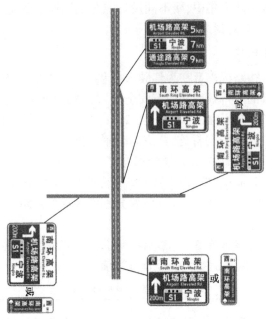

图 5-16 快速路入口指引标志设置示例

a)预告标志　　　　b)告知标志　　　　c)确认标志

图 5-17 入口指引标志

2）告知标志

告知标志版面分为上、下两部分,其中上部分为高架道路名称,采用白底绿字的反衬形式,并在左上角标注方向标记;下部分为通过高架道路能到达的前方道路或地点信息,采用绿底白字或绿底白图案。

3）确认标志

确认标志在驶入高架道路后设置,确认标志版面内容主要包括近、中、远 3 个出口信息。其中,近信息为沿着高架行驶方向能到达的第一个出口信息,中信息为第二个出口信息,远信息为具有控制意义的远程出口信息或重要出口信息,如图 5-18 所示。

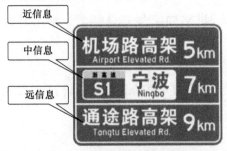

图 5-18 确认标志版面内容

四、出口指引标志

出口指引标志按车辆行进方向依次设置,设置示例如图 5-19 所示。

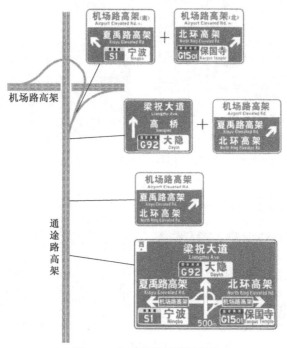

图 5-19 出口指引标志设置示例

1. 标志类型

出口指引标志主要分为出口预告标志和出口方向标志。快速路出口应至少进行 4 级预告,即在距离基准点 2km、1km、500m 和 0m 处,分别设置 2km、1km、500m 出口预告标志和出口方向标志。对于互通式立体交叉、曲线匝道等情况较为复杂的出口,宜在 500m 或 1km 的快速路出口预告标志位置处设图形指路标志(图 5-20)。0m 出口方向标志采用文字与方向箭头表述的形式(图 5-21)。预告标志中的立交线形应按照立交的空间位置排列,空间位置居上的线形应连续,居下的应在重叠位置断开。

图 5-20 500m 预告标志

图 5-21 0m 出口方向标志

出口方向标志指示内容应与预告标志所传达的信息连续、一致。出口方向标志分为第一层出口方向标志和第二层出口方向标志两种。其中,第一层出口方向标志设置于主线与匝道分流鼻处的匝道方向上,同时在分流鼻处的主线方向上设置下一出口预告标志,如图 5-22 和图 5-23 所示。第二层出口方向标志设置于两个定向匝道分流鼻处,如图 5-24 所示。

图 5-22　第一层分流鼻处下一出口预告标志

图 5-23　第一层分流鼻处出口方向标志

图 5-24　第二层分流鼻处出口方向标志

2. 标志版面

1) 出口预告标志

在图形形式的预告标志中,图形中镶嵌的路名信息为相交道路名称,左转、直行和右转方向的路名信息分别为左转、直行和右转能够到达的道路或出口名称。文字表述形式的预告标志分为上、下两部分,上部分为出口道路名称,同图形预告标志中镶嵌的路名,采用白底绿字的反衬形式;下部分为从该出口驶出能到达的道路或地点信息,同图形预告标志中左右转信息中的近信息。

2) 出口方向标志

第一层次出口方向标志的路名信息与文字表述形式与预告标志中的路名信息一致。第二层次出口方向标志的近、远信息按从上到下的顺序排列。其中,近信息为第一层次出口方向标志中的转向信息,远信息为转向后能够到达的下一出口或道路名称,如图 5-25 所示。

五、设置案例

图 5-26 为两侧平均分叉的左侧出口立交出口区域,指路标志具体设置如下:

(1) 分流点前 3km、2km、1km 和 500m 处分别设置出口预告标志,其中 500m 处为预告标志兼警戒标志。标志设置形式均为门架式车道指示标志。3km 处为门架式分叉箭头形式,其余均为门架式车道指示形式。

(2) 分流点处,设置出口方向标志,指示左右两个流出方向和到达地点。

(3) 在匝道与主线分流鼻端处,设置出口方向标志,指示左出口方向。

(4)在进入匝道后,设置确认标志,分别指示分流方向和到达地点。

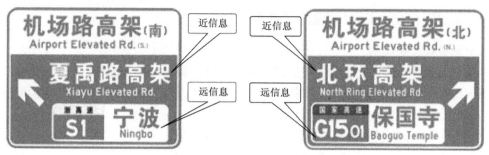

图 5-25　出口方向标志版面内容

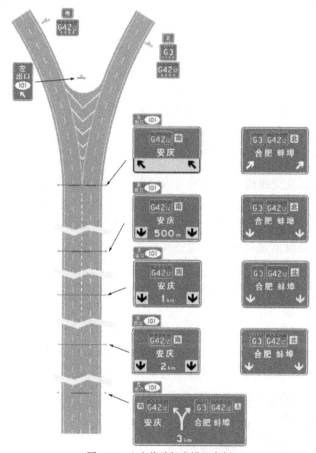

图 5-26　立交指路标志设置案例

第五节　立体交叉出入口交通设计

驾驶人在驾驶车辆驶入或驶出立交匝道出入口的变道过程中,需要在短时间、短距离内进行换道、加速、减速及交织运行等复杂操作,驾驶人心理负荷偏高。立交匝道出入口多为弯坡组合,视错觉严重,若存在不良的诱导信息,驾驶人很容易做出错误的决策,增加事故发生的可能性。因此,需要利用有效的交通工程设施提供足够的诱导信息,指示驾驶人车行道边界、道路线形及出入口位置,改善立交匝道出入口的安全状况。

一、立交匝道出入口诱导设施的典型问题

1. 常规视线诱导设施

常规视线诱导设施按功能分为线形诱导标、轮廓标、突起路标和分流、合流诱导标。立交匝道出入口设置的视线诱导设施基本能满足使用要求,可提高道路服务质量,使车辆的行驶更加舒适、安全,但仍存在如下一些问题:

(1)视线诱导设施反光效果差,甚至缺失视线诱导设施。

(2)分流、合流诱导标设置位置不够合理。

(3)突起路标、轮廓标设置间距不够恰当,驾驶人无法感受到路面的变化情况而做出相应动作。

(4)线形诱导标尺寸偏小,设置不连续,视线诱导效果不佳。

(5)车辆流出、流入点不明确。当车辆驶近出口时,驾驶人由于视距不良不能及时看见出口部分的构造及匝道走向,从而导致交通事故的发生。流入点不明确主要体现在两个方面:匝道的流入点不明确和连接道路的合流点不明确。在这种情况下,驾驶人会因迟疑而使运行效率下降甚至发生追尾事故。

2. 标志标线的诱导

交通标志是设置在立交匝道出入口两侧或道路上方的用文字和图形符号传递信息的交通安全设施。交通标线作为交通安全设施重要的组成部分,既可以配合交通标志使用,也可以单独使用。经过不断地实践发展,交通安全设施规范已作了多次修订,而部分道路的建设是分期、分阶段的,造成各路段出现实际路况与交通标志标线不相适应的现象,致使车辆导向信息不能有效传达至驾驶人。目前,立交匝道出入口标志标线主要存在以下问题:

(1)标志信息不全面、不连续、重复、混乱、过载,致使驾驶人视认困难,反应决策过程变长,错过出口。

(2)标志牌面信息模糊、被遮挡、设置在光线不良地点等位置不合理处,视认性差,导致驾驶人经常忽略交通标志而发生交通事故。如在互通入口处设置的限速标志被遮挡,车辆在 100 ~ 120km/h 的速度下很难平稳减速到 40 ~ 60km/h 的限速要求,容易诱发制动失效事故(图 5-27)。

a)标志模糊

b)标志被遮挡

图 5-27

c)标志湮没在广告里

d)广告牌位置不合理

图 5-27 标志视认性差

(3)立交出口处交通标线磨损老化,反光不良,未相应地设置突起反光路标。标线白天不清晰,夜间反光效果差,雨天可视性更差,对路段交通流的诱导效果明显减弱(图 5-28)。

a)白天效果(磨损严重)

b)夜间效果(反光差)

图 5-28 标线视认性差

(4)标线字符设计不规范。标线字符的尺寸设计大小不一,在车速不同的情况下影响驾驶人对标线信息的识读。个别路段上的标线字符如"行车道"等设置成逆行车方向的顺序,起不到应有的诱导作用(图 5-29)。

二、立交匝道出入口视线诱导改善方法

立交匝道出入口的导向设施设置,除合理布设出入口处的预告系列标志外,还应加强主线及匝道的标线及视线诱导设置。应在主线右侧车行道边缘线和主线或匝道左侧车行道边缘线之间设置体现行车方向的斑马线、主线接近分流合流段处设置分流合流标线、接近匝道处设置导向箭头,以体现互通式立体交叉的形式和交通流特点,达到立交交通流转换平滑、顺畅的目的;应在立交主线车行道边缘线上设置突起路标,与

图 5-29 字符顺序错误

出入口标线、导流线、路面宽度渐变段标线配合使用,力求夜间轮廓分明、清晰可见,保障夜间行车的安全性。在立交匝道处,为保证驾驶人清楚前方线形,应连续设置反光性能高的轮廓标、线形诱导标、路面标线和导流线,设置数量、位置及反光膜等级根据交叉口的地形和交通流量、流向情况进行合理设计,以保障夜间行驶的安全性。

1. 常规视线诱导设施

(1) 增设高等级反光膜

普通反光膜型材料的视线诱导设施在经过一段时间使用后反光效果变差,应及时进行更换。可在路侧增加连续的弹性交通柱、防眩板、护栏立柱上加贴高等级反光膜,能够在夜间更好地指示车辆行驶(图5-30)。

a) 增设弹性交通柱　　　　　　　b) 护栏端头增设反光膜

图 5-30　增设反光设施和反光膜

(2) 设置组合式视线诱导设施

线形诱导标在大小、颜色、形式上,可适当加以改变,或将几种不同的诱导标志配合起来使用,降低因驾驶人视觉疲劳而产生安全隐患的概率。法国线形诱导标采用新型闪光灯诱导标志与普通诱导标志间隔布设,在一组曲线诱导标中,第一块一般较大、较高,而后逐渐减小、减低。奥地利线形诱导标有单层、双层、三层几种,有的第一块面积相当于第二块的4倍(图5-31)。

a) 大小组合　　　　　　b) 数量组合　　　　　　c) 双层线形诱导标

图 5-31　组合式线形诱导标

(3) 设置中等密度立面标记

反光立面标记具有强反光特性,能强化对障碍物的轮廓诱导,连续设置也能起到线形诱导作用。如图5-32a)所示,在匝道的混凝土护栏中部设置立面标记和线形诱导标,可提升护栏线形及轮廓的显著性,但是线形诱导标不宜与环境背景色相近,应设置成黄黑警示色。若设置了中等密度的立面标记,则线形诱导标设置间距可加大。优化方案:匝道混凝土护栏侧壁设置中频中等尺度十字形立面标记(十字形立面标记的线形及轮廓诱导性更强),立面标记中心设置高度约为0.7m,护栏顶部2m左右处设置低频大尺度警示型线形诱导标,车道线设置高频突起路标。该优化方案能够保证驾驶人在由远及近的行车过程中完成对匝道弯道路段环境信息的获取(远距离警示型线形诱导标可视;中距离十字形反光立面标记可视;近距离突起路标可视),同时也分别考虑了小汽车驾驶人和大型车驾驶人的视点高度,可显著提升匝道弯道的线形诱导和轮廓诱导能力[图5-32b)]。

 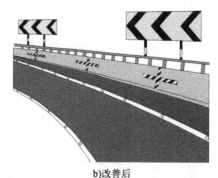

a)改善前　　　　　　　　　　　　　　b)改善后

图5-32　匝道出口弯道视线诱导设施

(4)设置光电视线诱导设施

在阴雨、大雾天气频发或者背景亮度较高的路段,普通反光型线形诱导标或轮廓标已不能满足高标准的道路行车安全要求,应及时更换为功能更为优良的太阳能线形诱导标、轮廓标和突起路标(图5-33)。

a)太阳能线形诱导标　　　　　　　　　　b)太阳能雾灯

c)太阳能轮廓标　　　　　　　　　　d)太阳能突起路标

图5-33　光电视线诱导设施

(5)加强鼻端视线诱导

立交匝道出入口鼻端处,可采用尺寸较大、反光性能好的柔性示警桩、太阳能示警桩和识认性较好的雾灯或黄闪灯等(图5-34)。

a)白天效果

b)夜间效果

图5-34 鼻端柔性示警桩、黄闪灯

2. 标志标线的诱导

立体交叉口交通标志标线的设计可参考本章第四节、第五节相关内容,另外,为增强标志标线的诱导功效,工程实际中可以采取以下措施:

(1)提高标志反光膜的等级

立交匝道出入口的系列指路标志表面可以采用工程级反光膜,增强反光效果,并提高夜间可视性。

(2)合理调整标志位置

当匝道出入口路段右侧容易被路侧景观、树木遮挡时,应调整标志位置至道路左侧或中央分隔带上,保证标志的有效可视性。

(3)设置路面文字及转向标识

当大型车辆较多且会阻碍驾驶人识别匝道出口时,可在立交匝道出口位置处之前加设地面文字、转向标线,甚至彩色文字、彩色路面转向标线,以提高醒目性,避免驾驶人错过转向信息,使需要驶离出口的车辆及时变换车道至外侧车道。路面标记的文字应顺着车辆的行车方向设置。

(4)分合流点及端部优化设计

①三角区设计。

为给驶出当前车道的外侧车辆提供回复区,分流点三角区行车道边缘应增加侧向净距,当主线硬路肩宽度能满足停车宽度要求时,侧向净距可直接采用该路肩宽度。为了防止匝道车辆过早进入主线,加速车道与主线车道应设置较宽的分界线,同时分界线可设置成较长距离的实线。合流处三角区附近的匝道路面宽度应逐渐过渡到变速车道宽度,其渐变率一般为1/15或更缓些。合流处三角区的流入角应尽量采用较小交角,并在匝道汇入主线之前保持三角区内通视无阻。路面标线要明显易辨、符合标准,并与变速车道标线连续、顺适。

②变速车道设计。

直接式出口符合大部分驾驶人的驾驶预期,车辆可以直接驶出,驾驶人能够在分流区内有舒适的行车轨迹。直接式出口端部的外边缘转折点通常明确了与直行车辆的分离点,并可在大交通量的道路上平稳运行。分流角度一般为2°~5°,换算为渐变率即为3.5%~8.8%。

变速车道总长度为加速或减速车道长度与渐变段长度之和,变速车道的长度设计除需满足相关设计规范外,还应结合主线和匝道的设计车速、交通量、大型车占比等进行优化设计,从而确定合理长度。

如图 5-35a)、b)所示,改善前三角区渠化面积小,分流角度大,路侧净区小,前车驾驶人难以从后视镜辨识后车;改善后渠化面积增大,分流角度变小,变速车道加长,路侧净区变大,很容易辨识后车。

a)改善前　　　　　　　　　　　　　b)改善后

图 5-35　三角区改善前后对比

第六节　设　计　示　例

上海公安局浦东分局交警部门通过对辖区事故数据的比对分析发现:交通事故总量和死亡人数总量的70%集中在高速公路出口500m范围内,这些发生在出口500m范围内的事故又有70%发生在夜间。上海市公安局浦东分局交警部门设置了名为"大黄蜂组合"的交通事故防范体系,2008年起安装"大黄蜂路政设施组合"。实施至今,辖区近150km范围内,每年出现死亡的交通事故总量比2008年以前下降了60%以上。

一、"大黄蜂"交通工程设施组合

"大黄蜂"交通工程设施组合设计主要是通过在立交出入口区域设置系列交通控制设施、视线诱导设施等交通工程设施,利用光和颜色的对比度和差异性对驾驶人进行道路交通环境信息的提醒、预告和警示,达到保证驾驶人安全、高效通行的目的(图5-36)。

"大黄蜂"交通工程设施组合设计主要由图5-36所示的几部分组成。

"蜂眼"——出口黄闪警示灯,由一个或两个黄闪灯组成。

"蜂足"——在出口附近,针对东西向早晚逆光问题分设出口地面路名指示标识。

"蜂翼"——可变信息板,发布如"出口事故高发注意礼让""黄昏请开近光灯""阴雨天请开近光灯"等信息。

"蜂尾"——出口标志立柱设黄黑相间的反光膜,出口波形梁护栏钢板设反光膜。

"蜂牙"——利用车道控制灯(500m/道),提示驾驶人了解路况,及时变道。

"蜂背"——桥梁、坡道、弯道两侧护栏、隔离处设置反光警示设施及连续线形诱导标志。

"蜂头"——中、远距离路径导向。

"蜂须"——匝道入口开放、关闭指令。

"蜂穴"——有针对性地提高出口灯光亮度。

2008年"大黄蜂"交通工程设施组合设计安装布设之后,试验路段在改善前后的事故总量和死亡人数对比如图5-37所示,事故总数明显下降,死亡人数降低66%以上,说明在事故发生率得到有效控制的同时,事故严重程度也得到了显著减轻。

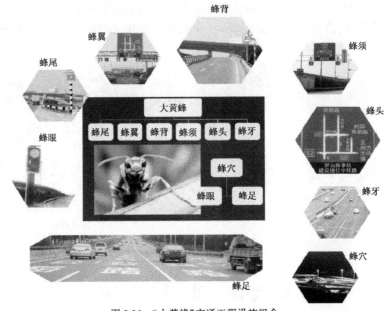

图 5-36 "大黄蜂"交通工程设施组合

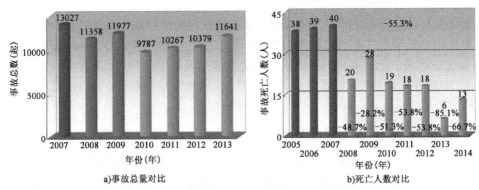

a) 事故总量对比   b) 死亡人数对比

图 5-37 "大黄蜂"试验路段改善前后事故数据对照

二、应用评价

根据本章第二节中提及的交通设计原则及方法,对"大黄蜂"交通工程设施组合设计改善后的道路安全水平展开系统评价分析,结果如下。

1. 空间路权评价

"大黄蜂"交通工程设施组合设计改善后的空间路权评价分析结果见表 5-13。

空间路权评价分析结果 表 5-13

设 施	空间路权评价
黄闪灯	明确匝道出口位置
地面路名指示标识	明确指引信息,各车道路权分配明确
反光膜(路侧杆柱、护栏钢板)	便于感知路侧障碍物,横向路权清晰
警示诱导标	显示出道路线形、轮廓,纵向/横向/竖向路权清晰
车道控制灯	各车道通行路权清晰
匝道通行指示器	
出口照明设备	改善出口处照明环境,提升路面、路侧交通工程设施之间的色差,使得纵向/横向/竖向路权清晰

2. 驾驶人因评价

"大黄蜂"交通工程设施组合设计改善后的驾驶人因评价分析结果见表5-14。

驾驶人因评价分析结果 表5-14

设　施	驾驶人因评价
黄闪灯	超过1000m可视,满足多个识别视距,可供驾驶人多次变道
地面路名指示标识	低位设置,不易遮挡,明确当前车道走向
可变信息标志	在识别视距外可视,实施预告道路交通信息,增加心理预期,缩短认知反应时间
反光膜	在停车视距外可视,优化道路线形诱导、障碍物轮廓诱导,提高驾驶人对距离、方向、位置的感知能力
警示诱导标	
车道控制灯	
路径指引提示板	在识别视距外可视,缩短驾驶人对道路通行的认知反应时间
匝道通行指示器	
照明设备	明确出口环境信息,提升驾驶人夜间视认距离

3. 驾驶任务评价

"大黄蜂"交通工程设施组合设计改善后的驾驶任务评价分析结果见表5-15。

驾驶任务评价分析结果 表5-15

设　施	驾驶任务评价
黄闪灯	提前警示出口位置,可分解并降低驾驶任务
地面路名指示标识	
反光膜	降低驾驶人对路侧障碍物、道路线形视认任务难度,有利于驾驶人控制车速、控制行车方向、保持车距
警示诱导标	
车道控制灯	
路径指引提示板	降低驾驶人对路径选择的判断、决策、操作难度
匝道通行指示器	
照明设备	改善出入口照明环境,降低驾驶人视认任务难度

综上所述,从空间路权、驾驶人因和驾驶任务的评价分析结果可知,"大黄蜂"交通工程设施组合设计具备以下特征:①操作简易性。符合驾驶人的生理和心理特性,提供操控车辆时简易的驾驶环境。②期望一致性。诱导线形、轮廓与驾驶期望一致。③环境友善性。视距视区清晰、反应时间充足,提供友善的道路行驶环境。事实也证明,"大黄蜂"交通工程设施组合设计确实有效控制了交通事故的发生并减轻事故严重程度,是一种有效的交通安全改善措施。

【复习思考题】

1. 立体交叉口运行交通安全设计要点是什么？
2. 简述立交指路标志五大设计点位的作用和特征。
3. 简述立体交叉出入口视线诱导改善方法。
4. 请设计立交左侧分叉和两侧平均分叉的指路标志示意图(地图可从网上下载、地名自拟)。

第六章
路段交通设计

本章针对城市主干道、快速路,阐述路段交通设计相关内容,包括横断面设置、出入口布设、行人过街设施等。

城市主干道为连接城市各主要分区的干路,以交通功能为主。自行车交通量大时,宜采用机动车与非机动车分隔形式,如三幅路或四幅路。主干路两侧不应设置吸引大量车流、人流的公共建筑物的出入口,如图6-1 所示。

a)

b)

图6-1 城市主干道

城市主干道的交通设计主要包括路段机动车交通设计、路段出入口交通设计及路段非机动车和行人交通设计。机动车道的平面设计是干道交通设计的主要内容,在车道数发生变化时,车道渐变段的设计也是至关重要的,渐变段标线的导流辅以路边的渐变段警示牌,可使车辆安全、顺畅地通过干道的瓶颈路段。非机动车及行人的交通需要用分隔带或分隔栏与主干道车流进行分离,行人过街设施是保障行人安全的设计内容。影响城市主干道车流运行稳定性的还有路段出入口的设计,包括出入口的选位以及出入口的管制形式等。对于干道的公交及出租汽车上下客流量密集的地段,还需要重点进行停靠站设计,常见的设计形式有港湾式停靠站等。

城市快速路是指在城市内修建的,由中央分隔带分隔对向车流、全部控制出入、控制出入口间距及形式,具有单向双车道或以上的多车道,并设有配套的交通安全与管理设施的城市道路,如图6-2所示。为了保证机动车具有快速、连续的交通条件,通常城市快速路由主路、辅路、出入口和匝道等组成,从而形成一个在城市内可供机动车辆快速通行的道路系统。其中,主路是供机动车长距离、快速通行的道路,具有单向双车道或多车道、连续交通流、全部控制出入、通行能力大等特点;辅路是指集散主路车辆交通的道路,设置于主路两侧或一侧,单向或双向行驶交通。快速路系统同时还应设有配套的交通安全与管理设施系统。快速路在城市道路网中的功能类似于高速公路在公路网中的功能,只是规模有所不同。

a)　　　　　　　　　　　　　　　　　　b)

图6-2　城市快速路

在庞大的城市道路网中,快速路总里程所占比例有限,大城市的快速路总里程所占比例约为5%,特大城市约为7%,中小城市一般不设快速路。我国真正意义上的城市快速路大量出现还是20世纪90年代以后的事情,经过20多年的建设实践,目前已经积累了丰富的经验,但在通行能力分析、道路几何设计、地面与高架的选择、快速路与其他城市道路的关系等方面,还存在许多值得研究和进一步完善的问题。

快速路的交通设计主要包括横断面设计、平纵线形设计、出入口设计及交通工程管理设施设计。城市快速路的横断面设计和平纵线形设计需要因地制宜,合理选型。国内外很多快速路及快速路网的修建均采用组合形式,即地面式、高架式和路堑式的综合应用,良好展现了快速路因地制宜、灵活布局的优点。在快速路设计的过程中,匝道和辅路的设计至关重要,即快速路出入口的设计。其中包含出入口的设置形式、出入口的距离、出口衔接处的交通组织形式等,如何设计出入口使之对道路交通的影响降到最低,需要严谨辩证的考虑。在出入口之间,汇入车流和主线车流必将产生交织,为了使交织区不对主路交通产生过大的影响,在设计时也需要进行严格论证。交通工程管理设施设计主要为高架路设计,在用地受限制的市区可充分利用城市昂贵的土地资源,尤其适用于地下水位高、地下设有大量公用管线、设施以及横向道路密集、交通较为繁忙的地段。

第一节　干道交通设计

干道交通设计主要包括干道横断面设计、路段机动车交通设计、路段非机动车和行人交通设计、路段出入口交通设计及出租汽车临时停靠设计。

一、横断面设计

1. 基本形式

道路横断面可以分为单幅路、两幅路、三幅路、四幅路 4 种断面形式，如表 6-1 和图 6-3 所示。

各种断面形式的特点和适用条件　　　　　　　　　表 6-1

断面形式	特　点	适用条件
单幅路	①没有非机动车专用车道，机非混行； ②相向机动车流之间无分隔，存在对向干扰，机动车行驶车速较低	机动车、非机动车流量均不大的次干路或支路
两幅路	①机动车与非机动车共板通行，存在机非干扰； ②相向机动车流之间有分隔，基本消除了对向机动车干扰，内侧车行道行驶车速较高	机动车流量较大、非机动车流量小的次干路、主干路
三幅路	①有非机动车专用车道，机非分行，排除了机非之间的相互干扰，非机动车行驶安全； ②相向机动车流之间无分隔，存在对向干扰，机动车行驶车速不高	非机动车流量较大的主干路
四幅路	①有非机动车专用车道，机非分行，排除了机非之间的相互干扰，非机动车行驶安全； ②相向机动车流之间有分隔，基本消除了对向机动车干扰，机动车行驶车速高	机动车、非机动车流量均较大的主干路

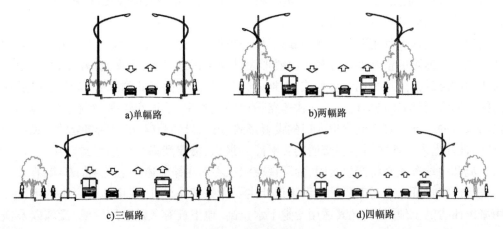

图 6-3　道路断面示意图

其中，主干路宜采用四幅路或三幅路形式，次干路宜采用单幅路或两幅路形式。同一条道路宜采用相同形式的横断面。当道路横断面变化时，应设置过渡段。

2. 中央隔离栏的设置

对于单幅路和三幅路，在道路建设之初，道路中央一般用黄线进行隔离。随着道路交通流量的增长和周边路网结构的改变，在以上类型道路的实际交通管理之中，往往会遇到是否要在道路中央设置隔离栏的问题。中央隔离栏设置之后的优缺点分析见表6-2。若设置中央隔离栏，则原来的单幅路和三幅路将演变为两幅路和四幅路。

中央隔离栏设置之后的优缺点分析　　　　　表6-2

优　点	缺　点	考虑因素分析
①对向车流采用隔离栏分隔，增加了车辆行驶的安全性，减轻驾驶人的心理负担； ②减少了对向车辆的干扰，可提高车辆的行车速度和道路的通行能力； ③可防止车辆在道路上随意掉头，优化了交通秩序； ④可有效防止行人横穿马路等违章行为； ⑤可视道路交通的实际运行情况确定是否对沿线道路和出入口实行右进右出的交通管制	①隔离栏设置不当容易影响道路景观； ②前期建设投资较大，如一般的塑钢型中央隔离栏需20万元/km； ③后期的清洁维护成本较高； ④当道路发生交通事故或严重交通拥堵时，将无法通过对向车道借道紧急疏散	①交通安全因素，即是否会因为两个方向的相对车速过高而影响交通安全； ②交通秩序因素，即路段上是否存在行人横穿马路、车辆随意掉头、路段出入口进出混乱等交通秩序不良的问题； ③道路功能因素，即现状的车辆行驶速度和路段通行能力是否与所在道路的功能定位相符，是否需要通过设置中央隔离栏来提高路段的行车速度和通行能力

3. 机非隔离栏的设置

对于单幅路和两幅路，在道路建设之初，非机动车道和机动车道一般用白色标线进行分隔。随着非机动车和机动车流量的增长，往往会遇到是否要在路段上设置机非隔离栏的问题。机非隔离栏设置之后的优缺点分析见表6-3。若设置机非隔离栏，则原来的单幅路和两幅路将演变为三幅路和四幅路。

机非隔离栏设置之后的优缺点分析　　　　　表6-3

优　点	缺　点	考虑因素分析
①可防止机动车借道非机动车道通行，进而影响非机动车的通行空间； ②可有效取缔非机动车道上的违法占道停车； ③可防止非机动车越线驶入机动车道，进而产生交通安全隐患； ④可有效防止行人横穿马路	①非机动车道宽度受到影响，一般隔离栏占用宽度为0.4m，再加上非机动车骑行时与隔离栏之间的侧向净空，非机动车实际通行空间将减少0.6~0.8m； ②对沿线公交车辆的停靠产生影响； ③当道路发生交通事故或严重交通拥堵时，将无法通过非机动车道借道紧急疏散	①机动车违章借道非机动车道通行的情况是否严重； ②路边违章停车的现象是否严重； ③非机动车越线驶入机动车道的现象是否严重； ④非机动车道宽度是否富余，若隔离前非机动车道的宽度小于2.5m，则一般不建议隔离； ⑤行人横穿马路的现象是否严重

二、机动车道设计

1. 机动车道宽度设计

在《城市道路工程设计规范（2016年版）》（CJJ 37—2012）中，提出机动车道宽度应符合表6-4的规定。

一条机动车道的最小宽度　　　　　表6-4

车道类型	设计速度(km/h)	
	>60	≤60
大型车车道或混行车道(m)	3.75	3.50
小客车专用车道(m)	3.50	3.25

机动车道路面宽度应包括车行道宽度及两侧路缘带宽度,单幅路和三幅路采用中间隔离栏或双黄线分隔对向交通时,机动车道路面宽度还应包括隔离栏或双黄线的宽度。

2. 机动车道平面设计

1)一般形式机动车道平面设计

在一般道路平面设计中,主要涉及中央分隔带、车行道分隔线、机非分隔线和车行道边缘线等交通标线的设置,如图6-4所示。

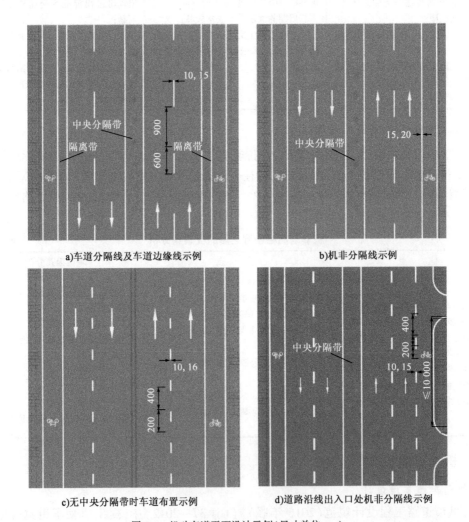

图6-4　机动车道平面设计示例(尺寸单位:cm)

在机动车道的标线设计中,对于设计速度不小于60km/h的道路,可跨越同向车行道分界线线段及间隔长分别为600cm和900cm;对于设计速度小于60km/h的道路,可跨越同向车行道分界线线段及间隔长分别为200cm和400cm。

2)车道数发生变化时平面设计

当路段车道数发生变化时,一般需通过压缩车道宽度来增设一条车道,在改造中,车道数在行驶方向上可由少至多变化,也可由多至少变化。如图6-5所示,车道数由少至多变化,在车道数变化处不易形成交通瓶颈。如图6-6所示,车道数由多至少变化,应在车道数变化前一定距离设置车道减少标志,保障交通安全。

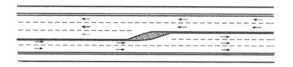 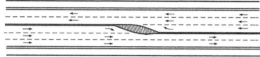

图6-5 车道数在行驶方向上由少至多变化设置示例　　图6-6 车道数在行驶方向上由多至少变化设置示例

当路面车行道数量必须由多至少设置时,应设置宽度渐变段标线(图6-7),警告车辆驾驶人路宽或车道数变化,应谨慎行车,并禁止超车,标线颜色为黄色,在路宽缩窄的一侧应配合设置窄路标志。

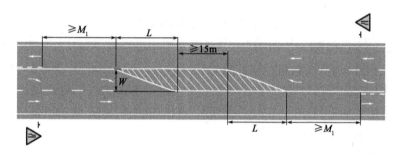

图6-7 车行道宽度渐变段标线

注:M_1为停车视距,其取值见表4-18。

图6-7中,渐变段的长度L按下式确定:

$$L = \begin{cases} \dfrac{v^2 W}{155} & (v \leqslant 60 \text{km/h}) \\ 0.625 \times v \cdot W & (v > 60 \text{km/h}) \end{cases} \quad (6\text{-}1)$$

式中:L——渐变段的长度,m;

v——设计速度,km/h;

W——变化宽度,m。

3)交通标志设置的基本原则

交通标志的设置应为道路使用者提供适时、准确、足够的诱导信息,充分发挥道路快速、舒适、安全的效能。交通标志的布设应结合道路线性、交通状况、沿线设施等情况,根据交通标志的不同种类来设置,标志结构形式设计及标志设置位置应与道路线性及周围环境协调一致,满足美观及视觉的要求。交通标志设置应注意以下两点:

(1)一般情况下,交通标志设置在道路右侧、上方或驾驶人急于寻找的位置。确有困难时，可设置在中央分隔带上。

（2）标志的设置应以不熟悉周边路网的道路使用者为对象，充分考虑道路使用者在动态条件下的视认性，满足在动态条件下发现、判读标志及采取行动所需的前置距离要求。

驾驶人在读取标识信息时要经过发现、认读、理解和行动等过程，在判读标志并采取相应行动的过程中需要花费一定的时间，行驶一定的距离。以路侧标志为例的识读过程如图6-8所示。

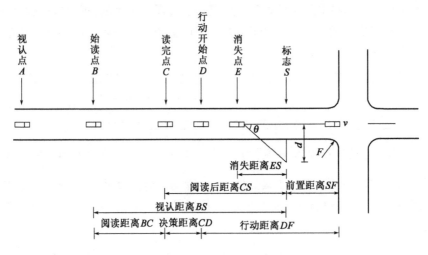

图6-8 交通标志的识读过程

交通标志的识读过程是确定交通标志设置位置的主要依据，警告标志、指示标志（如车道功能指示，分流、合流指示）和指路标志的设置位置均是基于识读过程确定的，从行动点开始要能够顺利完成符合标志信息要求的操作过程，如交叉口警告标志传递的信息是要求驾驶人看见标志后能够把车辆顺利停止在停止线附近。具体内容可参见《城市道路交通标志和标线设置规范》（GB 51038—2015）。

交通标志的设置位置应保证标志与标志之间互不影响，而且没有其他结构物阻挡视线。标志的设置不能影响和妨碍交通安全和相互遮挡，间距不能太密。同一部位前后标志间的最小间距不能影响对后一个标志的视认距离 BS。如图6-9中前一个标志如若设置于影响区内，将影响后一个标志的视认距离。

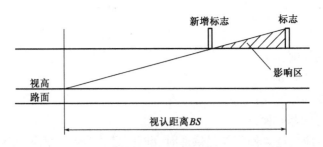

图6-9 道路上方标志

路侧标志保证与路肩外缘有25cm的净距。在道路上方设置的标志，保证标志板下边缘与路面间的净距大于5m。标志板正面面向来车方向，与道路走向基本成直角布置。标志的设置应通盘考虑，整体布局，做到连贯、一致，防止出现信息不足、不当或过载的现象。同一地点需要设置两种以上标志时,可以安装在一根标志柱上,但最多不应超过4种。交通标志牌在一根立柱上并设时,应按照禁令、指示、警告的顺序,先下后上、先左后右地排列,避免出现互相矛盾的标志内容。

三、非机动车道设计

1. 非机动车道宽度

非机动车道宽度的保障对提高非机动车骑行的舒适性和安全性极为重要,相关国家规范中对非机动车道的宽度均有规定(表6-5)。

一条非机动车道宽度(单位:m) 表6-5

车辆种类	自行车	三轮车
非机动车道宽度	1.0	2.0

单条非机动车道设置时,应考虑两侧的侧向净空,宽度应为1.5m,之后每增加1条车道,宽度增加1m。与机动车道仅用标线隔离的非机动车道,车道数单向不应小于2条,宽度不应小于2.5m。

2. 非机动车道设置

在设置非机动车道时,应根据所在道路的基本属性考虑非机动车道与机动车道的分隔方式。主干路上,非机动车道与机动车道应采用机非分隔带或分隔栏分隔设置。次干路上,当设计速度大于或等于40km/h时,非机动车道与机动车道间宜采用分隔栏分隔设置;当设计速度低于40km/h时,非机动车道与机动车道宜用机非分隔线分隔设置。

四、人行道与人行横道设计

1. 人行道宽度规定

人行道宽度必须满足行人安全顺畅通过的要求,并应设置无障碍设施(表6-6)。

人行道宽度(单位:m) 表6-6

项 目	一般值	最小值
各级道路	3.0	2.0
商业或公共场所集中路段	5.0	4.0
火车站、码头附近路段	5.0	4.0
长途汽车站	4.0	3.0

2. 人行横道的设置

1)路段人行横道的设置原则

路段人行横道的设计既要保障行人过街的安全性和便捷性,又要尽量减少行人过街对机动交通的干扰。路段人行横道的设置应遵循以下原则。

(1)人性化原则:充分尊重大多数行人的心理与行为选择,使行人自然地利用过街设施,而不是强迫行人利用不合理的过街设施。

(2) 便捷性原则:应注重过街设施的舒适性与便捷性,充分考虑老年人、儿童和残疾人等弱势群体的通行权利和交通需求,提供宜人的步行环境。还应特别注意处理好换乘公共交通的慢行交通对通行便利性的要求。

(3) 安全和效率并重的原则:充分利用道路条件和车流规律,选择类型合适的过街设施,采用恰当的控制与管理方式,最大限度地确保行人的通行时间和空间以及过街的安全,并减小行人过街对机动车交通的影响。

2) 人行横道设置方法

在无信号灯控制的路段中设置人行横道线时,应在人行横道线上游设置停车线和人行横道预告标识线,并配合设置人行横道指示标志,视需要也可增设人行横道警告标志,如图6-10~图6-12所示。

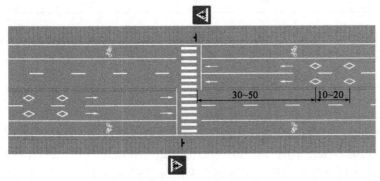
图6-10　路段人行横道设置示例(尺寸单位:m)

图6-11　人行横道预告标识线图
(尺寸单位:cm)

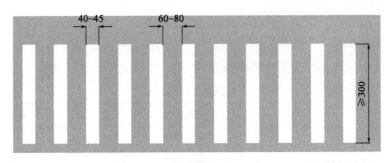
图6-12　人行横道施划方式(尺寸单位:cm)

路段上人行横道或其他过街设施的间距宜为250~300m。人行横道的宽度应根据过街行人数量及信号控制方案确定,主干路的人行横道宽度不宜小于5m,其他等级道路的人行横道宽度不宜小于3m,宜采用1m为单位增减。

当路段人行横道长度大于16m时,应在分隔带或道路中心线附近的人行横道处设置行人二次过街安全岛,安全岛宽度不应小于2.0m,困难情况下不应小于1.5m。对于Z字形的二次过街安全岛的设置,应保证行人在安全岛内的横向行进方向与待穿越路段车流的行进方向相反,如图6-13a)所示,便于行人发现与过街存在交通冲突的车辆,提高行人过街的安全性。一般不推荐图6-13b)中所示的设置方式。

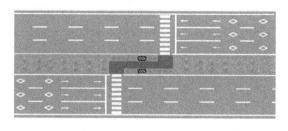 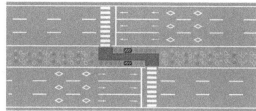

a) 推荐　　　　　　　　　　　　　　　　　b) 不推荐

图 6-13　Z 字形二次过街安全岛的设置

五、路段出入口交通设计

路段出入口交通设计是指对道路沿线单位在路段上出入口的交通设计。其交通设计的内容主要为出入口位置和数量的控制以及出入口的管制形式这两个方面。

1. 路段出入口的设置

为尽可能减少路段出入口对主线交通的干扰，《城市道路交叉口设计规程》（CJJ 152—2010）中对地块及建筑物出入口位置进行了规定：地块及建筑物的机动车出入口不得设在交叉口范围内，且不宜设置在主干路上，宜经支路或专为集散车辆用的地块内部道路与次干路相通。改建交叉口附近地块或建筑物出入口应满足下列要求：

(1) 主干路上，距平面交叉口停止线不应小于 100m，且应右进右出。
(2) 次干路上，距平面交叉口停止线不应小于 80m，且应右进右出。
(3) 支路上，距离与干路相交的平面交叉口停止线不应小于 50m，距离同支路相交的平面交叉口不应小于 30m。

2. 路段出入口的交通管制形式

路段出入口的交通管制形式一般有 3 种，即信号灯控制、右进右出控制和无信号控制。由信号灯控制的出入口，其交通组织形式与一般形式的信号控制交叉口类似。此处主要介绍右进右出控制和无信号控制两种形式的出入口交通组织设计方案。

1) 右进右出控制的出入口

右进右出控制方式中，沿线单位只能通过右转的方式进出。路段出入口是否进行右进右出控制，对沿线进出交通组织与管理的影响较大，这主要取决于道路的交通功能及沿线进出交通需求条件。图 6-14 给出了两种方式下的交通冲突状况比较。

当道路等级较高时，宜优先选择右进右出管制方式，以保障道路主线交通流的通行能力及行驶安全性。

2) 无信号控制的出入口

无信号控制方式中，沿线单位能通过左转和右转的方式进出，必要时在单位出入口处采取让行控制。对于部分重要的单位，可在出入口处设置网格线，或采用路段偏置左转车道的方式，保证单位车辆能正常进出（图 6-15）。

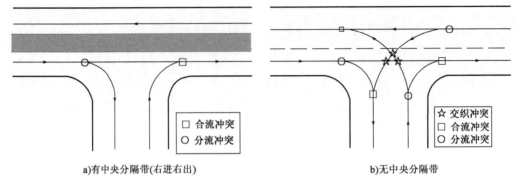

图 6-14　是否进行右进右出控制时的交通冲突状况比较

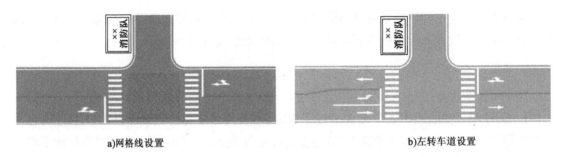

图 6-15　重要单位出入口设置方式

六、出租汽车临时停靠设计

1. 设置原则

出租汽车港湾式停靠站宜设置在人流量大、密集,且具有大量搭乘出租汽车需求的场所,应尽量靠近大型公共社区、小区和换乘交通工具的入口和出口处,不应设在禁止停车的道路上和路口进口处,也不应设置在容易引起拥堵的道路上。如出口处不足以停靠所需数量的出租汽车,也可在可视范围内安排停车场,以便根据需要随时接送乘客,候车的出租汽车港湾式停靠站至少应可以容纳3~5辆出租汽车。出租汽车港湾式停靠站设置宜遵循以下原则:

(1) 站点规模满足乘客出行需求。
(2) 妥善处理站点与其他交通的相互关系。
(3) 适当控制站点用地规模,节约用地。

2. 停靠站设计

出租汽车停靠站宜设置为港湾式停靠站,由停靠车道段、驶入段和驶出段三部分组成(图6-16)。

1) 停靠车道段

停靠车道段主要包括停靠车道宽度和停靠车道段长度两个参数。对于停靠车道宽度,当相邻行车道宽度较富余时(≥3.75m),停靠车道宽度可选用2.5m;当相邻行车道宽度较窄时(≤3.5m),停靠车道宽度宜选用3.0m。停靠车道段长度则可根据设计停靠的出租汽车数量与单车停靠长度的乘积确定,单车停靠长度根据设计车型长度和安全间距确定,一般可取为 6m。

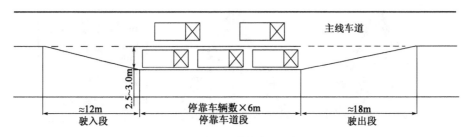

图 6-16 出租汽车停靠站示意图

2)驶入驶出段

出租汽车停靠站中,驶入段为减速段,驶出段为加速段。驶入段和驶出段的长度取值分别与出租汽车驶离主线和驶入主线的平均车速相关,结合城市道路实际交通和土地可利用状况,建议平均车速的取值在 20~30km/h 范围内。根据相关计算,减速度和加速度分别取 $3m/s^2$ 和 $2m/s^2$,由此建议驶入段长度取为 12m 左右,驶出段长度取为 18m 左右。

七、潮汐车道设计

1. 设置原则

潮汐车道是指在道路路段,根据交通流需求可改变车辆行驶方向的车道。城市内部根据早晚交通流量不同情况,可对有条件的道路设置 1 条或多条车辆行驶方向规定随不同时段变化的车道。

《城市道路交通组织设计规范》(GB/T 36670—2018)对潮汐车道的适用条件进行了明确的规定:符合以下全部条件的路段,可利用道路中间的 1 条或多条车道设置潮汐车道:

(1)机动车车道数双向为 3 车道及以上,流量较大的主干路的双向车道数不少于 5 条;

(2)主要方向与对向交通出现时段性的流量显著性变化,流向比不小于 1.5;

(3)设置潮汐车道后,对向的道路通行能力能够满足交通需求。

2. 设计方法

(1)潮汐起终点、方向和时段的选择

交通流量调查:对拟实施潮汐车道的路段分路段、时段进行交通量调查。

关键因素选择:选择具有潮汐规律的路段、时段(方向不均匀系数大于 0.6)、重交通流方向为潮汐方向。方向不均匀系数反映了道路两方向上的交通分布情况,交通量方向不均匀系数 KD 最低为 0.6。

(2)潮汐车道入出口段交通组织设计

起点前适当位置应设置预告、告示或警告标志,提醒驾驶人注意前方为潮汐车道。

周边应设置公告牌,明确指示潮汐车道位置,并清晰告知潮汐车道运行时间及运行方向。

潮汐车道入口处应有明显标线,设置物理隔离设施、可变信息板或信号灯,明确指示各车道当前运行情况或要求。

潮汐车道出入口宜设置物理隔离,同时可变信息板可双向显示车道使用情况,防止对向车辆误入。

潮汐车道出入口警示标志如图6-17所示,其运行阶段示意图如图6-18所示。

图6-17 潮汐车道出入口警示标志

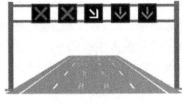

a)潮汐车道:正向通行阶段　　　　b)潮汐车道:清空阶段

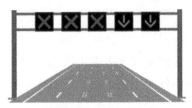

c)潮汐车道:逆向通行阶段

图6-18 潮汐车道出入口警示标志运行阶段示意图

(3)潮汐车道路段隔离措施

潮汐车道两侧边缘必须设置双黄虚线,潮汐车道入出口段应设置可移动式隔离设施,车辆行驶速度较高的路段(大于60km/h)应设置防撞隔离墩。

(4)潮汐车道清空时间

潮汐车道必须设有清空时间,可通过科学手段并结合车道长度、车道数、入出口段衔接情况给出初始清空时间值,然后根据潮汐车道实际运行情况进行调整。潮汐车道可实行分段清空,超过1km时,可每隔500m左右设置一处可变信息板,提示路段内车辆尽快驶离,保证路段尽快清空(表6-7)。实施清场阶段,潮汐车道入出口段禁止车辆继续进入,全程可采用视频监控系统进行监控。

潮汐车道不同路段清空时间表　　　　表6-7

路段长度(km)	<1	1~2	≥2
清空时间(min)	6	8	每公里增加2min

(5)交通违法监测设备

交通违法监测设备是利用图像处理、车辆检测技术等对机动车的违法行为进行全天候自动监测记录的设备。违法监测设备的组成根据监测需求而定,功能是实现对路口机动车闯红灯、逆行、压线/变道、不按所需行进方向驶入导向车道、不按规定车道行驶等交通违法行为的自动抓拍、记录、传输和处理。

第二节 快速路交通设计

城市快速路是城市道路中等级最高的道路。作为城市交通骨架型道路,其道路功能主要表现在为城市跨片区或组团提供快速交通联系服务,其中,快速路的交通设计主要包括以下4个方面:横断面设计、平纵线形设计、出入口设计和交通工程及管理设施设计。

一、横断面设计

城市快速路横断面设计应符合城市道路规划。横断面布置应按地面快速路、高架快速路、路堑式快速路和隧道快速路分别布设,从而保证快速路与城市用地相协调。城市快速路横断面可分为地面式、高架式和路堑(隧道)式,如图6-19所示,但在实用中组合式居多。国外快速路组合式断面以巴黎中环路最为典型,其全长35.5km,地面整体式一般段占13.6km,高路堤段占9.1km,分离式高架桥路段占6.5km,隧道路段占5.8km。苏州城市快速路网是国内典型的组合式快速路设计案例,其内环线总长约26km,东、南、西环采用高架式,北环采取高架+隧道+地面的形式。北环东延一期总长约4km,采用高架式,南环东延一期总长约7.4km,采取高架+隧道的形式,西环北延一期总长约5km,采取高架+地面的形式。

a)　　　　　　　　　　b)　　　　　　　　　　c)

图6-19 快速路横断面类型

由此可见,在实际应用中,需要灵活地进行横断面的选取。以下对各种横断面分别做出介绍。

1. 地面整体式

1)适用条件及特点

地面整体式横断面适用于地势平坦的平原城市中规划红线较宽、横向交叉道路间距较大的城市外围与高等级公路相连接的地段,新建城区用地比较富余的地段。

特点:主路与辅路及两侧建筑地墙在同一高程,采用中央分隔带将上下行车流分离开来,车辆分向行驶,由快速机动车道、变速车道、集散车道、紧急停车带、中间带、两侧带、辅路(慢速机动车道、非机动车道)和人行道或路肩等组成。地面整体式是城市快速路最常用的横断面形式。

2) 分类

地面整体式快速路横断面可分为城区型和市郊型,其横断面示意图如图 6-20 所示。

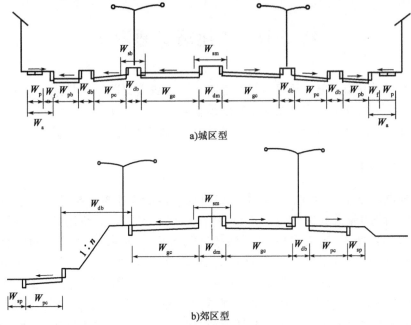

a) 城区型

b) 郊区型

图 6-20　地面整体式横断面

W_{gc}-含路缘带的快速机动车道宽;W_{pc}-含路缘带的机动车道或机动车、非机动车混行的车道宽;W_{gb}-含路缘带的匝道机动车道宽;W_{pb}-非机动车道路面宽,含路缘带宽度;W_{dm}-中间分隔带宽度;W_{sm}-中间分车带宽度,含路缘带宽度;W_{db}-两侧分隔带宽度;W_{sb}-两侧分车带宽度,含路缘带宽度;W_a-路侧带宽度,含人行道、设施带、绿化带宽度;W_p-人行道宽度;W_g-绿化带宽度;W_f-设施带宽度;W_s-路肩宽度;W_{sp}-保护性路肩宽度

3) 布设要点

地面整体式包括车行道宽度、分车带宽度、路缘带宽度、防撞墙宽度、车道布置、路肩等。

道路断面一般采用多幅式横断面形式,即主路双向机动车之间设置中间带进行分隔,主、辅路之间设置侧分带,并设置交通隔离设施。辅路上行驶慢速($v \leqslant 40$km/h)机动车和非机动车。当辅路交通量较大且用地有条件时,为确保行车安全,可以采取机非分行的分隔措施;当交通量较少且用地受限时,也可采取路面画线方式分隔,为确保行人安全,应设置专门的人行道。

郊区快速路横断面主辅路可在同一平面,采用类公路型断面,也可根据地形布置在不同平面。辅路可单侧或双侧布置,一般在受地形条件限制时采用图 6-21 所示的断面形式。

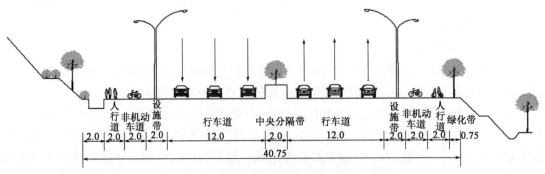

图 6-21　郊区快速路横断面(尺寸单位:m)

地面整体式横断面为一般城市快速路首选断面,横断面的布置组合中应考虑城市远期发展预留高架及快速轨道交通线路的位置,为此,其中间带及侧分带的布设应结合上述要求综合确定。双层高架的造价昂贵,同时也存在建筑高度高、影响城市景观的问题,对每层车流方向的控制、出入匝道设计、交通安全影响、行车舒适度等也需要谨慎考虑。

2. 高架式

1) 适用条件及特点

高架式横断面一般适用于特大城市或大城市地价昂贵的建筑密集区和用地拆迁受限制、红线宽度较窄、交通流量很大,为充分利用道路空间而采用的快速路。

特点:快速路上下行在同一高架(隧道、路堑)层面上,这种形式能够很好地实现主辅路交通流分离,减少快、慢速车流之间的相互干扰,行车比较安全,不足之处是横向占地比较宽。当横向占地受到用地规划限制时,整体高架可能难以实现,可以考虑采用高架分离式横断面或双层高架。高架分离式的建筑高度高,对街区景观影响大,快速交通流的集散问题比较难处理。

2) 分类

高架快速路按道路用地和交通运行特征可分别选用整体式高架路横断面(上下行在同一平面运行,如图6-22所示)和分离式高架路横断面(上下行在不同平面,如图6-23所示)。

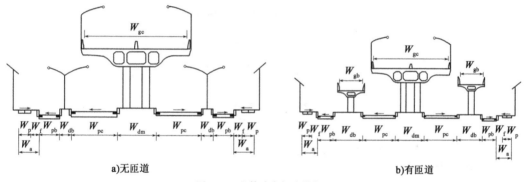

a) 无匝道　　　　　　　　　　　　b) 有匝道

图6-22　整体式高架路横断面

3) 布设要点

高架路机动车车道宜单向双车道以上,一条小型汽车专用车道3.5m宽,其余车道3.75m宽。单车道匝道宽度除了保证一条3.5m宽的机动车道外,还应设置2.5m宽的紧急停车带;双车道匝道的机动车道宽均为3.5m,不设紧急停车带。高架快速路一般在建成后难以再拓宽,因此应充分论证横断面的宽度。分离式快速路横断面如图6-24所示。

高架道路中央分隔带可采用0.5m宽的防撞墩,以减少桥梁构造,降低工程造价。高架道路主线左右侧路缘带宽度采用0.5m,匝道左右侧路缘带宽度采用0.25m。高架道路和匝道两侧需设置防撞护栏。高架路主线和匝道的横坡宜采用直线坡度。路拱设计坡度宜采用2%,严寒积雪地区路拱设计坡度可采用1.5%。

平面设计在布置桥墩、桥台时,需要较多考虑墩(台)位置、尺寸对地面交通及地面设施的影响,以免造成不必要的建设冲突,同时还需考虑桥梁结构受力安全以及桥梁建筑景观问题。高架路与相邻建筑物的最小间距是平面设计时需要特别关注的问题,包括以下几个方面的要求:维修高架桥或建筑物所需的空间;防止冬季撒盐、平时洒水损害所需的空间;预防火灾及消防救援所需的空间;曲线段视距要求空间以及环境保护所需的空间等。

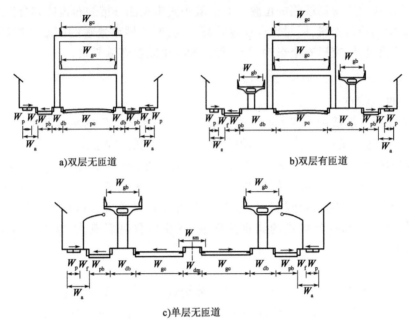

图 6-23 分离式高架路横断面

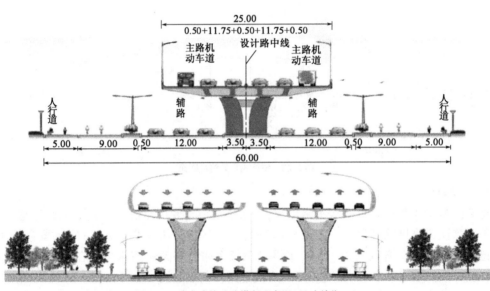

图 6-24 分离式快速路横断面布置(尺寸单位:m)

分离式高架路横断面主要吸取了 20 世纪高架路对城市环境造成负面影响的教训,减少污染、噪声、光照等干扰影响。

3. 路堑式(隧道式)

1)适用条件及特点

路堑式断面(也称隧道式断面)适用于山丘区城市排水无问题的路段,平原大城市大型建筑群密集并对城市景观要求高的地段,或重点文物保护区及穿越江河、铁路站场等地段,在采取了有效排水措施的情况下也可采用此断面形式。

特点:主路应设置在地面以下双向行驶,辅路(地面道路)应设置在主路两侧单向行驶或一侧双向行驶。

2)分类

可分为路堑式快速路(图6-25)和隧道式快速路(图6-26)。

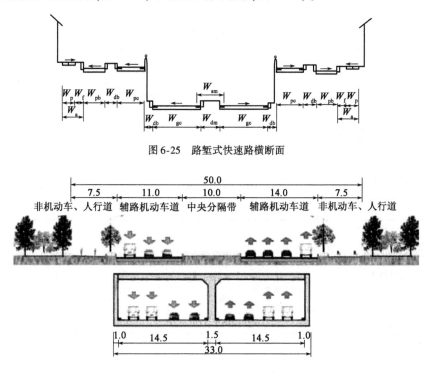

图6-25　路堑式快速路横断面

图6-26　隧道式快速路横断面(尺寸单位:m)

3)布设要点

路堑式快速路是在地面以下开挖路堑修建的城市快速路。由于将快速路置于地面之下,占地少,通行能力大。需采取适当的通风和除尘措施,考虑快速路的噪声和废气对道路两侧的影响,与其他道路的衔接问题及地下照明问题也应重点考虑。路堑式快速路的出入口指示标志设计也至关重要,应提前对车辆进行合理分流,提高出入口的通行能力。

隧道式快速路在地面道路以下开挖修建隧道作为快速路的主路,地面道路作为辅路,一般通过立交或与地面辅路的交织实现与其他城市道路的联系。隧道式快速路的出口转弯设计应合理选择圆曲线半径,且不宜过小,在转弯处须合理设置导向标志及标线。

二、平纵线形设计

1. 平面设计

1)规定及要求

快速路属于城市道路中级别最高的道路形式,机动车快车道形成一个相对独立和封闭的快速交通系统,其平面设计包括道路中线的线形设计和道路红线范围内的平面布置设计。与其他道路相同,快速路平面线形也是由直线、圆曲线、缓和曲线3种几何线形构成,但由于控制标准与其他级别道路有所不同,下面分别进行介绍。

2）相关指标
（1）直线

快速路平面线形中最大直线长度为20倍设计车速，同向曲线间最小直线长度为6倍设计车速，反向曲线间最小直线长度为2倍设计车速。这些要求与高速公路平面线形要求一致，具体指标数值见表6-8。

快速路直线长度　　表6-8

设计车速(km/h)	100	80	60
最大直线长度(m)	2000	1600	1200
同向曲线间最小直线长度(m)	600	480	360
反向曲线间最小直线长度(m)	200	160	120

（2）圆曲线

快速路圆曲线半径应大于或等于表6-9所列数值，最大半径不超过10000m。

快速路圆曲线最小半径　　表6-9

设计车速(km/h)	100	80	60
不设超高最小半径(m)	1600	1000	600
设超高极限最小半径(m)	400	250	150
设超高推荐最小半径(m)	650	400	300
不设缓和曲线最小半径(m)	3000	2000	1000

（3）缓和曲线

当快速路圆曲线半径小于表6-9所列不设缓和曲线最小半径时，应设置缓和曲线。缓和曲线采用回旋线。快速路缓和曲线长度应大于或等于表6-10所列数值，以保证缓和曲线的功能发挥。

快速路缓和曲线最小长度　　表6-10

设计车速(km/h)	100	80	60
缓和曲线最小长度(m)	85	70	50

（4）圆曲线超高与合成坡度

当快速路圆曲线半径小于表6-9所列不设超高最小半径时，应在圆曲线路段横断面上设置超高。快速路圆曲线最大超高横坡度及最大合成坡度见表6-11。

快速路圆曲线最大超高　　表6-11

设计车速(km/h)	100	80	60
最大超高横坡度(%)	6	5	4
最大合成坡度(%)	7	7	7

注：冰冻积雪地区最大超高宜为3%。

（5）平曲线

快速路平曲线或圆曲线长度应满足表6-12的规定。

快速路平曲线或圆曲线长度　　　　　　　　　　表6-12

设计车速(km/h)	100	80	60
平曲线最小长度(m)	170	140	100
圆曲线最小长度(m)	85	70	50

(6)停车视距

快速路停车视距应满足表6-13的规定。

快速路停车视距　　　　　　　　　　表6-13

设计车速(km/h)	100	80	60
停车视距(m)	160	110	75

3)平面布置设计

快速路的平面线形首先应符合规划线位,然后需结合水文、地质条件,合理利用地形、地貌。线形设计应综合考虑快速路与地物、景观、环境等因素相协调的问题,合理运用各项技术指标。

快速路的路段平面布置设计应在道路标准横断面设计时就有所考虑,然后结合沿线地形、地物情况,充分考虑快速路主线与辅路的衔接关系以及非机动车、行人的交通流线,在红线控制的范围内,逐段布置与设计。设计中应特别注意的问题有:

(1)主路与辅路的衔接及出入口处车道数的平衡。

(2)公交停靠站与人行道的衔接。

(3)分隔带及其断口设计。

(4)非机动车和行人过街的交通组织。

2.纵断面设计

1)规定及要求

纵断面设计根据城市规划竖向控制高程进行;当在某些地段出现矛盾时,应采取技术措施保证道路及附近区域地表水的排放;应综合考虑地上、地下构筑物及管线、水文、地质条件;纵断面坡度设计应均匀、缓顺,不宜突变,纵断面设计坡度变坡点应与平曲线设计相配合。

2)相关指标

(1)纵坡

快速路的最大纵坡不应大于表6-14所列的数值,最小纵坡一般不小于0.5%;干旱地区或特别困难地段可以不小于0.3%。大、中桥梁及引桥的最大纵坡不宜大于4%,隧道纵坡不宜大于3%(短于500m的隧道可设4%)。

快速路最大纵坡　　　　　　　　　　表6-14

设计车速(km/h)	100	80	60
一般最大纵坡(%)	3	4	5
极限最大纵坡(%)	4	5	6

(2)坡长

快速路在纵断面设计时,除了考虑最大纵坡之外,还要考虑陡坡最大坡长和缓坡最小坡长问题。相关数值见表6-15。

快速路坡长　　　　　　　　　　　　　　表 6-15

设计车速(km/h)		100	80	60
最小坡长(m)		250	200	150
最大坡长(m)	4%	700	—	—
	5%	500	600	—
	6%	—	400	400
	7%	—	—	300

(3)竖曲线

快速路纵断面上任何一个变坡点处都要求设置竖曲线,以保障行车的舒适性。竖曲线最小半径及最小长度应符合表 6-16 的规定。设计中竖曲线半径应大于或等于一般最小半径;当条件困难时,应大于或等于极限最小半径。

快速路竖曲线最小半径及最小长度　　　　　表 6-16

计算行车速度(km/h)		100	80	60
凸形竖曲线	一般最小半径(m)	10000	4500	2000
	极限最小半径(m)	6500	3000	1400
凹形竖曲线	一般最小半径(m)	4500	3000	1500
	极限最小半径(m)	3000	2000	1000
竖曲线最小长度(m)		85	70	50

3. 平纵线形组合

平纵线形组合设计应符合下列要求:

(1)平曲线宜与竖曲线相对应。

(2)平曲线应与竖曲线半径协调,竖曲线半径应大于平曲线半径的 10 倍。

(3)平曲线长度宜大于竖曲线长度。

(4)竖曲线顶部或底部不应设置小半径平曲线或作为反向曲线转向点。

(5)竖曲线与缓和曲线不宜重合。

(6)在同一平曲线内不宜同时出现凸形竖曲线和凹形竖曲线。

三、出入口设计

快速路出入口在位置、间距及端部的几何设计上,应保证不让主线的直行交通受到过大的干扰,并能稳定、安全、迅速地实现分、合流交通。

本书中关于快速路出入口设计,针对出入高架快速路的道路称为匝道,针对出入地面式快速路的道路称为辅助道路(简称辅路)。

根据城市快速路的性质,其出入口分为两类:一类是与立交匝道相接的出入口(A 型),另一类是与辅路相连接的出入口(B 型),如图 6-27 所示。主、辅路出入口,在主路上必须设置变速车道,辅路上宜满足车道平衡原理,增设一条车道,从而保证快速路出入口的畅通。

1. 出入口设置形式

一般情况下,出入口应设在主线车行道的右侧。出入口位置应明显、易于识别,因此在设置快速路出入口时应注意以下4点：

(1)在出入口附近的平曲线、竖曲线必须采用尽可能大的半径。

(2)一般情况下，将出口设置在跨线桥等构造物之前；当设置在跨线桥后时，距跨线桥的距离应大于150m。

(3)A型出入口可参照立交匝道与端部设计。

(4)B型出入口应用路缘石等与其他道路明显地区别开来，以便能明显确认其存在位置。出入口形式应明确，其几何设计应能防止辅路车辆通过出口进入主路，或主路的车辆通过入口进入辅路。

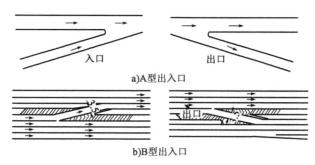

图6-27 出入口类型(尺寸单位：m)

2. 出入口间距

对于一条快速路而言，倘若出入口设置得过于频繁，势必会影响主线交通流的通畅性。因此，出入口间距的考虑，应能保证主线交通不过于受分、合流交通的影响，同时还应为分、合流交通的加、减速及转换车道提供安全、可靠的道路几何条件，以最大限度地发挥快速路的功能。

出入口设置间距问题包含两层内容：一是快速路出入口设置的数量问题，二是交织长度的问题。出入口设置数量过多，间距过小，则主线车流需频繁的分流、合流、交织运行，严重影响快速路主线的通行能力和服务水平，同时出入口间距过短，会吸引大量的短距离车辆驶入快速路，这背离了快速路服务于长距离机动车交通的基本功能；反之，如果出入口过少，则大量的转向交通将在与出入口相接的其他道路交叉口附近集结，给周边路网和交叉口带来较大的交通压力，如果这种转向流量很大，还容易导致交叉口排队车辆延伸至出入口匝道，进而影响快速路主线车辆通行。因此，合理布置出入口，是保证快速路系统正常运行的关键。在进行快速路出入口设置时应掌握以下3条原则：

1)量入为出原则

出入口的设置必须保证以主路车辆正常运行为前提，根据系统所能提供的出口分流能力来安排系统各部分入口，出入口数量不一定一一对应，出口应多于入口，以控制入口流量略低于出口流量，充分发挥快速路效益。必要时，可考虑在进口处设置信号灯，根据主路车流量变化，对进入主路的车辆进行有序的动态控制，以提高进入主路车辆的合流概率。

2)先出后入原则

快速路系统正常运行的关键首先是确保出口的通畅，只有车辆能快速分流，才能为合流车辆提供运行空间，保证系统车辆运行的供需平衡，所以对于系统中交通量比较大的路段，特别是立交部分，应按先出后入的原则安排转向匝道，以避免产生交织。

3) 立交为主、路段为辅原则

为合理控制出入口间距，减少交织紊流对系统运行的影响，进出快速路的车辆交通组织，应将重点放在立交节点部分（互通式立交各转向交通出入口宜利用集散车道合并设置），尽量减少路段上的开口，特别是进口，必须在路段上开口时，在保证出入口间距的前提下，还要采取必要的工程措施，减少与辅路交通间的相互干扰。

3. 变速车道及集散车道设计

1) 变速车道

快速路的出入口处，机动车在此驶出、驶入快速路，主路和匝道的车速不一致，必须设置变速车道过渡。

变速车道可分为直接式与平行式，如图 6-28 所示。对于与互通立交匝道相接的出入口，原则上减速车道采用直接式，加速车道采用平行式，当变速车道为双车道时，均采用直接式。对于与辅路及地面道路相接的出入口，一般紧邻辅路，受道路性质和条件的限制，宜采用平行式。

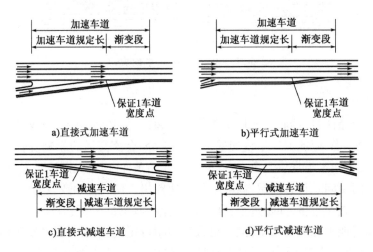

图 6-28 变速车道

变速车道横断面设计可参照立交端部设计部分，变速车道长度为加速或减速车道长度与渐变段长度之和，应根据主线设计速度确定，并根据坡度进行修正，见《城市道路交叉口设计规程》（CJJ 152—2010）相关规定。

2) 集散车道

集散车道是指城市快速路中为了减少进出快速路的车流交织和出入口数量在快速路的一侧或两侧修建的与快速路平行而又分离供车辆进出的专用车道。当出入口端部间距不满足表 6-16 的要求时，应设置集散车道。

集散车道的设计车速宜与匝道或辅路设计车速一致，集散车道应通过变速车道与直行车道相接。互通式立体交叉内的集散车道与直行车道应采用分隔设施或标线进行分隔。

集散车道通过分隔带与主路车行道分离。集散车道的设计速度（计算行车速度）应与主路出入口一致。地面整体式快速路一般不另设集散车道，以辅路代替。一条集散车道的宽度应符合表 6-17 的规定。

集散车道宽度　　　　　　　　表6-17

级别	设计车速（km/h）	集散车道宽度(m)	
		大型客、货车或通行	小汽车
主路	100、80、60	3.75	3.50
辅路	40、30	3.50	3.50、3.25

4. 辅路设计

辅路是指供机动车进入城市快速路及为不能进入快速路行驶的车辆而设置的道路,沿线车辆进出快速路时先经辅路过渡,而后在指定的出入口进出,也供沿线非机动车行驶。设计车速小于主路,一般为40km/h。

辅路一般设在主路两侧,市中心建筑密集区辅路连续设置;在市郊区时,大部分城市辅路是连续设置的,但也有的城市由于近期城市化发展不均衡,为节约投资辅路不连续设置,仅在已开发的地区或原县城地段局部设置。

辅路一般均采用单向交通,这样使沿线出行的机动车以及相邻立交之间、地区出行的机动车,充分利用前后立交之间主、辅路的开口,顺向有序地进出主路,完成各方向的转向行驶。

单向行驶出入口位置和功能明确,交通运行合理,行驶条件也较好,行车安全、便于管理。辅路的宽度根据其交通功能确定,地面整体式道路如在原非机动车道基础上改造成辅路,受红线限制,只能采取机非混行交通组织,但考虑机非错峰,最小宽度一般设车道宽为7m(2×3.5m),加上两侧各0.25m宽的路缘带应为7.5m;新建快速路的辅路建议按8.5m设,即一个3.5m宽的机动车道加上4.5m宽的非机动车道,另加两侧0.25m宽的路缘带。建议最大值确定为12m(3.5m×2车道+5m非机动车道),辅路上机动车和非机动车交通量均较大时,应采取机非分隔。

5. 匝道设计

1) 原则及规定

匝道布置应最大限度地满足高架道路在道路网中担负的交通要求,提高高架道路的利用率,使行驶高架道路的交通通行时间最短,充分发挥每一条匝道的功能,达到高架道路和地面道路系统相协调,切实疏解市内交通、集散对外交通、分流过境交通的目的。

匝道的设置位置应符合交通现状和规划路网中的主要流向。匝道间距应合理,一方面要确保快速道路的畅通,减少因匝道出入引起的交织、合流、分流区段的影响范围;另一方面应注意匝道间距不宜过大,避免匝道与地面道路衔接处的流量过于集中而阻塞交通。

注意用地与建筑拆迁条件,因地制宜,近、远期结合,预留好续建匝道位置。匝道布置应尽量避免在主要横向道路交叉口前衔接,注意邻近地区路网的交通组织作用,因地制宜地设置辅助车道,疏解交通。

在保证主线设计标准的前提下,匝道布置形式(对称、错位、定向等)应因地制宜,尽量减少拆迁,充分利用现有路幅宽度提高环境设施带宽度。

匝道位置应根据实际情况及实施的可能性来选择。

2) 匝道布置形式

匝道的布置形式一般有5种,如图6-29所示。

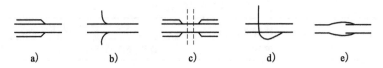

图 6-29 匝道布置形式示意图

如图 6-29a)所示,匝道平行于高架道路布置,一般布设于快速路路段,距离辅路交叉口较远。上、下匝道的交通可通过地面道路交叉口来集散,其优点是能较好地沟通高架与地面道路间的联系;缺点是会增加地面道路交叉口的交通压力。在地面道路交叉口未饱和的情况下,采用该类匝道布置方式较为合理,否则易造成交通阻塞。

如图 6-29b)所示,出、入口匝道直接布置在主路两侧,这种布置形式需要有较完善的道路网。其优点是利用快速路周边的支路进行集散进、出匝道的交通,通过提前分流的形式减轻了主要道路地面交叉口的交通压力;缺点是除右转交通较便捷外,其余直行和左转的交通需增加绕行距离。当地面道路交叉口交通量较大时,采用该类匝道布置方式较为合理。

如图 6-29c)所示,上、下匝道对称跨越横向道路交叉口的布置形式,不仅可满足高架快速路与地面道路间的交通联系,并且地面交叉口的直行交通也可利用匝道跨越交叉口。其优点是能减轻地面交叉口的交通压力,较适合地面交叉口交通量较大的情况;缺点是高架路及左、右转向交通,需在前方匝道驶离高架快速路,通过地面道路完成转向,或者通过交叉口后下匝道通过路网绕行,另外,横向道路左、右转在该路口不能上高架快速路。

如图 6-29d)所示,匝道跨越主线连接横向道路,也是一种常见的匝道布置形式。其优点是汇入车辆不影响对向车流的运行,提高了快速路的运行效率;缺点是增加了造价,并且汇入车流导致的合流交织区需要进行合理的交通组织。

如图 6-29e)所示,上、下匝道布置在上、下行高架道路的中间。其优点是用地少,适用于高楼林立、用地紧张的路段;缺点是车辆需采用左进左出的交通运行方式,从交通运行的角度来看不是很理想,且高架桥结构布置较复杂。因此,除特殊困难的情况外,该类匝道布置方式不宜采用。

3)上下匝道坡脚距交叉口停车线的距离

匝道的起坡点(上匝道)与终坡点(下匝道)在地面道路的位置对交叉口的交通影响较大。图 6-29a)和 c)两种形式的匝道进出高架道路的车流均需通过地面道路交叉口来集散,因此匝道坡脚至交叉口停车线应在同一路口交通信号系统管理之下。具体数值见表 6-18。

匝道坡脚距交叉口停车线的最小距离(单位:m) 表 6-18

匝道	上匝道	下匝道
一般最小距离	140	100
极限最小距离	100	50

4)匝道间最小间距

出入口间距应能保证主线交通不受分、合流交通的干扰,并为分、合流交通加减速及转换车道提供安全可靠的路况条件。按出入口的不同组合形式,出入口间距分为入口—出口间距、入口—入口间距、出口—出口间距和出口—入口间距。出入口间距由变速车道长度、交织距离和安全距离组成。出入口最小间距见表 6-19。

出入口最小间距 表6-19

主线设计速度 (km/h)	出入口间距(m)			
	出口—出口间距	出口—入口间距	入口—入口间距	入口—出口间距
100	760	260	760	1270
80	610	210	610	1020
60	460	160	460	760

高架道路的驶入、驶出匝道的连接点是路段通行能力最小的控制路段。当交通量达到饱和或超饱和时，将出现驶入匝道的车辆因无法在主线车流中找到可穿插（合流）空当而排队阻塞，驶出匝道的车辆因地面道路的原因导致匝道交通受阻而影响主线车流驶出。因此，在交通拥挤或阻塞的情况下，合流、分流或交织区可能会形成车辆排队现象；应考虑在稳定车流的情况下，满足合流、分流或交织区的驶入、驶出匝道不同组合情况下的匝道最小间距。

高架快速路由基本路段、交织区和匝道连接点3种不同类型的路段组成。高架道路基本路段是指不受驶入、驶出匝道的合流、分流及交织流影响的路段。交织区是指一条或多条车流沿着高架道路一定长度，穿过彼此车行路线的路段，交织路段一般由合流区和紧接着的分流区组成。匝道连接点是指驶入及驶出匝道与高架道路的连接点，由于汇集了合流或分流车辆，因而形成的连接点是一个交通紊流区。为了使高架道路具有较好的服务水平，应尽可能地提高高架道路基本路段的比例，匝道间距应尽可能大于表6-19中的数值（出入口最小间距表）。

5) 出口匝道衔接段交通组织方法

与辅路相接的出入口在城市快速路中还是比较常见的，特别是当交叉口用地紧张，无法修建互通立交时，选择靠近辅路交叉口或在路段中修建出入口（或高架桥的上下匝道）也可实现快速路主路与辅路及其他周边路网的交通流转换。一般而言，这类出入口设置在主要地面干道交叉口附近，如图6-30所示。

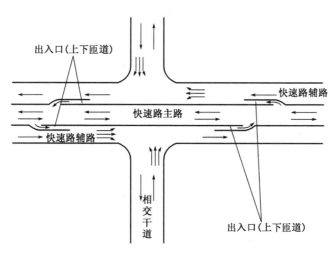

图6-30 快速路出入口与辅路衔接示意图

从图6-30可以看出，这类出入口相当于一个简易菱形立交的功能，它的优点是构造简单、占地少，符合车流集散特点，方便驾驶人选择出入快速路的最佳点，特别适用于大城市主城区

175

快速路沿线用地紧张，无法修建立交，而确实存在大量长距离交通在此转换的情况。但是这种衔接方案的缺点也是显而易见的：

(1) 干道交叉口与出入口重叠，车流量大、流向复杂，交叉口管制困难，高峰时段排队受堵无法避免。

(2) 出入口交织段车流复杂，既有辅路直行、左转、右转和主路出口左转、右转、部分直行共6种方向车流，要在宽度(一般至多辅路三车道，出入口两车道)、长度(目前大多数出入口距离交叉口仅有不到100 m的距离)均十分有限的交织段完成组合如此复杂的车流流向重新调整到位，其后果必然是车速下降直至阻塞，严重时导致交叉口完全阻塞，交通事故隐患增加(互相挤擦、追尾碰撞)，甚至可能直接影响快速路主路车流运行通畅程度(尤其在出口受阻时)。

为缓解以上矛盾，在设计或改造快速路的辅路出入口(或高架道路上下匝道)时，可考虑以下5种措施：

(1) 根据转向流量大小比例设置出入口匝道位置。出口匝道的位置宜按出匝道车辆左、右转交通量的大小布置；左转交通量大时，宜布置在靠近平面交叉口进口道左转车道与直行车道之间的位置上；反之，宜布置在靠近右转车道与直行车道之间的位置上。入口匝道的位置宜按照进入匝道车辆来自上游交叉口左、右转交通量的大小布置；来自左转的交通量大时，宜布置在靠近左转车来向与直行车来向之间的位置上；反之，宜布置在右转车来向与直行车来向之间的位置上，如图6-31所示。

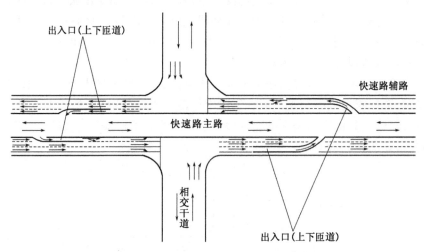

图6-31　出入口(上下匝道)设置位置

(2) 设置远引左转。当出口匝道左转交通量较大，对下游交叉口通车影响较大且干道中央高架道路墩位中央带较宽时，可对匝道或交叉口进口道采取禁止左转、在交叉口下游做远引左转的管理措施；在墩位中央带侧必须有一条左转车道，左转车转弯的入口宜在对向进口道展宽段和展宽渐变段的范围以外，同时在交叉口进口道上游及出口匝道上须设有禁止左转标志和分车道悬挂的指路标志。利用墩位中央带做远引左转的布设如图6-32所示。

(3) 出入口设置在交叉口范围之外。出口匝道的出口段离下游平面交叉口进口道展宽渐变段起点宜大于80 m；这段距离不足80 m且使匝道车流与干道车流换车道交织有困难时，可在交叉口进口道部分分别设置地面进口道展宽和匝道延伸部分的展宽，并设置干路左转车道、直行车道和右转车道与匝道延伸部分的左转车道、直行车道和右转车道，但对此类进口道的信号相位必须采取双向左转专用相位。入口匝道的入口段宜布置在交叉口出口道展宽渐变段的下游,且最小距离不宜小于80m。

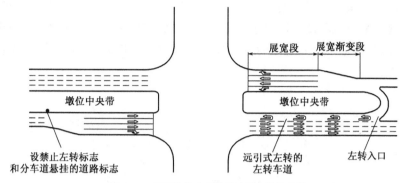

图6-32 利用墩位中央带做远引左转的布设

(4)不同转向的辅路车辆提前变更车道,减少出口道前方的交织。当出口匝道的出口距离下游平面交叉口进口道展宽渐变段距离严重不足时,可通过设置标志标线,提前将辅路上不同转向的车辆变更车道,进入各自转向车道,相当于将展宽段的白实线(车道功能划分线)延长至出口匝道后方,这样可减少地面车辆与匝道出口车辆之间的混合交织,即在出口匝道前方,只剩下出口匝道车辆变更车辆和少量的辅路车辆变更车辆,从而减少了对出口匝道的出口距离下游平面交叉口进口道展宽渐变段距离的长度要求。具体如图6-33所示。

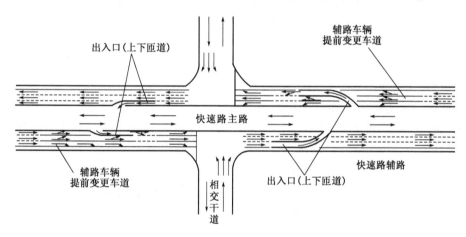

图6-33 辅路车辆提前变更车道示意图

(5)修建集散车道,利用交叉口周边道路实现车辆转向。当出入口流量较大,相交道路流量也较大,而周边路网发达时,可通过辅路修建集散车道,同时利用周边路网疏解相交道路和快速路出口的左转交通量,如图6-34所示。

四、交通工程及管理设施设计

快速路交通设施的布设应符合如下规定:需设置系统完善的标志标线、隔离和防护设施;中间带必须连续设置中央分隔防撞护栏和必需的防眩设施;桥梁、高架路段以及旁侧有辅路、人行道等撞击后将危及生命和结构物安全的路段必须设置路侧防撞护栏;立体交叉及其周边路网应连续设置指路、禁令等标志;主路及匝道车行道两侧,应连续设置轮廓标;出口分流三角端应有醒目的提示和防撞设施；实施控制的匝道，应设置匝道控制信号灯；交通监控系统应按Ⅱ级设置，中、长、特长隧道应按Ⅰ级设置。快速路人行过街必须设置人行天桥或地下通道，某些高架式或隧道式快速路的行人过街可整合到平面交叉口的行人过街问题，此处不予赘述。以下对部分交通安全设施和管理设施进行简要介绍，更多详细内容请参见《城市道路交通设施设计规范（2019年版）》（GB 50688—2011）、《城市道路交通标志和标线设置规范》（GB 51038—2015）。

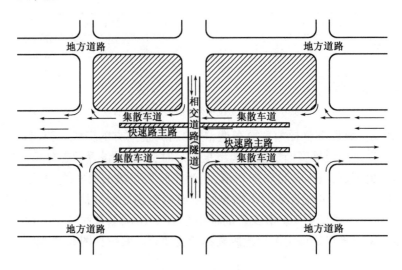

图 6-34　利用集散车道及周边道路实现转向交通

1. 标志标线

1) 交通标志

快速路的道路等级及道路功能决定其指路引导标志的设置原则必然不同于一般城市道路。首先，快速路的服务对象主要是中长距离的城市区间出行，因此指路标志指引内容应以指地为主、指路为辅；其次，快速路沿线立交分布较为密集且形式较为复杂，决定了其指路标志的层级性也更为严谨，标志设置的连续性要求也更高。

快速路出入口指路标志应按照预告标志—告知标志—确认标志的顺序布设，具体布设方法可参照立体交叉口指路标志设置方法。

2) 交通标线

城市快速路交通标志设置应符合下列规定：

(1) 应设车道分界线。

(2) 主线与匝道分叉处应设出入口标线。

(3) 出入口前需变换车道的路段上，应设导向箭头，导向箭头应重复设置两次及以上。

(4) 主线及匝道弯道处应设路边线轮廓标。在快速路主线与匝道分合流处，可结合出入口标线设置反光道钉、反光分道体和防撞桶。

2. 防护设施

1) 防撞护栏

在不能提供足够路侧安全净距的快速路路侧，必须设置防撞护栏；当路基整体式断面中间

带宽度小于或等于12m时,快速路的中央分隔带必须连续设置防撞护栏。需设置路侧防撞护栏的其他情况如下:

(1)路堤高度符合表6-20所列数值的;
(2)上跨的立交主线或匝道路段两侧;
(3)距城市道路边线或路基坡脚1m范围内有江河湖海、沼泽等水域,车辆掉入会有极大危险的路段两侧;
(4)立交进、出口匝道的三角地带及匝道小半径弯道的外侧。

必须设置路侧防撞护栏的路堤高度　　　　表6-20

边坡坡度	1:1	1:1.5	1:2	1:2.5	1:3	1:3.5	≤1:4
路堤高度 h(m)	≥2.5	≥3	≥4	≥5	≥6	≥7	≥8

2)防撞垫

防撞垫一般设置于交通分流区前端或易发生正面碰撞事故的构造物前端,在受到车辆碰撞时,通过自身的结构变形吸收碰撞能量,减轻对乘员的伤害程度。

防撞垫的实施应符合下列规定:

(1)快速路主线分流端、匝道出口的护栏端部应设置防撞垫。主干路主线分流端、中央分隔带护栏端部、匝道出口的护栏端部宜设置防撞垫。

(2)快速路与主干路的路侧构造物前端、收费岛前端宜设置防撞垫。

3)限界结构防撞设施

若行驶中的车辆容易越出行驶限界,撞击到桥梁墩柱结构、主梁结构、隧道洞口的入口两侧和顶部结构、交通标志支撑结构等,这些限界结构处应设置限界结构防撞设施。

(1)道路的正面限界结构防撞可在道路前方设置防撞垫、防撞岛、防撞墩及加强墩柱结构抗撞等防撞设施;侧面限界结构防撞可在路侧设置并加强防撞护栏;顶面限界结构防撞可采取设置防撞结构和设置警告、限界标志等措施。

(2)路侧设置组合式或混凝土墙式防撞护栏的,与限界结构位置重叠时,若限界结构自身能够满足防撞要求,可以采取防撞护栏与限界结构组合形成整体限界结构防撞的形式,且迎撞面的截面形状与原防撞护栏一致。

(3)路侧设置波形梁防撞护栏的,当其变形不能够达到保护两侧限界结构的要求时,应加密护栏立柱的柱间距或采用不低于公路SB级的防撞护栏设施。

(4)道路侧面没有设置防撞护栏的限界结构,正迎撞面宜设置防撞垫、防撞岛、防撞墩等结构防撞形式。

(5)顶面限界防撞可采取设置主体结构防撞设施、附属保护防撞设施和设置警告标志、限界标志等措施。

(6)限界结构防撞设施设计应遵循安全、经济、耐用、便于维修的原则,并做到外观简洁,同时设置警示标记,且与道路、桥梁和周围城市景观、建筑的设计风格统一协调。

4)人行护栏

下列位置应设置人行护栏:

(1)人行道与一侧地面存在高差,有行人跌落危险的,应设置人行护栏。

(2)桥梁的人行道外侧,应设置人行护栏。

(3)车站、码头、人行天桥和地下通道的出入口、商业中心等人流汇聚区的车道边,应设置人行护栏。

(4)交叉口人行道边及其他需要防止行人穿越机动车道的路边,宜设置人行护栏,但在人行横道处应断开。

(5)在非全封闭路段天桥和地下通道的梯道口附近,无公共交通停靠站时,宜在道路两侧设人行护栏,护栏的长度宜大于200m。天桥和地下通道的梯道口附近有公共交通停靠站时,宜在路中设分隔栏杆,分隔栏杆的净高不宜低于1.10m。

5)分隔设施

下列位置应设置分隔设施:

(1)双向六车道及以上的道路,当无中央分隔带且不设防撞护栏时,应在中间带设分隔栏杆,栏杆净高不宜低于1.10m;在有行人穿行的断口处,应逐渐降低护栏高度,且不高于0.70m,降低后的长度不应小于停车视距;断口处应设置分隔柱。

(2)双向四车道及以上的道路,机动车道和非机动车道为一幅路设计,应在机动车道和非机动车道之间设置分隔栏杆。

(3)非机动车流量达到饱和或机动车有随意在路边停车现象时,机动车道和非机动车道为一幅路断面,宜在机动车道和非机动车道之间设置分隔栏杆。

(4)机动车道和非机动车道为共板断面,路口功能区范围宜设非机动车和机动车分隔栏杆;在路口设置时,应避免设置分隔栏杆后妨碍转弯和掉头车辆的行驶。

(5)非机动车道和人行道为共板断面,宜在非机动车道和人行道之间设置分隔栏杆。

(6)非机动车道高于边侧地面有跌落危险时,应在非机动车道边侧设置分隔栏杆。

(7)人行道和绿地之间可根据情况设置分隔栏杆。

(8)人行道和停车场、设施带之间,需要进行功能分区的位置可设置分隔栏杆。

(9)交叉路口人行道边缘、行人汇聚点的边缘可设置分隔柱。

6)隔离栅和防落物网

隔离栅和防落物网的设计应符合下列规定:

(1)隔离栅的高度不应低于1.8m。

(2)防落物网的高度不应低于2.0m。

(3)隔离栅和防落物网的网眼不应大于50mm×100mm。

(4)隔离栅应与桥梁结构、挡土墙构筑物或山体等连接形成闭合系统;出入口等位置不能形成围合的,应在隔离栅端头处设置禁止行人通行的禁令标志,且应在相对应的中央隔离带设置隔离栅,连续长度宜大于100m。

7)防眩设施

城市快速路中央分隔带应设防眩设施,但分隔带宽度大于9m,或双向路面高差大于2m的可不设。

防眩设施的设计应符合下列规定:

(1)防眩设施可按道路的气候条件、景观条件、遮光要求选用植物防眩、防眩板、防眩网等形式。

(2)防眩板的设计应按部分遮光原理进行,直线路段遮光角不应小于8°,平、竖曲线路段遮光角应为8°~15°,宽度宜为8~15cm,离地高度宜为120~180cm。

8)声屏障

根据国家标准《声环境质量标准》(GB 3096—2008)进行声环境评价,其结果不符合标准的路段,采取其他降噪措施仍达不到要求的,应设置声屏障。

声屏障的最佳位置应根据道路与防护对象之间的相对位置、周围的地形地貌选定。

第三节 街 道 设 计

街道是指道路和道路两侧建筑所围合的公共活动空间,街道设计不同于一般的道路设计,基本理念是"以人为本"。街道设计要满足六大需求:通行需求、活动需求、观赏需求、防灾救护需求、生态需求和市政管线及其配套设施的布置需求。

在街道设计前,应对街道功能进行定位,需要对交通需求和沿街活动进行统筹考虑,并重视街道服务于街区的作用。通过确定街道定位,在有限的街道空间内,可以明确交通和沿街活动的空间分配和设施配置的优先级。同一条街道的不同街段可以结合周边环境形成不同的定位,并相应形成不同的断面设计。新建地区可通过对街区内街道进行统筹与功能分工,形成较为明确的街道定位;更新地区应结合更新评估和地区发展规划对街道进行定位,发掘街道潜力,激发街道活力。

一、基本理念

街道,是城市最基本的公共产品,是与城市居民关系最为密切的公共活动场所,也是城市历史、文化重要的空间载体。在新形势下,加强街道建设是满足人民群众对公共产品和公共服务需求的重要途径。城市道路主要关注系统性的交通功能,对以服务街区为主的慢行交通以及沿街功能和活动关注不足。为此,必须对既有的建设模式进行转型与创新,实现从道路到街道的转变。

从道路到街道,要实现理念、技术、评价等要素的一系列转变,主要体现在以下4个方面:

(1)从"主要重视机动车通行"向"全面关注人的交流和生活方式"转变

目前在道路的规划、建设管理中,"以车为本"的思想还没有根本转变。道路工程设计规范和设计实践仍然以机动车通行效率为主要考量;在交通管理中,往往把机动车的"排堵保畅"作为道路建设和管理的唯一目标,在"成全"了车的同时,常常是"委屈"了人。

城市交通的根本目的是实现人和物的积极、顺畅流动,因此要在观念和实践中真正实现从"以车为本"向"以人为本"的转变(图6-35),必须应用系统方法对慢行交通、静态交通、机动车交通和沿街活动进行统筹考虑。

(2)从"道路红线管控"向"街道空间管控"转变

街道不仅仅是路,还包括了沿线的建筑立面和退界,它们共同构成了完整的街道空间。但红线内外由不同的单位进行设计、建设与管理,不利于形成街道空间的整体性,不利于提高空间利用效率。

以道路红线管理为主要手段的管理方法对加快和保障道路建设发挥了主要作用,但在新的发展背景下,不应该成为提升街道品质的一道隐形的障碍。要实现街道的整体塑造,需要对道路红线内外进行统筹,对管控的范畴和内容进行拓展,将设计范围从红线内部拓展到红线以外的沿街空间,将关注对象从单纯路面拓展到包括两侧界面的街道空间整体。街道空间管控示意图如图 6-36 所示。

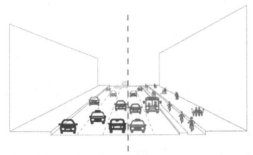

图 6-35　从"以车为本"向"以人为本"转变示意图

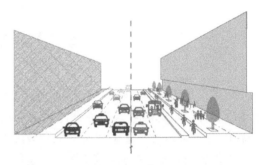

图 6-36　街道空间管控示意图

(3)从"工程性设计"向"整体空间环境设计"转变

街道是数量最多、使用频率最高的公共空间。目前的工程设计规范、标准大都是从交通、市政的角度作出规定,导致了设计中过于强调了道路的工程属性,而对整体景观和空间环境考虑甚少。

工程设计绝不仅仅是在道路红线内做文章,还必须要充分尊重沿线的建筑、风貌条件以及活动需求。应突破既有的工程设计思维,突出街道的人文特征,对市政设施、景观环境、沿街建筑、历史风貌等要素进行有机整合,通过整体空间景观环境设计塑造特色街道。街道整体空间环境设计示意图如图 6-37 所示。

(4)从"强调交通功能"向"促进城市街区发展"转变

交通效率是一个可以预测和评价的标准,交通流量、饱和度、服务水平常常作为道路评价的核心指标,但是街道不仅仅具有交通功能,需要重视其公共场所功能、促进街区活力的功能、提升环境品质等综合认知功能。体验城市、促进消费、增加城市交往和社会活动均与街道紧密联系,应当重视街道作为城市人文记忆载体、促进社区生活、地区活力和经济繁荣的作用。街道促进街区发展设计示意图如图 6-38 所示。

图 6-37　街道整体空间环境设计示意图

图 6-38　街道促进街区发展设计示意图

二、街道横断面设计

街道应根据步行交通、公共交通、非机动车交通、货运交通、机动车交通和静态交通的需求对空间进行统筹分配,并对优先级较高的交通方式进行优先保障。针对不同功能的街道,其相应的横断面设计需要有所侧重。

1. 商业型街道

商业型街道是指街道沿线以中小规模零售、餐饮等商业为主,具有一定服务能级或业态特色的街道。其中服务地区及以上规模、业态较为综合的商业街道为综合商业街道,餐饮、专业零售等单一业态的商业街道为特色商业街道。商业街道应保持空间紧凑,强化街道两侧的活动联系,营造商业氛围。可通过压缩机动车道规模(数量与宽度)的方式,保证充足的步行空间。必要时可结合地区交通组织,对主要商业街进行机非分流。

在设计过程中,建议将人行道宽度(设施带、步行通行区和建筑前区总宽度)控制在 5~8m,以促进步行者与商业界面的积极互动,避免过于拥挤与空旷。新建地区应避免沿主干道形成商业街道。对于既有主干道沿线的商业区段,应通过绿化等措施进行空间和噪声隔离,提升活动舒适性。商业街道沿线应提供便利的穿越街道的可能。交通性较强的道路,在不影响主线交通情况下,尽可能增加人行横道等过街设施。其他街道鼓励采用稳静化措施控制车速,使行人可以便利地穿越街道。商业型街道断面设计示意图如图 6-39 所示。

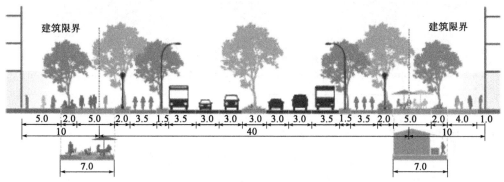

图 6-39 商业型街道断面设计示意图(尺寸单位:m)

较宽的人行道应进行分区利用,可设置雨水花园改善街道景观,或利用较宽的退界设置售货亭等临时设施,以提高店铺密度。较宽的人行道还应增加行道树对行人活动区域进行遮荫。

2. 生活服务型街道

生活服务型街道是指沿线以服务本地居民和工作者的中小规模零售、餐饮、生活服务型商业(理发店、干洗店等)等设施以及公共服务设施(社区诊所、社区活动中心等)为主的街道。

在实际设计中,鼓励结合支路布局生活服务街道,应用稳静化措施降低车速。对于既有城市干道沿线的生活服务区段,应通过绿化等措施进行空间和噪声隔离,提升活动舒适性。既有城市支路沿线的生活服务区段应减少沿路停车,增加休憩与活动空间。生活服务型街道断面设计示意图如图 6-40 所示。

可利用较宽的建筑退界补充步行通行区,设置交往、交流与休憩活动空间,可进行个性化的空间环境设计。

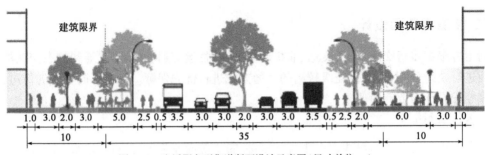

图 6-40 生活服务型街道断面设计示意图(尺寸单位:m)

3. 景观休闲型街道

景观休闲型街道是指景观或历史风貌特色突出、沿线设置休闲活动设施的街道。主要包括林荫大道、景观街道、滨水街道、历史风貌街道等。林荫大道沿街种植4排及以上行道树;景观街道通过沿线建筑体现城市及地区风貌;滨水街道是沿河滨江的街道;历史风貌街道以两侧的历史建筑及行道树为主要景观特色。

利用中分带、侧分带及沿人行道共种植6排行道树,红线与绿线范围内一体化设计,灵活设置休憩节点与雨水花园等活动与景观设施。景观休闲型街道断面设计示意图如图6-41所示。

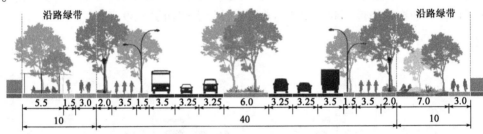

图 6-41 景观休闲型街道断面设计示意图(尺寸单位:m)

4. 交通型街道

交通型街道是指以非开放式界面为主、非交通性活动较少的街道。各类交通活动是交通性街道的主要活动内容。对于交通干道而言,机动车交通构成了交通的主要部分。对于一些社区内部的街道而言,步行、非机动车交通与机动车到发、临时停靠共同构成了这些街道的主要活动内容。交通型街道断面设计示意图如图6-42所示。

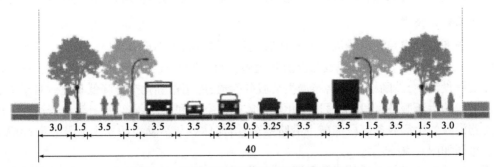

图 6-42 交通型街道断面设计示意图(尺寸单位:m)

路段中优先保障侧分带宽度,种植行道树进行机非分隔,并为骑行者提供遮荫。路口缩减侧分带宽度在中央形成安全岛。设置路中人行横道时，应利用停车带空间设置路缘石突起，缩短行人过街距离，并提高行人的可见性。

作为交通支路时，可设置单向机动车道，应对较高的机动车通行需求。作为机动车交通量不大的社区支路时，可设置混行车道，允许机动车双向行驶。

第四节　设　计　示　例

一、快速路设计示例

1. 现状分析

(1) 区域位置

东海大道现状为城市主干道，西接 G206 国道直达淮南，东接凤翔大道直通凤阳，全长接近 20km。东海大道市中心路段土地开发强度高、交通通行效率低，为满足远期快速路改造需要，对道路横断面布置、主要节点方案进行研究。项目区位示意图如图 6-43 所示。

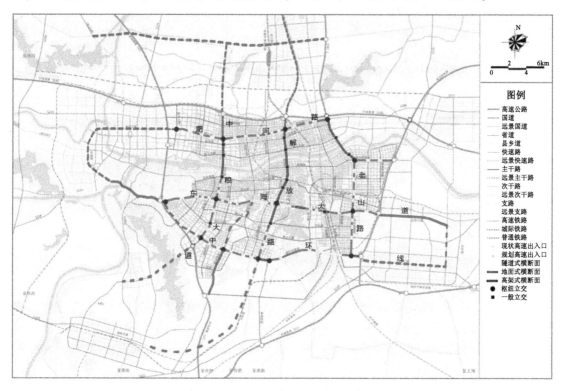

图 6-43　项目区位示意图(快速路网规划图)

(2) 相交道路

沿线相交快速路、主次干道共 27 条。其中南外环路、大庆路、解放路、老山路规划为快速路，其余规划为主次干路及支路。沿线基本为建成区，路网间距 350m，主干路有华光大道、朝阳路、延安路、宏业路、曹山路、学翰路、司马庄路、李楼路、规划路 2。

(3) 交通量分析

东海大道沿线主要交叉口交通流量如图 6-44 所示,可见交叉口交通量均达到 5000pcu/h 以上。东海大道的总流量过大,会导致通行效率低下,机动车与行人的延误增加,严重时更会影响到沿线道路的正常通行。

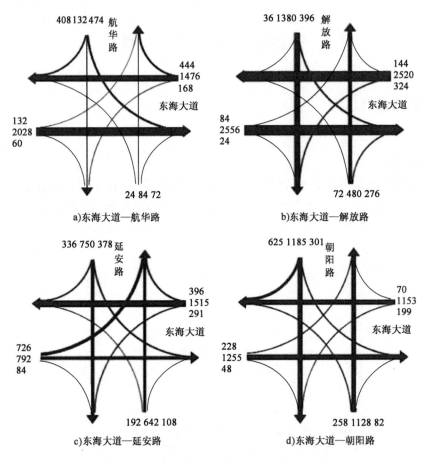

图 6-44 东海大道沿线主要交叉口交通流量分析

2. 设计方案

(1) 横断面设计

南环快速路—朝阳路路段:由于交通流量不大,而且处于城市西侧边缘,为了充分利用道路空间,直接改建此段为地面快速路。其中,南环快速路—大庆路路段 70m 红线宽度较易达到,典型断面如图 6-45 断面 1 所示;大庆路—朝阳路路段用地紧张,红线宽度为 60m,典型断面如图 6-45 断面 2 所示。

朝阳路—航华路路段、南湖路—宏业路路段:由于该段地处市中心,被定位为政务和商务区,若设置高架路,则对周边环境产生较大的不利影响。因此,为了减少对地面交通的影响,实施规划暂定该段快速路为隧道式,立体交叉建议采用下穿式隧道,最大限度降低对周边环境的影响,典型断面如图 6-45 断面 3 所示。

曹山路—老山路路段:地处城市待开发新区,地面红线较易保证,设置地面式快速路即可满足需求,典型断面如图 6-45 断面 1 所示。

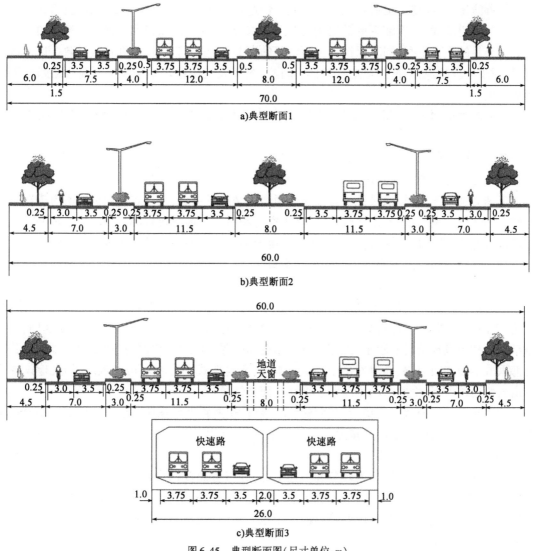

图 6-45 典型断面图(尺寸单位:m)

东海大道全线基本采用地面式快速路,朝阳路—延安路、南湖路—宏业路采用隧道式快速路。本示例介绍快速路东海大道(华光大道—曹山路)的交通设计方案。

(2)隧道方案比选

短隧道:该方案适合接入口较少的路段及快速路穿越主干道或次干道的交叉口,在交叉口处快速路主线下穿,既不会割裂道路两侧建筑物及商业、政府用地,也不影响地面交通在交叉口处的交通组织。由于东海大道朝阳路—环湖西路路段地处市中心,交通流量密集,该段快速路穿过的主干道和次干道较多,不适宜采取在每个交叉口处下穿,此举既影响快速路通行效率,也不利于快速路出入口的布设,因此不建议采用短隧道形式。

全段隧道:长隧道一般用于一线城市地面交通即将达到极限,道路资源已经无法满足现有交通量需求,未来道路扩建或改造极为困难,或者穿过山岭、江河湖等自然障碍的情况,用于缩短道路路程。该种方式造价较高、地形障碍较大,且近期交通量需求无法达到长隧道道路通行所能承载的能力。

局部隧道：局部隧道更适宜项目所在城市快速路系统。相对于短隧道，局部隧道结合了短隧道和长隧道的优点，能够更灵活地满足交通需求，使出入口的布设及快速路与地面道路的衔接有更充足的设计空间，同时保持了地面道路的完整性，也不会对城市商业区及政务区造成割裂；相对于全段隧道，局部隧道造价较低。因此，东海大道快速路朝阳路—环湖西路路段采用局部隧道。

故东海大道（华光大道—曹山路）整体采用局部隧道快速路，部分路段采用地面交织的形式。

(3) 路段设计

①华光大道—朝阳路路段。

考虑周围用地情况，该段处于城市靠近西边且交通量不大，建议东海大道在原有道路基础上改造为地面式快速路，其占地较少、对城市空间和周围环境影响较小。该段标准断面为双向六车道快速路，两侧机非混行；快速路设计速度80km/h，两侧辅路设计速度40km/h。

地面式快速路通过下穿隧道与沿线交叉口相交。

②朝阳路—解放路路段。

考虑铁路拆除，该段处于城市中心地带且东海大道与朝阳路交叉口流量较大，主干路、次干路、支路交叉密集，应尽量减少对周围路网的影响，建议全线大部改造为隧道式快速路，其对城市空间和周围环境影响较小，能够充分应用空间资源，缓解该路段的拥堵情况。如果该路段全部采取地面式快速路，会对城市中心造成割裂，而高架式则影响城市美观。因此，建议建设隧道式快速路，在延安路—航华路路段增加地面交织段。

地面断面为双向六车道快速路，两侧机非混行；快速路设计速度80km/h，两侧辅路设计速度40km/h，隧道断面为双向六车道。

③解放路—曹山路路段。

该段地处市中心，被定位为政务和商务中心，分布着商业综合体以及政府机构，若设置高架路，则会对周边环境产生较大的不利影响。考虑周围用地情况和支路衔接情况改造为隧道式快速路，并在宏业路—雪华山西路路段采用地面交织段，其占地较少，最大限度降低了对城市空间和周边环境的影响。

东海大道延安路—宏业路路段规划有城市轨道交通3号线，方案深化时需注意该段为隧道式快速路，协调好快速路与轨道交通布设关系。环湖西路—曹山路路段需通过跨龙子湖，直接按照龙湖大桥的道路断面通过即可。

朝阳路—曹山路路段总体方案和出入口确定如图6-46、图6-47所示。

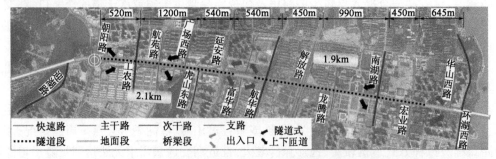

图6-46 朝阳路—曹山路路段快速路方案

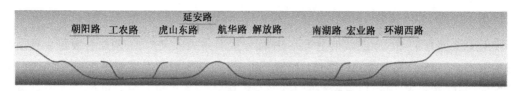

图 6-47 朝阳路—曹山路路段出入口示意图

二、主干道设计示例

1. 现状分析

(1) 项目位置

该干道位于项目所在城市经济技术开发区南北向中轴线,干道为中心城区"十一横十纵"一般性主干路的十纵之一,为中心城区景观结构的"四轴"之一,为经济技术开发区的"一心、二轴、两区、四园"规划布局的两轴之一,是开发区南北向空间发展轴,串联体育休闲区、商住混合区、生态绿化区、商务办公区,集中体现开发区的核心功能定位。

(2) 规划目标

在原有干道的基础上对其向北进行延伸,以满足城市发展需要与居民出行需求。该干道北延工程沿线与16条规划道路相交,其中与1条高速公路相交,与4条城市主干路相交;沿线用地主要以居住、商业、绿地为主,部分地块规划为体育设施用地和学校用地。干道北延部分规划为双向八车道城市主干路,道路红线宽段80m,绿线宽段140m,桥梁规划宽度58m。

(3) 道路状况

现状干道为双向八车道城市主干路,设计速度60km/h,断面布置为:3m(人行道)+2m(慢行绿化带)+8m(非机动车道)+10m(机非分隔带)+30m(机动车道)+10m(机非分隔带)+8m(非机动车道)+2m(慢行绿化带)+3m(人行道),全宽76m(图6-48)。

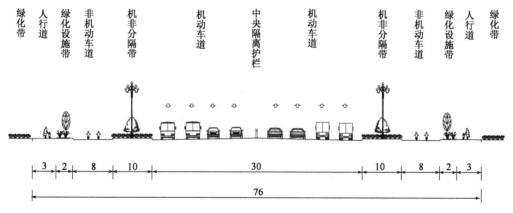

图 6-48 道路现状横断面图(尺寸单位:m)

(4) 交通量预测结果

干道北延部分交通量预测结果见表6-21。

交通量预测结果(单位:pcu/d)　　　　　表 6-21

年份	2022年	2027年	2032年	2042年
交通量	12602	19605	26120	39455

2. 设计方案

该干道北延为双向八车道城市主干路,中间设置有中央隔离护栏,两侧各设置2条小客车专用车道(2×3.25m)和2条混行车道(2×3.5m);非机动车道考虑沿线停车需求,按照7m宽度设置;沿线设置2座大桥;在道路断面上布置5m绿化机非分隔带和27m红线外侧绿带。设计注重道路构筑物与周边景观相融合,体现人与自然的融合。

(1) 平面设计

北延道路的设计中线按照规划中线布置为直线形式。

(2) 纵断面设计

主线:最大纵坡2.4%,最小纵坡0.3%,最大坡长518.598m,最小坡长150m;凸曲线最小半径1800m,设置在河道1桥段;凹曲线最小半径5800m,设置在河道1桥段和河道2桥段落地位置,纵断面各项指标均满足设计速度60km/h的规范值。

(3) 横断面设计

该干道绿线宽120m,红线宽66m,具体断面布置为:6m(人行道)+7m(非机动车道)+5m(机非分隔带)+14.75m(机动车道)+0.5m(中央隔离护栏)+14.75m(机动车道)+5m(机非分隔带)+7m(非机动车道)+6m(人行道);红线外侧各设置27m绿化带(图6-49)。

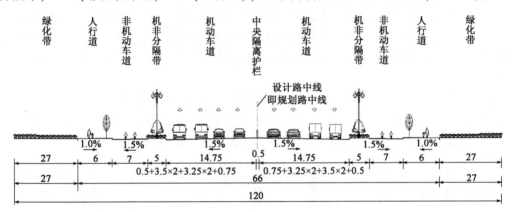

图6-49 主干道横断面图(尺寸单位:m)

(4) 安全设施设计

安全设施包括交通标志、标线、防护设施等。

(5) 交通标志设计

根据总体原则,结合该干道的实际线形,具体设计如下:

① 在距离停止线50m处设置指路标志。

② 机非分隔带端头设置机动车、非机动车指示标志。

③ 桥下适当位置设置限制高度标志。

④ 路段人行横道线前设置人行横道指示标志。

⑤ 在路口适当位置设置路名牌。

(6) 交通标线设计

① 根据路宽来划分车道。车道边缘线为宽度15cm的实线,车道分界线为宽度15cm的"6-9m"虚线。

②在路口前适当位置设置导向箭头,用以指导车辆转换车道。
③结合机非分隔带上的安全岛,设置人行横道线。
④在公交站位置设置公交车停靠站标线。
(7)防护设施设计
全线设置中央隔离护栏,同时在部分重要路段设置机非防撞隔离护栏、中央防撞护栏、人行道栏杆。

【复习思考题】

1. 简述路段人行横道的设置原则。
2. 简述路段设置机非隔离栏的主要考虑因素。
3. 简述快速路的主要形式划分及适用条件。
4. 某路段的设计车速为60km/h,由双向三车道变为双向两车道,车道宽度为3.5m,试计算渐变段的长度,并画出渐变段标线设置方案。
5. 试绘制路段人行横道设置示例图,并标注必要的交通设施设置方案。

第七章
公共交通优先通行交通设计

第一节 概　述

公共交通系统是城市客运的重要组成部分。实施公交(指公共交通)优先策略对于缓解城市交通拥堵、促进节能减排、建立可持续发展的综合交通系统具有重要意义。

一、城市公共交通及其系统

城市公共交通是城市中供公众使用的经济方便的各种客运交通方式的总称。狭义的公共交通是指在规定的线路上,按固定的时刻表,以公开的费率为城市公众提供短途客运服务的系统。广义的公共交通系统是指所有供公众使用的交通方式,包括客运和货运、市内和区域间运输的总体,但一般意义上的公共交通系统主要指面向客运的公共交通系统。

根据《城市公共交通分类标准》(CJJ/T 114—2007),城市公共交通系统(主要指客运)按照系统形式、载客工具类型、客运能力等可以分为城市道路公共交通、城市轨道交通、城市水上公共交通和城市其他公共交通(如索道)四大类。其中城市道路公共交通又分为常规公共汽电车、快速公共汽电车系统、无轨电车和出租汽车四类。本书关注的重点是分布最为广泛、与道路交通联系极为密切的常规公共汽车。

城市常规公共汽车灵活机动、成本较低,是城市公交系统的主体,与其他公交方式共同构成多层次的立体交通网络,在城市客运系统中发挥着重要作用。公共交通在城市客运系统中的位置如图 7-1 所示。

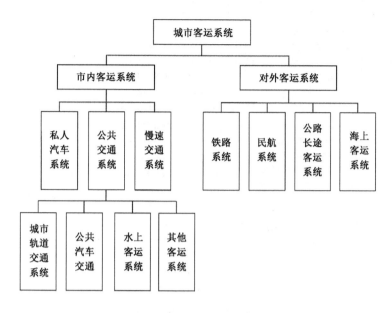

图 7-1　公共交通在城市客运系统中的位置

二、公交优先发展的内涵

广义而言,"公交优先"是指一切有利于公共交通优先发展的政策和措施。具体来说,公交优先的内容应当包括:政府在综合交通政策上确立公共交通优先发展的地位;在规划建设上确立公共交通优先安排的顺序;在资金投入、财政税收上确立公共交通优先的扶持做法;在道路通行权上确立公共交通优先的权利。"公交优先"体现的是城市和交通发展的一种观念和意识,它要求法规、政策、规划、设施建设和运营管理等都在"公交优先"的目标下统一起来,作为一项社会系统工程共同实施。

狭义上,"公交优先"是指在交通控制管理范围内,公共交通工具在道路上优先通行的措施,例如城市交通规划和管理中的公交专用车道或专用路、港湾式公交停靠站、信号交叉口公交优先通行等。由于公交在运营过程中会受诸多随机干扰因素的影响(一般把干扰因素分为运行与运营层面,前者主要指外部行驶环境,后者主要指内部运营管理),很容易出现公交车辆速度慢、候车时间长(串车、到达不均匀)、拥挤等现象,从而影响公交系统的服务水平和吸引力。因此,在公共交通设计上体现公交优先策略,是促进公交系统高效运行的保障,也是发挥公交设施功能、提升系统总体运输功能、提高公交吸引力的重要途径。

三、公共交通设计的一般方法

公共交通设计的基本流程分为基础资料调查收集、现状问题分析、未来需求预测、设计目标确定、方案优化设计、方案评价分析等步骤。公交优先设计流程如图 7-2 所示。

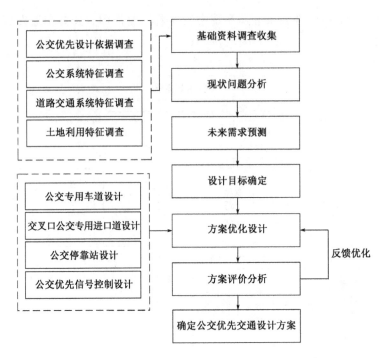

图 7-2　公交优先设计流程

第二节　公交专用车道设计

一、公交专用车道的设置原则

交通资源作为一种公共性资源,其分配原则应以社会权利公平、高效和城市可持续发展为目标。通过公交优先提高道路的客运通行效率恰恰是提高交通效率并实现交通公平的重要手段。虽然为公交车辆提供道路优先通行权的方式灵活多样,但其目标是一致的——使公交车平均运营速度提高,道路通行能力增加,非公交站点停车次数降低,延误减少。

美国交通研究委员会提出的公交道路优先权规划实施原则如下:

(1)公交优先通行应作为一个综合系统来发展,以提高公交车辆的速度和准点率。

(2)公交优先通行措施的最终目标是最大限度增加乘客通行量和减少延误,总的来说,应节省所有出行者的平均行程时间。

(3)公交优先通行方法应在不使其他交通过度恶化的原则下促进公交服务。

(4)与现存的和潜在的需求量和效益有关的费用应该是合理的。

(5)从公交优先通行方法获得的效益应与实施以前的延误程度成比例。

公交专用车道设置必须遵循公平原则、效益原则和可行性原则。

基于公平性原则,公交专用车道运送的乘客数不应小于一条机动车道达到饱和时能运送的旅客人数。考虑道路实际饱和度一般小于1,且道路上各种车辆混合行驶并混有货运车辆,一条道路上公交客流量大于该道路平均每车道的客流量就可以设置公交专用车道。

设置公交专用车道还需要满足效益原则,即设置公交专用车道后要有正效益。如果道路饱和度较低,运行状况良好,公交车速较高,设置公交专用车道后并不能明显提高公交车运行速度和质量,则不需设置公交专用车道。如果道路饱和度较高,其他车辆对公交车严重干扰导致公交车行程车速过低,则应设置公交专用车道,保证公交车辆基本的运送速度。但要考虑专用车道上公交车的数量和客运量,避免道路资源的浪费,即从公交专用车道及其他车道的整体效益角度评价公交专用车道的效益,最为重要的3个评价指标是行程车速、客运能力和道路使用者出行时间节省。

公交专用车道设置还要满足基本的道路设施条件。道路设施条件包括机动车道数、非机动车道的形式、车道隔离方式、停靠站形式与位置、路段两端交叉口的状况、路段两侧开口数等,其中,最主要的指标为车道数及车道宽度。

二、公交专用车道分类

公交专用车道按车道在道路断面上的位置可分为3种:路侧型公交专用车道、路中型公交专用车道和次路侧型公交专用车道。3种形式的选择,应基于道路条件、公交车流特征和停靠站的纵向位置确定。

1. 路侧型公交专用车道

路侧型公交专用车道设置在道路的外侧机动车道上,可以直接沿边缘车道进出停靠站,不必穿越其他机动车道,但受道路沿线出租汽车上下客及进出道路车辆的干扰。路侧型公交专用车道是最普遍的一种公交专用车道设置形式,我国已有的公交专用车道多采用这一形式。

路侧型公交专用车道适用于在前方交叉口右转或直行公交车流量较多,且机动车道与非机动车道(或人行道)之间采用物理分隔,路侧机动车进出口和出租汽车停靠站均较少的情况(图7-3)。

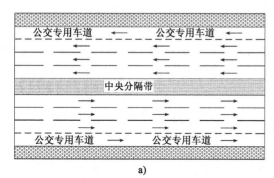 

图 7-3　路侧型公交专用车道

路侧型公交专用车道的优点:

(1)便于设置公交停靠站

传统的公交停靠站一般都设置在路外侧的人行道上或机非分隔带上,这种停靠站对乘客等候、上下车及出行都比较方便,不需要穿越道路,保障了乘客的出行安全,符合人们的出行心理。而当公交专用车道设置在路外侧时,停靠站也应该设置在道路外侧,因而仍然可以发挥这种停靠站的上述优势。此外,道路外侧用地也更有利于设置港湾式停靠站。

(2)不需要对公交车辆的乘客门进行改造

传统公交车辆运行时都是靠路侧停靠,因此乘客门都设置在车厢右侧。而当公交专用车道设置在路外侧时,由于停靠站仍然设置在道路外侧,因此不需要在车厢右侧设置乘客门。

(3)实施方便,投资少

通常可以利用已有的公交停靠站,甚至可以利用非机动车道。在机动化发展较快或公交服务体系较成熟的城市或区域,自行车出行比例已逐渐下降,这就使得原有的非机动车道得不到有效利用,甚至出现非机动车道处于闲置状态,而机动车道上经常出现交通拥挤和阻塞现象。因此,可以因地制宜,将道路的非机动车道改造成公交专用车道,原有的非机动车可以移至人行道上(当人行道宽度较大且非机动车流量较小时)或相关平行道路上(当非机动车流量较大时)行驶。

路侧型公交专用车道的缺点:

(1)容易受到路侧干扰

如果在公交专用车道与非机动车道(或人行道)之间不采用物理隔离,则公交车辆的运行很容易受到非机动车和行人的干扰。此外,路侧单位出入口或支路口车辆进出时需要和专用道上的公交车辆进行交织,也容易干扰公交车辆的正常运行。

(2)不利于公交车左转运行

当公交专用车道设置在路外侧时,在前方交叉口需要左转的公交车辆必须从外侧专用车道跨越多个车道向内侧移动,不仅影响社会车辆的运行,而且阻碍了左转公交车的运行。

(3)不利于社会车辆右转运行

当社会车辆在前方交叉口需要右转时,需要和专用道上的直行公交车交织,因而既不利于社会车辆在前方交叉口右转,同时社会车辆在前方交叉口右转也干扰了直行公交车辆的运行。

(4)不利于设置出租汽车停靠站

当公交专用车道设置在路外侧时,不宜设置出租汽车停靠站。如果设置出租汽车停靠站,则会对专用道上公交车辆的运行产生较大的干扰。

2. 路中型公交专用车道

路中型公交专用车道设置在与道路中央分隔带相邻的两侧车道上,不受沿线进出交通的干扰,运行速度较高,有利于减少公交车辆的路段延误。它是一种比较彻底的公交专用车道模式,被认为是理想的公交专用车道的方案。

路中型公交专用车道适用于道路交叉口间距比较大,且要求道路中间有较宽的物理分隔带,以便设置公交停靠站(图7-4)。

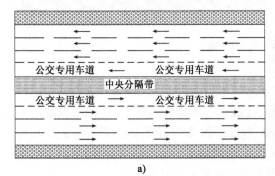
a)

b)

图7-4 路中型公交专用车道

路中型公交专用车道的优点：
(1)不受路边停车影响。
(2)没有非机动车影响。
(3)不受沿街支路口和单位进出交通的影响。因此，公交车辆可以较高的速度运行，有利于减少公交车辆的路段延误。

路中型公交专用车道的缺点：
(1)不利于设置公交停靠站

为方便公交车辆的停靠，路中型公交专用车道的停靠站最好应设置在中央分隔带上，以利用分隔带的宽度提供乘客候车所需要的空间。如果道路没有中间分隔带，或中间分隔带较窄（宽度在 2m 以下），则难以设置停靠站。此外，为方便乘客进出公交停靠站，停靠站需要设置在信号交叉口的进出口道附近，以借助交叉口的行人信号灯。如果停靠站设在路段，则需要加装信号灯，不仅会加大对路段车辆的影响，而且不利于节约成本。

(2)不利于右转公交车的运行

当公交专用车道设置在路中时，在前方交叉口需要右转的公交车辆必须从内侧专用道跨越多个车道向外侧移动，不仅影响直行和左转社会车辆的运行，而且阻碍了右转公交车的运行。

(3)不利于社会车辆左转运行

在无信号控制的交叉口，当社会车辆在前方交叉口需要左转时，需要和专用道上的直行公交车交织，因而不利于社会车辆在前方交叉口左转，同时社会车辆在前方交叉口左转也干扰了直行公交车的运行。

(4)增加了乘客的安全隐患

若公交车沿中央分隔带行驶停靠，则乘客上下车必须穿越道路，在乘客穿越道路的过程中增加了安全隐患。

3. 次路侧型公交专用车道

次路侧型公交专用车道设置在次外侧车道，即公交专用车道两侧都有同方向的社会车辆，是路中型公交专用车道和路侧型公交专用车道的折中方案。该类型公交专用车道可以减少沿线进出交通流对公交车辆行驶的影响，然而公交车辆进出停靠站时与外侧车流存在交织，同时外侧车道的车流驶入主线需要跨越公交专用车道。

次路侧型公交专用车道适用于资金较少、非机动车较多且无机非物理隔离设施、交叉口直行公交车流量较大的情况（图 7-5）。

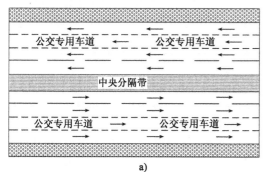
a)

b)

图 7-5 次路侧型公交专用车道

次路侧型公交专用车道的优点：

(1) 不受路边停车、非机动车、路侧进出交通等因素干扰。

(2) 公交专用车道可以一直延伸到交叉口，减少公交车与社会车辆的交织，也便于为公交车辆提供优先通行信号。

(3) 对路幅要求不高，投资少，实施方便。

次路侧型公交专用车道的缺点：

(1) 不利于公交车辆进站停靠

由于公交停靠站只能设置在路侧或路中央分隔带上，因此在路中间公交专用车道上行驶的公交车辆如果要进站停靠，就必须变换车道，不仅对社会车辆的正常行驶产生干扰，而且增加了公交车辆的延误。

(2) 不利于转向公交车辆的运行

公交车辆在前方交叉口左转或右转时，会与直行社会车辆存在相互干扰。

(3) 对社会车辆的行驶造成一定的阻隔

公交专用车道左侧车道上的社会车辆如需在前方交叉口右转、公交专用车道右侧车道上的社会车辆如需在前方交叉口左转都必须穿越公交专用车道，因此次路侧型公交专用车道也容易被社会车辆占用。

三、公交专用车道设计

1. 公交专用车道设置条件

是否设置公交专用车道，应从需求和供给两个方面进行分析。需求条件，即交通条件，主要考虑待设专用道的道路沿线公交车流量以及公交客流需求量等条件；供给条件，即道路几何条件，主要考虑道路车道数以及路幅宽度等条件。下面给出中美两国不同机构规定的公交专用车道设置条件以供参考（表7-1、表7-2）。

我国公交专用车道设置标准　　　　　表7-1

制订部门		交通条件	道路几何条件
中华人民共和国公安部	应设置公交专用车道的条件	①路段单向公交客运量大于6000人次/高峰小时，或公交车流量大于150辆/高峰小时； ②路段平均每车道断面流量大于500辆/高峰小时	路段单向机动车道三车道以上（含三车道）或单向机动车道路幅总宽不小于11m
	宜设置公交专用车道的条件	①路段单向机动车道四车道以上（含四车道），断面单向公交车大于90辆/高峰小时； ②路段单向机动车道三车道，单向公交客运量大于4000人次/高峰小时，且公交车流量大于100辆/高峰小时； ③路段单向机动车道两车道，单向公交客运量大于6000人次/高峰小时，且公交车流量大于150辆/高峰小时	

续上表

制订部门		交通条件	道路几何条件
北京市质量技术监督局	城市快速路公交专用车道设置条件	①公交运送速度不大于40km/h； ②公交断面客流量不小于4000人次/h； ③公交车流量不小于150标准车/h； ④单向四车道路段公交客流在通道客流中所占比例不小于25%，单向三车道路段公交客流在通道客流中所占比例不小于30%	单向机动车道三车道以上（含三车道）
	除城市快速路以外的其他城市道路及公路公交专用车道设置条件	①公交运送速度不大于20km/h； ②公交断面客流量不小于1500人次/h； ③公交车流量不小于60标准车/h； ④单向三车道路段公交客流在通道客流中所占比例不小于30%，单向两车道路段公交客流在通道客流中所占比例不小于50%	单向机动车道两车道以上（含两车道）
中国台北		①高峰小时单向公交车数不小于60班次； ②12h单向公交车数不小于400班次	①有效行车路宽不小于30m，或单向行驶道路宽度不小于20m； ②单向车道数不小于三车道； ③车道净宽不小于3m

美国公交专用车道设置标准 表7-2

制订部门		交通条件	道路几何条件
美国交通工程手册	高峰时间使用路缘车道	①高峰时间交通量达到每小时60辆以上，且车上乘客超过3000人； ②高峰时间公交车载客量至少应较该道路所有其他车辆多50%	路幅宽度除公交专用车道外，同一方向至少尚需两车道供其他车辆行驶
	部分时间使用中间车道	①高峰时间交通量达到每小时60辆以上； ②高峰时间公交车载客量至少应较该道路所有其他车辆多50%	①在双向车道上，至少需要四车道宽度； ②在单行道上，其路幅至少需有三车道
	全天候使用中间车道	①高峰时间交通量达到每车道每小时75辆以上，或12h内500辆以上； ②高峰时间公交车载客量至少应较该道路所有其他车辆多50%以上，在12h内公交车载客量应超过其他车辆的所有乘客数	①在双向车道上，除公交专用车道外，至少需要四车道供其他车辆行驶； ②在单行道上，路幅宽度除公交专用车道外，其两侧至少尚需有两车道供其他车辆行驶

2. 公交专用车道宽度

为保障公交车辆的正常行驶，同时又不浪费有限的道路资源，公交专用车道的宽度可取 3.25～3.75m。在交叉口处，由于速度降低，公交专用车道宽度可适当压缩，但不应小于3.0m。《公交专用车道设置》（GA/T 507—2004）规定的公交专用车道宽度见表7-3。

公交专用车道宽度　　　　　　　　　　表 7-3

设计项目	规定取值	设计项目	规定取值
路段最大值	3.75m	交叉口处	不小于 3.0m
路段最小值	3.25m	—	—

3. 公交专用车道隔离及视认

1) 公交专用车道的隔离

为了明确公交专用车道在规定时段内只允许公交车辆专用的路权，禁止社会车辆驶入公交专用车道，必须通过一定的措施将公交专用车道与其他车道隔离，公交专用车道的隔离一般采用以下两种方式。

(1) 交通标线

公交专用车道线由黄色虚线及白色文字组成，表示除公交车外，其他车辆及行人不得进入该车道。黄色虚线的线段长和间隔均为 400cm，线宽为 20cm 或 25cm，标写的文字为：公交专用或 BRT 专用，如该车道为分时专用道，可在文字下加标公交车专用的时间。相对于采用硬质设施隔离，它有如下优点：①工程量较小，实施简单，改造也容易，投资较少；②便利于公交车辆进出专用道。但这种划线式隔离的最大缺点是公交专用车道易被社会车辆占用，尤其是当社会车道饱和度较高时，专用道的专用权常常得不到保证。

公交专用车道采用划线式隔离适用于需要进出专用道进行停靠或转向行驶的公交车流量大且路段社会车辆车道饱和度较低的情况（图 7-6）。

(2) 硬质隔离

道路上的硬质隔离设施包括栅栏、带路缘石的绿化带、道钉等，公交专用车道采用硬质设施与非公交车专用道进行隔离的最大优点是专用道不会受到社会车辆的干扰，真正能体现公交专用的功能。但其不足之处在于公交车辆不能驶离专用道，如果专用道只有一条车道，一旦车辆发生事故而停车，后面的公交车辆将无法超车，会造成交通阻塞，使整条专用道瘫痪。

硬质隔离的公交专用车道仅适用于设置在饱和度比较低且全天仅供公交车使用的道路上（图 7-7）。

图 7-6　交通标线隔离　　　　　　　　　　图 7-7　硬质隔离

2) 公交专用车道的视认

为了更有利于驾驶人辨认公交专用车道，可采取一些措施增强公交专用车道的视认性。

(1) 铺设彩色路面:把公交专用车道路面用规定的某种颜色铺装,与一般车道形成色彩反差,以便驾驶人视认(图 7-8)。

(2) 设置标识与标线:在车辆进入公交专用车道之前,给予足够的提示,主要通过交通标识牌和地面车道标线来实现。公交专用车道在下列地方需要有专门标识:

①专用道起点设置标识,提示公交车和社会车辆驾驶人注意专用车道的起点及前方车道功能区别。

②路段上设置提示其他车辆和转向车辆在适当位置进出专用车道的标识。

③专用进口车道标识,提示交叉口处公交专用车道功能或提示右转车变道的标识或公交专用车道的回授线标识(图 7-9)等。

图 7-8 彩色路面公交专用车道(图中公交专用车道为红色)

图 7-9 公交专用车道回授线

3) 公交专用车道的时段性

公交专用车道分为全时段和限时段两类,分别表示在限时段或全时段私家车不得驶入公交专用车道。军车、警车、消防车、救护车、校车、抢险救援车、公交运营保障车辆,在执行任务时可借用公交专用车道行驶。私家车可以在出入口穿越公交专用车道,但不得在公交专用车道行驶,公交站牌前后 50m 禁止私家车及其他车辆停靠。其中,限时段类型的公交专用车道一般利用标线或标志来提示驾驶人公交车辆专用时段,如图 7-10、图 7-11 所示。

a) 限时段

b) 全时段

图 7-10 公交专用车道时段性交通标志

a)限时段　　　　　　　　　　　b)全时段

图7-11　公交专用车道时段性交通标线

第三节　交叉口公交专用车道交通设计

一、基本原则

交叉口公交专用进口道都设置在建成区交通流量较大的主要交叉口。在城市现有道路交叉口设置公交专用进口道不同于新建道路交叉口，应综合考虑公交优先需求与设置可行性，协调各方面的关系，并遵循如下原则：

(1) 在保障公交优先通行的同时不对社会车辆产生大的影响。
(2) 尽可能不影响交叉口的通行能力，降低人均延误，保障交叉口通行顺畅。
(3) 尽量在交叉口为公交车辆提供或预留优先通行空间。
(4) 充分利用现有道路设施，降低改造工程量，避免大拆大建。
(5) 将专用道设计与单位出入口行人过街等交通组织优化相结合。

二、公交专用进口道设计

交叉口公交优先设计的核心目标之一是协调各类交通流，降低公交车辆在交叉口的延误以及公交优先对社会车辆通行效率的不利影响。公交专用进口道是指通过交通标志标线或其他工程措施将信号交叉口的一个或多个进口道指定为公交车辆专用，其他社会车辆（不包含特殊车辆）不允许进入，以此保证公交车辆在交叉口进口道上同社会车辆分离。红灯时公交车辆不需混杂在其他社会车辆中间排队等待，减少了社会车辆对公交车辆的干扰。当前方没有公交车辆排队时，在社会车辆之后到达的公交车辆可直接到达停车线处，绿灯启亮后可第一时间通过交叉口，从而减少公交车辆在交叉口的延误。

1. 设置公交专用进口道的考虑因素

交叉口公交专用进口道也有内侧和外侧之分。布设在内侧的专用进口道有利于左转和直行公交线路的通行；布设在外侧的专用进口道则有利于右转和直行公交线路的通行，但易与右转社会车辆存在交织，需要辅以相应的信号控制措施。专用进口道设计需要考虑如下因素：

(1) 公交车辆占有一定的比例。当总流量为1100～2500辆/h、进口道公交车比例在20%～30%之间时,应设公交专用进口道。

(2) 公交车辆行驶轨迹平顺。若路段设置公交专用车道,为使公交车辆行驶轨迹平顺,最好将专用道顺延到交叉口,也有利于提高公交车辆通过交叉口的效率。

(3) 交叉口人均通行效益。当道路资源有限时,若设置公交专用进口道对其他车辆通行效率影响过大,亦即导致整个路口人均延误增加,则不宜设置公交专用进口道。

2. 公交专用进口道设置条件

车辆在交叉口的延误与进口道的饱和度成正比。因此,设置公交专用进口道之后,公交专用进口道上的饱和度必须小于或等于同流向社会车辆进口道的饱和度,否则会增大公交专用进口道上公交车辆的延误。

假设信号周期中的某个进口有 N 个进口车道,其中 N_b 个车道设置为公交专用进口道,剩下的 N_s 个车道作为社会车辆的进口道。该进口总的车辆到达率为 Q(单位:pcu/s),其中公交车辆与社会车辆的到达率分别为 Q_b(单位:pcu/s)和 Q_s(单位:pcu/s),则有:

$$N = N_b + N_s \tag{7-1}$$

$$Q = Q_b + Q_s \tag{7-2}$$

要使公交专用进口道上的饱和度不大于同流向社会车辆进口道的饱和度,则:

$$\frac{Q_s}{N_s} \geqslant \frac{Q}{N} \geqslant \frac{Q_b}{N_b} \tag{7-3}$$

虽然设置公交专用进口道可减少公交车辆在交叉口的延误,但如果设置不当,往往很容易给社会车辆造成不便:一是可能会降低社会车辆的进口道通行能力,严重时甚至会出现社会车辆阻塞而不能通过交叉口;二是公交车辆与社会车辆在变换车道时,容易使得车流出现拥挤和紊乱,导致行车速度降低,增加社会车辆的延误。因此,交叉口在设置公交专用进口道之前,应充分考虑道路条件及交通流特点,尽量减少对车流的干扰因素,以保证车辆的正常运行。具体地说,公交专用进口道的设置条件包括道路条件和交通量条件。

1) 道路条件

在没有转向限制的情况下,一个交叉口可以有左转、直行、右转3个进口方向。如果需要在某一进口方向设置公交专用进口道,该方向必须有两个或两个以上的进口车道,也就是说,在设置公交专用进口道之后,该进口方向必须有剩余进口道供社会车辆使用。

2) 交通量条件

公交车占总流量的比例应达到一定的标准,高峰小时公交车的流量应达到90辆/h以上。另一方面,当交叉口交通量接近饱和时,不宜设置公交专用进口道。因为设置公交专用进口道之后,交通流将按社会车道进口道和公交车辆进口道重新分布,车道饱和度也随之变化。因此,如果在设置公交专用进口道之前,交叉口交通量已接近饱和,则设置公交专用进口道之后,很可能会使得某个进口道出现过饱和状态,导致交叉口交通严重阻塞。

为提高交叉口的利用效率,应该在左转、直行、右转3个方向中选择公交车到达率最高的方向设置公交专用进口道。当然,如果道路和交通量条件许可的情况下,一个交叉口的一个入口可同时在左转、直行、右转3个进口方向设置公交专用进口道。

3. 公交专用进口道设计方法

公交专用进口道在交叉口横断面的布置设计，与道路交叉口的整体交通条件、公交停靠站位置、停靠站形式等密切相关。将公交专用车道路段与交叉口进口设置形式结合，根据公交进口道设置位置可以分为 5 种：路侧型公交专用进口道、次路侧型公交专用进口道、路中型公交专用进口道、锯齿型公交专用进口道和回授线混行公交进口道，具体类型如图 7-12 所示。

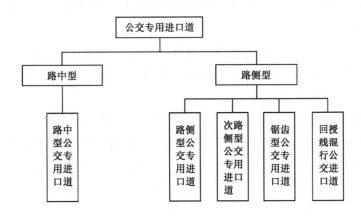

图 7-12　公交专用进口道类型

主要的公交专用进口道设计方法如下：

1) 路侧型公交专用进口道设计

这种方法适用于路段已经设置路侧式专用道的情形，有利于公交车辆平顺行驶。当交叉口设有展宽段时，公交专用进口道沿展宽段设置。该方法存在公交车与右转车的交织，若右转车流量不大，右转车可共用专用进口道；若右转车流量较大，则将路侧型公交专用进口道毗邻的进口道设为右转专用车道，并辅以右转专用相位。设计方案如图 7-13 所示。

当停靠站设于交叉口附近时，宜与进口道展宽一体化设计，不仅易于减少公交车行驶的不平顺性，而且可以省去加速过渡段，公交车进站停靠完毕后直接行驶至专用进口道，如图 7-14 所示。

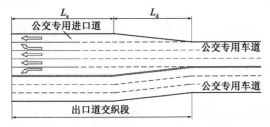

图 7-13　未设停靠站的路侧型公交专用进口道示意图
L_s-排队长度；L_d-渐变段长度

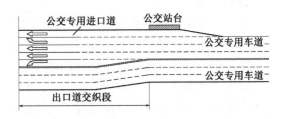

图 7-14　设有停靠站的路侧型公交专用进口道示意图

路侧型公交专用进口道的优点：直行公交车不必变换车道或者同社会车辆交织混行即可通过交叉口，减少社会车辆对公交车的干扰，能有效减少交叉口公交车辆的延误；在公交站点上下车的乘客不必穿越机动车道即可到达人行道，减少了行人过街对机动车运行的影响，而且乘客上下车方便、安全。

路侧型公交专用进口道的缺点：由于左转公交车不能使用右侧公交专用进口道，该类型公交专用进口道不适用于左转公交车辆多的路口;可能需要增加右转相位,以使右转车与直行车放行时间没有冲突,当右转车流量较大时,造成交叉口通行能力的显著下降。不增加右转相位,直行公交和右转社会车辆在交叉口内存在冲突,对车辆通行造成一定影响,并且存在安全隐患。

2)次路侧型公交专用进口道设计

不论路段是否设置公交专用车道,只要交叉口公交车比例达到一定值,或公交车辆通行效益低于其他车辆,均可以考虑设置次路侧型公交专用进口道。

若路段专用车道设置在次路侧车道,进口道上游未设停靠站,则可直接将专用道延伸至进口道作为公交专用进口道,如图7-15、图7-16所示。

图7-15 次路侧型公交专用进口道(无拓宽)示意图

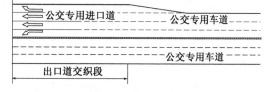

图7-16 次路侧型公交专用进口道(有拓宽)示意图

次路侧型公交专用进口道的优点:直行公交车辆由公交专用进口道可以直接通过交叉口,避免了同左右转车辆的冲突,能够适应右转车流较大的情况,且无须改变现有交叉口信号相位即可避免设置公交专用车道带来的交叉口内冲突。

次路侧型公交专用进口道的缺点:可能会占用较多的土地资源,并且拓宽设置不合理会造成右转车辆堵塞公交专用车道的情况,给公交车带来巨大延误。

3)路中型公交专用进口道设计

路段公交专用车道沿中央分隔带设置时,为保证公交车辆行驶的连续性,可直接将路段专用道延伸至进口道;当左转社会车辆较多时,在公交专用进口道右侧设左转专用进口道,如图7-17所示。

当进口道设置停靠站时,为减少左转车辆与直行公交车辆的交织,仍将左转车道设置于公交专用进口道的左侧,左转社会车辆可利用公交停靠站处的超车道进入左转进口道,如图7-18所示。此时左转社会车辆将会与直行的公交车辆存在交织,因此,在设计快速或干线公交专用车道时应谨慎使用。

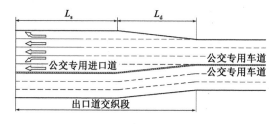

图7-17 未设停靠站的路中型公交专用进口道示意图
L_s-滞留长度;L_d-渐变段长度

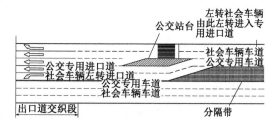

图7-18 设有停靠站的路中型公交专用进口道方法(一)示意图

当道路条件受限时,进口道可不设超车道,宜采用如图7-19所示的渠化设计模式。值得注意的是,此时为了减少公交停靠对交叉口通行能力的影响,公交停靠站规模(停靠站路数)不宜过大,一般停靠线路以3~5条为宜。

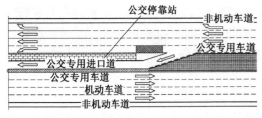

图7-19 设有停靠站的路中型公交专用进口道方法（二）示意图

路中型公交专用进口道的优点：由于公交专用车道设置在路中，车辆行驶空间独立性高，受行人过街和非机动车影响最小，这种形式的公交专用进口道公交优先效果最明显，公交车速提升最多。一般快速公交（Bus Rapid Transit）常采用路中公交专用车道与新型大运量公交车辆相结合的形式，取得较高的运输效率。

路中型公交专用进口道的缺点：公交运行方向限制严重，公交车辆只能直行或者左转；若进口道设置公交站台，在站点上下车的乘客要横穿机动车道才能进出公交站点，增加了公交乘客的步行距离，同时横穿机动车道也存在安全隐患。此外，道路中间设置停靠站点必须要选择在道路较宽处，空间有限不易设置港湾式停靠站、交通量大时容易出现公交车在公交专用车道上的排队等候进出站现象。同时，直行公交车与左转社会车辆的冲突很大，必须设置左转专用相位。

4）锯齿型公交专用进口道设计

若设置一条公交专用进口道，公交车无法在一个信号周期内通过交叉口，即公交车流量大于240辆/h时，可以考虑设置锯齿型进口道（分为全部锯齿型和部分锯齿型）。在进口道通行区域内设置两条停车线，前一停车线为公交车停车线，后一停车线为社会车辆停车线，并对应于两条停车线设置相应的信号灯，如图7-20所示。

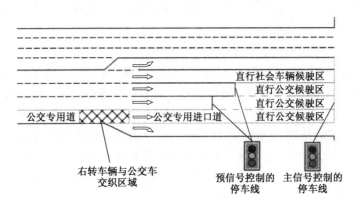

图7-20 锯齿型公交专用进口道示意图

锯齿型公交专用进口道的设置主要依据的是公交车辆的流量及比例。对于路中型、路侧型和次路侧型公交专用车道皆可设置锯齿型进口道。锯齿型进口道必须以信号协调控制为技术支撑，其实施技术性和管理要求较高，因此目前一般场合较少采用。锯齿型公交进口道长度在没有详细资料的情况下，可取50～80m。

锯齿型公交专用进口道的优点：该方法为公交车提供多条进口道，使得公交车在绿灯时间内优先通过交叉口，减少公交车的排队延误，同时增加公交车单位时间的通过量。

锯齿型公交专用进口道的缺点：设置预信号通常会导致社会车辆延误增加，需要很好地平衡公交车辆优先和社会车辆延误增大的关系。如果公交车流量小造成候驶区闲置，而其他进口道排队过长，将造成交叉口进口道资源分配不均匀、整个交叉口的通行能力下降。

4. 回授区设计

1) 回授区的概念

如果公交专用车道一直延伸到交叉口停车线(即设置专用进口道),可能会导致这样的问题:在信号控制交叉口,公交专用进口道排队的车辆较少,而其他进口道社会车辆排队较长。如果专用道沿最外侧机动车道设置,并一直延伸到交叉口,还会导致另外一个问题:右转车辆与专用道上的公交车辆存在交织(除非设置右转专用相位)。

为了解决上述两个问题,可采用设置回授区的办法,即在公交专用车道与交叉口进口车道之间设置交织区,以便社会车辆和公交车辆交织,交织区可用表示"禁停"的黄网格来标示,表示在该区域内禁止任何车辆停车,同时也表示在交织区域内社会车辆和公交车辆可以交织运行,如图7-21所示。

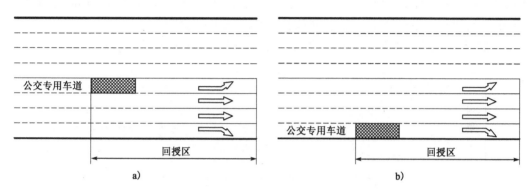

图7-21 交叉口进口道回授区示意图

2) 回授区上的通行权

一般规定在回授区的交织区,仍然公交车优先,只有在回授区上没有公交车时其他社会车辆才可以进入。

3) 设置条件

(1) 当进口道车道数较少,各进口道已接近饱和时;

(2) 当公交专用车道为路侧型专用进口道时,且右转车流量较大,无条件设置右转公交专用车道时。

4) 设置方法

一般在公交专用车道的末端设置一个交织区,以便社会车辆与公交车交织,交织区可用表示"禁停"的黄色网状线来标示,表示在交织区域内社会车辆和公交车辆可以交织运行,同时也表示在该区域内禁止任何车辆停车。

回授区长度影响因素与确定的原则:

(1) 回授区内公交车与社会车辆的交织。回授区的最短长度不能小于公交车和社会车辆的最短交织长度。

(2) 车辆排队长度的影响。当公交专用车道设置在路外(内)侧且有右(左)转专用信号灯时,回授区长度为右(左)转进口道排队长度与相邻直行进口道排队长度的较大值再加上公交车与社会车辆的交织长度;当公交专用车道设置在路中时,回授区长度为相邻两个车道方向上的车辆排队长度的较大值再加上公交车与社会车辆的交织长度。

(3)公交停靠站的影响。一般把交叉口附近的公交停靠站设在公交专用车道内。回授区设在公交停靠站前方。在满足行车条件的前提下,回授区的长度越短越好。

回授区混行公交进口道的优点:充分利用了交叉口的时间和空间资源,最大限度地发挥交叉口的通行能力。

回授区混行公交进口道的缺点:由于是混行车道,公交车优先得不到确切的保障,此外,直行公交车会阻挡转向车辆通行,导致转向车辆延误增加。

三、交叉口出口公交专用车道设计

交叉口出口道公交专用车道的起点由两部分组成,如图 7-22 所示。一部分是相交道路进口道驶入的右转车辆变换车道所需的距离 l_r,另一部分是交织段长度。l_r 应不小于 30m,一般可取 30~50m,交织段长度宜取 40m。在出口道交织段可施划有引导其他车辆向左侧并道的黄色网状线,禁止其他车辆驶入黄色网状线后的公交专用车道内。

若两路口间路段长度较短(不足 150m),则可不设公交专用车道。

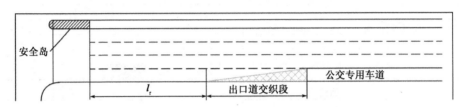

图 7-22 设置在路侧的公交专用出口道示意图

第四节 公交停靠站设计

一、公交停靠站类型

在城市公共汽车交通系统中,公交停靠站作为一种重要的基础设施起到了提供公交车辆停靠、乘客上下车服务的作用。根据公交停靠站的所处位置、设置方法及站台形式,公交停靠站具有 3 种不同的分类方法。

1. 根据所处位置分类

根据公交停靠站所处位置的不同,可以分为以下 3 种类型:

1)交叉口上游公交停靠站

上游公交停靠站指设置在交叉口上游区域进口道的公交停靠站,又称为近端公交停靠站(Near-side Bus Stops,NS)。对于交叉口上游停靠站,公交车辆进出站点受交叉口信号灯和进口道机动车辆排队长度的影响与控制。

2)交叉口下游公交停靠站

下游公交停靠站指设置在交叉口下游区域出口道的公交停靠站,又称为远端公交停靠站(Far-side Bus Stops,FS)。

3) 基本路段公交停靠站

基本路段公交停靠站指设置在两个交叉口之间,公交车辆运行、停靠不受交叉口影响的纯路段的公交停靠站,又称为中端公交停靠站(Mid-block Bus Stops,MS)。

在保证公交线路站点平均站距最优的基础上,具体某一个公交站点的定位是有较大弹性的。不同位置的公交停靠站具有不同的特点,例如位于交叉口附近的公交停靠站在减少乘客公交换乘距离的同时加剧了交叉口的瓶颈效应。设置在交叉口上游、交叉口下游及基本路段公交停靠站的优缺点总结见表7-4。

不同所处位置公交停靠站优缺点一览表　　　　表7-4

公交站点位置	优　点	缺　点
交叉口上游	①当公交车进站为红灯相位时,可以利用红灯时间上下乘客; ②公交车在车站的排队不会堵塞交叉口	①当车辆完成停靠离站时,如果信号相位为红灯,将会阻碍后面的排队公交车进站停靠; ②车站将占用一定的道路宽度,对交叉口进口道通行能力造成一定影响; ③对于路侧型公交站,公交车进出站台将与右转车辆产生冲突
交叉口下游	①公交车在完成停靠后即可离站,不受红灯阻碍; ②在设置平面过街时,乘客在停靠车辆车后过街,与车前过街相比更安全; ③交叉口各进口道汇集的线路均可以在设置出口道的车站停靠,便于实现同台换乘,避免停靠站在交叉口各个位置的重复设置	①公交车在遭遇交叉口红灯相位时,不能利用红灯相位时间上下客,会造成公交车在车站排队,从而堵塞交叉口,影响交叉口的交通组织; ②当公交车在绿灯时间相位到达交叉口,而交叉口出口道的车站又处于饱和状态时,车辆将不得不在进口道等待进站,并可能因此遭遇二次红灯排队
基本路段	①减少了交叉口停靠站所导致的车辆和行人的视距问题; ②减少了对交叉口通行能力的影响	①容易导致行人直接穿越街道,阻碍交通流正常运行,存在安全隐患; ②增加了行人通过交叉口的步行距离

2. 根据设置方法分类

根据公交停靠站设置方法的不同,可以分为以下两种类型:

1) 路侧型公交停靠站

路侧型公交停靠站是指沿城市道路人行道或机非分隔带设置的公交停靠站,如图7-23所示。对于三块板和四块板的道路,当机非分隔带宽度满足条件时,可将公交停靠站站台设置在机非分隔带上,这是我国最常见的一种设站形式。当不存在机非分隔带或机非分隔带宽度不满足条件时,可将公交停靠站站台设置在人行道上,对于这种形式的公交站,公交停靠要占用和穿过非机动车道,容易与非机动车产生冲突。

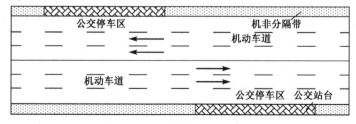

图7-23　路侧型公交停靠站示意图

2）路中型公交停靠站

路中型公交停靠站是指当沿中央分隔带在城市道路每个方向内侧车道设置公交专用车道时，为避免公交车辆进出路外侧公交停靠站时变换过多车道，而沿公交专用车道设置的公交停靠站，如图7-24所示。对于两块板和四块板的道路，当中央分隔带宽度满足条件时，可将公交停靠站站台设置在中央分隔带上；当未设置中央分隔带或中央分隔带宽度不足时，可在路中公交专用车道右侧设置停靠站。

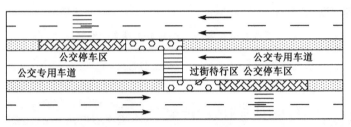

图7-24　路中型公交停靠站示意图

不同设置方法的公交停靠站具有不同的特点，例如路中型公交停靠站多用于城市资金投入较多，交叉口间距较大，交叉口左转或者直行公交车辆较多，道路较宽，进行大规模的城市道路改造，或在新建的主干道上设置公交专用车道时。路侧型及路中型公交停靠站的优缺点总结见表7-5。

不同设置方法公交停靠站优缺点一览表　　　　表7-5

公交站点 设置方法	优　点	缺　点
路侧型	①占用机动车道路资源少，投资较低，充分利用慢行交通空间，不需要建设很大的站台空间，易于实施； ②乘客候车及上下车条件好，不需要穿越马路，保障了乘客的出行安全，符合人们的出行心理； ③与现有公交车辆匹配，公交车车门不用改造	①公交车辆的运行容易受到非机动车和行人的干扰，且进出停靠站容易与右转社会车辆产生冲突； ②交叉口堵塞时，不利于左转公交的行驶； ③停车区易受到出租汽车等社会车辆的占用
路中型	①不受慢行交通及路侧进出交通的干扰，专用性强； ②公交车行驶顺畅，速度较快，体现了公交优先思想； ③减少了与其他社会车流的混行	①为保证乘客上下车的安全性，需要设置隔离栏等封闭设施或人行天桥、地下通道等连通设施，增加了建设成本； ②对道路宽度要求较高，为设置公交站台，需要减少社会机动车道宽度，影响社会车辆运行

3. 根据站台形式分类

根据公交停靠站站台形式的不同，可以分为以下两种类型：

1）直线式公交停靠站

直线式公交停靠站是传统的公交停靠站设置方式，它直接将公交停车区设置在机动车道上，如图7-23所示。因此，当公交车辆停靠时就容易形成交通瓶颈路段，对社会车辆的正常行驶和公交车辆的超车产生很大影响，当路段机动车饱和度较大时甚至会造成交通阻塞。因此，直线式公交停靠站一般适用于公交停靠站不易拓宽且机动车饱和度不大的路段。

2）港湾式公交停靠站

港湾式公交停靠站是指在公交停靠处将道路适当拓宽，将公交车辆的停靠位置设置在正常行驶的车道之外,以减少公交车辆停靠时形成的交通瓶颈对社会车辆和后到先走的公交车辆超车的影响,保证路段车辆的正常运行。设置这种形式的停靠站,通常需要占用人行道或非机动车道,因此只能在用地条件满足要求的路段才可设置港湾式公交停靠站。港湾式停靠站的设置通常可以采用以下4种方法。

(1) 全港湾式公交停靠站:机动车道在公交停靠站处没有弯曲,公交停靠区没有占用机动车道,只是向外侧拓宽挤占机非分隔带或将非机动车道与人行道进行局部弯曲而形成港湾区,如图7-25 所示。全港湾式公交停靠站完全没有改变原有机动车道的宽度和走向,公交车辆进站停靠对后续车辆影响很小,是一种比较彻底的港湾式停靠站,适用于道路两侧用地宽裕的路段。

(2) 半港湾式公交停靠站:机动车道在公交停靠站处部分弯曲,公交停靠区部分占用机动车道,同时部分向外侧拓宽挤占机非分隔带或将非机动车道与人行道进行局部弯曲而形成港湾区,如图7-26 所示。半港湾式公交停靠站较小程度改变原有机动车道的宽度和走向,公交车辆进站停靠对后续车辆有一定影响,是一种不彻底的港湾式停靠站。在我国许多城市的中心区,由于早期道路交通规划没有考虑公交港湾停靠站的建设用地,往往难以建设全港湾式停靠站,可以考虑建设半港湾式公交停靠站。

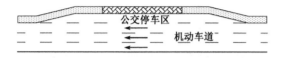

图 7-25　全港湾式公交停靠站示意图　　　　图 7-26　半港湾式公交停靠站示意图

(3) 虚拟港湾式公交停靠站:机动车道在公交停靠站处弯曲严重,公交停靠区不向外侧拓宽挤占机非分隔带或将非机动车道与人行道进行局部弯曲,而完全占用机动车道形成港湾区,如图7-27 所示。虚拟港湾式公交停靠站很大程度上改变原有机动车道的宽度和走向,公交车辆进站停靠对后续车辆有较大影响,是一种近似直线式的港湾式停靠站。在机非分隔带宽度不足且道路不易拓宽处,可以考虑建设虚拟港湾式公交停靠站。

图 7-27　虚拟港湾式公交停靠站示意图

(4) 双港湾式公交停靠站:多港湾式停靠站(通常以双港湾式公交停靠站为主)是指对公交线路进行一定的分组,从空间上对公交停靠泊位横向拉开或纵向拉开,且规定各条公交线路的停车位置,如图7-28 所示。双港湾式公交停靠站适用于公交线路较多的城市主干道,机非分隔带宽度、非机动车道或人行道宽度比较富余的情况,允许压缩机非分隔带、非机动车道和人行道宽度进行设站。

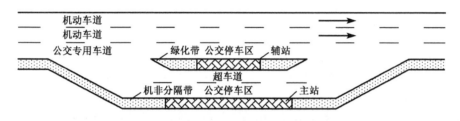

图 7-28　横向拉开的双港湾式公交停靠站示意图

不同站台形式的公交停靠站具有不同的特点,例如直线式公交停靠站虽然会占用一条机动车道,对交通流影响较大,但设置简便、成本低,且适用于不宜拓宽的路段。直线式及港湾式公交停靠站的优缺点总结见表7-6。

不同站台形式公交停靠站优缺点一览表 表7-6

公交站台形式	优 点	缺 点
直线式	①公交车进出站点容易,可减少公交车辆的站点延误; ②设计简单,建造费用较低,容易改造	①公交停靠时占用一条车道,形成道路瓶颈,降低路段通行能力,容易造成交通拥堵; ②公交停靠时尾随车辆必须减速行驶或变道,驾驶人易采取不安全操作,存在安全隐患
港湾式	①公交上下客在道路之外完成,很大程度上减少了交通延误; ②规范驾驶人的进站行为,增加安全性; ③有效地控制乘客候车范围,为公交停靠和乘客上下车提供一个安全场所,很大程度上避免了不安全因素	①公交车进出站不便,尤其是在道路交通流量大时,公交车出站困难,增大了公交车辆的站点延误; ②与直线式停靠站相比,占用空间资源大,建设费用高,不易改造

二、路段公交停靠站设计

根据《城市道路交叉口规划规范》(GB 50647—2011)与《城市道路交叉口设计规程》(CJJ 152—2010),路段公交停靠站的布设应符合以下规定:

(1)有中央分隔带的道路可采用路中型停靠站。

(2)干路交叉口应采用港湾式停靠站,支路交叉口宜采用港湾式停靠站,条件受限时可采用直线式停靠站。

(3)有机动车与非机动车分隔带的道路宜沿分隔带设置港湾式停靠站,当分隔带宽度不足4m而人行道较宽时,可适当压缩人行道宽度,但该段人行道宽度缩减比例不得超过40%,且不得小于3m。

(4)无机动车与非机动车分隔带的道路,可沿人行道设置港湾式停靠站。该段人行道宽度缩减比例不得超过40%,且不得小于3m。

在进行路段公交停靠站的设计过程中,应利用时空资源平衡原理,针对不同的道路条件,因势利导,同时尽量减少公交停靠对交通流的影响,保证乘客上下车及过街的安全。下面从直线式与港湾式公交停靠站展开,介绍停靠站的设计方法,其中关于停靠站站台长度、宽度以及港湾式停靠站渐变段长度的具体设计参数见公交停靠站站台设计。

1.路段直线式公交停靠站设计

1)路侧型公交停靠站设计

(1)利用人行道设置

对于机非混行的城市一块板或两块板道路,或者设有机非分隔带但宽度不足的道路,为了方便乘客上下车,可以考虑利用人行道设置公交停靠站。一般公交停靠站站台宽度在2m以上,当宽度不足(小于5m)或者被公交停靠站占用的人行道地段,其宽度小于原人行道宽度的60%时,不宜设置港湾式停靠站,可采用沿人行道设置的直线式停靠站,如图7-29所示。

(2)利用机非分隔带设置

对于设有机非分隔带的城市三块板或四块板道路,当机非分隔带宽度在2m以上时,为了避免公交车靠站时与非机动车交通流之间的冲突,可采用沿机非分隔带设置的直线式停靠站,如图7-30所示。然而公交车辆停靠时往往占据一个车道,对其他社会车辆的正常行驶产生很大干扰,因此,这种设计模式一般适用于公交站所在断面道路不易拓宽,机动车流量饱和度不大的路段。

图7-29 沿人行道设置直线式公交停靠站示意图   图7-30 沿机非分隔带设置直线式公交停靠站示意图

2)路中型公交停靠站设计

(1)向外弯曲

对于设有路中型公交专用车道的道路,公交车辆在内侧车道行驶,考虑到我国公交车辆的车门主要设置在右侧,因此,不宜直接将公交停靠站设置在中央分隔带上。对于无中央分隔带或者中央分隔带宽度小于2m的情况,可以将公交停靠处的机动车道向外弯曲,以挤压其他机动车道或机非分隔带为代价设置公交停靠站站台,如图7-31所示。

(2)向内弯曲

对于设有中央分隔带的城市两块板或四块板道路,且中央分隔带宽度大于2m、小于4m时,可以在公交停靠处压缩中央分隔带,使机动车道向内侧弯曲以设置公交停靠站站台,如图7-32所示。由于没有公交车辆的超车道,前面的公交车辆停靠时,后面的公交车辆必须排队等前面的公交车辆出站以后才能进站或继续行驶。因此,此类公交停靠站一般仅适用于公交线路较少、公交车辆不密集的路段。

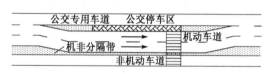 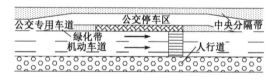

图7-31 向外弯曲的路中型公交停靠站示意图   图7-32 向内弯曲的路中型公交停靠站示意图

2. 路段港湾式公交停靠站设计

1)路侧型公交停靠站设计

(1)全港湾式

①利用人行道设置。

对于未设置机非分隔带的城市一块板或两块板道路,人行道宽度比较富余且机动车流量较大、不易设置直线式公交停靠站的路段,可采用沿人行道设置的全港湾式停靠站,如图7-33所示。为了避免途经停靠站的非机动车与公交车辆的冲突,宜让非机动车在停靠站前上人行道行驶。

②利用机非分隔带设置。

对于设有机非分隔带的城市三块板或四块板道路,当机非分隔带宽度大于5m时,可以沿机非分隔带设置全港湾式公交停靠站,如图7-34所示。全港湾式公交停靠站是一种比较完善的公交停靠站设置形式,公交车辆停靠时不会形成瓶颈路段,对其他交通流影响小。但此类公交停靠站设计模式对机非分隔带宽度要求较高,对于许多大中城市的老城区或中心城区来说,比较难以实现。

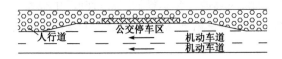

图7-33　沿人行道设置全港湾式公交停靠站示意图

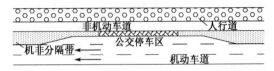

图7-34　沿机非分隔带设置全港湾式公交停靠站示意图

(2)半港湾式

对于设有机非分隔带的城市三块板或四块板道路,若机非分隔带宽度大于3m、小于5m,且道路外侧用地不允许将人行道和非机动车道进行弯曲,此时可以将公交停靠站处的机动车道向内侧进行适当弯曲,在满足机动车辆行驶要求的情况下适当压缩机动车道的宽度,同时适当压缩机非分隔带,沿机非分隔带设置半港湾式公交停靠站,如图7-35所示。

(3)虚拟港湾式

对于设有机非分隔带的城市三块板或四块板道路,当机非分隔带宽度小于3m时,为了避免直线式公交站点车辆停靠容易形成瓶颈的缺点,可以将机动车道分隔线适当地向内弯曲,以压缩机动车道宽度为代价辟出公交车辆停靠区,如图7-36所示。但机动车道压缩后的宽度不得小于3m。

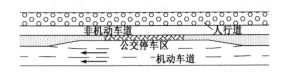

图7-35　沿机非分隔带设置半港湾式公交停靠站示意图

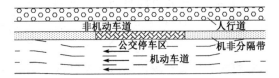

图7-36　沿机非分隔带设置虚拟港湾式公交停靠站示意图

(4)双港湾式

对于公交线路较多(超过10条)的城市主干道,若机非分隔带宽度、非机动车道或人行道宽度比较富余,可以压缩机非分隔带、非机动车道和人行道设置双港湾式公交停靠站,如图7-28所示。横向拉开的双港湾式停靠站由主站和辅站组成,辅站占用外侧车道布置,为了减少对进口道排队车辆的影响,一般只设1~2个泊位。辅站后设置的绿化带起到一定的缓冲作用,保证主站的入口不被堵塞。主站设为港湾式停靠站,和辅站站台之间有6~7m的距离,用于设置停车区和超车道。

2)路中型公交停靠站设计

对于设有中央分隔带和机非分隔带的城市四块板道路,当中央分隔带宽度大于4m且机非分隔带宽度大于2m时,可以在公交停靠处通过压缩中央分隔带的方式设置公交停车区,压缩机动车道和机非分隔带宽度设置公交站台,如图7-37所示。此类公交停靠站是一种比较完善的路中型公交停靠站设置方式,公交车辆停靠时进入公交停车区,不会对后续公交车辆的正常行驶造成影响,但对中央分隔带的宽度有较高要求。

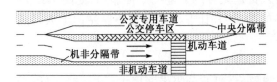

图7-37　设有公交停车区的路中型公交停靠站示意图

3. 与慢行交通系统的换乘衔接设计

避免在换乘节点处人流与车流的平面交叉,建立安全、独立的慢行交通系统;将不同交通方式的流线分隔出来,在条件允许的情况下,还应分隔换乘人与非换乘人的交通流线;人行天桥、过街横道及地下通道可与街道设施进行一体化设计,形成换乘专用通道;建立完善的电子引导系统,采用国际化、规范化的标志、符号;采用"以人为本"的设施设计,设置残疾人专用道、自动扶梯,建造防雨、遮阳的通道等;设置地面过街横道。在场站尽量设置地下通道,彻底分离换乘行人与车辆,如果条件不允许,可以设置地面过街横道;当在支路或辅路上设置地面过街横道时,应设立机动车让行标志;若在主干道或干道上设置过街横道时,应辅以行人按钮式信号灯,在时间上分离人、车流线;设置人行天桥或地下通道,针对不同的交通方式,考虑乘客的便利性就近组织慢行交通系统。

三、交叉口公交停靠站设计

根据《城市道路交叉口规划规范》(GB 50647—2011)与《城市道路交叉口设计规程》(CJJ 152—2010),交叉口公交停靠站的布设应符合以下规定:

(1)平面交叉口常规公交停靠站宜布置在交叉口出口道,改建交叉口在出口道布设停靠站有困难时,可将直行或右转线路的停靠站设在进口道。

(2)交叉口附近设置的公交停靠站间的换乘距离,同向换乘不应大于50m,异向换乘不应大于150m,交叉换乘不应大于150m,特殊情况下不得大于250m。

(3)当公交停靠站设置在进口道,且进口道右侧有展宽增加的车道时,停靠站应设在该车道展宽段之后不少于20m处,并将公交站台与展宽车道作一体化设计;当进口道右侧无展宽增加的车道时,停靠站应在右侧车道最大排队长度再加20m处布设。

(4)当公交停靠站设置在出口道,且出口道右侧展宽增加车道时,停靠站应设在展宽段向前不少于20m处;当出口道右侧无展宽时,停靠站在干路上距对向进口车道停止线不应小于50m,在支路上不应小于30m。

(5)无轨电车与公共汽车应分开设站。无轨电车停靠站应设置于公共汽车停靠站下游。

(6)立体交叉匝道出入口段及立体交叉坡道段不应设置公交停靠站。

(7)当多条公交线路合并设站时,应根据公交车到站频率、站台长度及通行能力确定线路数,不宜超过5条,特殊情况下不应超过7条。当线路数超过要求时,应分开设站,站台间距不应小于25m。

1. 常规交叉口公交停靠站设计

当公交停靠站设置在交叉口附近或交叉口范围内时,公交车辆进出站易受到交叉口排队长度的制约,同时,交叉口车辆的通行也受进出停靠站的公交车影响,因此,有必要对公交停靠站与交叉口进行一体化设计。

1)交叉口进口道公交停靠站设计

当公交停靠站设置在交叉口进口道时,宜与进口道展宽一体化设计,如图7-14所示。虽然这种模式可以减少公交车行驶的不平顺性,省去加速过渡段,但是不适用于左转的公交线路。这是由于左转公交车辆在完成上下客后左转,需要变换多个车道,对交叉口通行能力将造成很大影响。

2)交叉口出口道公交停靠站设计

当公交停靠站设置在交叉口出口道时,可采用如图7-38所示的设计模式。将公交停靠站设置在出口道,有益于降低公交停靠站对交叉口通行能力的影响,但当高峰小时同时进站的车辆数大于站台容量时,停靠站宜设在进口道。

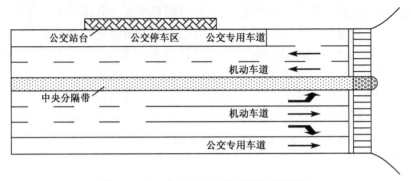

图 7-38　出口道路侧型公交停靠站模式示意图

2. 交叉口公交停靠站设计新思路

1) 占用渠化岛的公交停靠站设计模式

对公交停靠站与交叉口进行一体化设计时,公交站布置于交叉口进口道或出口道各有其优缺点,然而公交停靠站不论设置在交叉口进口道还是出口道,其基本思路均是一种收缩的思路,即公交站需退出交叉口的范围,以减少对交叉口交通秩序的影响。针对常规交叉口公交站布置形式的不足,结合交叉口渠化设计,现提出一种新的思路,即占用渠化岛的公交停靠站设计模式,将公交停靠站与渠化交通岛结合,作为交叉口的一部分统筹考虑。

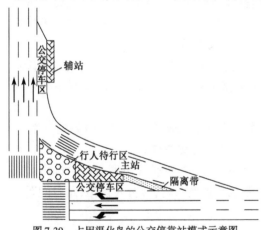

图 7-39　占用渠化岛的公交停靠站模式示意图

这种布局模式的基本思路是公交优先,分站设置。将公交停靠站主站布置于交叉口进口道的渠化交通岛上,并布置公交专用进口道,利用信号灯周期完成上下乘客及通过交叉口。利用交通渠化及信号灯分流右转车流并组织非机动车与人行交通,消除公交站设于交叉口内带来的各种交通冲突。根据实际需要,在交叉口出口道上布置公交站辅站,供右转公交车及直行公交线路较多时调配使用,如图 7-39 所示。

2) 环形交叉口公交停靠站设计模式

针对所有车辆按逆时针方向绕行的环岛式交叉口,提出一种公交停靠站与环形交叉口一体化设计的新思路:在设有路侧型公交专用车道的道路相交的环形交叉口,将公交专用车道延伸至环岛内部相互连通,公交停靠站设置在交织段外侧的人行道上,公交车利用环岛最外侧的公交专用车道停靠。在环道上增设信号灯及停车线,信号控制相位按顺时针方向依次进行,某向进口道与其他方向环道上信号同时放行。公交车辆进出环形交叉口均不受信号控制,极大减少了公交车因红灯信号产生的延误,最外侧环道设为公交专用车道,仅允许社会车辆进出环岛时穿越,体现了公交车辆的"时间优先"和"空间优先"。如图 7-40 所示,这种设计模式适用于公交车流量较大,且交织区有足够宽度的环形交叉口。

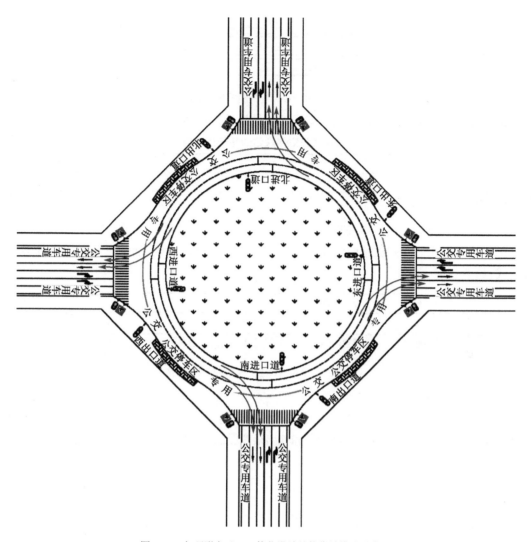

图 7-40 与环形交叉口一体化设计的停靠站模式示意图

四、公交停靠站站台设计

1. 公交停靠站站长设计

公交停靠站形式按其几何形状可分为港湾式和非港湾式公交停靠站两类。

1) 直线式公交停靠站的站长设计

直线式公交停靠站是最简单的公交停靠站形式,站台处不提供超车道,公交车辆在站台处实行先到先进站先行的原则,停靠公交车只需保持与前车的安全停靠距离就能顺利停靠。直线式公交停靠站的站长指站台长度,可以通过计算单个泊位的长度来计算。

如图 7-41 所示,直线式公交停靠站单个泊位的长度为 L_1,包括公交车本身的长度 l_b 及两辆停靠公交车之间的安全停车间距 b_{safe}(一般取 2.5m),而站台的长度则应是 n 个泊位长度之和。由此可得出直线式公交停靠站站长的计算公式,即:

$$L = nL_1 = n(l_b + b_{safe}) \tag{7-4}$$

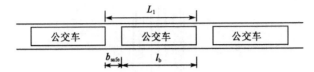

图7-41 直线式公交停靠站站长计算示意图

由此可得出不同泊位数直线式公交停靠站的站长计算结果,见表7-7。

直线式公交停靠站的站长建议值 表7-7

泊位数	1	2	3
站台长度(m)	15	30	45

注:公交车的长度取12m。

2)港湾式公交停靠站的站长设计

标准的港湾式公交停靠站应由驶入渐变段、减速段、停靠区域、加速段和驶出渐变段等部分组成,如图7-42所示。

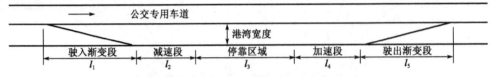

图7-42 标准港湾式公交停靠站组成示意图

(1)驶入、驶出渐变段长度设计

对于路侧型公交专用车道,在公交停靠站沿机非分隔带设置的情况下,公交车以一定的转弯半径直接进站和出站。公交车在驶入渐变段和驶出渐变段的运行轨迹分别如图7-43、图7-44所示。

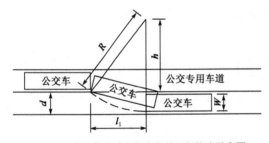

图7-43 公交车在驶入渐变段的运行轨迹示意图

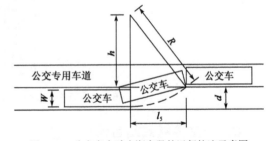

图7-44 公交车在驶出渐变段的运行轨迹示意图

由图7-41所示的几何关系可知,驶入渐变段长度 l_1 的计算公式为:

$$l_1 = \sqrt{R^2 - h^2} = \sqrt{R^2 - \left(R - W - \frac{d-W}{2}\right)^2} \tag{7-5}$$

式中:R——车辆进站时前转弯半径,m,一般12m长的公交车的转弯半径为13~15.5m,建议取15m,18m长的铰接式公交车取13.5m;

d——港湾的宽度,m;

W——公交车的宽度,m,一般取2.5m。

驶出渐变段长度的计算方法和驶入渐变段的计算方法相同。当路段计算行车速度小于40km/h时,车道宽度为3.5m,因此公交停靠站港湾的宽度应该取3.5m。

以12m长的公交车为例,港湾宽度取3.5m,公交车宽度取2.5m,则驶入渐变段和驶出渐变段的长度均为 9m,这是最小值。一般情况下,驶入和驶出渐变段的长度应大于 9m,在道路条件十分紧张的情况下,可以取 9m。

不同公交运行速度情况下最适宜的渐变段长度的推荐值见表 7-8。

渐变段长度推荐最小值　　　　表 7-8

进站前(或出站后)的速度(km/h)	10	20	30	40
驶入(或驶出)渐变段长度(m)	9	12	17	20

(2) 加速、减速段长度设计

目前,我国大部分港湾式停靠站没有考虑加减速段的设计,使得公交车辆不得不在进入港湾之前减速和驶出港湾以后加速,减速和加速过程完全在公交专用车道上完成,这必然会对其他公交车的运行造成很大干扰。因此,在道路条件允许时,建议港湾式公交停靠站设置加减速段。

公交车在接近停靠站时已经开始减速,并不是到了停靠站才开始减速,公交车在到达停靠站时的速度已经降到了比较低的水平,因此港湾式停靠站的减速段不是供公交车从路段行驶车速减速到零,而是供公交车从已经比较低的速度减速到零使用的。同样,加速段也是供公交车从零加速到比较低的速度,而不是供其加速到路段行驶车速使用的,从而达到减少对其他车辆影响的效果。

减速段的长度 l_2 为:

$$l_2 = \frac{v_d^2}{2a_d} \tag{7-6}$$

式中:v_d——公交车进站前的速度,m/s;

a_d——减速度,m/s²,一般取 1.5m/s²。

加速度段的长度 l_4 可由下式计算:

$$l_4 = \frac{v_a^2}{2a_a} \tag{7-7}$$

式中:v_a——公交车出站后的速度,m/s;

a_a——加速度,m/s²,一般取 1.0m/s²。

不同公交运行速度情况下最适宜的加减速段长度的推荐值见表 7-9。

加减速段长度推荐值　　　　表 7-9

进站前(或出站后)的速度(km/h)	10	20	30	40
减速段长度(m)	3	10	23	41
加速段长度(m)	4	15	35	62

(3) 停靠区域长度设计

港湾式公交停靠站停靠区域的长度 l_3 可以按照直线式公交停靠站的站长设计,即:

$$l_3 = N(l_b + b_{\text{safe}}) \tag{7-8}$$

式中:N——停靠站的泊位数;

l_b——公交车的长度,m;

b_{safe}——两辆停靠公交车之间的安全停车间距,m,一般取 2.5m。

以 12m 长的公交车、2 个停靠泊位数为例,根据前面的分析,得到不同公交车运行速度情况下港湾式公交停靠站的长度,见表 7-10。

港湾式公交停靠站的站长推荐值　　　　　表 7-10

进站前(或出站后)的速度(km/h)	10	20	30	40
驶入渐变段长度(m)	9	12	17	20
减速段长度(m)	3	10	23	41
停靠区域长度(m)	30	30	30	30
加速段长度(m)	4	15	35	62
驶出渐变段长度(m)	9	12	17	20
港湾式停靠站的站长(m)	55	79	122	173

(4) 双港湾式停靠站的站长设计

由于横向拉开的双港湾式停靠站占用的道路资源很大,因此建议使用纵向拉开的双港湾式停靠站。此类双港湾式停靠站的长度包括主站的长度、辅站的长度和主辅站的间距,如图 7-45 所示。

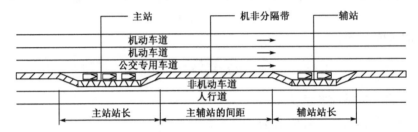

图 7-45　双港湾式公交停靠站的站长示意图

主站和辅站的长度可按照普通港湾式停靠站的站长计算方法计算。为减少在辅站停靠的公交车对从主站驶出的公交车的影响,主辅站的间距应满足从主站驶出的公交车加速到路段行驶速度,便于汇入相邻的机动车道。若公交车在路段的行驶速度为 40km/h,则公交车的加速所需的长度为 62m。公交车在路段的行驶速度一般不高于 40km/h,因此建议主辅站之间的距离取 60m。

一般情况下,主站的泊位数为 3 个,辅站的泊位数为 2 个,则双港湾式停靠站的站长为 420m,主干道上的停靠站要求距交叉口 100m,所以双港湾式停靠站适合设置在交叉口间距大于 650m 的路段。

2. 站台宽度设计

公交停靠站站台候车宽度一般不小于 2m,改建及综合治理交叉口,当条件受限制时,最小宽度不应小于 1.25m。下面为公交停靠站站台宽度的具体计算。

站台宽度由两部分组成,即乘客候车区宽度 b_w 和站台两侧边缘安全带宽 b_1(一般取 0.4m)。由此可得出站台宽度的计算公式:

$$B = b_w + 2b_1 \tag{7-9}$$

由式(7-9)可知,站台宽度主要由候车区宽度决定。乘客候车区的宽度应根据车站候车人数、站台人流分布特征以及各泊位停靠的线路数等因素来预测。

1) 乘客候车区宽度影响因素分析

(1) 车站候车人数

站台宽度设计的最基本要求是满足候车乘客所需的空间要求,候车人数将直接影响到候车区的宽度。为使站台宽度在任何时候均能满足乘客候车需求,应选取高峰时段上车乘客数为基本研究参数。

(2) 站台人流分布特征

一般情况下,乘客是陆续进入站台的,乘客分布逐渐由稀到密,当公交车辆未到时,大部分候车乘客会在各自所要乘坐线路的站位附近等候。考虑到部分乘客可能寻找合适的线路站位,或避开拥挤的人群,这样必然会有部分乘客进行短距离的流动,而这种流动则促使站台上站位附近乘客的分布趋于均匀。因此,假设各站位附近乘客为均匀分布,分布的区域大致为以站牌为中心一个车长的范围。

(3) 各泊位停车线路数

因为在公交站台上,一般都是多条线路的车辆使用同一个泊位,同一个泊位通常会有很多公交车辆的乘客在等候,因此各泊位的停车线路数在很大程度上影响了各泊位的乘客数,以及对站台宽度的要求。

2) 乘客候车区宽度设计

基本参数包括:高峰时段一辆公交车的候车乘客所需的空间宽度 b_0,高峰时段每辆公交车的平均上车乘客流量 Q_0,乘客平均候车时间 T_a,高峰时段公交车辆 i 的发车频率 f_i,同一泊位公交线路 M,乘客平均候车时间内到达某一泊位的公交车辆数 m,站台乘客分布密度 ρ(建议取 2.5 人/m²)。

计算的基本思路是:通过对高峰时段一辆公交车的候车乘客所需的空间宽度 b_0 的研究,结合对乘客平均候车时间段内某一泊位到达的公交车辆数 m 的分析,得出该泊位的乘客候车区宽度,并以此作为公交站台候车区的宽度 b_w。其计算模型为:

$$b_w = mb_0 \tag{7-10}$$

下面分别对参数 m 和 b_0 进行讨论:

(1) 高峰时段一辆公交车的候车乘客所需的空间宽度 b_0

b_0 可以根据高峰时段该公交车辆的候车乘客(上车乘客数 Q_0)所占的面积与乘客分布的区域长度(一般取公交车辆长 l_b)的比值得到。其计算公式为:

$$b_0 = \frac{Q_0}{\rho l_b} \tag{7-11}$$

站台乘客的分布密度 ρ 可以根据站台排队区域所要达到的服务水平取值。行人服务水平是一种提供评价现行行人空间的容量和舒适程度的方法。

对于排队等待区域而言,确定其服务水平最主要的判断依据是每个人所获得的平均空间。除了满意的空间能提供行人舒适的感觉外,每个人所能获得的平均空间与允许移动的程度之间也有一种直接关系。在密度很高的站立人群中,几乎没有移动的空间,但随着每个行人平均空间的增加,使得受到限制的流动成为可能。

等待区域服务水平是等待所花费的总时间、等待的总人数以及舒适程度等总的体现,反映出人均空间和行人之间的平均间距(行人之间的距离)。表 7-11 显示了乘客排队等待区域的服务水平。

排队区域的服务水平　　　　　　　　　表 7-11

服 务 水 平	人均空间(m²/人)	平均间距空间(m)
A	≥1.2	≥1.2
B	0.9(含)~1.2	1.1(含)~1.2
C	0.7(含)~0.9	0.9(含)~1.1
D	0.3(含)~0.7	0.6(含)~0.9
E	0.2(含)~0.3	<0.6
F	<0.2	不定

(2)乘客平均候车时间段内某一泊位到达的公交车辆数 m

乘客平均候车时间 T_a 由各线路车辆的发车频率 f_i 决定,因为发车频率决定了公交车到站的时间间隔,而公交车辆 i 的乘客在站台的平均候车时间为发车间隔 $1/f_i$ 的一半。因此,该泊位乘客平均候车时间为:

$$T_a = \frac{1}{M}\sum_{i=1}^{M}\frac{1}{2f_i} \tag{7-12}$$

乘客平均候车时间内到达的公交车辆数,可由各泊位停车线路数和乘客平均候车时间与该泊位各线路公交车辆的平均到达时间间隔的比值推算出来,即:

$$m = \frac{MT_a}{\frac{1}{M}\sum_{i=1}^{M}\frac{1}{f_i}} = \frac{M}{2} \tag{7-13}$$

结合以上分析,将式(7-11)和式(7-13)代入式(7-10)中可得到 b_w,即:

$$b_w = \frac{MQ_0}{2\rho l_b} \tag{7-14}$$

将式(7-14)代入式(7-9),可得站台宽度为:

$$B = \frac{MQ_0}{2\rho l_b} + 2b_1 \tag{7-15}$$

以上对站台宽度的讨论是针对乘客在候车过程中的均匀分布状态而言的,当然,乘客在站台处还有其他状态。例如,在公交车到达时,站台乘客可能会出现向车门集结的情况,但其要求的站台宽度肯定小于候车乘客处于均匀分布时的状态。同时,考虑到公交车辆在站停留时间、实际候车人流分布长度可能偏小、下车乘客的通行和对客流预测的误差等多种因素的影响,均要求站台的宽度保留一定的变动余地。因此,这种方法在对站台宽度的计算时,选取乘客均匀分布的状态进行研究,具有较强的适用性。

3)公交停靠站站台宽度的设计步骤

公交停靠站站台宽度设计的步骤如下:

(1)以站台服务水平为基础,从表 7-11 中选出单位乘客等车空间,得到对应的站台乘客的分布密度。

(2)估计高峰时段每辆公交车的平均上车客流量。

(3)通过调查预测同一泊位停靠的公交线路数。

(4)根据式(7-15)计算出乘客候车区的宽度。

(5)在公交停靠站候车的乘客所需的空间应该包括被雨棚、长凳、信息标志和其他站台附属设施占据的空间。因此,总的宽度还要加上站台设施所占用的空间,即可得站台宽度。

3. 公交停靠站附属设施设计

公交停靠站附属设施包括候车棚、便民设施、信息设施、停车换乘设施、照明设施、卫生设施、无障碍设施等。公交附属服务设施不仅能为公共交通出行乘客提供方便，还是道路景观系统中一个重要的组成部分。表 7-12 为公交站点相关附属设施的主要类型及功能。

公交站点相关附属设施的主要类型及功能　　　　表 7-12

设施类型	设施名称	图　示	功　能
候车棚	候车亭		①保证上下乘客快速疏散；②提高站台利用率
便民设施	座椅		为候车乘客提供休息空间
信息设施	信息屏		①动态信息发布，如电子信息牌、自动语音播报、掌上终端设备等；②静态信息发布，如时刻表、地图、线路图、应急指示等
换乘停车设施	公共自行车停放点		①为公交出行者提供便捷的换乘衔接；②鼓励公交出行方式

续上表

设施类型	设施名称	图示	功能
照明设施	站台灯		①为夜间出行提供方便； ②美化干道沿线交通景观
卫生设施	垃圾桶		①保持市容整洁； ②提升出行环境质量
无障碍设施	盲道		为视障人士提供便利

  在对公交停靠站附属设施进行具体规划设计时，应从需求角度出发，考虑附属设施的选取以及布局问题，除了满足出行者最基本的安全、效率等要求外，还要追求美观、舒适。在进行停靠站附属设施的具体设计时，应严格参照《城市公共汽电车车站设施功能要求》（JT/T 1118—2017）等相关规范的要求，并体现"以人为本"的原则。

（1）标志标线设施

为了明确公交停靠区域界限、引导公交车以及社会车辆规范行驶、保证乘客候车安全等，需要在公交停靠站及其所处道路处设置相关的标志标线，这类标志标线作为公交停靠站的一部分，设置时需遵循以下原则：

①为区分公交中途站的停车范围，在公交中途站车道与相邻通车车道间，应设置专用标线。

②公交中途站停车区域内应施划停车泊位，并在停车泊位之间以禁止停车标线分隔。

③深港湾中途站应从中途站起点处为每个服务通道设置导流线，宜在港湾式站台出入口位置设置社会车辆避让标志和标线。

④公交中途站范围内标志和标线的设计标准应严格按照现行《道路交通标志和标线》

(GB 5768)的规定执行。

(2)无障碍设施

无障碍设施是指保障残疾人、老年人、孕妇、儿童等社会成员通行安全和使用便利,在建设工程中配套建设的服务设施。在进行公交停靠站规划时,应考虑为相关特殊人士提供便利,有条件的应该设置相关的无障碍设置,设置时应遵循以下原则:

①公交站台有效宽度应能方便乘轮椅者通行,有效通行宽度不应小于1.5m;站台盲道应与人行道盲道相连接。

②在车道中间设置站台时应进行无障碍设计,缘石坡道应与人行横道相互对正,坡面须平整,但不应光滑。

③公交中途站内的无障碍设施设计标准应按照《无障碍设计规范》(GB 50763—2012)的规定执行。

目前,我国公交站台的无障碍设施建设尚未形成标准体系,且覆盖率低,大部分的无障碍设施未起到实际有效的作用,与西方发达国家存在较大的差距,这种情况从根本上归咎于站台附属设施规划的不合理。

以日本为例,日本的大部分公交停靠站都设置了站台盲道、残障人士候车区、盲文站牌,并且对站台进行了无高差设计,如图7-46~图7-49所示,从步行至站台、获取信息、候车、上车等多个方面为乘客提供方便。

图7-46 盲道示意图

图7-47 残障人士候车区示意图

图7-48 盲文站牌示意图

图7-49 带盲文的公交站台扶手示意图

视障人士由盲道步行至站点时,盲道路径的设计直接关系到他们的行走路径。日本公交车站的盲道设计与站点设计相融合,能够让视障人士安全便捷地到达等候区。

在枢纽站点等客流量较大的站点,设有残障人士等待区,一方面避免了在客流较大时普通乘客与残障乘客产生拥挤摩擦,另一方面也方便了公交车驾驶员在停车时优先选择靠近残障人士等待区的位置。

公交站牌在站牌的原有基础上增加盲文,方便视障人士获取站台信息。在扶手以及护栏上也设有盲文,并且具有上车时的方位引导功能。

(3)信息化公交站台

信息化站台是智能化公交中的关键和基本部分,它作为提高公交吸引力和服务水平的重要手段,已经为国内外很多城市所运用,并取得了良好的使用效果。该系统的技术核心是卫星导航定位技术。

系统通过定位、导航和精准授时,并结合基础地理信息数据,在主控中心与公交车辆之间进行实时信息交互,实现主控中心对公交的调度和配置,将车辆的实时到站信息快速传达给乘客,同时完成与相邻站台和车载终端之间的通信。在整个过程中,信息化站台有两种工作状态:接收和转发。在接收状态下,电子站台会接收并处理主控中心、车载终端和上一个电子站台传递的信息,通过电子显示屏显示。在转发状态下,电子站台会将经过特殊处理的信息向目标设备进行转发。

信息化站台设施主要由电子站牌和站台信息查询终端两部分组成。

①电子站牌。

采用4G或5G方式与中心服务器进行数据通信,系统将车载设备所提供的实时信息进行处理并反馈给电子站牌。电子站牌通过LED显示屏向乘客提供公交车辆到达时间、车辆站距、公交换乘信息以及道路、天气信息等,如图7-50所示如果出现突发性事件,电子站牌还可成为有效的政府紧急信息发布平台,成为城市突发公共事件应急系统的组成部分。此外,电子公交站牌上的无线监控摄像头可以实时监控公交站台周边客流、车流和治安等状况,可对日常营运情况、车辆进站秩序等情况以及周围环境起到监控作用,保证安全。

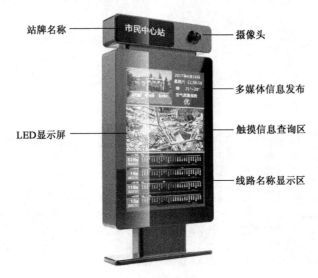

图 7-50　电子站牌系统功能结构示意图

②站台信息查询终端。

在信息化站台上安装触摸式的查询模块,通过交互方式向乘客提供个性化的出行信息服务,如铁路民航信息、社会综合服务及设施的信息、沿线车站景观信息等。此外,站台信息查询终端还可以提供电子支付服务,如银行卡缴费、火车票、长途汽车票、飞机票自助购买,公交IC卡充值等。

五、公交停靠站与地铁站一体化设计(衔接优化设计)

1. 站点分类方法

一般来说,公交与轨道交通的换乘枢纽站点可分为3个等级:

(1)综合枢纽站。综合枢纽站一般位于多种交通方式汇集的客运中心。它不仅限于轨道交通和地面公交,有时还包括长途汽车、单位车、地面铁路等。综合枢纽站具有客流集中、换乘量大和辐射面广等特点。在这样的交通枢纽站,要进行详细的综合规划布局,一般采用先进的设施和空间立体化衔接,合理组织人流、车流分离,使人流换乘便捷,车流进出通畅,便于管理。

(2)大型接驳站。大型接驳站指位于轨道交通首末站、地区中心及换乘量较大的车站换乘点,在此布置的地面常规公共交通线路主要为某一扇面方向的地区提供服务。公交车站可采用总站或规模较大的中途站两种形式,总站规模一般在 3000~5000m²,中途站需提供 3~4 个车位线外有停车功能的港湾式停靠设施。大型接驳站的布置宜设于轨道交通车站 200m 范围内,有条件时可以考虑轨道车站建筑结合。在规划设计时,除考虑尽可能减少人流、车流交叉外,还要配备必要的运营服务设施和导向标志。

(3)一般换乘站。一般换乘站是一般轨道中间站与地面常规公交线路中间站的换乘点。在规划设计时,公交站点应尽量靠近轨道入口,距离控制在 50~80m 之内,并将公交车站设置成港湾式停车站。与轨道线路相交的横向公交线路,在条件允许时,公交车辆可以进入车站广场。在市中心区和城市边缘,还应根据需求设置出租汽车停靠点或停车场。

2. 公交站与地铁站一体化布置原则

公交站与地铁站一体化布置应遵循以下原则:

(1)当常规公交车辆从主要干道进出换乘枢纽时,应尽可能地提供公交优先通行的专用道、专用标志或专用信号相位,以减少其进出换乘站的时间。

(2)常规公交停靠站和站台的数量应由接驳的线路条数、车辆配备数量、换乘候车所需时间、车辆停靠所需空间决定,并应为将来线路发展留有余地。

(3)换乘线路应尽可能短,换乘枢纽应布置紧凑,以减少换乘步行时间。

(4)应尽可能采用地下通道或人行天桥连接轨道车站集散大厅和常规公交站台,使人流、车流在不同层面上流动,互不干扰。地下通道和人行天桥的布置应有利于换乘客流沿站台均匀分布,并符合换乘客流强度要求。

(5)应有清晰的换乘线路信息、明确的流向组织、畅通的换乘通道以及必要数量的遮挡设施,且布置紧凑,尽量缩短换乘线路长度,以减少换乘步行时间。

(6)枢纽出入口布置应有利于各方向乘客换乘,应尽可能减少横穿街道的次数。

3. 公交与地铁交通衔接设施模块的布局

由于换乘枢纽内部建筑布局的不同,公交与地铁交通衔接设施模块布局也会相应地发生变化,例如公交枢纽设施模块、公交停靠站模块以及相应的乘客出入路线。根据各模块布局的不同,总结出 4 种公交与地铁换乘模式。而枢纽的交通功能不同,决定了城市轨道交通与公交换乘模式的不同。

1)常规公交路边停靠换乘

公交直接在路边停靠,利用地下通道与轨道交通枢纽站厅或站台直接联系,我国大部分枢纽采用这种换乘模式,如图 7-51 所示。

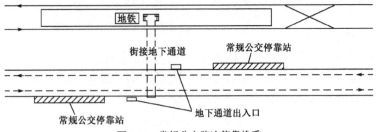

图 7-51　常规公交路边停靠换乘

2) 合用站台换乘

公交与轨道交通处于同一平面,公交停靠站与轨道交通的站台合用,并用地下通道联系两个侧式站台,该形式确保有一个方向换乘条件良好,且步行距离短,如图 7-52、图 7-53 所示,图 7-52 适用于公交中间站换乘,图 7-53 适用于公交首末站换乘。

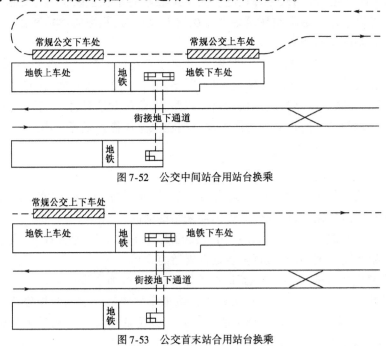

图 7-52　公交中间站合用站台换乘

图 7-53　公交首末站合用站台换乘

3) 不同平面换乘

公交与轨道交通车站处于不同的平面层,通过长方形路径使公交到达站和轨道交通的出发站同处一侧站台,而公交的出发站与轨道交通的到达站处于另一侧站台,就近解决换乘并保证两股乘客流不相互干扰,如图 7-54 所示。在公交不太多的地方,可采用这种长方形路径,保持公交的单向车流。该模式仅适用于公交首末站。

4) 多站台换乘

在繁忙的轨道车站,衔接的公交线路较多,采用上述 3 种分散的沿线停靠模式会因停靠站空间不足而造成拥挤,同时给周边道路交通带来阻塞。为解决以上问题,可采用如图 7-55、图 7-56(图 7-55 适用于公交中间站换乘,图 7-56 适用于公交首末站换乘)所示的集中布局模式,形成路外有多个站台集中在一起的换乘枢纽。为避免客流进出站对车流造成干扰,每个站台均以地下通道或人行天桥与轨道车站站厅相连。当公交从主要干道进入换乘站时,最好能够提供公交优先通行的专用道或专用标识,以减少其进出换乘站的时间。

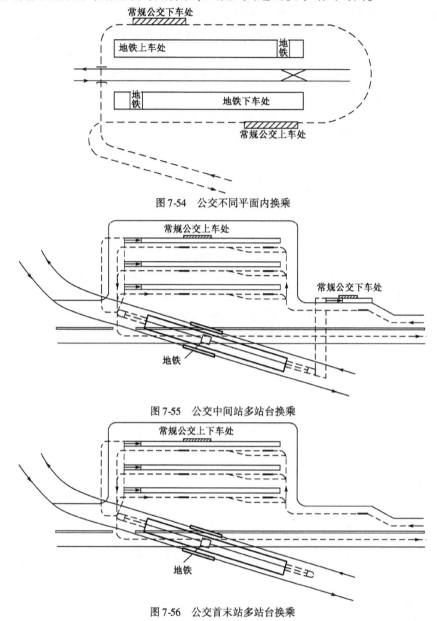

图 7-54　公交不同平面内换乘

图 7-55　公交中间站多站台换乘

图 7-56　公交首末站多站台换乘

六、公交停靠站设计算例

1. 站台概况

①位置与构造条件。三桥公交站距离上游最近的交叉口 60m,距离下游最近的交叉口 70m,调查点所处断面为四幅路,双向十车道。该站点为直线式公交站,位于机非隔离带上,长度为 30m,宽度为 2m,有 2 个停车泊位。

②流量。根据三桥公交站的调查数据,最外侧车道机动车平均流量为 442pcu/h,高峰时间段公交车到达率 $\lambda=52$ 辆/h。公交车辆到达服从泊松分布,车辆服务时间服从泊松分布,公交车的平均服务时间为 23s。

③通行需求。公交站周边环境以居住用地和商业用地为主,承载较高的乘车需求;该站点距离三桥地铁站不到200m,是出行者换乘的主要站点之一。

④道路建设条件。公交站位于机非隔离带,外侧非机动车道宽度为3m,绿化带与人行道宽度约为10m。

⑤公交车运行状态。公交车长度为12m,正常运行速度为24.9km/h,公交车平均进出站时间与加减速度见表7-13。

公交车平均进出站时间　　　　　　表7-13

进站过程	进站时间/减速时间(s)	8.5
	减速度(m/s²)	1.93
出站过程	出站时间/加速时间(s)	9.1
	加速度(m/s²)	1.73

2. 方案设计

在公交车流量与客运量方面,三桥公交站车流量大、承载较高客运量,公交车的停靠与驶离对站台容量有较高要求;在公交站所处位置与构造方面,三桥公交站距离上下游的交叉口较小,公交车出入对交通流的影响较大,原有直线式构造容易导致形成交通瓶颈路段;道路建设条件方面,横断面条件优秀,港湾式停靠站向外侧扩宽具有充足的建设空间。综合考虑多种影响因素,将原有直线式停靠站更改为港湾式停靠站更为合适。

3. 设计参数计算

(1) 泊位数确定

①基本参数。公交车辆到达服从泊松分布,车辆服务时间服从泊松分布,可知停靠站与停靠车流构成一个排队系统。假设港湾停靠站驶入渐变段只能容纳一辆车进入,与车流构成单路排队多通道服务的 $M/M/N$ 系统,公交车辆单列排队按照先到先服务的原则进站停靠。计算服务强度 ρ:

$$\mu = \frac{3600}{23 + 8.5 + 9.1} = 88.67(辆/h)$$

$$\rho = \frac{\lambda}{\mu} = \frac{52}{88.67} = 0.586$$

其中,μ 为公交停靠站服务率,为单位时间内一个停车泊位服务的公交车数,辆/h。λ 为公交车辆到达率,单位时间内到达的公交车辆数,本式取辆/h。ρ 为服务强度,对于该系统,若 $\rho < 1$,则该系统是稳定的,即到站的公交车将逐步消散;若 $\rho > 1$,则该系统是不稳定的,等候服务的车辆排队将越来越长。因此,为保证系统运转正常,需保证 $\rho < 1$。

②取初始泊位数 $N = 2$,验证是否满足需求。根据单路排队多通道服务的 $M/M/N$ 系统的排队论公式,系统中没有车辆的概率为:

$$P(0) = \left[\sum_{k=0}^{N-1} \frac{\rho^k}{k!} + \frac{\rho^N}{\left(1 - \frac{\rho}{N}\right)N!}\right]^{-1} = 0.547$$

系统中有1辆车(即 $k < N$)的概率为:

$$P(1) = \frac{\rho^k}{k!} P(0) = \frac{\rho}{1} \times P(0) = 0.32$$

系统中有2辆车(即 $k \geq N$)的概率为:

$$P(2) = \frac{\rho^k}{N^{k-N} \times N!} P(0) = \frac{\rho^2}{2} \times P(0) = 0.094$$

系统中出现超过 2 辆车的概率为：

$$P(k > N) = 1 - P(0) - P(1) - P(2) = 0.039 < a$$

其中，a 为设计失败率，即公交车在站外等候排队的概率，通常取 0.05~0.1，若 $P(k>N) > a$，则需要增加泊位数，重新计算。当泊位数为 2 时，站外停车的概率仅有 3.9%，设计 2 个停车泊位可以满足停车需求，无须进一步迭代计算。

(2) 公交站尺寸设计

此公交站空间位置上接近交叉口，因此在站台设计上以交叉口进口道拓宽的形式进行改建，这样既可以节约用地和建设成本，也能尽可能减少对路段以及转向交通流的影响。

驶入渐变段长度：取表 7-8 运行速度为 30km/h 的渐变段长度 17m。

出站渐变段长度：由于此公交站距离交叉口较近，因此不再设置渐变段长度，但是需要设置站台与交叉口之间的安全距离，因此 $l_5 = 30m$。

减速段长度 $l_2 = \frac{v_d^2}{2a_d} = \frac{6.94^2}{2 \times 1.93} = 12.49(m)$，加速段长度 $l_4 = \frac{v_a^2}{2a_a} = \frac{6.94^2}{2 \times 1.73} = 13.94(m)$，综合考虑以上情况与表 7-9 建议值，将加速段长度设置为 15m，减速段长度设置为 15m。

停车泊位长度 $l_3 = N(l_b + b_{safe}) = 2 \times (12 + 3) = 30(m)$。

综上所述，站台总长度 $l = l_1 + l_2 + l_3 + l_4 + l_5 = 107(m)$。

停车泊位宽度设计：由于建设面积受限，建议站台宽度设计为 3m。

乘客站立区宽度设计：建议与机非分隔带宽度相等。

第五节 公交优先信号控制设计

一、基本思想

公交信号优先控制最早在欧洲实施，现已在世界诸多城市得到了普遍的应用。通过交叉口空间设计和信号配时相结合的时空综合优化，可以显著降低公交车辆的延误，提高公交系统的准点率和通行效率，吸引更多的乘客选择公交作为主要出行方式，这对于缓解城市交通拥堵具有重要意义。

1. 优先控制的目标

公交信号优先要达到的目的是降低车辆延误、提高车辆运行的可靠性。同时，信号优先还需考虑到公共交通对普通车辆运行效益的影响。根据目前研究和实践的进展，可将公交优先控制目标归结为如下 3 类：

(1) 最小延误目标：其基本考虑为降低公交车辆以及所有车辆在交叉口的延误，提高公交车辆的运行速度。

(2) 准点（可靠性）目标：随着研究的深入，逐渐发现相对于延误而言，公交车辆是否准点（可靠）是影响公共汽车交通系统效率和服务水平（吸引力）更为重要的因素，以公交车辆的延误最小为目标，可能会造成提前到站的车辆到达下一站点的时间较预定时间更加提前，反而降低了公交车辆的服务可靠性。可将公交车辆准点（发车频率低时采用）和车头时距均衡（发车频率高时采用）两个指标作为系统目标的控制方法。

(3) 最佳 PI(Performance Index,性能指标)值目标:显然公交优先控制会影响交叉口的非公交车流(社会机动车流、行人/自行车流等)的通行效率,可能导致综合交通效益的下降。因此,仅仅以公交车辆的效益指标作为控制目标,无法反映优先控制对非公交车流的影响,也无法反映交通系统的综合效益优势。所以,应将公交效益指标和非公交车流效益指标整合在一个控制目标中加以优化控制,综合指标即是 PI 值。

2. 优先控制基本思想

一般而言,为公交车辆提供信号优先有两种方式:其一为离线控制,即通过离线优化方案为公交车辆提供优先;其二为在线控制,即通过在线实时调整交通控制方案为公交车辆提供优先。

(1) 离线控制:主要通过调整离线方案中的信号控制参数,包括周期、绿信比、相位相序和相位差等,使其更加有利于公交车辆。在国外的研究中,一般将这一思路下的控制策略称为被动优先控制(Passive Priority Strategies)。此时的控制目标一般为最小车辆延误或最小 PI 值。一般研究认为,在公交车流量较大,车辆运行状态稳定的情况下,这一控制思路能取得较好效益。

(2) 在线控制:即通过控制系统响应实时的优先需求来实现公交优先。其主要的优势在于能够根据实时的优化需求和交通状况进行控制策略的优化。在国内外研究中,一般将此时的控制策略归为主动优先控制策略(Active Priority Strategies)和实时优先控制策略(Real-Time Priority Strategies)。

二、控制策略

1. 被动优先策略

被动优先主要是通过收集公交车辆运行的历史数据,预测需要的优先等级。为了减少其他设备的投入以及便于操作,被动优先往往采用的方法见表7-14,被动优先主要考虑了以公交车辆和其他社会车辆平均通行情况为协调控制对象,设置合理的相位差以减少公交车辆的信号控制延误,但无法适应交通需求的实时变化,在公共流量不大或者运行随机性很大时,被动优先策略的局限性会显现出来。

公共汽车优先控制的基本策略　　　　　表 7-14

策略类型	主要方法
被动优先策略	调整周期长度(Adjustment of Cycle Length)
	重复绿灯(Transit Movement Repetition in the Cycle)
	绿灯时间分配(Green Time Bias towards Transit Movement)
	相位设计(Phasing Design Bias towards Transit Movement)
	针对公交运行的协调绿波(Linking for Transit Progression)
主动优先策略	相位延长(Phase Extension)
	提前激活相位(Early Phase Activation)
	公交车辆专用相位(Special Transit Phase)
	相位压缩(Phase Suppression)
实时优先策略	延误优化(Delay Optimizing)
	交叉口控制(Intersection Control)
	网络控制(Network Control)

2. 主动优先策略

相对于被动优先控制策略,主动优先控制策略相对复杂。它主要依据于检测装置对公交车辆运行情况进行识别分析,实时调整交叉口信号控制方案,从而实现公交车辆的优先通行,主要采用的几种控制方法见表7-14,主动优先控制策略在单个交叉口已经得到了实际的应用,但在协调控制中却很少应用,主要是由于其他交通流运行会受到不利影响。相位的调整和红灯时间的早断会中断其他车流的通行绿波而造成延误的增加,对协调方向的车流正常通行产生很大的干扰。

3. 实时优先策略

公交实时优先控制策略试图通过优化性能指标函数为公共汽车提供优先权,这些指标中,首要的是延误。延误指标可以包括乘客延误、车辆延误或这些指标以某种形式的联合。实时优先控制策略用实际观测到的车辆数(包括社会车辆和公交车辆)作为模型的基本输入参数,通过模型或对几个候选配时方案的评价来选择其中最优的方案,或者根据相位时长和相位顺序来优化配时。同时它可以对紧急状况进行处理,提高公交车辆运行准时性。实时优先控制策略研究框架如图7-57所示。

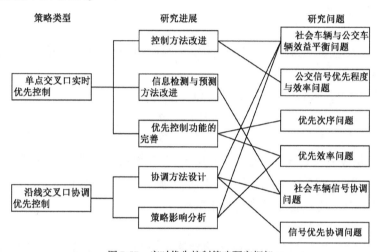

图7-57 实时优先控制策略研究框架

三、基于公交优先的单点交叉口信号配时方法

1. 公交优先信号设置与传统信号设置的区别

传统的交叉口信号配时设计,一般采用由Webster提出的TRRL方法,该方法周期时长以车均延误最小为目标来确定,将所有车辆同等对待,绿信比按照相位车辆流量比分配。而公交车辆单车载客量往往要比其他车辆多,公交优先信号控制以人均延误最小为目标来确定周期,绿信比按照客流量比分配。从以人为本的角度来说,传统的配时方法对于公交车辆比例较大的相位是不公平的。

2. 公交优先信号配时计算

下面介绍一种单点交叉口的定时式公交优先信号配时方法,以人均延误最小为目标来确定周期,在保障交叉口交通顺畅的前提下体现公交优先。

1) 延误分析

一个周期内交叉口人均延误 d_p 为:

$$d_{\mathrm{p}} = \frac{\sum_{i=1}^{n}\sum_{j=1}^{m_i}\sum_{k=1}^{l_j}(d_{ij}^{\mathrm{b}}q_{ij}^{\mathrm{b}}P_{\mathrm{b}} + d_{ij}^{k}q_{ij}^{k}P_{k})}{\sum_{i=1}^{n}\sum_{j=1}^{m_i}\sum_{k=1}^{l_j}(q_{ij}^{\mathrm{b}}P_{\mathrm{b}} + q_{ij}^{k}P_{k})} \tag{7-16}$$

式中：d_{ij}^b——一个周期内第 i 相位 j 进口公交车的平均延误，s；

d_{ij}^k——一个周期内第 i 相位 j 进口其他 k 类车辆的平均延误，s；

q_{ij}^b——一个周期内第 i 相位 j 进口公交车到达率；

q_{ij}^k——一个周期内第 i 相位 j 进口除公交车外其他 k 类车辆到达率；

P_b——公交车辆平均载客数；

P_k——其他车辆的平均载客数。

2）周期时长优化

以人均延误为目标函数，约束条件为：

$$\begin{cases} \sum g_i + L = C \\ C_{\min} \leq C \leq C_{\max} \end{cases} \tag{7-17}$$

式中：g_i——第 i 相位的绿灯时间，s；

L——总损失时间，s；

C——周期时长，s。

上述优化的实质就是在最长周期和最短周期之间寻找使人均延误最小的周期。

3）配时计算

第 i 相位绿信比 λ_i 与客流量 q_i^p 成正比，即

$$\lambda_i = \frac{C - L}{C} \times \frac{q_i^p}{q_p} \tag{7-18}$$

式中，第 i 相位客流量 $q_i^p = (q_{ij}^b P_b + q_{ij}^k P_k)/m_j$，总客流量 $q_p = \sum_{i}^{n} q_i^p$，j 为各相位中客流量最大的进口道，m_j 为相位车辆占有 j 进口的车道数；其余符号意义同前。

上述配时计算方法需对客流量进行详细的调查。

3. 公交优先感应信号配时

感应信号配时需在交叉口进口道设置检测线圈，包括上行感应线圈和停车线感应线圈。交叉口公交优先感应信号控制如图 7-58 所示。

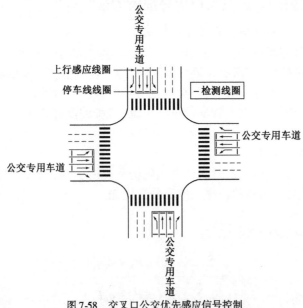

图 7-58 交叉口公交优先感应信号控制

公交优先的感应信号配时流程如图 7-59 所示。交叉口信号配时根据每个周期公交车流率变化情况进行调整。在一个信号周期内，当有一个相位满足公交优先信号条件时，信号机执行相位调整时间，若达到最长绿灯时间，则放行结束。

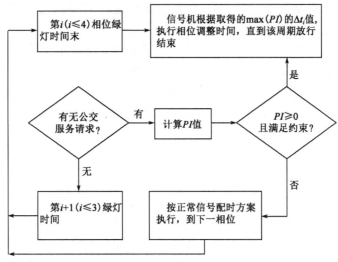

图 7-59　公交优先感应信号配时流程

4. RFID 在公交优先中的应用

RFID(Radio Frequency Identification,射频识别)是一种新兴的技术,具有快速、准确、非接触识别、通信稳定可靠等特点,能弥补线圈检测的不足,可替代感应线圈实现公交优先的感应信号控制。

当公交车辆到达交叉口时,RFID 读写器检测到贴有车载电子标签的公交车辆,识别到即将经过的公交车辆的基本信息,经过计算处理,分析结果后生成实时请求,将输出的数据发送给信号控制中心和公交调度管理中心,将处理的数据与路口单元进行交互,为路口单元制订公交优先方案传输必要数据,调整相位和绿灯时间的分配策略,实现交叉口的公交优先。RFID 工作原理如图 7-60 所示。

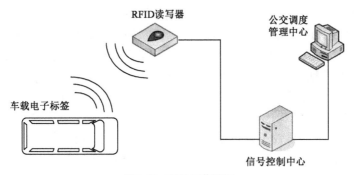

图 7-60　RFID 工作原理

四、基于公交优先的干线协调控制方法

1. 概述

干线信号协调控制是把一条主要干道上一批相邻的交通信号灯联动起来进行协调控制,

以社会车流为研究对象，通过设置相位差的方式协调干线车流运行，是城市交通控制中一种常见的控制方式。公交车作为城市交通流中的特殊群体，公交信号优先是对城市交通信号控制功能的一种完善和补充，二者相比，干线协调控制的优先级别要高于公交信号优先。因而，基于公交优先的干线协调控制是在干线信号协调控制基础上，从提高公交车辆运行效率角度对干线信号配时进行优化的一种控制方式。

与单点公交优先相比，干线公交优先在给予公交信号优先时不仅需要考虑公交车辆利益，还需要考虑配时参数调整对干线绿波带的影响。采用绿灯延长、红灯早断等方法实施公交优先进行干线协调时，可能破坏其他非公交车流的干线协调。基于公交优先的干线协调控制方法的控制策略分为被动式、主动式和实时式公交优先干线协调控制3类。控制策略的基本参数和具体方法如下。

2. 基本参数确定

1）周期时长

干线协调控制一般要求系统内所有的信号灯均采用统一的周期时长。单就某个交叉口而言，协调控制时采用的周期时长很可能不是这个交叉口的最佳周期时长，交通信号的协调控制可能增加了车辆在该交叉口的停车时间。然而，从全局的角度来看，交通信号的协调控制可以改善整个系统的运行效果。如果整体效果没有改善，协调控制就失去了意义。

信号时长可根据每隔一个预测步长来确定。首先根据优化的相位相序和交叉口的平面布置图，确定绿灯间隔时间和一个周期内总损失时间，然后分别求得每个交叉口的最佳信号周期，并选取饱和流量最高的关键交叉口的最佳信号周期为公共信号周期，最后依据选取的公共信号周期，考虑选择其半数或整数倍，确定各个交叉口的信号周期时长。各交叉口信号周期确定的过程具体如下：

(1) 计算各交叉口最佳信号周期

传统的信号配时方法多以车均延误最小为优化目标，进行周期时长的计算。根据式(7-16)、式(7-17)的周期时长优化方法，计算得到交叉口的最佳信号周期时长。

(2) 选取协调控制系统的公共信号周期

选取合理的公共信号周期是实现信号协调控制的基础，需要兼顾每个路口优先效果和协调系统整体控制效果。计算得出各交叉口最佳信号周期时长后，选择关键交叉口的周期时长作为协调控制系统的公共信号周期时长，并以关键交叉口饱和度达到90%作为目标，适当调整公共信号周期。饱和度小于90%，则相应减少周期长度，提高关键交叉口饱和度，降低延误；饱和度大于90%，则相应增加周期长度，降低关键交叉口饱和度，提高通行能力。值得注意的是，应保证信号周期在允许范围内调整，即在最小、最大信号周期之间进行调整，满足 $C_{min} \leq C \leq C_{max}$ 约束。

(3) 最终确定各个交叉口的信号周期

各交叉口信号周期差异较小且齐整，有利于实现良好的协调控制，因此线控系统内的所有交叉口均采用公共信号周期，或公共信号周期的半数、整数倍。选定公共信号周期后，根据各交叉口的最佳信号周期，选择公共信号周期的半数或整数倍作为各个交叉口的周期时长。

2）绿信比

根据关键交叉口进口道负荷的大小，计算出每一相位应该分配的有效绿灯时间，然后根据信号阶段的划分情况和绿灯损失时间，再求出各信号阶段的实际绿灯时间。

其他非关键交叉口的绿信比，除了要满足绿波带的"带宽"（B）要求之外，还要考虑到沿途由支路上转弯进来的附加车流及主车流本身可能发生意外离散,因而要适当加长绿灯时间。如果将前者即所要求的绿灯长度称作"最低限绿灯长度",那么后者即为"最高限绿灯长度"。绿波的"带宽"B实际上就是关键交叉口沿控制路线方向所必需的绿灯长度,其长度值为:

$$B = g = \frac{y}{Y}(C - L) \tag{7-19}$$

对于次要交叉口,沿控制路线方向或称干线方向的"最低限绿灯长度"g就等于"B"。由于信号周期长度已经确定,只要把支路上所需要的最低限度绿灯长度值扣除掉,余下的在扣除绿灯间隔时间后应该都分给干线方向。若支路方向饱和度满足实用值0.9即可,那么它所需要的最低限度有效绿灯时间应为:

$$g = \frac{yC}{0.9} \tag{7-20}$$

折算成实际绿灯显示时间为:

$$G = \frac{yC}{0.9} + l \tag{7-21}$$

若黄灯时间 $a = 3s$,绿灯前损失时间为2s,则:

$$G = \frac{yC}{0.9} - 1 \tag{7-22}$$

沿干线方向的"最高限度绿灯长度"G'应为:

$$G' = C - \sum_{1}^{N} G - \sum I \tag{7-23}$$

式中:G'——某次要路口沿干线方向绿波控制方向最大限度绿灯长度,s;

C——信号周期长度,s;

N——该交叉口为支路即与绿波控制路线相交的道路上车辆放行所安排的信号阶段数,即总信号阶段数减去为放行干线车辆安排的信号阶段数;

G——每一个支路专用信号阶段的最低限绿灯长度,s;

$\sum I$——该路口上全部信号阶段的绿灯间隔时间总和,s。

3) 相位差

以路网为对象,按照相位差的平方误差最小的原理,求最优相位差,其目标函数为:

$$F = \sum_{ij} A_{ij}(R_{ij} + M_{ij} + d_i - d_j)^2 \tag{7-24}$$

式中:A_{ij}——对于从交叉口 i 到 j 的交通的加权系数;

R_{ij}——连线 ij 的理想相对相位差比;

M_{ij}——满足 $-0.5 < R_{ij} + M_{ij} + d_j < 0.5$ 的整数;

d_i——交叉口 i 的绝对相位差比;

d_j——交叉口 j 的绝对相位差比。

最优相位差计算基本步骤如下:

(1) 任意选择一个点 d_i。

(2) 按照条件 $-0.5 < R_{ij} + M_{ij} + d_j < 0.5$ 选择 M_{ij}。

(3) 微分解 $F = \sum_{ij} A_{ij}(R_{ij} + M_{ij} + d_i - d_j)^2$ 所得到的一次方程式。

(4) 将各个 M_{ij} 只改变 $+1/-1$,重复第三步,直到 F 不减少为止。

通过以上计算得到一个局部最优解,改变出发点,可得到不同的局部最优解,将其中使 F 值最小的解作为最优相位差。其收敛速度与任意选取的点 d_i 有关系,且对参数变化的敏感性太大,最终得到的往往是次优解。

3. 被动式公交优先干线协调控制

被动式公交优先干线协调控制基于历史数据如公交车辆的发车频率、平均行驶速度等,通过时空资源平衡原理如调整信号周期长度、设计公交专用相位和协调绿波等策略降低公交车延误和停车次数,实现公交优先。线控交叉口侧重考虑公交车辆的平均行驶速度来制订信号灯配时方案,给予公交车辆较多的相位和较长的绿灯时间,减少公交车的等待时间,以形成公交车辆的绿波行驶。具体来说,可归结为 3 种方法:调整网格内的信号配时、分割相位及增设公交专用相位。

1) 调整网格内的信号配时

基于公交车辆通过路网的具体情形,对各个交叉口信号配时进行调整,有两种方案设计形式:

(1) 根据历史公交车的平均速度、发车频率,制订信号配时方案。线控交叉口中,结合公交车辆行驶特性,使公交车辆停车次数和延误较小。工程实际中,由于公交车辆行驶时间、速度波动较大,使得该方法难以取得理想的效果。

(2) 公交车辆与车均载客量远高于社会车辆,基于这种基本思想,以乘客为研究对象,分配各个相位绿信比,区别于传统的用车辆数来信号配时。

2) 分割相位

在不改变信号周期的情况下,分割专用公交相位提高了公交车服务频率。但相位数的增加会导致周期损失时间的增大,进而导致整个交叉口延误增加。

3) 增设公交专用相位

增设公交专用相位使得公交车辆在交叉口优先排队和通过,增加单位时间通过交叉口的公交车辆数,根据车道平衡原理,为减小公交车流在路径转移过程中造成的延误,需设置公交专用车道配合使用。增设公交专用相位会导致社会车辆的延误大大增加,必须针对具体的交通情况,权衡公交车辆和社会车辆的利益,谨慎采用。

发车频率高、交通量小、乘客出行需求固定的公交车路线适宜采用被动式公交信号优先策略。因为被动式基于历史数据,该类型公交线路的历史数据比较容易获得,又相对接近实际,故而成本小。公交专用车道在工程实际中经常采用,但交通流量大、饱和度高的交通干线不适宜采用该信号优先方法,采用被动优先策略可能进一步加剧交叉口的拥堵。

4. 主动式公交优先干线协调控制方法

主动优先控制策略在单个交叉口已经得到了实际的应用,但在协调控制中却很少应用,主要是由于其他交通流运行会受到不利影响。相位的调整和红灯时间的早断会中断其他车流的通行绿波而造成延误的增加,对协调方向的车流正常通行产生很大的干扰。主动式公交优先干线协调控制可采用的方法有相位延长、提前激活相位和公交车辆专用相位等。

1) 相位延长

当公交车检测器检测到在某相位的绿灯即将结束时有公交车到达交叉口,这时考虑采用延长该相位的绿灯时间直到公交车能够顺利通过交叉口。公交车通过交叉口后,控制系统将恢复到原有的信号配时,通过相位延长可减小公交车的延误。依据时空资源平衡原理,在空间资源一定的情况下可采用延长绿灯相位设计方法,通常也被认为是最有效的优先控制策略。另一方面,总的时空资源是一定的,服务于公交的相位绿灯时间的延长会占用其他车流的时空资源,同时也要保证其他相位满足最小绿灯时间限制。

2）提前激活相位

当公交车到达交叉口时遇上红灯,这时可以考虑缩短当前相位到公交相位之间各个相位的绿灯时间从而使公交相位的绿灯开始时间提前到来,如图7-61所示。

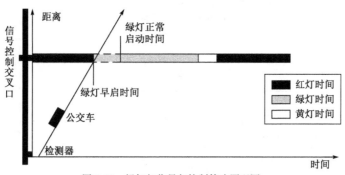

图7-61　绿灯相位早起控制策略原理图

公交车通行相位的绿灯开启的最早时刻,由当前缩短的所有相位的最小绿灯时间决定。

3）公交车辆专用相位

当公交车到达交叉口时遇上红灯,并且下一个相位也不是公交相位,这时也可以考虑插入一个公交专用相位实现公交优先,如图7-62所示。

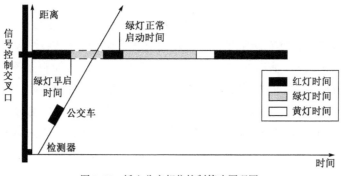

图7-62　插入公交相位控制策略原理图

插入公交专用相位对原有信号配时的影响较大,一般很少采用。目前常被用来对车辆提供优先。

5. 实时式公交优先干线协调控制方法

实时式公交优先干线协调控制主要采用的方法有延误优化、交叉口控制和网络控制等,以人均延误优化应用最为广泛。依据协调控制交叉口的选取规则,确定干线的多交叉口协调控制系统,对多交叉口协调控制系统进行相位相序设计和信号周期优选,最后建立以人均延误最小为优化目标的实时公交信号优先协调控制模型,优化绿灯时长和相位差。协调控制系统的信号配时参数优化基本流程如图7-63所示。

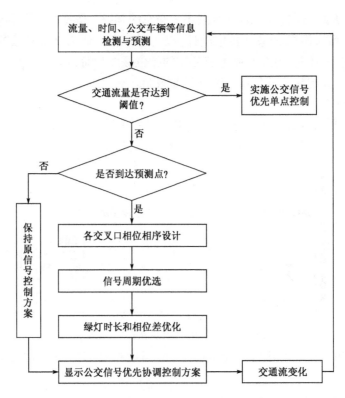

图 7-63 协调控制系统信号配时优化流程

五、主要信号控制系统中的公交优先简介

随着计算机技术的出现,交通信号控制也从交叉口单点控制发展到区域协调控制系统,1967 年英国交通与道路研究实验室 TRRL 开发的离线优化交通控制软件 TRANSYT 可视为第一代的交通信号控制系统。而以 SCOOT 和 SCATS 为代表的信号控制系统标志着第二代实时自适应控制系统的形成,他们主要根据实时的交通流量变化对控制方案进行调整。目前 TRANSYT 经过不断的发展已经升级到 12.0 版本,SCOOT 和 SCATS 也分别发展到 4.2 版和 7.0 版。作为各系统重要新增功能的公共汽车交通优先控制方法已成为各系统控制的特色之一,并得到不断完善。

1. TRANSYT 中的公交优先

TRANSYT,交通网络研究方法(Traffic Network Study Tool),是 1967 年由英国 TRRL 研究所的 Robertson 提出的,是目前各国应用最为广泛的固定配时控制系统设计方法。在 TRANSYT 8.0 中为模拟公共汽车的运行情况,采用了"合用停车线"和公共汽车专用离散系数计算方法,并以乘客延误最小确定最佳的信号配时方案。英国格拉斯哥的经验证明,以乘客延误作为配时方案优化目标函数,可比传统的优化目标(以车辆延误为目标函数)所得配时方案的公交车运行效率提高 8% 左右,而对其他车辆的运行几乎没有什么明显的影响。

2. SCOOT 中的公交优先

SCOOT,信号周期、绿信比、相位差优化技术(Split Cycle Offset Optimization Technology),

是由英国 TRRL 研究所在 1975 年开发完成并在 1981 年得到了实际的应用。在 3.1 版本中引入了公共汽车和其他公共交通工具的主动优先控制策略，其采用被动优先与主动优先的基本模式。SCOOT 中的被动式公交优先主要是在确定相位差中考虑公交车的运行情况。主动优先则主要是通过选择式车辆检测系统（SVD）或自动车辆定位（AVL）系统对公共汽车位置进行定位，并采用绿灯延长和红灯早断的控制策略，同时以交叉口饱和度大小作为公交车辆优先的约束条件，只有在交叉口饱和度小于用户事先确定的饱和度时，才实施优先控制策略。根据在伦敦 1996 年实际的运行结果检验，每周期公交车延误降低了 5~10s，而其并不会对其他车流产生影响；在南安普顿（1994—1995 年）早晚高峰期公交车辆行程时间减少了 30% 以上。

3. SCATS 中的公交优先

SCATS, 悉尼协调自适应控制系统（Sydney Coordinated Adaptive Traffic System），是由澳大利亚道路交通局在 20 世纪 70 年代开发的控制系统。系统中对于公交优先提供了两种优先的策略：被动优先和主动优先。在被动优先中，通过有关公交车运行状况的历史数据分析是否应当进行公交优先，在这个层次中，控制的主要目标在于减少主要方向的公交车辆运行延误，它常常采用小周期、为公交车提供特殊通行相位和提供公交绿波带等方法。主动优先则是在交通流中检测公交车辆并且为它们直接调节信号灯。实际上，为了提供高质量的公交服务，主动优先通常采用以下的策略：绿灯延长、红灯早断；多相位下的特殊相位设计；压缩非公交相位以转到公交相位。在系统中通过选择式检测器对公交车辆进行定位，并作为相位绿灯时间延长、红灯时间早断调整的依据。同时系统中也考虑到不同时间段、交叉口流量的潮汐现象和交叉口的饱和度情况下，公交优先策略的变化。

4. 其他主要控制系统中的公交优先

UTOPIA, 综合自动城市交通优化技术（Urban Traffic Optimization by Integrated Automation），最初是由意大利 Fiat 研究中心开发并在多伦多和都灵进行了实地的应用检验。它是一种在对小汽车控制中考虑公共交通运行情况的分布式交通自适应控制系统，在交叉口处为公交车提供了绝对的通行优先。实验结果表明：与传统控制方法相比，UTOPIA 可以使公交车和小汽车速度提高 15%~20%。

UTCS/BPS, 城市交通控制系统/公交优先系统（Urban Traffic Control Systems/Bus Priority System），是由美国联邦道路委员会开发的中心控制系统。该系统包括两种控制策略：一种是在不影响其他车辆的前提下尽量减小延误增大以人为单位的通过量；另外一种是对第一种策略的修正，对申请优先通行的公共汽车资格进行重新界定。在第一种控制模式中，如果检测到一辆公交车需要延长 10s 绿灯时间，此时这辆公交车被认为具有优先的资格，然后计算交叉口总体效益。系统中假定 2min 是交叉口效益的衡量指标，如果交叉口效益大于或等于 2min，则对绿灯时间进行延长。第二种策略主要是对第一种策略中的不足进行了相关的修正。在绿灯期间，当公交车到达交叉口上游检测器而无法正常通过交叉口时，自动将相位绿灯时间延长；而在红灯期间，当满足次要道路的最小绿灯时长后，可以提前中断相位红灯时间。

从上述分析可以看出，国外对于实时公交优先的研究已经从无条件优先发展到考虑公交车运行时刻表或保证公交车正常间隔的有条件优先问题研究，绝大部分方法经过计算机仿真或是实际运行检验，其结果证明公交优先控制在国外一定交通流量条件下是可以得到相当大的交通效益的。

六、基于公交优先的单点交叉口信号配时算例

1. 交叉口概况

哈尔滨红旗大街与先锋路交叉口为四相位十字形交叉口,其交通量大,信号配时复杂,公交车数量较多,且未设置公交专用道。以该交叉口为例,通过对流量与信号配时的调查,进行公交优先信号配时优化。交通调查原始数据见表7-15。该交叉口信号配时见表7-16。

交通调查原始数据 表7-15

进口道	方向	公交车辆到达率(pcu/h)	社会车辆达到率(pcu/h)	车流量(pcu/h)	客流量(人/h)($p_s=1.5, p_b=30$)
东	直行	25	921	946	2132
	左转	11	268	279	732
	右转	13	94	107	531
西	直行	48	758	806	2577
	左转	11	211	222	647
	右转	7	83	90	335
南	直行	34	1047	1081	2591
	左转	23	516	539	146+4
	右转	10	125	135	488
北	直行	48	852	900	2718
	左转	15	159	174	689
	右转	18	472	490	1248

红旗大街与先锋路交叉口信号配时表(单位:s) 表7-16

相位	周期C:182		
	绿灯G	黄灯A	红灯R
南北直行(第一相位)	40	3	139
南北左转(第二相位)	30	3	149
东西直行(第三相位)	63	3	116
东西左转(第四相位)	37	3	142

2. 配时参数计算

1) 红旗大街与先锋路交叉口现状的数据计算

(1) 饱和流量计算

第一相位 $s_1 = 1710 \times 0.92 \times 3 = 4719 (\text{pcu/h})$；

第二相位 $s_2 = 1710 \times 0.92 \times 1 = 1573 (\text{pcu/h})$；

第三相位 $s_{31} = 1710 \times 0.92 \times 3 = 4719 (\text{pcu/h})$，$s_{32} = 1710 \times 0.92 \times 4 = 6292 (\text{pcu/h})$（西向东）；

第四相位 $s_4 = 1710 \times 0.92 \times 2 = 3146 (\text{pcu/h})$（东向西）。

(2) 各相位有效绿灯时间计算

$G_e = g + A - l$；$G_{e1} = 41.52 \text{s}$；$G_{e2} = 31.52 \text{s}$；$G_{e3} = 64.52 \text{s}$；$G_{e4} = 38.52 \text{s}$。

(3) 绿信比计算

$\lambda = G_e / C$；$\lambda_1 = 0.228$；$\lambda_2 = 0.173$；$\lambda_3 = 0.355$；$\lambda_4 = 0.212$。

(4) 通行能力计算

第一相位 $C_1 = 4719 \times 0.228 = 1076 (\text{pcu/h})$；

第二相位 $C_2 = 1573 \times 0.173 = 272 (\text{pcu/h})$；

第三相位 $C_{31} = 4719 \times 0.355 = 1675 (\text{pcu/h})$，$C_{32} = 6292 \times 0.355 = 2234 (\text{pcu/h})$；

第四相位 $C_4 = 3146 \times 0.212 = 667 (\text{pcu/h})$。

(5) 相位饱和度计算

第一相位（直行）：南到北 $x_1 = 0.75$，北到南 $x_2 = 0.84$；

第二相位（左转）：南到西 $x_1 = 0.81$，北到东 $x_2 = 0.64$；

第三相位（直行）：东到西 $x_1 = 0.42$，西到东 $x_2 = 0.65$；

第四相位（左转）：东到南 $x_1 = 0.42$，西到北 $x_2 = 0.81$。

(6) 交叉口车延误计算

第一相位（直行）：南到北 $d_1 = 69.3 \text{s}$，北到南 $d_2 = 69.1$；

第二相位（左转）：南到西 $d_1 = 68.7 \text{s}$，北到东 $d_2 = 67.1 \text{s}$；

第三相位（直行）：东到西 $d_1 = 44.3 \text{s}$，西到东 $d_2 = 49.1 \text{s}$；

第四相位（左转）：东到南 $d_1 = 63.6 \text{s}$，西到北 $d_2 = 76.6 \text{s}$。

(7) 交叉口人均延误计算

第一相位（直行）：南到北 $d_{p1} = 178586.1 \text{s}$，北到南 $d_{p2} = 192789 \text{s}$；

第二相位（左转）：南到西 $d_{p1} = 44414.55 \text{s}$，北到东 $d_{p2} = 46198.35 \text{s}$；

第三相位（直行）：东到西 $d_{p1} = 94425.45 \text{s}$，西到东 $d_{p2} = 127193.55 \text{s}$；

第四相位（左转）：东到南 $d_{p1} = 46555.2 \text{s}$，西到北 $d_{p2} = 112142.4 \text{s}$。

2) 公交优先周期时长计算

东进口道长度为 22.1m，西进口道长度为 18.3m，南进口道长度为 14.9m，北进口道长度为 18m。1pcu 车辆所需的停靠长度为 2.5m。

由公式 $r_{ij} = n_{ij} / Q_{ijl}$ 得到各相位的最长红灯时长如下。

第一相位（直行）：南到北 $r_{11} = 98.2 \text{s}$，北到南 $r_{12} = 71.5 \text{s}$；

第二相位（左转）：南到西 $r_{21} = 122 \text{s}$，北到东 $r_{22} = 146.4 \text{s}$；

第三相位（直行）：东到西 $r_{31} = 112.6 \text{s}$，西到东 $r_{32} = 88.4 \text{s}$；

第四相位(左转):东到南 $r_{41} = 170.3s$,西到北 $r_{42} = 96s$。

$L = \sum(l + i - A)$,其中交叉口停车距 $s = 10m$,停驶速度 $v = 30km/h$, $A = 3s$, $i = 1.48s$,得到优化后的周期时长 $C = 123s$。

3) 绿信比计算

1pcu 的公交车载客人数为 $p_b = 30$。

$\lambda_1 = 0.251$; $\lambda_2 = 0.065$; $\lambda_3 = 0.242$; $\lambda_4 = 0.140$。

4) 优化后交叉口信号配时计算

该交叉口公交优先信号配时见表 7-17。

红旗大街与先锋路交叉口公交优先信号配时表(单位:s)　　表 7-17

相位	周期 C:123		
	绿灯 G	黄灯 A	红灯 R
南北直行(第一相位)	29	3	91
南北左转(第二相位)	6	3	114
东西直行(第三相位)	28	3	92
东西左转(第四相位)	16	3	104

5) 优化后交叉口车均延误计算

第一相位(直行):南到北 $d_1 = 44.54s$,北到南 $d_2 = 43.02s$;

第二相位(左转):南到西 $d_1 = 65.14s$,北到东 $d_2 = 62.58s$;

第三相位(直行):东到西 $d_1 = 43.67s$,西到东 $d_2 = 42.62s$;

第四相位(左转):东到南 $d_1 = 50.98s$,西到北 $d_2 = 49.73s$。

交叉口车均延误为 39.6s。

6) 优化后交叉口人均延误计算

第一相位(直行):南到北 $d_{p1} = 114779.6s$,北到南 $d_{p2} = 120025.8s$;

第二相位(左转):南到西 $d_{p1} = 42145.6s$,北到东 $d_{p2} = 43117.6s$;

第三相位(直行):东到西 $d_{p1} = 93104.4s$,西到东 $d_{p2} = 110428.4s$;

第四相位(左转):东到南 $d_{p1} = 37317.4s$,西到北 $d_{p2} = 72804.7s$。

交叉口的人均延误为 24.7s。

第六节　设计示例

一、南京市江宁区公交专用车道设计

1. 设置条件确定

2015 年南京市江宁区有公交线路 144 条,中心城区和老城区线路密度最高,分别为

2.88km/km² 和 2.83km/km²，线路主要集中在双龙大道、金箔路、天印大道、天元路等主要干道，如图 7-64 所示。通过对国内外城市公交专用车道设置标准的参考研究以及江宁区现状道路交通条件的调查分析，分别从公交需求和道路条件两个基本因素考虑制订江宁区公交专用车道设置标准。

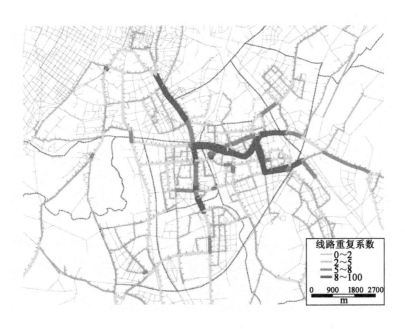

图 7-64　中心城区公交线路密度

参考南京市公交专用车道设置标准（表7-18），考虑到江宁区内设置公交专用车道的目的更多的是通过建设的合理引导，发挥公交优先的导向作用。结合江宁区实际情况和未来几年的发展趋势，对南京市的设置标准适当调低作为江宁区公交专用车道的设置标准（表7-19）。

南京市公交专用车道设置标准　　　　　　　　　　　　　　　　　　　表 7-18

要求分类	设置指标	具体指标要求
公交需求	公交客流/车流要求	单向公交车高峰小时流量达到100辆以上； 或高峰时段公交车比例达到20%； 或高峰小时公交客流比例达到50%
道路条件	车道数	双向行驶道路至少为双向六车道； 单向至少为三车道； 道路侧向净空高度满足要求
设置时机	道路饱和度	路段饱和度达到0.8以上

江宁区公交专用车道设置条件（已建道路）　　　　　　　　　　　　　表 7-19

要求分类	设置指标	具体指标要求
公交需求	公交客流/车流要求	高峰小时单向公交车流量达到50辆以上； 或公交客流比例达到道路断面机动车客流的30%以上
道路状况	道路车道数要求	双向行驶道路至少为双向六车道，单向至少为三车道； 道路净空条件满足公交车辆通行要求

依据研究制订的公交专用车道设置标准，综合考虑公交专用车道的设置必要性和可行性，形成江宁区公交专用车道近期布局方案。公交专用车道重点在东山副城城区内公交需求大、道路条件相对较好的通道实施，近期在城区内建设道路里程为28.1km、车道里程为56.2km的公交专用车道网络系统，同时对一些交叉口设置公交进口道，并实施公交信号优先。公交专用车道布局如图7-65所示。

图7-65　近期公交专用车道布局示意图

2. 道路横断面布局

考虑到道路交通条件以及实施的难易程度，建议建设公交专用车道以路侧式公交专用车道为主，并实施划线隔离的措施，提高实施的可行性，减少道路改造难度。对于竹山路和新亭路，由于不满足道路设置条件，建议暂时采用双向四车道设置公交专用车道，在远期进行道路扩建改造。近期部分路段公交专用车道参考设置模式如图7-66～图7-69所示。

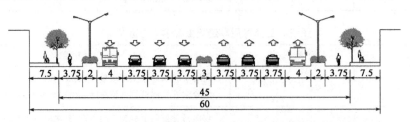

图7-66　天印大道(宏运大道—天元东路)道路横断面形式(尺寸单位：m)

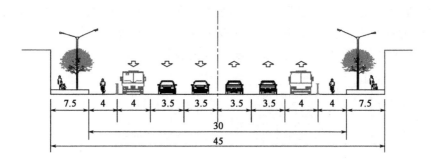

图7-67 金箔路道路横断面形式(尺寸单位:m)

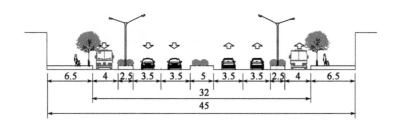

图7-68 文靖西路道路横断面形式(尺寸单位:m)

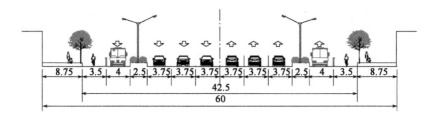

图7-69 宏运大道(天印大道—东麒路)道路横断面形式(尺寸单位:m)

3. 典型道路公交专用车道设计

选取天印大道北段(宏远大道—天元东路)作为设计示范,采取高峰限时的模式,限行时段为早高峰7:00—9:00,晚高峰17:00—19:00,并设立相应的标牌。天印大道是江宁区东山副城东部主要干道之一,横穿南北并且与南京主城区相连。沿路分布有江宁中医院、上元中学、利民新村、明月新寓、成山公寓、书香名苑等居住小区,并且与上元大街、金箔路、天元路等主要道路相交,居民出行需求较大,分布有较多的公交线路,承担主要干道的功能。天印大道属于两块板双向八车道的城市主干道,标准断面为60 = 7.5 + 3.75 + 2 + 4 + 3.75 + 3.75 + 3.75 + 3 + 3.75 + 3.75 + 3.75 + 4 + 2 + 3.75 + 7.5 的形式。

近期规划天印大道采用路侧式专用道的"3+1"设置模式,即3条机动车道和1条路侧式专用道的组合模式。对比现状断面和规划红线宽度,将现状最外侧车道重新划为公交专用车道;对于专用道上的公交站台将其改造成港湾式公交站台,站台位置接近交叉口,乘客利用交叉口人行横道过街。同时对部分交叉口进行改造,设置公交专用进口道和信号优先。

天印大道的上元大街与金箔路之间的路段为双向八车道(图7-70),根据道路结构与路段交通量数据,为减少建设难度,采用路侧式公交专用车道的设置。其中东侧道路设置了辅路,实际利用辅路的社会车辆并不多,在此考虑直接将辅路改造为公交专用车道。

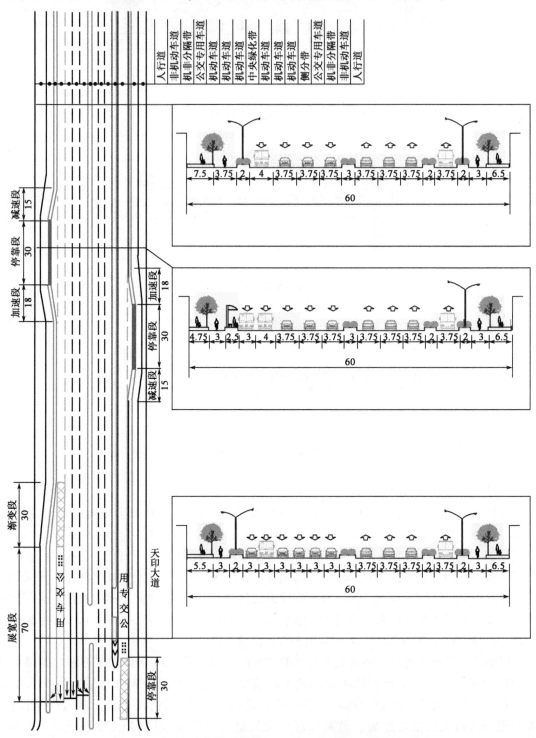

图7-70 天印大道公交专用车道(上元大街—金箔路)(尺寸单位:m)

图 7-71 为天印大道—金箔路交叉口设计方案,金箔路没有设置公交专用车道,只考虑在天印大道的南北进口设置公交专用进口道。天印大道北进口直行公交车流量较大,且右转社会车辆交通量也较大,为不影响右转车流,考虑在最外侧拓宽一条右转专用车道,次外侧车道设置为公交专用进口道;南进口的右转公交车比例相对较大,可顺沿路段公交专用车道将南进口最外侧车道设置为公交专用进口道,次外侧车道为直右车道。

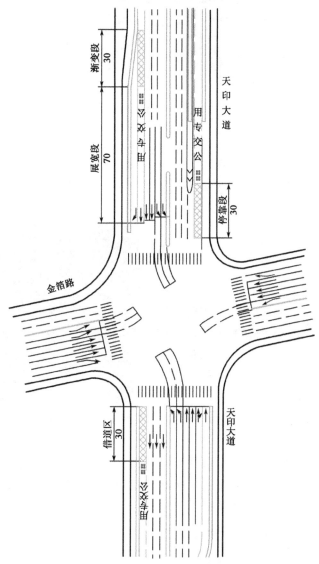

图 7-71 天印大道—金箔路交叉口交通设计(尺寸单位:m)

二、昆明市路中式公交专用车道设计

1. 公交专用车道设置

昆明市公交专用车道的功能定位主要考虑以下几点:①专用道占据城市主要客流通道;②串联城市重要地区与目标;③自城市中心向外辐射至城市新区。根据上述功能定位进行专用道选线,在城市内形成两横两纵的专用道网络,建成 4 条公交专用车道,全程 25.9km。昆明市公交专用车道布设如图 7-72 所示。

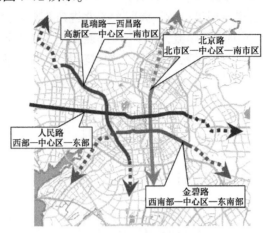

图 7-72　昆明市公交专用车道布设图

2. 昆明市公交专用车道设计形式

昆明市公交专用车道设计形式主要采用路中式公交专用车道的形式,典型断面形式如图 7-73、图 7-74 所示。

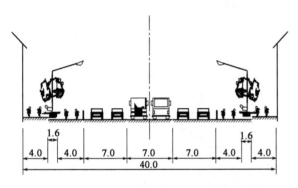

图 7-73　公交专用车道道路横断面(尺寸单位:m)

图 7-74　昆明市路中式公交专用车道

3. 公交专用车道站台设计形式

昆明市公交专用车道站台采取交叉口与站台相结合的方式,可以有效利用道路条件,减少过街设施的建设,方便乘客进出站台;同时将普通公交站台与 BRT 站台建设相结合,提高站台利用率。站台设计形式如图 7-75 ~ 图 7-77 所示。

图 7-75　路段公交专用车道站台形式

图 7-76　路口公交专用车道站台形式

第七章 公共交通优先通行交通设计

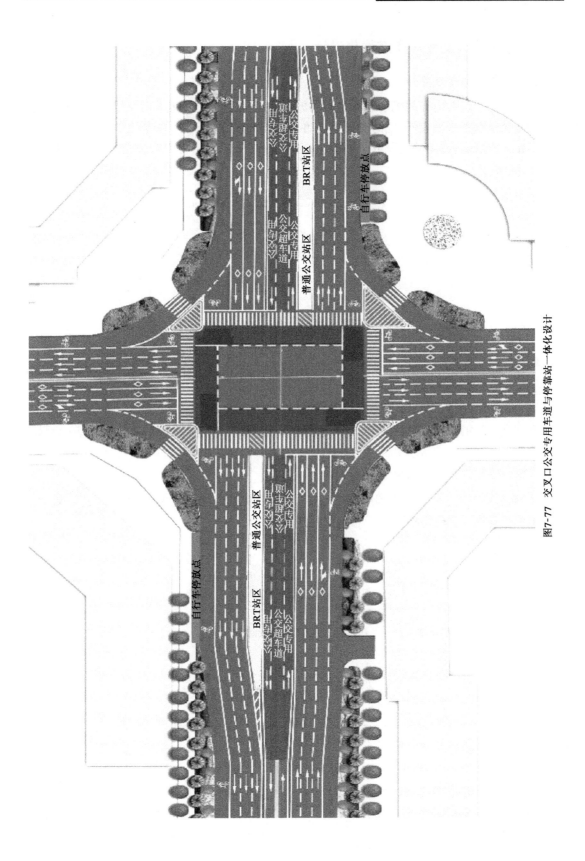

图7-77 交叉口公交专用车道与停靠站一体化设计

三、常熟市公交专用车道优化设计

1. 公交专用车道设置

常熟市由三环至内环的机动车和公交流量均呈增加趋势,周边地块对主线交通干扰严重,导致全线公交服务水平较低,同时交叉口机动车通行能力严重不足。根据上位规划,选取黄河路为城市公交廊道,在道路路段或交叉口设置公交优先专用道。常熟市公交专用车道布设如图 7-78 所示。

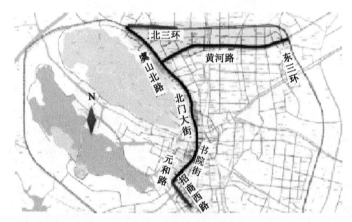

图 7-78　常熟市公交专用车道布设示意图

东西向(黄河路)道路工程起点为虞山北路,终点至东三环,全长约 5.5km,总宽 50m,双向六车道。

2. 路段公交专用车道的规划与设计

黄河路现状双向六车道,外侧设为公交专用道,公交站台处设置港湾式停靠站,公交站点处压缩慢行通道。优化后的断面示意图如图 7-79 所示。

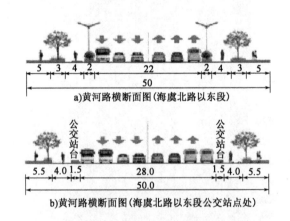

图 7-79　优化后的断面示意图(尺寸单位:m)

现状公交站台标准:25m(减速段)+15m(站台长)+30m(加速段),共 70m 长。调整后:18m(减速段)+30m(站台长)+22m(加速段),共 70m 长,总长不变。优化前后公交站台示意图如图 7-80 所示。

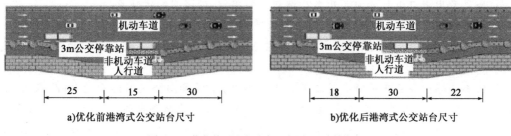

a) 优化前港湾式公交站台尺寸　　　　b) 优化后港湾式公交站台尺寸

图 7-80　优化前后公交站台示意图(尺寸单位:m)

3. 交叉口公交专用道的规划与设计

现状黄河路相交路口共 13 个,其中 4 个交叉口采用 5 进 3 出模式,9 个交叉口采用 4 进 3 出模式,交叉口红线已不具备拓宽条件。因此,交叉口设计方案基于现状车道规模进行设计,分别对黄河路交叉口公交专用道的两种模式进行分析。

(1) 公交专用进口道方案

黄河路 4 个交叉口中,选取海虞北路—黄河路交叉口为例,东西进口利用现状最外侧的直行车道,优化为公交专用进口道,与路段的公交专用道衔接,外侧车道通过渠化展宽提前右转。黄河路公交专用进口道设计示意图如图 7-81 所示。

(2) 公交与右转合用进口道方案

黄河路 9 个交叉口中,选取南沙路—黄河路交叉口为例,东西进口利用现状最外侧的右转车道,优化为公交专用进口道与右转车道合用,与路段的公交专用道衔接。交叉口公交专用进口道与右转合用设计示意图如图 7-82 所示。

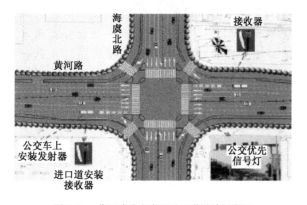
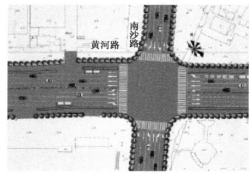

图 7-81　黄河路公交专用进口道设计示意图　　　图 7-82　交叉口公交专用进口到与右转合用设计示意图

【复习思考题】

1. 简述公交专用车道的类型以及优缺点。
2. 我国宜设置公交专用车道的条件或者不宜设置公交专用车道的条件是什么?
3. 为了增强公交专用车道的视认性,公交专用车道在哪些地方需要设置专门标识?

4. 公交专用进口道可分为哪几类？选取一种类型，简述它的优缺点。

5. 在进行公交站牌具体设计时，需要考虑哪些信息需求，并以何种形式在站牌上体现？

6. 结合生活实际，简述深港湾式公交停靠站的优缺点，并结合实例分析辅助停靠站数量如何选取。

7. 已知某路段公交车高峰小时流量为160辆/h，路段单向公交客运量为7000人次/高峰小时，路段单向机动车道为4车道，且每车道宽度为3.5m，请结合我国公交专用车道设置标准判断该路段是否应该设置公交专用车道。同时，得知该路段为主干道，机动车道与非机动车道间存在绿化带，在前方交叉口右转公交车流量为120辆/高峰小时。且由于该路段位于CBD地区，交通流量大，道路改建费用较高，请思考在较低的道路改建成本条件下，该路段应该设置哪一种类型的公交专用道，并简要说明原因。

8. 交叉口"直右"式公交专用进口道设计为将道路交叉口右转专用道改为社会车辆右转和公交车辆直行专用道。请分析"直右"式公交专用进口道方案的优点及适用条件。

9. 假设信号周期中的某个进口有5条车道，其中1条车道设置为公交专用进口道，其余作为社会车辆的进口道。该进口总的车辆到达率为2700pcu/h，其中公交车辆和社会车辆的到达率分别为600pcu/h和2100pcu/h，请根据饱和度计算分析该进口公交专用进口道设置是否合理。

10. 某城市主干路道路计算行车速度为40km/h，公交车的长、宽分别为12m和2.5m，经调查，公交车进站减速度为1.5m/s，出站加速度为1.0m/s。拟在某处修建一个双港湾式公交停靠站，主辅站之间的距离为60m，主站泊位数为3个，辅站泊位数为2个。试计算该双港湾式停靠站各部分长度，并用简图对该车站进行描述。

11. 现对某城市某公交站台宽度进行设计，排队区域服务水平拟定为A级，高峰时段每辆公交车的平均上车乘客流量Q为15人/辆，乘客平均候车时间T为120s，同一泊位公交线路数M为5条，试根据该站台服务水平对站台乘客分布密度进行估计，并按照估计值对该站台的宽度进行计算。

第八章 公共停车场(库)交通设计

停车交通是交通运输系统的主要组成部分。停车场(库)交通设计,以停车交通规划的成果、停车场(库)用地及周边道路交通条件为约束,以停车交通最佳化(停车场库最佳利用及其与周边交通最佳协调)为目标,来最优地确定停车场(库)的空间布局、停车模式、交通流线及管理措施等。

城市停车场(库)的设计既要反映和满足汽车合理出行的需要,更要服务交通需求调控的理念,以动态交通的通畅、安全和效率为目的,与优先发展公共交通政策相结合。因此,停车场(库)交通设计需要在科学的需求分析和最佳选址的基础之上进行。科学的停车场交通设计对于改善交通具有重要的意义。

本章首先介绍停车场(库)的基本知识及设计内容,然后根据不同位置停车场设置对于道路交通运行的影响,分别介绍了城市路外停车场、路内停车场交通设计的具体方法。

第一节 停车场(库)交通设计基础

一、停车场(库)基本类型划分

1. 按照停车设施服务对象分类

按照服务对象可将停车场分为专用停车场、建筑物配建停车场和社会公共停车场3种。

(1) 专用停车场:是指专业运输部门或企业事业单位所属建设的停车场地,仅供有关单位内部自有的车辆停泊,如公共汽车总站、长途客货运枢纽等。专用停车场几乎不为社会上其他车辆提供停车位。

(2) 建筑物配建停车场:是大型公用设施或建筑配套建设的停车场所,主要为与该设施业务活动相关的出行者提供停车服务。配建停车场服务对象包括主体建筑的停车以及主体建筑所吸引的外来车辆。

(3) 社会公共停车场:是为从事各种活动的出行者提供公共停车服务的停车场所,服务范围最广,通常设置在城市商业活动中心、城市出入口以及公共交通换乘枢纽附近。

应明确的是,建筑物配建停车场和社会公共停车场并非绝对意义上的不同,两者在停车服务的对象上既各有针对又相辅相成,其原因为:

(1) 配建停车场泊位建设的标准是依据主体建筑所产生的停车需求,但其泊位同时也承担了一部分由于主体建筑的吸引而产生的外来停车,因此配建停车场在一定程度上具有社会公共停车场的作用。

(2) 配建停车场的建设通常以城市大型公用建筑为依托(如台湾省相关技术标准规定了面积在1000m² 以下的建筑物无须附设配建机动车停车位),对于那些没有停车设施的公用建筑,其产生的停车需求将只能由社会公共停车场来承担。因此从某种意义上说,社会公共停车场的布局选址和泊位建设规模是由区域的配建停车场无法满足所产生的停车需求量而决定的。

2. 按照停车场地的位置分类

停车场按其与城市道路系统所处的相对位置可以分为路内和路外停车场两种类型。

(1) 路内停车场:是指在城市机动车道(或非机动车道)的两侧或一侧划出若干路面供车辆停放的场所。路边停车场车辆存取方便,但是对城市机动车和非机动车交通的干扰较大,因此要求除去停车带以外,必须保留足够的道路宽度供各种车辆通行,并且通常仅限于车辆短时间停放。按照停车带与机动车道的设置角度差异,又分为平行式(车辆平行于行车道方向停放)、垂直式(车辆垂直于行车道停放)和倾斜式(车辆与行车道边缘成一锐角停放,角度一般为30°、45°、60°三种)。《城市道路路内停车位设置规范》(GA/T 850—2021)规定的停车位最小尺寸如图 8-1 所示。

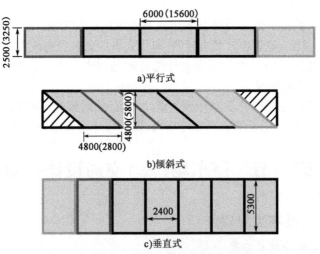

图 8-1　路内停车泊位排列形式示意图(尺寸单位:mm)

路内停车的另一种形式为利用人行道路加以设置(图8-2),由于不直接占用机动车道或非机动车道资源,因此对车辆行驶的干扰较小,但是过多的车辆停放不利于城市的景观,而且对行人交通的通畅和安全均有较大影响。

(2)路外停车场:位于城市道路系统以外,通常由专用的通道与城市道路系统相联系,对动态交通的影响较小。路外停车场按其建造形式主要可以分为地面停车场(库)、地下停车库、立体(机械式)停车楼等类型。

图8-2 人行道设置路内停车带示意图

①地面停车场(库):又称平面停车场,具有布局灵活、停车方便、成本低廉等特点,是最为常见的路外停车场形式。

②地下停车库:是指建立于地下的具有一层或多层的停车场,它缓解了城市用地紧张的矛盾,提高了土地使用价值,但由于需要附加照明、空调、排水等系统维护费用,成本较高。

③立体(机械式)停车楼:是指专用或兼用停放机动车的固定建筑物。而机械式停车楼则是采用电梯或升降机械自动将所需停放车辆作上下和水平移动,进行车辆的存取。其优点是节省用地,可以建造在用地资源紧缺的城市中心区域或是不规则的用地上,是解决城市中心区停车问题的一种有效办法。

另外,复合式停车架也是立体(机械式)停车楼的一种应用(图8-3),它采用半固定的多层钢结构,利用机械实现车辆在立体空间内的存取。复合式停车架可以安装在地面停车场或地下停车库,在相同用地面积条件下增加了停车泊位的数量。

a) b) c)

图8-3 立体(机械式)停车楼及复合式停车架图例

不同的路外停车场建造形式有不同的优缺点,在具体规划选择时如何扬长避短、达到最优效果,取决于对各类建造形式的深入认识。各种停车场其他的特性列于表8-1中。

停车场建造形式比较 表8-1

建造类型	平面停车场	地下停车库	立体(机械式)停车楼
形式特点	①建造成本低; ②停车存取方便; ③平均每车位占地面积25~30m^2; ④可供各类型车辆停放	①用地面积不受约束; ②平均每车位占地面积30~40m^2; ③建造成本高于平面停车场; ④可配合大楼地下室设置	①每车位占地面积少,平均每车位占地面积15~25m^2; ②适合中小型车辆停放; ③建造成本最高; ④对周围环境影响最小

续上表

建造类型	平面停车场	地下停车库	立体(机械式)停车楼
适用范围	①地价低廉的地区； ②可建停车场面积足够大； ③停车需求量不高	①可作为公寓住宅停车场； ②作为一般大楼附设的停车设施； ③可建造大型停车场	①市中心地价昂贵地区； ②可用地形狭窄的位置； ③对环境要求较高场所

二、停车交通基本特性指标

为了描述车辆停放的主要特征和评价停车设施，对停车设施相关术语作如下定义：

1. 停车供应

停车供应指一定的停车区域路内、路外停放场地可能提供的最大停放车位数(或面积)。停放供应的计量在调查中用实际可停数表示。

2. 停车需求

停车需求指给定停车区域内特定时间间隔的停放吸引量，一般用工作日高峰期间的停放车辆数表示。

3. 累计停车数

累计停车数指统计时间段内特定停车设施(或区域)内累积停放车辆的次数，用 n 表示。

4. 停放时间

停放时间指车辆在停放设施实际停放时间，它是衡量停车场交通负荷与周转效率的基本指标之一，其分布与停放目的、停放点土地使用等因素有关。平均停车时间可以反映停放车辆的时间特性：

$$\bar{t} = \frac{\sum_{i=1}^{n} t_i}{n} \tag{8-1}$$

式中：$\bar{t}$——平均停车时间，min；
t_i——第 i 辆车的停放时间，min；
n——累计停车数，辆。

5. 停放周转率

停放周转率是指在一定时间段内(一日、一个小时或几个小时等)每个停车泊位停放车辆的次数，即实际总停放累积次数与停车设施泊位容量的比值。停放周转率越高，泊位利用效率也就越高。

$$T = \frac{n}{C} \tag{8-2}$$

式中：T——统计时间段内车辆停放周转率；
C——停车设施泊位数量，个；
n——累计停车数，辆。

6. 停车场的利用率

停车场的利用率反映了统计范围内停车泊位在工作小时内的使用效率，即：

$$g = \frac{\sum_{i=1}^{n} t_i}{C \times T} \qquad (8\text{-}3)$$

式中：g——停车场利用率；

T——工作时间，min；

其余符号意义同前。

通常而言，停车场的周转率和利用率越高，停车设施服务的效率也越好。

三、停车场(库)交通设计主要内容

对应驾驶人对停车场(库)选择和实施停车的两个阶段，停车交通设计主要内容为：

(1)停车场(库)选址布局及停车设施容量估算。该部分内容主要由城市总体规划、控制性详细规划、城市综合交通规划或停车专项规划进行方案确定，并作为停车交通设计的重要依据。

停车场(库)交通设计流程图如图8-4所示。

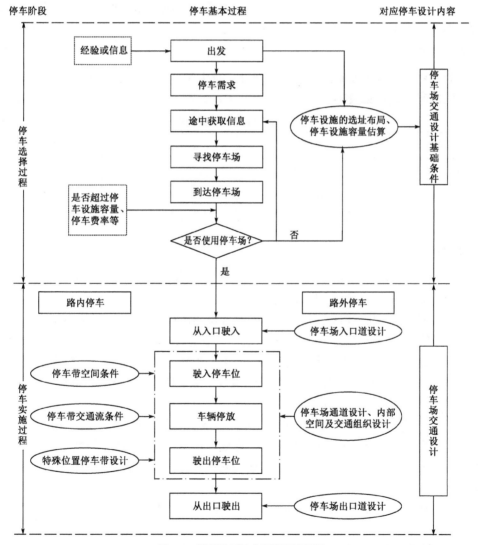

图8-4 停车场(库)交通设计流程图

(2) 路外停车场(库)设计,包括入口道设计、通道设计、内部空间及交通组织设计、出口道设计等。

(3) 路边停车带设计,包括停车带空间设计、交通流条件、特殊位置停车带设计等。

第二节　路外机动车停车场(库)交通设计

一、路外机动车停车场(库)设计基本要求

路外停车场不直接占用道路空间资源,而是通过出入口与城市道路进行衔接。其中:出入口的位置、数量、长度等是交通组织设计的要点,且停车设施规模越大,交通组织设计的重要程度也越高。本节的设计方法适用于路外公共停车场、路外建筑物配建停车场、路外地面和地下停车库等。参照《城市公共停车场工程项目建设标准》(建标128—2010),与路外停车场设计相关的基本要求如下:

1. 停车场规模

城市公共停车场规模按照停车位数量划分为特大型、大型、中型和小型四类,不同类型停车场对应的停车位数量见表8-2。

城市公共停车场规模分类　　　表8-2

停车场类型	停车位数量	停车场类型	停车位数量
特大型停车场	>500	中型停车场	51~300
大型停车场	301~500	小型停车场	≤50

注:停车位数量以小型车停车位为标准车位,其他车型停车位换算系数见表8-4。

2. 停车场出入口

(1) 大、中型停车场出入口不得少于2个,特大型停车场出入口不得少于3个,并应设置专用人行出入口,且两个机动车出入口之间的净距不小于15m。

(2) 停车场的出口与入口宜分开设置,单向行驶的出(入)口宽度不得小于5m,双向行驶的出(入)口宽度不得小于7m。小型停车场只有一个出入口时,出入口宽度不得小于9m。

(3) 城市公共停车场出入口要具有良好的视野,机动车出入口的位置(距离道路交叉口宜大于80m)距离人行天桥、地下通道、桥梁或隧道等引道口应大于50m;距离学校、医院、公交车站等人流集中的地点应大于30m。

(4) 出入口设置在城市主干路的城市公共停车场,机动车交通组织应采用右进右出的方式,严禁左转直接驶入(出)主干路;出入口设置在城市次干路、支路上的城市公共停车场,机动车交通组织宜采用右进右出的方式,在不影响对向道路交通的情况下,可采用左转方式驶入(出)。

(5) 城市公共停车场平面设计时应根据实际情况选择内部交通组织方式,并确保内部交通的安全、顺畅、便捷。

(6) 规划城市公共停车场宜设置一定比例的无障碍停车位,并符合表8-3的规定。

无障碍停车位数量设置标准 表8-3

停车场规模	无障碍停车位数(不宜少于)
特大型停车场	总车位的1%
大型停车场	4个
中型停车场	2个

二、路外机动车停车场(库)设计方法

1. 确定车型

不同的车型,其尺寸大小不同,对停车的技术要求也不同,从而决定了停车带尺寸和通道宽度的差异。我国一般将众多的车型归并为6种,即微型汽车(含三轮摩托车)、小型汽车、中型汽车、大型汽车、铰接车、二轮摩托车。6种车型的外廓尺寸和车型之间的换算关系见表8-4。

机动车停车场设计车型外廓尺寸和换算关系 表8-4

车 辆 类 型	各类车辆外廓尺寸(m)			换 算 关 系
	总长	总宽	总高	小汽车
微型汽车(含)三轮摩托车	3.2	1.6	1.8	0.7
小型汽车	5.0	2.0	2.2	1.0
中型汽车	8.7	2.5	4.0	2.0
大型汽车	12.0	2.5	4.0	2.5
铰接车	18.0	2.5	4.0	3.5
二轮摩托车	1.9	0.7	1.1	0.1

注:1. 资料来源于公安部、建设部《停车场设计规划(试行)》,1988。
2. 换算系数按各种车型的停车车位面积确定。
3. 外廓尺寸可区别车型,以选择换算系数。

设计停车场时,选哪种车型为设计车型应通过调查分析确定,城市(特别是大中城市)中的停车场,一般选用小型汽车作为设计车型。

2. 机动车停放方式

车辆停放方式有以下3种。

1)平行式停放方式

车辆停放时车身方向与通道平行,是路内停车带或狭长场地停放车辆的常用形式,如图8-5a)所示。平行停车方式的停车带和通道均较窄,车辆进出方便、迅速,但单位车辆停车面积较大。在停车种类很多、未以标准车位设计或沿周边布置停车位时,可采用这种方式。

2)斜向停放方式

车辆停放时车身方向与通道成 θ 角,一般为30°、45°、60°三种,也是常用的一种停车方式。停车方式如图8-5b)所示。斜向停车方式的停车带宽度随停放角度 θ 的不同而有所不同;车辆停放比较灵活,对其他车辆影响少,驶入驶出车位较方便,但单位停车面积比垂直停车方式

大,在停车场地的用地宽度和地形条件受限制时使用。

3）垂直停放方式

如图 8-5c)所示,车辆停放时车身方向与通道垂直,是最常用的一种停车方式。垂直停车方式单位长度停放车辆数最多,但通道所需宽度最大,驶入驶出车位一般需倒车一次,尚属便利,用地比较紧凑。布置时可以两边停车,合用中间一条通道,这种方式在用地整齐规划的情况下可以采用。

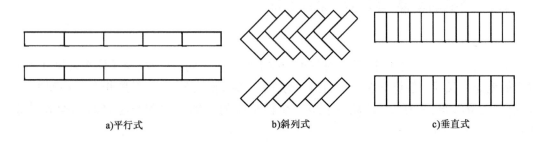

a)平行式　　　　　b)斜列式　　　　　c)垂直式

图 8-5　路内停车场布局形式示意图

3. 机动车停发方式

车辆停发方式有以下 3 种,如图 8-6 所示,要根据停车设施的性质和功能要求选择不同的停发方式。

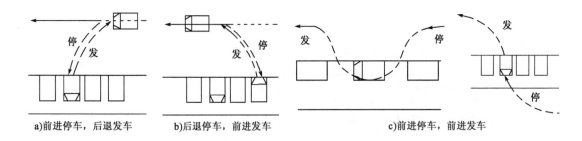

a)前进停车,后退发车　　　b)后退停车,前进发车　　　c)前进停车,前进发车

图 8-6　车辆停发方式示意图

1）前进停车,后退发车

车辆就位停车迅速,但发车较为费时,不易做到迅速疏散。常用于斜向停车方式的停车设施。

2）后退停车,前进发车

车辆就位较慢,但发车迅速,是最常见的停车方式,平均占地面积较少。

3）前进停车,前进发车

车辆停、发均能方便迅速,但占地面积较大,一般很少采用,常用于倒车困难而又对停发迅速要求较高的停车设施,如公共汽车停车场和大型货车停车场等。

4. 停车带和通道宽度及单位停车面积

停车带和通道的宽度是停车场设计的主要内容,其大小与车辆尺寸、停放方式、驾驶人的技术水平有关,具体参数可参见表 8-5。

机动车停车场的设计参数值　　　　　　　　　　表 8-5

停车方式		平行式	斜　列　式				垂　直　式	
			30°	45°	60°	60°		
项目	车型	前进停车	前进停车	前进停车	前进停车	后退停车	前进停车	后退停车
垂直通道方向停车带宽(m)	1	2.6	3.2	3.9	4.3	4.3	4.2	4.2
	2	2.8	4.2	5.2	5.9	5.9	6.0	6.0
	3	3.5	6.4	8.1	9.3	9.3	9.7	9.7
平行通道方向停车带长(m)	1	5.2	5.2	3.7	3.0	3.0	2.6	2.6
	2	7.0	5.6	4.0	3.2	3.2	2.8	2.8
	3	12.7	7.0	4.9	4.0	4.0	3.5	3.5
通道宽(m)	1	3.0	3.0	3.0	4.0	3.5	6.0	4.2
	2	4.0	4.0	4.0	5.0	4.5	9.5	6.0
	3	4.5	5.0	6.0	8.0	6.5	10.0	9.7
单位停车面积(m^2)	1	21.3	24.4	20.0	18.9	18.2	18.7	16.4
	2	33.6	34.7	28.8	26.9	26.1	30.1	25.2
	3	73.0	62.3	54.4	53.2	60.2	51.5	50.8

注：车型列中 1 指微型汽车，2 指小型汽车，3 指中型汽车。

1）停车带宽度

停车带宽度除保证后面车辆能安全出入停车位置外，还应保证车门能安全开启，其计算公式如下：

（1）垂直于通道方向的停车带宽度 W_v

①平行停放方式。

$$W_v = L_1 + a_1 \tag{8-4}$$

式中：L_1——车辆的宽度，m；

a_1——保证车辆安全出入，左右车厢之间所需的停入净距，m，左右车厢至停车场的缘石之间安全距离可取 $0.5a_1$，a_1 一般取 1.0m，小型汽车可取 0.8m。

②垂直停放方式。

$$W_v = L_2 + a_2 \tag{8-5}$$

式中：L_2——车辆的长度，m；

a_2——车头或车尾至停车场的缘石之间的安全距离，车头或车尾至其他车辆的车厢之间的安全距离取 $2a_2$，a_2 一般取 0.5m。

③斜向停放方式。

$$W_v = (L_2 + 2a_2)\sin\theta + 0.5(L_1 + a_1)\cos\theta \tag{8-6}$$

式中：θ——停车角度。

（2）平行于通道方向的停车带宽度 W_h

①平行停放方式。

$$W_h = L_2 + a_3 \tag{8-7}$$

式中：a_3——保证车辆安全出入，前后车之间所需的停放净距，m，一般情况下，微型和小型汽车取 2.0m，大中型汽车和铰接车取 4.0m。

②垂直式停放方式。

$$W_h = L_1 + a_1 \tag{8-8}$$

③斜向停放方式。

$$W_h = \frac{L_1 + a_1}{\sin\theta} \tag{8-9}$$

2) 通道宽度

通道是停车场平面设计的重要内容,其形式和有关参数宜结合实际情况正确选用。

国外停车场设计采用的通道宽度标准见表8-6。作为内部主要通道时,车辆双向行驶,通道最小宽度不得小于6m(表8-6)。

国外停车场通道设计数据 表8-6

国 名	通道宽(m)		最大纵坡(%)		最小半径(m)
	单车道	双车道	宜小于	不超过	
美国	3.7	6.7	15	20	11(货车)
日本	3.5	>5.5	15	20	6~7(轿车)

注:进出口宽度应大于6.0m。

3) 单位停车面积

停放一辆汽车所需的用地面积大小与车型(车辆尺寸)、停放方式、通道条数等有关,设计停车场时,按使用和管理要求,预估停车数量、车型、停放方式,确定停车面积。许多国家已有停车法规,设计时可查规范进行。我国拟定的机动车单位停车面积等有关设计参数见表8-5。

5. 停车场(库)通道(包括出入口)参数设计

对于停车场出入口位置、宽度、坡度、转弯半径、净空等重要相关技术要求,应依据城市停车场建设的技术标准确定。

1) 停车场出入口位置和数量

停车场出入口位置、数量及相关设置要求见本节第一部分说明。

2) 坡道设置

自走式停车场坡道坡度不得大于15%;若使用自动坡道,坡道依照设备安全规范的规定设置。

3) 通道宽度设置

(1) 收费通道净宽度应为2.2~2.5m。

(2) 坡道净宽度单向不小于5.5m,双向宜为7m。

停车场内的坡道可采用直线型、曲线型,可采用单车道或双车道。其最小净宽应符合表8-7的规定。严禁将较宽的单车道作为双车道使用。

坡道最小宽度(单位:m) 表8-7

坡道形式	计算宽度	最小宽度	
		微型、小型车	中型、大型、铰接车
直线单行	单车宽+0.8	3.0	3.5
直线双行	双车宽+2.0	5.5	7.0
曲线单行	单车宽+1.0	3.8	5.0
曲线双行	双车宽+2.2	7.0	10.0

注:此宽度不包括道牙及其他分隔带宽度。

4) 转弯半径设置

为保证车辆在停车场的出入口和通道上行驶的安全以及在停车带上的停车安全,根据汽车行驶理论、动力特性理论和车辆性能,确定停车场出入口和通道的最小平曲线半径及最大纵坡。出入口的宽度,对于微型和小型汽车为7m,其他车型可适当增加。对于小汽车,车道内侧曲线半径5.0m以上,有大车停放的停车场,其转弯半径适当增大。

汽车库内各类汽车的最小转弯半径的标准值见表8-8。

汽车库内汽车最小转弯半径(单位:m)   表8-8

车 型	最小转弯半径	车 型	最小转弯半径
微型汽车	4.5	大型汽车	10.5~12.0
小型汽车	6.0	铰接车	10.5~12.5
中型汽车	8.0~10.0	—	—

停车场出入口和通道内的最小平曲线半径及最大纵坡度、坡度比见表8-9。

停车场出入口和通道的最小平曲线半径及最大纵坡   表8-9

车 型	最小平曲线半径(m)	最大纵坡(%)		最大坡度比(高:长)	
		直线坡道	曲线坡道	直线坡道	曲线坡道
微型汽车	7.0	15	12	1:6.67	1:8.3
小型汽车	7.0	15	12	1:6.67	1:8.3
中型汽车	10.5	12	10	1:8.3	1:10
大型汽车	13.0	10	8	1:10	1:12.5
铰接车	13.0	8	6	1:12.5	1:16.7

当停车场内坡道纵向坡度大于10%时,坡道上下端均应设置缓坡道,其直线缓坡段的水平长度不应小于3.6m,缓坡坡度应为坡道坡度的1/2。曲线缓坡段的水平长度不应小于2.4m,曲线的半径不应小于20m,缓坡段的中心为坡道的原起点或止点,如图8-7所示。

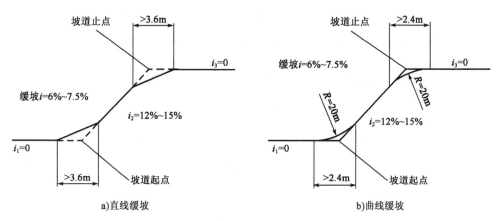

a) 直线缓坡   b) 曲线缓坡

图8-7 缓坡示意图

6. 停车场(库)内部交通组织

停车场内是车流和人流混合通行的场所,停车场的设置对附近交通又有直接影响。因此,必须对停车场的交通组织进行详尽的设计。

1) 交通组织的原则

(1) 停车场内各设施的关系

停车场内各设施原则上应使人和车分隔设置,不仅在平面上需分隔,如有可能最好在立面上也布置在不同的高度,避免人与车的交叉流动形成冲突,保证行人安全以及停车设施运行效率。

(2) 停车场内的交通路线与排列方式

车辆的布置方式与人流路线有很大关系,为了减少人与车的流动交叉,一般垂直和平行停车方式常按纵向排列,斜向停车方式常按横向排列。

场内交通路线一般应按单向行驶组织交通,车辆右转驶入并右转驶出,避免或尽量减少车辆的交叉冲突。

入口处应设置明显的行驶方向标志和停车位置指示牌。

场内路面应有显著的停车标志和行车方向标志,便于驾驶人自动入位,这些标志可用彩色混凝土块铺装,或在路面上用白漆或其他材料划线等。

2) 机动车交通流组织

停车场内的车辆具有"入口—车道—停车位—车道—出口"等一系列行驶轨迹。其中,入口和出口是内部交通和外部交通的结合点,对于调节停车场内的交通流具有阀门的作用。车道具有将入库汽车顺畅、有效地引导到车位的作用。

在停车场内,除了出入口或坡道部分的车道以外,其他车道还具有进、出停车位、供管理者和步行者使用等多种功能。而且,该空间是否得到有效利用,关系到停车场内交通是否顺畅、停车场内空间是否得到有效利用等问题。如果车道设计得当,汽车进出方便、在停车场内行走顺畅,安全也得到保证。反之,不仅车辆进出困难,影响到后续车辆的进出,也容易发生安全事故和其他管理上的问题。另外,使用效率降低还会导致停车空间增加,最终导致建设成本上升。

常见的停车场内的机动车交通流组织形式如图 8-8、图 8-9 所示。

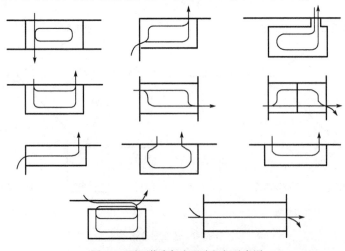

图 8-8 平面停车场交通流组织示意图

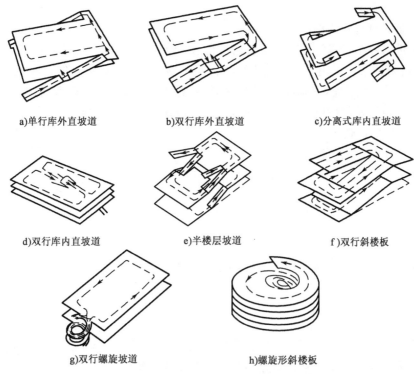

图 8-9 坡道多层式停车库(楼)交通流组织示意图

3) 步行交通组织

停车场内的步行者大致可以分为停车后前往停车场外的目的地和由目的地返回停车场两大类。因此,在组织步行交通时,应当考虑和一般街道相连接的通往目的地设施的步行交通和停车场内连接各设施的步行交通。

通常,许多面向一般街道的停车场都应有直通阶梯,有时,这也作为停车场的紧急出口使用。这时,在靠近停车者目的地的街面设置进出口,但是,应当考虑建筑法规、步行距离的相关法规以及对街道均等配置等问题。

应当为利用停车场内的各种设施的步行者设置步道。通常,步道的宽度为 1m。另外,还应尽量使各种设施集中,以缩短步行距离。

7. 机动车停车场入口处交通组织设计

1) 停车场入口处动态交通影响分析

停车场入口对城市动态交通的影响主要体现在停车场的车辆驶入率、相应入口道长度的设计以及路外停车场的类型。

如果停车场的车辆驶入流量较大,入口道设计过短,会造成车辆排队等待,从而影响路段上车辆的通行,如果入口道设计过长,则既占用土地又浪费资源。

从停车场的建造类型分析,地下停车场从入口到停车位有较长的距离,可以为车辆进入停车场的排队提供较为充分的驶入空间;地上平面停车场可达性好,其中泊位较少的停车场对车辆的收费及服务还可以在停车场内进行,因此入口道的排队现象较少,对路段动态交通的影响也较少;立体停车库由于其空间特性,内部的入口道不可能设计过长,车辆的驶入和排队通常是依靠停车场外的连接道路实现,因此其入口应设置在通行能力不大的道路上或是与主干道有一定距离的支路上。

2) 入口道长度计算方法

将车辆进入停车场视为需求与服务的过程，由于停车场的入口道通常只安排一条车道，可视为"单通道服务"，可以用排队论的方法进行停车场入口道的设计。假设车辆平均驶入率为 λ，服从泊松分布，停车场对车辆的平均服务率为 μ，则 $\rho = \lambda/\mu$ 为入口道利用系数（$\rho < 1$），定义所设计的入口道长度所能够容纳的到达车辆不会发生对路段交通流产生干扰的可接受概率为 Δ（通常取 95%），则：

入口道无车辆进入的概率：

$$P_0 = 1 - \rho \tag{8-10}$$

入口道有 n 辆车进入的概率：

$$P_n = \rho^n (1 - \rho) \tag{8-11}$$

入口道可同时服务 n 辆车到达，且满足可接受概率为 Δ 条件所对应的设计长度 $L_{设计}$ 为：

$$\begin{cases} P_{(>n)} = 1 - P_{(\leq n)} = 1 - \sum_{i=0}^{n} P_i \leq (1 - \Delta) \\ L_{设计} \geq n \cdot L_{平均} + (n-1) \cdot L_{间距} \end{cases} \tag{8-12}$$

式中：n——满足接受概率为 Δ 条件的入口道排队最大车辆数，辆；

$L_{平均}$——驶入车辆平均长度，m，由驶入车辆的车型而定，通常 $L_{平均} = 5 \sim 7\text{m}$；

$L_{间距}$——驶入车辆车尾和跟驰车辆车头的平均间距，m，通常 $L_{间距} = 1 \sim 2\text{m}$。

8. 机动车停车场（库）出口道交通组织设计

1) 停车场出口处车流通行能力计算

对于停车场出口道的交通组织而言，应保证路段上的车流具有优先行驶权，从出口道驶出的车辆只有等路段上车流车头时距大于一定时间间隔才能通过。

图 8-10 为停车场出口处车辆交织的两种形式，不同形式对路段动态交通的影响也各不相同。

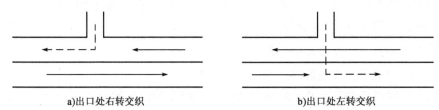

a) 出口处右转交织　　　　　　　　b) 出口处左转交织

图 8-10　停车场出口处交通组织示意图

这里定义临界间隙 t_c 为允许停车场出口道一等待插入车辆可以通过主要道路的最小间隙（对右转车辆通常取随车时距 $t_c = 4 \sim 6\text{s}$，对左转车辆取 $t_c = 6 \sim 8\text{s}$），t_f 为停车场出口处排队车辆连续插入路段时相邻两车之间的时间间隔，即排队车流在无其他车辆冲突影响下以饱和车流插入路段的车头时距。

另外，考虑驾驶人可接受的驶出停车场的等待时间为 t_a（该参数反映了停车场的服务水平以及驾驶人的心理承受能力，通常最大等待时间为 $3 \sim 5\text{min}$）。则在 t_a 时间段内路段上允许停车场出口处驶出的车辆数为：

$$C_a = \frac{t_a \cdot q e^{-qt_c}}{1 - e^{-qt_f}} \quad (8\text{-}13)$$

假定停车场拥有停车泊位总数为 N，则一次疏散停车场内所有车辆的最大时间为：

$$T = N \cdot \frac{t_a}{C_a} \quad (8\text{-}14)$$

在进行停车场出口处交通影响分析时，应主要考虑停车场高峰小时的服务状况，这里定义：停车场出口高峰小时最大驶出量小于出口道允许驶出的最大车流量（即设计通行能力）时，满足停车场出口设计的要求，否则认为出口设计不合理，需增加出口道路，或者采用信号控制等其他管理措施。

2）出口处交通影响分析

进行交通影响分析时，主要考虑停车场高峰小时的服务状况，这里定义：在 t_a 时间段内驶出的车辆数 k 小于该时段的设计通行能力时，满足停车场出口设计的要求，否则认为出口设计不合理。

对停车泊位总数为 N 的停车场，定义其高峰小时泊位平均周转率为 α，则在高峰小时停车场出口车辆的平均驶出率 λ_1（辆/s）可表示为：

$$\lambda_1 = N \cdot \frac{\alpha}{3600} \quad (8\text{-}15)$$

通常状况下，停车场车辆驶出流量符合泊松分布，即在 t_a 时间内有 x 辆车驶离的概率为：

$$P_{(x)} = \frac{e^{-\lambda_1 t_a} \cdot (\lambda_1 t_a)^x}{x!} \quad (8\text{-}16)$$

而满足置信度为 95% 的驶出车辆数 k 可根据式(8-17)计算：

$$P_{(>k)} = 1 - P_{(\leq k)} = \sum_{i=0}^{k} P_i \leq 1 - 0.95 \quad (8\text{-}17)$$

当 $k < C_a$ 时，认为停车场的规模与出口数量符合标准，可接受。

第三节 路内机动车停车带交通设计

一、路内停车带类型及设计流程

1. 路内停车带位置分布

路内停车作为城市整个停车设施的重要组成部分，合理利用了道路的闲散资源，在一定程度上缓解"停车难"的问题。但随着城市的发展，车辆的逐渐增多，道路通行能力相对道路交通量已显得不足，而路内停车要占用路面且由于乱停放现象比较突出，路内停车开始影响道路交通且程度日趋严重，为了满足路内停车较大的需求量，必须科学地对路内停车的设计方法进行研究，才有可能保证动态交通的畅通。

现状城市道路不同位置设置路内停车带的主要类型包括 4 种：①机动车混行车道最外侧设置；②机非隔离车道的机动车道设置；③非机动车专用车道设置；④人行道路设置，如图 8-11 所示。

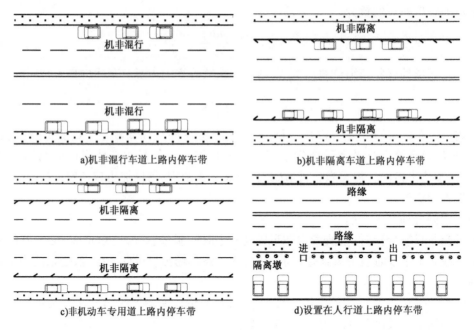

图 8-11　城市路内停车带设置主要类型示意图

2. 路内停车带设置基本流程

设置路内停车带的基本流程如图 8-12 所示。主要步骤可分为以下五个方面：

(1) 选择需要设置路内停车的路段，选择过程要根据道路条件与交通量状况对路段能否设置路内停车带做出初步判断。

(2) 确定路内停车的设置目标：①泊位数量的设置尽可能满足周边停车需求；②对路段交通运行干扰最小化。

(3) 对设置条件进行分析，主要包括道路条件与交通量条件两方面，其中道路条件包括：路段宽度和道路横断面形式（包括机动车道数、机非车道隔离方式等）；交通量条件包括路段机动车、非机动车和行人的流量。如果道路和交通量条件不满足设置路内停车带，则需要对道路进行改造，如果道路难以改造或即使改造之后还难以满足要求，则表明该路段不适合设置路内停车带或需要重新选择其他道路。

(4) 研究路内停车带合理位置的选择，分析路内停车带与信号交叉口和建筑物出入口及人行横道的间距关系，以及受地形条件及特殊交通环境的限制等。

(5) 对路内停车带泊位的设计方法及其适用

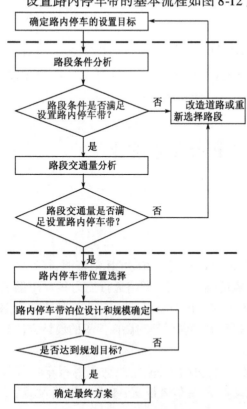

图 8-12　路内停车带规划与设置流程图

性进行研究,并在此基础上考查路内停车带的设置是否满足设计目标,如果不满足,则还需重新设计路内停车带。

二、路内停车带设置条件与空间位置设计

1. 道路宽度条件

参照《城市道路路内停车泊位设置规范》(GA/T 850—2009),不同交通组织形式条件下路边停车的宽度设置标准见表8-10。

设置路内停车带的道路宽度标准　　　　　表8-10

通 行 条 件	车行道路路面实际宽度 W(m)	泊 位 设 置
机动车双向通行道路	$W \geqslant 12$	可两侧设置
	$8 \leqslant W < 12$	可单侧设置
	$W < 8$	不可设置
机动车单向通行道路	$W \geqslant 9$	可两侧设置
	$6 \leqslant W < 9$	可单侧设置
	$W < 6$	不可设置

(1)对于一幅路道路,一般在机非混行车道上设置路内停车带,因此一方面要保证设置后车辆能顺利通行,另一方面要能将设置路内停车带后形成的延误控制在一定的范围以内。

(2)对于两幅路道路,一般是城市郊区道路,由于路内停车需求小,且非机动车流量很小,可参照一幅道路的相关要求确定。

(3)对于三幅路和四幅路道路,由于机非物理分隔,在机动车道设置路内停车对路段机动车流影响较大,因此,一般选择在非机动车道或人行道上考虑设置路内停车带,在非机动车道和人行道上设置路内停车带,必须以不影响非机动车和行人的正常通行为原则。同时,这两类停车必须对其路段沿线的出入口进行严格控制,减少对行人、非机动车和路段机动车流的影响,如图8-13、图8-14 所示。

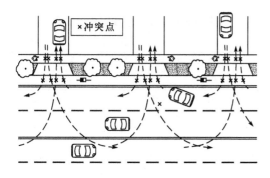
图8-13　无控制出入口产生多个潜在冲突点

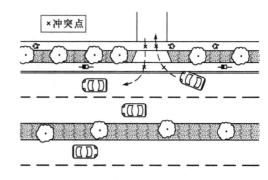
图8-14　改造后出入口减少了冲突点

2. 道路交通量条件

在道路条件满足设置路内停车带的前提下,路段机动车流量、非机动车流量和行人流量等将是判断道路能否设置路内停车带的主要依据。

1) 路段机动车流量

国外的相关研究表明,同一道路(同宽与相同交通条件)上没有路边停车时可通过的交通量比有路边停车时大得多,路边停车对道路通行能力的降低达 1/4~1/3。英国《交通规划与工程》一书介绍,不间断的单向路边停车可使路上车流速度降低 20% 甚至更多。

在研究路内停车对道路通行能力的具体影响时,通常考虑路边停车占用道路车道宽度造成通行能力减小、路边停车产生车辆行驶侧向净空损失对通行能力的折减、车辆驶入驶离路边停车场地对通行能力的影响 3 个方面。

假设道路原有通行能力为 N,则设置路边停车设施后的道路通行能力 Q 可表示为:

$$Q = Nr_1 r_2 r_3 \tag{8-18}$$

式中:r_1——车道宽度折减系数;

r_2——侧向净空折减系数;

r_3——车辆出入路边停车场地对通行能力的折减系数。

衡量受停车影响的路段机动车服务水平的指标为饱和度,为实际交通量与路边停车路段最大通行能力的比值,通常用 V/C 表示。

2) 路段非机动车流量

受非机动车流量影响的主要是指设置在机非隔离和机非混行车道上的路内停车带。对于设置在机非隔离机动车道的路内停车带,可采用交通量负荷系数指标判定服务水平,公式如下:

$$\frac{V}{C} = \frac{Q_{\text{非}}}{N_0 \times B} \tag{8-19}$$

式中:V/C——交通量负荷系数;

$Q_{\text{非}}$——非机动车实际交通量,辆/h;

N_0——每米宽度的自行车连续行车 1h 的通过量,辆/h;

B——设置路内停车带后的非机动车道的有效宽度,m。

将式(8-18)、式(8-19)计算得到的结果与表 8-11、表 8-12 进行对比,可以得到服务水平结论。一般建议 V/C 小于 0.7,否则非机动车车流无法保持稳定运行。

表 8-11~表 8-13 分别列出占用道路设置停车泊位的 V/C 条件,可作为是否设置路内停车带的判断依据。

占用机动车道设置停车泊位的 V/C 值 表 8-11

机动车单侧道路高峰小时 V/C	泊位设置
$0 \leq V/C < 0.8$	可设置
$0.8 \leq V/C < 0.9$	有条件的可设置
$V/C \geq 0.9$	不可设置

占用非机动车道设置停车泊位的 V/C 值 表 8-12

非机动车单侧道路高峰小时 V/C	泊位设置
$0 \leq V/C < 0.7$	可设置
$0.7 \leq V/C < 0.9$	有条件的可设置
$V/C \geq 0.9$	不可设置

占用机动车、非机动车混行道设置停车泊位的 V/C 值 表 8-13

机动车单侧道路高峰小时 V/C	非机动车单侧道路高峰小时 V/C	泊位设置
$0 \leq V/C < 0.8$	$0 \leq V/C < 0.7$	可设置
$0.8 \leq V/C < 0.9$	$0.7 \leq V/C < 0.9$	有条件的可设置
$V/C \geq 0.9$	$V/C \geq 0.9$	不可设置

注:两项 V/C 值,达到其中一项即可。

3)行人流量

在人行道上设置停车带不仅占用了人行道宽度,同时停放车辆的驶入、驶出也会对路段行人产生影响。人行道行人使用率与道路有效宽度、行人流量相关,如图 8-15、图 8-16 所示。总体而言,随着宽度的增加,人行道路的利用率也逐渐提高。但应注意到:当宽度小于 1m 时,利用率出现陡降;当人行道宽度为 0.8m 时,利用率仅为 47.3%;当宽度大于 1.8m 时,人行道利用率稳定在 95% 以上,此时宽度影响性减小。这个数字也是英国道路设计规范中人行道最小宽度。

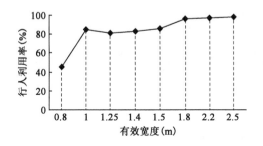 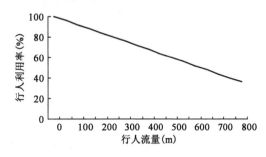

图 8-15　道路有效宽度与行人使用率关系图　　图 8-16　行人流量与行人利用率关系图

进一步观测人行道利用率与行人流量的关系,随着单位长度行人交通量(即行人流量/m)的增加,人行道利用率呈明显下降趋势,如果因此导致行人占用非机动车道,不但会影响非机动车行驶,而且还会迫使非机动车驶入机动车道形成机非混行。因此,设置在人行道上的路内停车带要保证人行道的高使用率,调查数据分析显示,当行人流量 $q_p \leq 200 \mathrm{h} \cdot \mathrm{m}$ 时,人行道最小宽度 W_p 保证在设置路内停车带后道路宽度大于 1.8m;当行人流量 $q_p > 200 \mathrm{h} \cdot \mathrm{m}$ 时,满足下式宽度的人行道宽度可设置路内停车带:

$$W_p \geq 0.009 \times q_p \tag{8-20}$$

3. 特殊位置路内停车带设置条件

1)设置路内停车场与信号交叉口间距的关系

信号交叉口的运行效率主要由通行能力、饱和度、车辆受阻延误和停车次数 4 个参数表征。如果在设置路内停车带时不对其与信号交叉口间距加以考虑,往往会对交叉口运行效率产生较大的影响,甚至会形成瓶颈而阻塞交叉口。

2)设置在进口道的路内停车场与交叉口关系

(1)交叉口有效饱和流量 S

对于信号交叉口而言,在红灯时间到达的车辆必须排队等候。当排队长度超过路内停车路段到交叉口的距离 D 时,进口道交叉口饱和流量将不再均匀。对于设置在进口道的路内停车带,不同路内停车段到交叉口的距离 D 会对交叉口产生不同的影响(图 8-17)。

考虑到有效饱和流量 S 的影响因素为路内停车路段到交叉口的距离 D 和绿灯时间 g,因此饱和流量可以写成 D 与 g 的函数,即:

$$S = f(D, g) \tag{8-21}$$

交叉口进口车道总宽度与饱和流量存在如下线性关系:

$$S = \alpha \cdot (W - W_0) \quad (5.2\mathrm{m} < W < 18\mathrm{m}) \tag{8-22}$$

式中,α 一般取值 0.146。

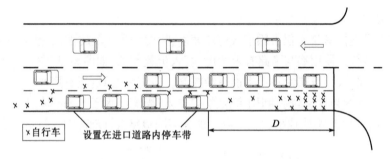

图 8-17 设置在进口道的路内停车场示意图

同时 Webster 指出:在进口道的停放车辆,其车道宽度损失值 W_0 一般与 D 有如下关系:

$$W_0 = \beta - \frac{\gamma(D-\delta)}{g} \tag{8-23}$$

式中,$\beta=0.168$,$\gamma=0.9$,$\delta=7.62$,且 D 不应小于 7.62m。

将式(8-23)代入式(8-22),可求出有效饱和流量 S 与路内停车路段到交叉口的距离 D 的关系式为:

$$S = 0.146 \times \left[W - 1.68 + \frac{0.9 \times (D-7.62)}{g} \right] \tag{8-24}$$

(2)最佳设置路内停车场与信号交叉口间距

分析式(8-24)可知,路内停车场对信号交叉口有无影响取决于有效饱和流量 S 的值,如果 D 值充分大,或有效绿灯时间足够短,则设置路内停车场对信号交叉口的影响将能最小化。这里分别对非饱和状态和过饱和状态交叉口进行分析。

对于非饱和状态的交叉口(图 8-18),假设设置路内停车场路段单向机动车交通量为 q,设周期时间为 c,在红灯时间 r 内停在交叉口停车线内车辆数 q_p 为:

$$q_p = \frac{q}{3600} \cdot r \tag{8-25}$$

设停在停车线排队车辆每辆车平均占道路长度为 l,进口道车道数为 n,则最佳设置路内停车场与信号交叉口间距 D 为:

$$D = \frac{q}{3600n} \cdot r \cdot l \tag{8-26}$$

因此,当信号交叉口进口道处于非饱和状态时,只有当红灯时间到达排队车辆 q_p 长度小于或等于 D 时,路内停车带对信号交叉口的影响才能最小化。

对于过饱和状态交叉口(图 8-19),由于交叉口排队车辆长度随着时间增长而延长,考虑排队长度来决定 D 已经不切实际,因为此时的一个周期车辆到达数将大于一个周期驶离交叉口车辆数 $\left(\text{即}\frac{q}{3600}c>Sg\right)$,此时的 D 值可考虑大于或等于一个周期内即绿灯时间内放行车辆的长度 L,只有当 $D \geq L$ 时,在每个周期 c 内的路内停车带对放行车辆不产生额外延误。同样假设停在停车线排队车辆每辆车平均占道路长度为 l,进口道车道数为 n,宽度为 W,则最佳设置路内停车带与信号交叉口间距 D(单位:m)为:

$$D = \frac{\alpha Wcl}{n} \qquad (8\text{-}27)$$

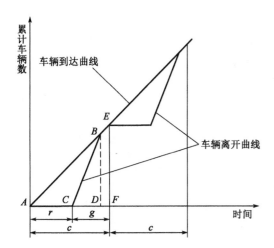

图 8-18 非饱和状态时的车辆到达与离开交叉口过程图

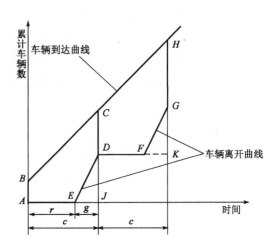

图 8-19 过饱和状态时的车辆到达与离开交叉口过程图

因此,综合非饱和状态和饱和状态最佳设置路内停车带与信号交叉口间距的分析,可以得出最佳设置路内停车带距离信号交叉口间距为:

$$D = \min\left(\frac{q}{3600n}rl, \frac{\alpha Wcl}{n}\right) \qquad (8\text{-}28)$$

(3) 最小设置路内停车带与信号交叉口间距

对于最小设置路内停车带与信号交叉口间距的考虑,主要考虑设置路内停车带不至于堵塞交叉口,使得交叉口过于饱和,因此在最小设置路内停车带与信号交叉口间距的情况下,主要考虑非饱和状态的设置路内停车道对信号交叉口的影响。根据式(8-24)的推导,得出路内停车带影响下的交叉口有效饱和流量 S 与信号交叉口间距 D 的关系式,由此要求在设置路内停车带情况下不至于堵塞交叉口的必要条件是:有效绿灯时间内驶离交叉口的车辆数大于或等于到达交叉口车辆数。

$$Sg \geq \frac{q}{3600}c \Rightarrow D \geq 1.1\left(\frac{qc}{525.6g} - W + 1.68\right)c + 7.62 \qquad (8\text{-}29)$$

当 $D < 1.1\left(\frac{qc}{525.6g} - W + 1.68\right)c + 7.62$ 时,交叉口将处于过饱和状态,排队长度无限增长;当 $D = 1.1\left(\frac{qc}{525.6g} - W + 1.68\right)c + 7.62$ 时,交叉口刚好达到饱和,因此该值为设置路内停车带里信号交叉口的最小值。

3) 设置在出口道的路内停车场与交叉口关系

设置在出口道的路内停车带主要影响交叉口车辆的驶入,如果处理不恰当,同样会使得在有效绿灯时间内交叉口内的车辆得不到正常疏散,严重时同样会阻塞交叉口(图 8-20)。

对于设置在出口道的路内停车带,当有效绿灯时间开启时,交叉口车流以 v 驶入出口道,当进入路内停车带影响区域时,与非机动车形成机非混行,车速降为 v_b,形成集结波,并以 w_1 的速度向后扩散,其表达式可表示为:

$$w_1 = \frac{q_2 - q_1}{k_2 - k_1} \tag{8-30}$$

式中：q_1——进入路内停车带前路段交通量，辆/h；

q_2——进入路内停车带后路段交通量，辆/h；

k_1——进入路内停车带前路段交通流密度，辆/km；

k_2——进入路内停车带后路段交通流密度，辆/km。

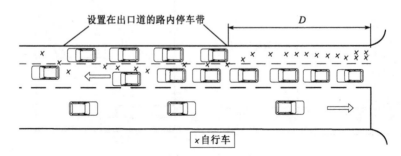

图8-20 设置在出口道的路内停车带示意图

当 $\frac{L_s}{v_b} \geq g$ 时，在上游交叉口有效绿灯时间 g 内，拥挤车辆数达最大数 N_m 可表示为：

$$N_m = (v_b - w_1)g \tag{8-31}$$

当 $\frac{L_s}{v_b} < g$ 时，在上游交叉口有效绿灯时间 g 内，拥挤车辆数达最大值 N_m 可表示为：

$$N_m = (v_b - w_1)\frac{L_s}{v_b} - w_1\left(g - \frac{L_s}{v_b}\right) \tag{8-32}$$

在上游交叉口红灯时间 r 内，拥挤车辆开始消散。假设车流离开路内停车带后路段交通量为 q_3，密度为 k_3，则消散波往后扩散速度 w_2 为：

$$w_2 = \frac{q_3 - q_2}{k_3 - k_2} \tag{8-33}$$

则一个周期后剩余拥挤车辆数 N_s 为：

$$N_s = N_m - \frac{q_3 - q_2}{k_3 - k_2}r \tag{8-34}$$

K 个周期的排队车辆数 N_t 为：

$$N_t = \sum_{i=1}^{K}\left(N_{mi} - \frac{q_i - q_{i-1}}{k_i - k_{i-1}}r\right) \tag{8-35}$$

一般来说，交叉口各个周期的交通量是不断变化的，考虑设置在出口道的路内停车带不影响交叉口车辆驶入的条件是使得 K 个周期（一般可取高峰时段1h，$K = 3600/c$）后排队车辆长度 L_s 小于 D，即排队长度不堵塞交叉口，有：

$$D \geq N_t l = \sum_{i=1}^{K}\left(N_{mi} - \frac{q_i - q_{i-1}}{k_i - k_{i-1}}r\right)l \tag{8-36}$$

4）与建筑物出入口及人行横道间的设计

路内停车带设置与道路沿线建筑物出入口和人行横道之间距离过短，往往会影响路段机动车驾驶人、人行横道行人以及进出单位车辆驾驶人的视距要求。容易发生危险，造成交通事故。因此,在与建筑物出入口间距及与人行横道间距的设计上,要充分考虑驾驶人和行人的视距要求。

(1) 与建筑物出入口间距的设计

与建筑物出入口间距的设计可采用"驶离视距三角形"来规定路内停车带间距要求。

图 8-21、图 8-22 中,建筑物进出口驶出车辆与可能冲突车辆的所构成视距三角形的边长包括 a 和 b,D 为路内停车带与建筑物进出口间必须保持的安全距离。则对于驶出进出口的车辆而言,当冲突车辆从左侧来时:

$$a = a_0 + L + \frac{B}{2} \tag{8-37}$$

式中:a——驶出车辆与车道中心线的距离,m;
a_0——驶出车辆与车道路缘线的平均距离,m,通常取 4.4m;
L——路内停车带所占车道宽度,m;
B——行车道宽度,m。

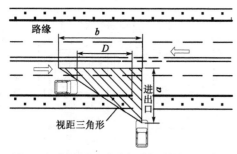

图 8-21 冲突点由左方车辆引起时的视距三角形　　图 8-22 冲突点由右方车辆引起时的视距三角形

当冲突车辆从右侧来时:

$$a = a_0 + 半幅路面宽度 + \frac{B}{2} \tag{8-38}$$

视距三角形的边长 b 采用下式计算:

$$b = 0.278v \times t_g \tag{8-39}$$

式中:v——道路机动车设计速度,km/h;
t_g——进出口车辆能插入或穿越道路车流的时间间隙,s,小汽车左转时取 7.5s,右转时取 6.5s。

则路内停车带与进出口间必须保持的安全距离 D 可表示为:

$$D = \frac{a_0 + L}{a} \cdot b \tag{8-40}$$

(2) 与人行横道间距的设计

路内停车带设计要同样保证人行横道行人的视距和安全,一般要求路内停车带在人行横道上游时要距离人行横道 5m 以上,在人行横道下游时要距离人行横道 3m 以上,如图 8-23 所示。

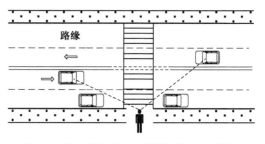

图 8-23 路内停车带与人行横道间关系示意图

第四节 设计示例

某城市开发区公共停车场西邻一条次干道,呈 U 形环绕一块加油站用地;南邻商业中心,北、东侧为居民楼。场地高程在 2.7~3.0m 之间。停车场主要为南侧商业中心服务,停放车辆基本为小型汽车,考虑个别大型车辆临时停放。

一、总体布局设计

针对停车场内停车位布置,设计两种方案,分别如图 8-24、图 8-25 所示。方案一地块中部南北向布置两条车行通道,沿线布置 4 排斜列式停车位,设小型汽车停车位 83 个;方案二地块中部的车型通道布置为"目"字形,中间布置 4 组垂直式停车位,设小型汽车停车位 64 个。方案一内部流线顺畅,便于车辆观察空位,且能布置较多的停车位,故采用方案一。

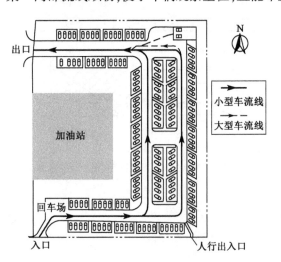

图 8-24 方案一总体设计示意图

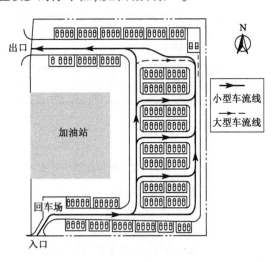

图 8-25 方案二总体设计示意图

二、停车位几何设计

停车位几何设计需要保证场内交通流运行顺畅,合理施划标线和设置标志,减少进场车辆为找寻空位和出口的盲目行驶;依据行车几何学校核通道转弯半径和每个车位的进出空间,保证车辆转向安全;通过精细化设计消除驾驶死角,避免难以发现的"隐藏车位"和看得见停不进的"死车位"。

地块南北宽度较富裕,采用垂直式停车位对称布置(图 8-26);中部宽度受限,布置 4 排 60°的斜列式停车位(图 8-27)。停车位均采用后退停车、前进发车的形

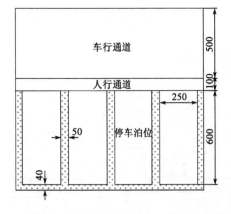

图 8-26 垂直式停车位布置(尺寸单位:cm)

式。每 4~5 个停车位为一组,中间采用 50cm 宽的绿化带分隔。在停车场东北角设置 2 个大型车停车泊位,长 10m,宽 3.5m。按照建设标准,在靠近出口处布置两个无障碍停车位,其宽度为普通车位的 1.5 倍。

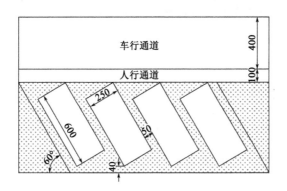

图 8-27　斜列式停车位布置(尺寸单位:cm)

为了体现地下停车场以人为本的设计理念,提升商业设施的服务质量,在车行道两侧或单侧单独分割出 100cm 的步行空间作为步行专用道。

三、停车场出入口设计

该停车场为中型停车场,为尽可能地让停车场保持高效,结合周边道路,车辆经由地块西南角入口驶入,在场地内逆时针方向绕行,由地块西北角驶出,出入口车辆按照右进右出进行管理,其入口如图 8-28 所示。为提高行人进出商业中心的便利性,在停车场东南角设置一个行人出入口。

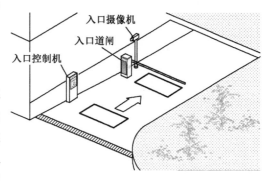

图 8-28　停车场车辆入口

【复习思考题】

1. 分析平面停车场、地下停车库、机械式立体停车库的优缺点和适用范围。
2. 从时间和空间角度,分析影响路内停车带设置的主要因素。
3. 从时间和空间角度,分析影响路外停车场设计的主要因素。
4. 某路外停车场为单入口道设置,停车到达率为 60 辆/h,且服从泊松分布,入口处接受停车的服务能力为 120 辆/h。驶入的车辆平均长度为 6.0m,前后车辆的安全间距为 1.0m。要使得入口道不会发生对路段交通流的干扰的可接受概率为 95%,对应入口道的最小设计长度是多少?

5. 某路外停车场泊位数为300个，出口接入的主要道路流量为1080辆/h。主路车流上允许出口道等待插入车辆汇入的最小间隙为6.0s，出口处排队车辆连续插入路段时相邻两车之间的时间间隔为3.0s。已知高峰小时该停车场驶出车辆数为330辆/h，试问：

(1) 停车场出口道能否满足设计要求？

(2) 一次性疏散所有停放车辆所需的时间上限是多少？

第九章
慢行交通设计

第一节　慢行交通设计基础

　　慢行交通是以步行、自行车及电动自行车为主体,以低速环保型助力车、人力三轮车等为补充的非机动交通系统。一方面,我国是一个人口大国、自行车大国,非机动化交通占有很大比例,慢行交通仍是城市居民普遍使用的交通方式;另一方面,慢行交通具有提高短程出行效率、填补公交服务空白、促进交通可持续发展等积极作用,是机动车交通所无法替代的。因此,为使人们的生活更加和谐健康,需要对步行和自行车等慢行交通系统进行针对性规划设计,以保障慢行交通出行的安全、便捷与舒适,确保我国低碳环保型交通出行方式的可持续发展。

　　步行是人类最基本、最普遍的出行方式。人们使用步行、轮椅和人力驱动交通工具(自行车除外)完成出行目的则形成了步行交通。步行交通是 1km 内最直接的交通方式,也是所有其他交通出行开始和结束的衔接"桥梁"。

　　现代城市步行交通强调人与景观环境、城市空间和与其他交通方式的良好互动,体现了步行交通发展的多元内涵:首先,作为一种基本的交通出行方式,步行交通最主要的功能仍然是满足城市居民出行、步行系统与其他交通方式的转换、交通网络的组织等功能。其次,作为城市空间的组成部分之一,强调"步行空间"与城市整体空间的融合,通过利用与整合土地来影响周边城市空间的转变和步行道路的规划设计等。再次,关注步行者在景观环境中的体验,强调步行环境的质量,步行者在空间转移过程中的行为组织和景观设计,包括对步行者的生理、心理、认知、行为与环境的互动等方面,需要着重从景观、安全、尺度、清洁、便利等角度来考虑。最后,体现低碳生态理念和先锋文化,强调在步行交通系统规划建设中保育自然生态,采取低冲击开发和资源循环利用等措施,改善城市绿化水平和生态环境,为人们提供贴近自然和增进交流的场所,促进旅游、文化娱乐、商贸等资源集聚发展,倡导绿色低碳生活方式,引领先锋城市文化发展。

居民出行一般会主要考虑便捷、经济和舒适3个方面的因素。步行、自行车、公交和小汽车4种交通方式在上述3个方面各具明显的优势。自行车交通是5km内短距离出行最便捷、节能、环保、经济的交通方式,其"门到门"的便捷性和经济性高于公共交通,研究表明在4km内自行车交通出行的时间比公交更具优势。与小汽车交通相比,其具有无可比拟的环保性。同时,自行车也有利于身体健康,基本适合各阶层人士。当然,自行车交通也存在耗费体力,易受地形和天气等外部环境影响,运输效率较常规公交低,管理有一定难度(交通安全、停放安全)等不足。

一、城市慢行交通的地位与作用

发展城市慢行交通系统体现了公平和谐、以人为本和可持续发展的理念,在提高短程出行效率、填补公共交通服务空白、促进交通可持续发展、保障弱势群体出行便利等方面,具有机动化交通无法替代的作用,可以与私人机动化交通和公共交通相互竞争、相互配合,共同构成城市的客运交通系统。

1. 衔接机动化出行方式的重要组成部分

无论城市社会经济发展到何种水平,城市慢行交通系统都是城市综合交通系统的重要组成部分,在城市交通可持续发展中受到鼓励与支持。同时,在大城市交通拥堵加剧的背景下,慢行交通与公共交通相结合的交通体系能够引导市民形成全新的出行观念。步行和自行车交通作为绿色交通方式,仍将是短距离出行的主要方式。

2. 是城市活动系统的重要组成部分

城市慢行交通是实现人与人面对面身心交流、释放城市紧张生活压力、感受城市精彩生活的重要活动载体。营造环境优美、尺度宜人、高度人性化的城市慢行交通系统环境,可以增进市民之间的情感交流,保护市民的生活安全,促进城市居民创造力的发挥,并可直接促进城市休闲购物、旅游观光、文化创意产业的发展,从而提高城市整体魅力。

3. 推动建设资源节约、环境友好型城市

发展慢行交通这一低碳环保的交通方式是减少环境污染、降低能源消耗,实现城市低碳发展、可持续发展的重要途径,也是贯彻落实科学发展观和建设资源节约型社会的重要举措,同时还能够降低交通运输的社会成本,提高交通设施综合效益。

4. 体现"以人为本"和社会公平性

慢行交通是城市交通系统的重要组成部分,是居民实现日常活动需求的重要方式和城市品位的象征。慢行交通不仅是居民休闲、购物、锻炼的重要方式,也是居民短距离出行的主要方式,以及中、长距离出行与公共交通接驳不可或缺的交通方式。以出行出发点、出行吸引点、轨道交通(换乘)站点等为中心的慢行圈的高品质建设,是保障慢行交通权利,提高慢行交通品质,引导城市交通出行方式结构合理化的重要环节。

二、组成与功能

1. 组成

(1)步行交通。
(2)自行车交通。
(3)电动自行车交通。
(4)其他非机动车交通,包括低速助力车、人力三轮车等。

2. 功能

(1)出行。慢行交通是短距离出行的主要方式,并可与各种公共交通接驳。
(2)锻炼与健身。如林间步道、山地自行车道、绿地步道等。
(3)休闲及观光。如风景区、公园、绿地的步行道。
(4)商业。如商业步行街、商业建筑体的联络通道等。

三、交通特性

1. 行人交通特性

1)基本特点

(1)无序性

行人步行时会随时根据自己周围动态的障碍分布确定自己的步幅、频率及现实动向,采取直行、绕行、急行、侧身等行动来避开障碍物前行,并可能因多种原因(如遇自己感兴趣商店、广告、偶遇熟人、临时改变计划等)而在行走时突然停留甚至折返。

(2)自主性

步行者作为人行道上的动态个体,始终在收集周围物体的动态,并将这些动态传递到大脑进行分析、判断,以此确定下一步的行动方案,如行走路线、速度、身体的姿势等。

(3)变宽性

行人会因其身材、着装、携物外形和携物形式、人数组合(双人、数人互相挽臂牵手等)等因素而动态地占用不同的人行道宽度,从而使其与其他行人交错时产生不同的影响。

2)速度特性

步行速度分布范围较宽,为 $0.5 \sim 1.5 m/s$,成人一般集中在 $1.0 \sim 1.3 m/s$。步行速度受如下多种因素影响:

(1)年龄和性别。青年的步速比中老年的快,男性比女性快。
(2)出行目的。换乘行人的步速一般在 $1.49 m/s$ 左右,商业区的行人步速一般在 $1.15 m/s$ 左右,休闲文娱为目的行人步速一般在 $1.1 m/s$ 左右。
(3)气温、天气和出行时段。
(4)心理因素。心情闲暇时速度正常,心情紧张、烦恼时速度较快。
(5)路面状况和周围环境。上坡速度较慢、下坡速度较快,路面不平整时会相对较慢。

3)步幅特性

步幅为步行者两脚先后着地,脚跟至脚跟或脚尖至脚尖之间的距离。步幅因性别、年龄而稍有差别,95%的男性和94%的女性步幅在0.5~0.8m。老年人和儿童的步幅较小,而男性、中青年人步幅较大。步幅随年龄的增长呈波峰状,即中青年的步幅是所有年龄段中最大的。

4) 空间要求

(1) 行人静态空间是指行人在静止状态下所占用的空间,身体前后胸方向的厚度和两肩的宽度是人行道空间和有关设施设计中所必需的基本尺寸。对我国身着棉衣的男性调查得出,95%的男性肩宽小于57.9cm,肩厚小于33cm。当行人携带有行李物品时,其所占用的空间相应增加。设计中肩宽、肩厚取值一般为59.5cm和33cm。

(2) 行人动态空间需求可分为步幅区域(64cm)、感应区域(受行人知觉、心理和安全等因素影响)、行人视觉区域(2.1m)以及避让与反应区域(自己前面预留一个可见的区域,以保证有足够的反应时间采取避让行为,一般为0.48~0.6m等。

(3) 心理缓冲空间:个人心理缓冲空间的最低要求范围为0.22~0.26m²。相关研究认为,人在步行空间足够(如>4m)时才能自由行走;当空间不足时,则无法以正常的速度行走。《城市道路工程设计规范(2016年版)》(CJJ 37—2012)以步行空间为人行道的一项服务水平标准,见表9-1。

人行道服务水平　　表9-1

指标	服务水平			
	一级	二级	三级	四级
人均占用面积(m²)	>2.0	1.2~2.0	0.5~1.2	<0.5
人均纵向间距(m)	>2.5	1.8~2.5	1.4~1.8	<1.4
人均横向间距(m)	>1.0	0.8~1.0	0.7~0.8	<0.7
步行速度(m/s)	>1.1	1.0~1.1	0.8~1.0	<0.8
最大服务交通量[人/(h·m)]	1580	2500	2940	3600

2. 非机动车交通运行特性

非机动车是慢速交通工具,具有便捷、经济、实用、节能、环保等绿色交通的特点,在城市居民出行中占有重要地位。非机动车运行具有一定的慢速性、摇摆性、潮汐性、短途性、集群性与单行性,因此非机动车的交通运行具有更灵活、不易控制等特点,具体如下:

1) 慢速性

自行车主要靠人力骑行,行车设计速度宜按11~14km/h计算,而电动自行车比普通自行车的行驶速度快。《电动自行车安全技术规范》(GB 17761—2018)中规定,电驱动行驶时,最高设计车速不超过25km/h。

2) 摇摆性

非机动车是两轮交通工具,决定了非机动车行驶具有摇摆性,无法直线行驶,轨迹呈蛇形。

3) 潮汐性

非机动车交通在时间上具有明显的潮汐性,出行时间主要为早晚通勤时段,往返于居住地和工作地之间决定了非机动车出行具有一定的方向性。

4) 短途性

由于自行车是靠人力骑行,出行距离跟个人体力有关,在大、中城市出行距离一般不超过6km,在小城市则相对较远,一般不超过10km;电动自行车行驶距离比自行车稍远,一般行驶里程不超过25km。

5）集群性与单行性

非机动车车身较小，行驶灵活，不像机动车沿固定的车道列队行驶，特别是在信号交叉口下游路段，非机动车在道路上经常成团行驶，具有一定的集群特性。与集群性相反，有些骑车者不愿在人群中成团行驶，而是超前或滞后一段行驶，具有一定的单行性。

四、设计内容

1. 行人过街及通道设计

行人过街及通道设计主要分为立体过街设计及平面过街设计。立体过街设计主要包括人行天桥设计和地下通道设计；平面过街设计包括路段过街设计和交叉口过街设计，主要关注安全岛设计、行人优先区设计、交叉口路缘石转弯半径设计等。

2. 人行道设计

人行道设计主要包括人行道的布置、人行道宽度设计、人行道坡度设计、人行道铺面设计、人行道净空设计、人行道连续性设计等。

3. 非机动车道设计

非机动车道设计主要包括非机动车道几何设计、已有非机动车道的改造、交叉口处非机动车道设计、外缘车道加宽的机非共用车道设计等。

4. 绿道设计

绿道是一种线形绿色开敞空间，通常沿着河滨、溪谷、山脊、风景道路等自然和人工廊道建设，连接主要的公园、自然保护区、风景名胜区、历史古迹和城乡居住区等。绿道设计主要包括生态型绿道设计、郊野型绿道设计、都市型绿道设计。

5. 步行街区设计

步行街区通常是一个由各种类型的步行通道将出行目的地（如购物中心、办公大楼、娱乐场所等）连接在一起，与机动车交通相隔离的庞大的步行系统。其设计内容主要是步行区域设计、机动车隔离设施设计、与其他交通系统换乘设计、景观设计等。

6. 慢行交通无障碍设计

慢行交通无障碍设计主要包括盲道设计、路缘石设计、人行天桥与地下通道设计、公交车站设计、临街建筑出入口设计等。

五、设计原则

1. 安全性原则

慢行交通设计应首先保障慢行交通使用者的通行安全。具体来说，要保障慢行交通通行空间，不得通过挤占慢行通道的方式拓宽机动车道或设置停车带。同时，应采取各种措施保障慢行通道与机动车道隔离。

2. 连续性原则

应根据不同等级的城市道路布局与两侧用地功能，结合滨水、公园、绿地空间等，形成由城市道路两侧步行道、非机动车道与步行专用路、非机动车专用路构成的慢行交通网络,保证行人和非机动车通行的连续、通畅。在穿越公园、小区以及道路交叉口时,应特别注意慢行通道的连续性,避免出现断点。

3. 方便性原则

在设计时,既要完善慢行交通网络,又要考虑慢行交通系统在特殊时期、特殊地区及特殊人群使用时的便利性。在重大项目施工期,应充分考虑慢行交通系统设施布局,保障其通道与城市公共空间节点、公共交通车站等吸引点的紧密衔接。同时,应鼓励结合城市水体、山体、绿地、大型商业购物区和文体活动区等,建设慢行交通专用道路或步行街区。此外,还应特别注意步行和自行车交通的无障碍设计,以方便老人、儿童及残障人士出行。

4. 舒适性原则

慢行交通设计除满足基本通行需求外,应根据不同城市分区特点,结合周围建筑及自然景观,建设完善的林荫绿化、照明排水、街道家具、易于识别的标志及无障碍等配套设施,尽量提供遮阳遮雨设施,提高舒适程度和服务水平。应与城市景观、绿地、旅游系统相结合,将慢行通道与城市景观廊道、绿色生态廊道、休闲旅游热线合并设置,尽可能串联城市重要景观节点和公共开敞空间,提升环境整体品质。

六、设计理念

1. 用地层面——建设多功能社区

慢行交通设计理念在用地层面上体现为建设多功能社区,集商业、娱乐、餐饮等多种功能,可在源头上减少长距离出行,居民在社区内部即可完成大部分的活动需求,提倡建设和谐的慢行社区,是对新城市主义所倡导的传统的邻里开发模式(TND 模式)的继承。

2. 规划层面——构建合理的出行结构

在相关专项规划中落实慢行交通规划的理念,引导以提高人的出行舒适性为目标的慢行交通系统规划。鉴于高品质的慢行交通系统是公共交通优先发展的基础和保障,而慢行交通的发展又离不开良好的公共交通系统的支撑,因此,在大城市更应关注慢行交通的品质建设,构建"以慢行交通为辅、公共交通为主"的绿色出行结构。

3. 建设层面——建设和谐慢行圈

慢行圈主要包括 3 类:以出行产生点(居住区)为核心的慢行街区,以出行吸引点(工作单位、学校、商业区等)为核心的慢行空间,以公共交通枢纽为核心的慢行通道。在慢行圈内,要根据城市本身的特点,优化道路网络配置,建立完善慢行交通专用道路系统,保证足够的慢行空间比例,提高其通行能力、安全性及服务水平;引导居民采用慢行及慢行接驳公交的出行方式,创造良好人居、可步行、亲和的环境。

4. 设施层面——融合慢行交通与公共交通

提倡慢行交通和公共交通为主导的城市交通出行方式,可以实现绿色低碳、高效便捷的城市交通发展目标。

公共交通与慢行交通一体化设置,包括步行、自行车和公共交通系统的一体化设置,在公交中途站保障足够的换乘空间,配备合理的慢行过街设施和自行车停放设施,并合理规划慢行交通网络和自行车网络,减少自行车、行人和公交之间的冲突,设计合理的标志标线等。

1) 公交中途站处应具有足够的换乘空间

在公交中途站保证足够的换乘空间,以提高公共交通使用者上下车的换乘效率,保障使用者乘车安全性。

2) 公交中途站应配备合理的慢行过街设施

在主干道和客流较大的次干道的公交中途站,应设计立体过街设施保障行人过街。立体过街设施的建设应考虑与公交中途站周边的商业区域、步行街、人防设施、枢纽场站等相关设施的衔接。在交通流量较小道路和靠近交叉口的公交中途站,应建设平面行人过街设施。平面行人过街设施应在双向公交停靠站中间,方便乘车人的过街和集散;公交停靠站设计应采用"尾对尾"设计,不仅保障乘客安全上下车,还提高乘客过街的安全性。

3) 公交站点周边应合理规划慢行交通网络

在公交中途站周边应合理规划高密度的慢行交通网络,引导和鼓励乘车人使用慢行交通和公共交通出行。

4) 公交站点周边应合理配备自行车停放设施

在自行车与公交换乘需求量大,且公交站点周边用地允许时,应规划独立的用地建设自行车停车场;而换乘需求量小,且公交站点周边用地紧张时,应结合人行道设置自行车停放设施。

5) 减少自行车与公交车、行人流向的冲突

结合公交站点及其周边布局,合理设计自行车流向,减少自行车与公交车、行人流向的冲突点。

6) 完善公交站点周边区域的自行车网络

确保自行车在公交站点周边区域的完整,特别是站台区域及交叉口区域自行车网络的连续性,并结合交叉口信号灯,合理安排自行车的过街。

7) 设计合理的标志标线

公交站点周边应配备设计指引性的标志标线,为步行和自行车的换乘人员进行路线引导,并发布自行车停车信息,方便慢行交通与公共交通之间的衔接。

5. 设计层面——宁静化交通设计

利用设计手段确保机动车在慢行交通活跃的区域降低车速,利用醒目铺装提醒驾驶人将通行优先权给予慢行主体。对于居住性要求高的区域,交通的宁静化是未来的发展方向,慢行交通则是宁静化交通措施的重要组成部分,主要表现在控制小汽车在慢行区域内的行驶车速,禁止鸣笛按喇叭;在小区内的道路交叉口设置明显的提醒标志牌,使慢行主体拥有通行优先权。因此,对慢行交通系统进行设计的同时,要综合考虑城市不同区域未来的发展方向,使慢行交通系统与其他交通系统相互协调与促进。

宁静化交通设计主要包括速度控制、流量控制、交通工程措施、组合控制及教育与执法五部分,各部分的设计方法及具体措施见表9-2。

宁静化交通设计措施　　　　　　表9-2

内　容	方　法	具 体 措 施
速度控制	垂直速度控制	纹理路面、减速丘、凸起人行横道、凸起交叉口等
	水平速度控制	交通花坛、交通环岛、曲折车行道、变形交叉口

续上表

内　容	方　法	具 体 措 施
流量控制	改变流向	全封闭、半封闭、对角分流岛、中央隔离岛、强迫转弯岛等
	车种禁行	—
交通工程措施	交通标志标线	设置相关的禁令、警告标志及标线,如停车让行标志、禁止鸣笛标志、减速标线等
	条纹化设计	设计条纹标线,创造狭窄的车道
	限速图案	将限速数字描绘到道路上
	车道彩画	不同的行车道适应不同的颜色或施划不同的图案
	停车泊位	街道两侧布设停车泊位
组合控制	多种措施组合设计	中心岛与减速丘(台)的组合,凸起交叉口与交叉口瓶颈化
教育与执法	—	讲座形式对居民和机动车驾驶员进行培训教育

6. 运行层面——保障慢行交通的安全性及舒适性

对慢行主体这类交通弱势群体应给予充分的尊重及人文关怀,尤其应关注老年人、儿童及残障人通行的便捷性,确保慢行主体的通行权和通行空间不受侵犯,保障慢行设施无障碍及通行空间的连续性。在重要的慢行交通节点应加强对慢行者的指示,增加透明度。普及无障碍设计,并要求具有亲切的空间,应尽量避免过于凹凸不平的路面。

七、设计流程

慢行交通系统的一般设计流程如图 9-1 所示。

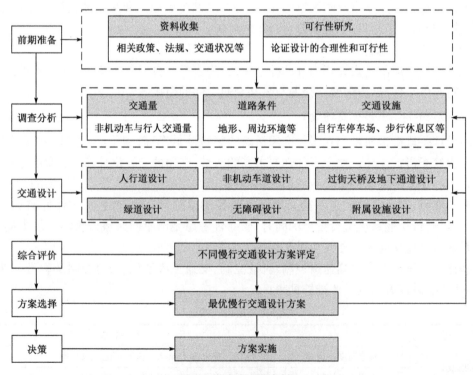

图 9-1　慢行交通设计流程

八、城市慢行交通的发展与启示

从最初的传统慢行交通时代到汽车盛行的机动化时代,经历了人本主义思想和环保意识的洗礼,城市现代慢行交通主义重新回归,城市的慢行交通化已成为一种发展趋势和潮流。慢行交通作为城市绿色交通体系中的主要交通方式,是实现绿色交通不可或缺的基本要素。发展慢行交通,构建对于慢行交通友好的综合交通体系也是城市自身发展的迫切需要。

目前,国内外许多现代化、国际化城市非常注重步行和自行车交通的发展,从以车为本回归到以人为本,将其作为提升城市发展水平的重要手段。在人本理念的引导下,从制定战略到实施计划,各大城市的慢行交通处处都是体现着"慢行系统发展更加关注人本需求"的理念。

1. 汽车时代的步行者天堂和自行车之都——哥本哈根

丹麦有"自行车王国"之称,其首都哥本哈根的自行车交通系统堪称城市慢行系统的典范。哥本哈根市面积97km², 人口67万人,全市道路长度约有700km,小汽车数为12万辆,而自行车数则高达65万辆,为汽车数的5倍,是世界著名的"自行车之都"。1962年,哥本哈根就开辟了第一条步行街——斯特勒格街,逐渐在市中心发展成步行网络;之后,逐一对步行街、城市广场、社区广场和滨河区等重点地段和特色地段进行改造。近些年来更是掀起"无车城"理念的热潮,对城市部分核心区域进行全面非机动化管控,将城市空间资源归还于慢行系统,满足了数以十万计居民在其间慢行的需求。

目前,自行车道网遍布哥本哈根市中心,全市共有超过360km的自行车道(Cycle Tracks)、24km的自行车快速道路(Cycle Paths),以及连接社区、公园及相关公共设施的43km绿色自行车路廊(Green Cycle Routes),形成了绝佳的友善自行车环境。约有40%的哥本哈根市民,将自行车作为日常通勤的交通工具。除了完善的道路规划以外,哥本哈根政府还提供了相当多的自行车停放空间,让市民在换乘不同公共交通工具时能够更加方便。

为深入了解自行车环境发展情况,并据以制订相关建设计划,哥本哈根自1996年起,每两年定期发布《自行车发展实录》(*Copenhagen City of Cyclists—The Bicycle Account*),作为哥本哈根市政府对于自行车友善环境评估的自检报告,且成为市民、民意代表、政府和媒体一个非常重要的参考。依据哥本哈根市政府2013年底的《哥本哈根2013—2020交通安全计划》(*Copenhagen's Traffic Safety Plan* 2013—2020),全市在2012年每人每日出行的运具分配,其中有32%为自行车、其次是步行(26%)、公车或轨道车(14%),合计绿色运具使用率超过7成。2016年,丹麦提出一系列 *Think Denmark* 绿色转型白皮书。针对创立绿色宜居城市与零碳排放目标,哥本哈根提出在2025年成为世界上第一个碳中和(Carbon Neutral)城市的发展愿景,具体的发展目标包括:到2025年,75%的交通出行通过步行、自行车和公共交通完成;50%的通勤出行以自行车为交通工具;新增20%的公共交通出行用户(相较于2009年);公共交通达到全面碳中和;20%~30%的小汽车使用清洁燃料,以及30%~40%的重车使用清洁燃料。

2. 步行和自行车交通与公交协调发展的国际都会——上海

上海城市空间呈现多核、多轴的空间布局结构。上海是一个人口密度高、公共交通发达的城市。全市行政区划面积6340km²,其中建设用地约2300km²,2020年常住人口2487万人,人口密度达3629人/km²。据统计,上海市非机动车保有量约1000万辆,超过60%处于高利用率状态。2002年,上海领先全国提出发展城市"慢行交通系统"。2005年,上海首条自行车绿色通道在复旦大学与同济大学之间设置。

上海绿道分3个体系,分别是市级绿道、区级绿道和社区级绿道。自2015年上海正式启动编制《上海绿道专项规划》以来,2020年末已有绿道1093km,未来五年还将建设绿道1000km。自2005年以来的十多年间,宝山陆续建成上海市第一条环区生态步道、居住区步道、公园步道以及罗店大居环水生态绿道等多类型绿道,形成了大环套小环、小环有支线的网络格局,目前已建成151km(图9-2)。

图9-2 上海绿道

《2020年上海市综合交通年度报告》显示,上海市人员出行时选择的交通工具以公共交通为主,占比33.1%;其次是步行方式和小客车,分别占比24.0%和20.5%;非机动车占比16.0%,出租车占比6.4%。2018年底,上海市互联网租赁自行车监管平台日均在线车辆数为30.5万辆,日均骑行量为100万次。

《上海市城市总体规划(2016—2040)》提出,2040年上海综合交通系统的发展目标是为所有在大都市区范围内居住与活动的人群提供更便捷、更高效、更绿色、更公平、更安全的交通服务。"上海2040"的慢行交通专项规划,定位于从战略层面落实城市发展目标、提升绿色交通分担比例,从实施层面支撑15分钟生活圈的形成,由此确定慢行交通发展的技术标准、设施布局、实施政策和保障机制。2040年上海客运体系绿色交通方式比例规划不低于80%;公共交通(地面公交+轨道交通)比例应达到28%~30%;慢行交通比例不低于50%(现状为55%)。在通勤出行中,公共交通达到45%,慢行比例不低于35%。在3km内的短距离出行中,慢行交通比例不低于90%;在3~5km中短距离出行中,慢行交通比例不低于60%。慢行交通出行品质满意度不低于90%(现状约为40%),设置有效机非隔离设施的道路里程比例不低于70%(现状约为38%)。

3. 总结与启示

以自行车、步行为代表的慢行交通方式,因其低碳、绿色等特点,越来越受到全球各地的重视。根据国内外慢行系统的规划实践经验,可以得到城市慢行系统的实现途径和操作方法,包括相关规划的完善、政策文件的支持和示范段的引导。典型城市慢行交通发展经验见表9-3。

典型城市慢行交通发展案例经验借鉴　　表9-3

经验类别	主要措施	案例区域	借鉴及指导
宏观政策	回归步行与自行车优先	德国	城市发展的宏观政策应以人为本,体现"慢行交通优先",转变城市交通发展力
	回归以人为本的交通政策	韩国	
	提倡慢行交通,缓解城市交通压力	马尔默	
慢行系统规划设计	持续的慢行交通和空间环境建设	丹麦	应在宏观政策的指导下,有步骤、有重点地开展对城市总体及局部地段的慢行系统规划和环境设计,构建畅通、高品质的步行和自行车系统
	人性化的步行与自行车交通设计,保障慢行通行权	欧洲城市	
	规划慢行单元、网络、环境等	深圳、杭州等	
	在城市总体规划下制定高度协调统一的慢行系统规划	杭州	
	慢行空间差别化	北京	

续上表

经验类别	主要措施	案例区域	借鉴及指导
设计指引	纳入地方法规	美国	可将发展慢行交通纳入地方法规,发挥更大效力;广泛征求公众意见;制定步行环境设计指引;统一设计理念
设计指引	优化人行道设计	波特兰	可将发展慢行交通纳入地方法规,发挥更大效力;广泛征求公众意见;制定步行环境设计指引;统一设计理念
设计指引	细致的公众意见征询和工作开展	香港	可将发展慢行交通纳入地方法规,发挥更大效力;广泛征求公众意见;制定步行环境设计指引;统一设计理念
衔接城市系统	与城市公共交通有效衔接	法国	慢行系统应与诸如城市交通、城市绿化、城市空间结构等要素有效衔接
衔接城市系统	慢行交通廊道与生态慢行廊道相配合	深圳	慢行系统应与诸如城市交通、城市绿化、城市空间结构等要素有效衔接
衔接城市系统	与城市绿化相结合,衔接开敞空间	新加坡	慢行系统应与诸如城市交通、城市绿化、城市空间结构等要素有效衔接
衔接城市系统	规划设计不同层次的城市绿道	温州	慢行系统应与诸如城市交通、城市绿化、城市空间结构等要素有效衔接

1)现代化、国际化大都市需要充满吸引力的慢行交通系统

从哥本哈根和上海等现代化、国际化发达城市和地区的慢行交通发展经验来看,它们都十分重视和支持步行、自行车系统的建设和改善,通过创造人性化的出行环境和多样化的公共空间,不仅能够有效缓解高密度城市的交通压力、提高土地使用效率、激活商业价值,更能够吸引人们以步行、自行车交通方式体验生活,激发城市活力。

2)营造友好的慢行交通体验需要相关城市系统的支撑与融合

慢行交通作为城市交通体系及城市整体系统的一个基本组成部分,除步行、自行车系统本身的完善以外,一方面需要公共开放空间、道路、公共交通与其他交通系统、土地利用和自然景观资源等相关系统的支撑与协调;另一方面,也需要综合交通发展策略、与公共交通相协调、部门间合作和倡导慢行交通文化等政策的制定、实施和宣传。

3)城市高机动条件下自行车交通方式仍存在较大的发展空间

从哥本哈根和上海等高机动化城市自行车交通的发展经验来看,随着居民经济水平以及私人和公共机动化水平的提高,交通出行选择趋于多样化,部分自行车交通会向公交、摩托车、小汽车等方式转移,但如果城市能够提供完善的自行车骑行环境,自行车交通出行方式由于其自身的优势仍能够占到20%以上。例如,香港虽然建设有发达的公共交通系统,但仍通过建设完善的自行车交通系统引导自行车交通发展。

4)完善的自行车道网络是自行车交通发展的基础

从自行车交通发展较好的哥本哈根等欧洲城市,以及国内北京、上海、杭州、南京等城市来看,这些城市都建设有完善的自行车道,基本形成了自行车通勤和休闲网络。自行车道相对独立,避免了与其他交通方式的相互干扰。

第二节 行人过街及通道设计

行人过街系统是道路两侧步行者到达对侧的通道,是保障步行网络连续性的媒介。行人过街系统可以分为平面形式过街和立体形式过街。其中,立体过街主要包括人行天桥和地下通道;平面过街是指行人横穿道路过街,包括路段过街和交叉口过街。本节以保障行人过街的安全与便利为目标,分别介绍人行天桥及地下通道、交叉口行人过街、路段行人过街的设计方法与设置条件。

一、人行天桥和地下通道设计

1. 人行天桥和地下通道设置条件

人行天桥与地下通道的设计应结合城市道路网规划,适应交通的需要,并考虑由此引起附近范围内人行交通所发生的变化。具体的设置条件如下:

(1)进入交叉口总人流量达18000人/h,或交叉口一个进口横穿道路的人流量超过5000人/h,且同时在交叉口一个进口或路段上双向当量交通量超过1200pcu/h。

(2)进入环形交叉口总人流量达18000人/h,且同时进入环形交叉口的当量交通量超过1200pcu/h。

(3)快速路或市区封闭式道路行人过街必须设置人行天桥或地下通道。

(4)铁路与城市道路相交道口,因列车一次通过一次阻塞人流量超过1000人或道口关闭时间超过15min时。

(5)路段双向当量交通量超过1200pcu/h,或过街行人超过500人/h。

(6)有特殊需要可设专用过街设施。

(7)复杂交叉路口机动车行车方向复杂,对行人有明显危险处。

(8)商业区道路交叉口,或道路两侧存在大量人流来往的大型吸引点,可结合实际条件和需要设置人行天桥或地下通道。

(9)人行天桥与地下通道的设计通行能力应符合表9-4的规定。

人行天桥或地下通道的设计通行能力[单位:人/(h·m)]　　　表9-4

类　别	人行天桥	地下通道	车站、码头前的人行天桥、地下通道
基本通行能力	2400	2400	1850
设计通行能力	1800~2000	1440~1640	1400

2. 人行天桥和地下通道对比选择

人行天桥和地下通道两种形式各有其适用性和优缺点,对人行天桥或地下通道的选择应根据城市道路规划,结合地下水位影响、地上地下管线、周围环境、工程投资、施工期间对交通和附近建筑物的影响及建成后的维护条件等因素综合考虑。人行天桥及地下通道的主要区别见表9-5。

人行天桥和地下通道的对比　　　表9-5

对比内容		人行天桥	地下通道
设施的适用情况		适用于凹形地形、宽的街道,以及原有房屋可以拆迁的情况	适用于凸形地形、窄的街道,以及原有房屋较好、不能拆迁的情况
城市街道的艺术处理		因高出地面,对艺术要求较高	在地上的外漏部分少,容易与周围环境协调
施工与养护	基建及养护费用	同等条件下,费用较低	基建费用比人行天桥多出1~2倍
	对地下管线的影响	不需改建或少量改建	需大量迁移或改建
	排水问题	容易解决	一般需建设排水泵站
	通风及照明	自然通风和采光,白天不需照明	空气有较大污染,必须考虑通风,并需考虑日夜照明

续上表

对比内容		人行天桥	地下通道
施工与养护	防水工程	不需防水	需要复杂的防水设施
	施工过程对原有交通的影响	采取预制结构,可做到少影响、不影响交通	对原有交通组织影响较大
行人舒适情况	行人行走的方便性	行人需爬高,负重行走不便	与天桥相比,行人乐于使用
	恶劣天气的适应性	较差	很好
设施的安全性		较好	安全感差,需加强治安防范
设施对行人的诱导性		较好	较差,需设专门指示标志

二、交叉口行人过街设计

交叉口的行人过街设计主要包括人行横道位置的设置、宽度的确定,二次过街安全岛的设计,行人过街与右转车的关系处理等方面(图9-3)。其中,人行横道位置设置应在保证驾驶人可见及行人通行便利的基础上,根据不同类型的交叉口灵活处理;人行横道的宽度应根据行人流量的大小确定;行人二次过街安全岛的设计包括设置条件、设置形式及面积确定;行人与右转车的处理主要是避免过街行人与右转车的冲突,包括设置右转专用道或相位设计。具体的详细设计见第四章平面交叉口交通设计相关内容。

图9-3 交叉口行人过街示意图

三、路段行人过街设计

路段行人过街横道的设计既要保障行人过街的安全性和便捷性,又要尽量减少行人过街对机动车交通的影响(图9-4)。路段行人过街设计主要包括位置选择、宽度设定及二次过街设计。

图9-4 路段行人过街示意图

1. 位置的选择

一般在较大型的购物中心、公共游乐场所、企业单位、车站(包括一些公交、地铁车站)、码头以及住宅区的出入口都需设置人行横道。在设置人行横道时,应根据交叉口的间距、道路的性质、车流量、沿线两侧大型交通集散点及公交停靠站的位置和路边停车的情况,合理设置。

为确保行人过街安全,在某些路段不宜设置人行横道,如车辆转弯进出很多又不能禁止的地方、瓶颈路段以及弯道、纵坡变化路段等视距不良的地方。

2. 宽度设定

人行横道的宽度应根据过街行人数量及信号控制方案确定,主干路的人行横道宽度不宜小于5m,其他等级道路的人行横道宽度不宜小于3m,宜以1m为单位增减。

3. 二次过街设计

当人行横道长度大于16m时,应在分隔带或道路中心线附近的人行横道处设置行人二次过街安全岛,给行人明确的空间占用权以等待下一次穿过剩余半幅路的机会,以此来保障行人的过街安全和机动车的通行效率。

1)二次过街的形式

行人二次过街多采用以下形式:无中央分隔带时,利用栅栏形成安全驻足区;有中央分隔带时,利用中央分隔带形成安全驻足区。具体的设计形式可参见第四章平面交叉口二次过街相关内容。

2)安全岛设计

路段二次过街安全岛的形式和面积设计可借鉴平面交叉口二次过街安全岛设计相关内容。

3)无障碍设计

根据《无障碍设计规范》(GB 50763—2012)中的规定:人行横道安全岛的形成应方便乘轮椅者使用。

第三节　人行道设计

人行道是指道路中用路缘石或护栏及其他类似设施加以分隔的专供行人通行的部分。人行道作为城市道路中重要的组成部分之一,其功能已不再单纯是行人通行的专用通道,它在城市发展中被赋予了新的内涵,对城市交通的疏导、城市景观的营造、地下空间的利用、城市公用设施的依托都发挥着重要的作用。人行道设计的主要内容是人行道横断面布局、宽度、坡度、净空、铺装、绿化、景观及标识系统的设计。

一、设计目标与基本要求

(1)无障碍性——让所有的行人,包括残障人士、老年人等都能方便通行。

(2)合适的宽度——在一般区域,应保证行人通行舒适、快捷;在行人密集地区,人行道应更为宽敞,以满足较大的人流量。

(3)安全性——人行道应让行人有安全感和可预见性,感觉不到机动车的威胁。

(4)连续性——保障行人可连续行走于人行道上。

(5)舒适性——人行道上的绿化应因地制宜,让行人心理和视觉上感觉舒适。

二、横断面的布局设计

人行道包含四个不同的区域:路缘区、设施区、人行区、临街区,如图9-5所示。

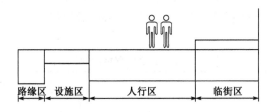

图9-5 人行道横断面图

1. 路缘区

路缘区一般是指路缘石的区域,主要用于防止道路上的水进入行人空间,阻止车辆驶入步行区,是人行道与机动车道、非机动车道的界限。

2. 设施区

设施区宽度应满足设置护栏、照明灯柱、标志牌、信号灯、城市公共服务设施等的要求,各种设施布局应综合考虑。设施区宽度多数为1.0m,有些城市为0.5~1.5m,设施区可与绿化带结合设置,但应避免各种设施与树木的干扰。

3. 人行区

人行区是整个人行道的主体,是指给行人走的区域。这个区域内应该没有任何的障碍物,行人能够较安全及舒适地在上面行走。

4. 临街区

临街区是行人专用区边界与道路红线之间的区域。此区域保证了人行区与建筑物之间应有的一个让行人舒适的距离。

三、宽度设计

在整个人行道中,行人区是最重要的部分,是行人的专用区。这个区域的宽度即为人行道的有效宽度,这个区域内应没有任何道路附属设施。行人区的宽度与行人的交通量及人行道的通行能力有关。行人区的宽度应按单条行人通行带的整数倍计算,并由式(9-1)和表9-6根据高峰小时设计行人流量和通行能力综合确定。

$$W_p = \frac{N_w}{N_{w1}} \times W_1 \tag{9-1}$$

式中:W_p——人行道的宽度,m;

N_w——人行道高峰小时行人流量,人/h;

N_{w1}——单条行人通行带的设计通行能力,人/(h·条);

W_1——单条行人通行带的宽度,m。

单条行人通行带的宽度 W_1 和设计通行能力　　　　表 9-6

所 在 地 点	宽度(m)	设计通行能力(人/h)
城市道路上	0.75	1800
车站码头、人行天桥和地下通道处	0.90	1400

人行道宽度应符合表 9-7 的规定。其中，步Ⅰ级人流量大、街道界面友好，为步行网络的主要组成部分；步Ⅱ级以步行直接通过为主，街道界面活跃度较低、人流量较小，是步Ⅰ级网络的延伸和补充。

城市人行道的最小宽度(单位:m)　　　　表 9-7

项　目	人行道最小宽度	
	一般值	最小值
步Ⅰ级	4.0	3.0
步Ⅱ级	3.0	3.0
商场、医院、学校等公共场所集中路段	5.0	4.0
火车站、码头所在地段	5.0	4.0
轨道车站出入口、长途汽车站、快速公交车站所在路段	4.0	3.0

注：1. 历史文化街区、风貌协调区等需要保护的特色地区的支路，沿道建筑不允许拆除、道路无法拓宽的，最小宽度可酌情缩减。
　2. 对行道树池进行平整化处理的，行道树池的 1/2 有效宽度计入人行道宽度。

四、坡度设计

人行道坡度有纵坡、横坡、路口缘石坡道坡度及与临街地坪衔接坡度等多种，坡度应根据实际环境及使用要求确定，以安全、无障碍及舒适为原则。行人与非机动车共板的交通标识及坡口设计应结合行人与非机动车共同使用的要求，减少非机动车通行的障碍，同时应保证行人的安全。

1. 人行道纵坡设计

(1) 人行道纵坡的设计应尽量考虑乘轮椅者通行，位于道路旁边的人行道，其纵坡一般与车行道一致。

(2) 弧线形坡道的坡度，应以弧线内缘的坡度进行计算。

(3) 陡坡坡道的高度每变化 1.5m 时，应设休息平台，平台纵坡不得大于 2%，长度应不小于 2m。

(4) 坡道的坡面应平整且防滑，两侧应设置安全防护设施，以防止轮椅滑出坡道。

2. 人行道横坡设计

人行道横坡宜采用单面坡，横坡度为 1%～2%。

3. 路口缘石坡道设计

(1) 人行道的各种路口必须设缘石坡道，并应设置在人行道范围内，与人行横道相对应。

(2) 缘石坡道分为单面坡缘石坡道和三面坡缘石坡道。

①单面坡缘石坡道可采用方形、长方形或扇形。

②扇形单面坡缘石坡道下口宽度不应小于 1.50m，设在道路转角处的单面坡缘石坡道上

口宽度不宜小于2.00m,单面坡缘石坡道的坡度不应大于1:20。

③三面坡缘石坡道的正面坡道宽度不应小于1.20m,正面及侧面的坡度不应大于1:12。

④缘石坡道下口高出车行道的地面不得大于20mm。

4.临街地坪衔接坡度

(1)临街地坪应与人行道尽量齐平,两者有高差时,可从人行道边界起,设1:20的坡度衔接,若高差过大,可采用台阶处理。

(2)衔接处应采用防滑性好的材料。

(3)人行道高于临街地坪时,应加设排水设施,以排除可能的积水。

五、侧旁净空设计

人行道在行人通道范围内净空应不低于2.5m,净空要求范围内不得设任何障碍物。行人与非机动车共面时,通行范围内净空应不低于3.5 m,净空要求范围内不得设任何障碍物。当空间足够时,人行道可增加旁侧空间用于设置景观设施、市政设施或作为暂时的存储场所。

六、铺装设计

人行道采用的铺装材料应具有防滑性能,并且容易维护(如抵抗翘曲、抗裂等)。同时铺装要满足稳定、牢固和抗滑的要求。特殊地区或中心区可采用彩色或有图案的水泥、砖块等特殊材料,其铺装需确保人行道表面平整。

人行道路面铺装应注意以下6点:

(1)步行路面铺装应连续、平整、防滑、透水,并保证排水坡度。高差变化时应采用缓坡处理[图9-6a)],满足无障碍通行需求,不应采用台阶踏步形式[图9-6b)]。

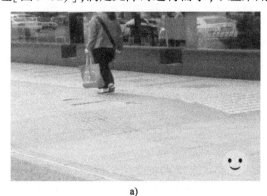
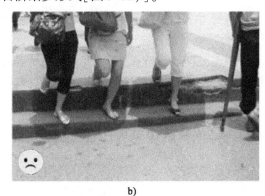

a)　　　　　　　　　　　　　b)

图9-6　人行道遇高差处理

(2)铺装应采用透水、防滑、舒适、耐久、经济的材料。

(3)在步行道起止点、转折处、分岔处等行人决策点,可变换路面铺装的材质、色彩或铺排方式,以示区分。

(4)行道树树池宜采用平树池,树池上应覆盖与人行道铺装高程一致、透水透气、易于行走的树池箅子。

(5)行人过街横道与非机动车过街带可采用特殊铺装,并设置相应标志标线。

(6)市政管线和排涝设施应与铺装协调布置,排水口不宜设置在步行及自行车主要流线及停留等候的位置上。

七、街道家具设计

街道家具泛指在步行道内为满足各类使用需求而设置的设施,应舒适、耐久、实用、易于维护,宜统一风格、有识别性,并与周边建筑和环境相协调。街道家具应布置在设施带、绿化带或建筑前区内,避免占用人行道或阻碍通行。市政及其附属设施宜结合绿化带设置,并采取安全防护措施。

街道家具设计应注意以下3点:

(1)街道家具应设置在道路的设施带、绿化带或建筑退线空间内,且不得占用无障碍设施。如在图9-7a)中,街道家具的设置占用了人行道,影响了行人的正常出行;图9-7b)则是在充分保留人行空间的基础上进行街道家具的设置,做到了合理且美观。

a) b)

图9-7 街道家具布置

(2)街道家具宜选择耐久、坚固、易于维护的材料,应统一风格,并在尺度、造型、色彩等方面与周边环境特征相协调。

(3)在公交地铁站点、人行天桥等行人流量密集处,可通过独立的上盖、建筑挑檐、骑楼、雨篷、外墙檐篷、独立风雨连廊、二层连廊、地下通道等形式为行人遮阴挡雨,南方多雨城市可根据需求设置。

八、绿化与景观设计

人行道的绿化与景观能为步行环境增加更多的人性化尺度和提供更舒适的行走体验。视线的通畅应成为布置绿化的重要考虑因素,在交通节点、过街处等步行关键地段设置的绿化要注意高度,以确保视线通畅。提倡配置多功能的绿化景观,不仅要发挥其带来的视觉观赏效果,还应使其成为提升整体步行环境的必要补充,如缓冲机动车交通、遮阴挡雨、清新空气等(图9-8)。

图9-8 人行道绿化

人行道绿化应注意以下5点:

(1)应加强林荫道建设,宜结合机非隔离带、行道树设施带、绿化设施带连续种植高大乔木,增加列数。行道树种植间距宜为4~6m。应优先采用乔木绿化,发挥其遮阴功能,并与座椅、自行车停车设施等街道家具结合设置,方便人们停留和活动。如图9-9a)中采用了乔木绿化,为行人提供了阴凉,但是并未设置相对应的座椅;相反,图9-9b)中的林荫道与座椅等街道家具相结合,更方便行人驻足。

图9-9 乔木结合座椅设置

(2)路段及交叉口宜形成连续的林荫。在交叉口视距三角形范围内,行道树应采用通透式配置。应选择分叉点较高的乔木,间距不得小于4m。被人行横道或道路出入口断开的分车绿带端部,苗木设置高度应在0.9m以下,控制长度范围应满足停车视距要求,保证行人和车辆的视线通透。

(3)行道树绿化宜采用平树池形式,即树池缘石与人行道的地面铺装平齐,可上置盖板,方便行人借用通行。当城市生活性道路的绿化带采用灌木绿化或草坪绿化时,不应长距离连续设置,避免对行人灵活穿越造成阻隔。如图9-10a)中绿化带长距离连续设置阻碍了行人穿越;图9-10b)中的绿化设置则为行人穿越保留了足够空间。

图9-10 绿化带设置

(4)胡同、里弄、背街小巷、绿道等非市政道路,有条件的应设置一排或两排行道树。

(5)应优先选用适宜本地、生长快、树冠分散、高度适宜、无毒无害的绿化植物。不得滥用名贵树种。避免选择根系过于发达的树种,以免损害市政设施。

九、标识系统设计

步行标识系统的服务对象包括机动车驾驶人与行人,为行人提供指引与信息的标识要醒目并易于找到,引导行人到达目的地。其设置要求主要包括:

(1)指示标识应设置在行人决策点的醒目位置。城市的主要吸引点、公交和轨道车站应设置区域引导图和指示牌。行人和机动车冲突较大的地段应设醒目的标识,警告与提醒驾驶人让行人优先过街。指示牌指引信息的高度不宜大于 2.5m。如图 9-11a)中指示标识牌的高度过高,起不到对驾驶人、行人的指示作用;图 9-11b)中则考虑了行人身高,合理地对指示牌进行了设置。

图 9-11 指示标识

(2)宜考虑对无障碍设施进行连续标示,并保证夜间可视性。

(3)提倡连贯一致的小尺度标志,其标准是:车速小于 24km/h 的街道,标志的面积应限制在 $0.5 \sim 0.7 m^2$,字体应限高 10cm。

(4)行人交通标识系统应设置在设施带或分隔带内,条件不足的可设置在绿化带内,不得影响各交通方式的正常通行,满足无障碍环境建设的相关要求,宜统一设计、合并设置。

(5)施工期间,应按行人交通组织方案设置相应的交通标识系统;施工结束后,应恢复或重新设置相应的交通标识系统。

(6)鼓励指示标识的信息智能化,以满足指示路况、停车空位、交通事故、交通管控和天气等信息的时效性要求。

十、照明设计

胡同、里弄、背街小巷、绿道等非市政道路应满足《城市道路照明设计标准》(CJJ 45—2015)中人行道照明和非机动车道照明的相关标准。

路灯的间距和照度应保证夜间安全,同时应满足以下要求:

(1)在坡道、台阶、高差处、标识牌处应设置照明设施。

(2)在人行地道、人行天桥、办公集中地区、停车场周边和安全问题突出的重点区域应加强照明。

(3)优先考虑可兼顾人行道与非机动车道的照明形式。对于较宽的道路和人行道,应设置人行道与非机动车道的专用照明。

第四节 非机动车道设计

非机动车道是指城市道路中用物理设施或标线分离出来的供非机动车行驶的道路,包括专用非机动车道和混行非机动车道。长期以来,为满足快速增长的机动车出行需求,我国交通基础设施中的非机动车空间被严重挤占,致使道路"机非混行"现象日趋严重,非机动车通行权及停放空间受到忽视。为保障非机动车安全、有序、快速通行,需要对非机动车道进行系统的设计。

一、路段非机动车道设计

1. 非机动车道路分级

自行车道路分级的主要目的是明确不同道路的自行车功能和作用,体现自行车道路级别与传统城市道路级别之间的差异性和关联性,并提出差异化的规划设计要求。自行车道级别主要由其在城市自行车交通系统中的作用和定位决定,需考虑现状及预测的自行车交通特征、所在自行车交通分区、城市道路等级、周边建筑和环境等要素综合确定。

沿城市道路两侧布置的自行车道,可分为3级。

(1)一级自行车道:以满足城市相邻功能组团间或组团内部较长距离的通勤联络功能为主,自行车流量很大,同时承担通勤联络、到发集散、服务周边等多种复合型功能,是自行车网络的骨干通道。主要分布在城市相邻功能组团之间和组团内部通行条件较好区域和市民通勤联络的主要通道上,以生活性主干路、两侧开发强度较高的快速路辅路和自行车流量较大的次干路为主。

(2)二级自行车道:以服务两侧用地建筑为主,自行车流量较大,自行车交通行为以周边地块的到发集散为主,与两侧建筑联系紧密,但中长距离通过性自行车交通比例较小,是自行车网络的重要组成部分。主要分布在城市主(副)中心区、各类公共设施周边、交通枢纽、大中型居住区、市民活动聚集区等地区的次干路以及支路。

(3)三级自行车道:功能以直接通过为主,自行车流量较小,以通过性的自行车交通为主,与两侧建筑联系不大,是自行车网络的延伸和补充。主要分布在两侧开发强度不高的快速路辅路、交通性主干路,以及城市外围地区、工业区等人流活动较少的地区的各类道路。

2. 宽度

非机动车道路面宽度应为非机动车道宽度及两侧各0.25m路缘带宽度之和。非机动车道宽度应按单条自行车通行带的整倍数计算,并由式(9-2)和表9-8根据高峰小时设计非机动车流量和通行能力综合确定。与机动车道合并设置的非机动车道,单向车道数不宜少于2条,宽度不宜小于2.5m。

$$W_b = \frac{N_b}{N_{b1}} \times W_2 + 0.25 \times 2 \tag{9-2}$$

式中:W_b——非机动车道宽度,m;

N_b——非机动车道高峰小时标准自行车流量,辆/h;

N_{b1}——单条非机动车道的设计通行能力,辆/h;
W_2——单条自行车通行带的宽度,m。

单条自行车通行带的宽度 W_2 和设计通行能力　　　表9-8

所在地点	隔离类型	宽度(m)	设计通行能力(辆/h)
城市路段	机非隔离	1	1500
	无机非隔离		1300
城市交叉口	机非隔离	1	750
	无机非隔离		650

非机动车道和自行车专用道的最小宽度应符合表9-9的规定。其中,自Ⅰ级自行车流量较大、贯通性好,是自行车交通的主要通道;自Ⅱ级自行车流量较小,以集散和到发为主。

城市非机动车道的最小宽度(单位:m)　　　表9-9

项　　目		非机动车道最小宽度	
		一般值	最小值
自Ⅰ级		4.5	3.5
自Ⅱ级		3.5	2.5
自行车专用道	双向	4.5	3.5
	单向	3.5	2.5

注:历史文化街区、风貌协调区等需要保护的特色地区的支路,沿道建筑不允许拆除、道路无法拓宽的,最小宽度可酌情缩减。

3. 布置方式

1) 与步行道合并设置

一般做法是把缘石线和建筑红线之间的空间分割成步行道和非机动车道两部分,中间以绿化隔离带或暗沟与步行道隔开。这样做是为了使非机动车脱离机动车道干扰,与步行道位于同一平面。一方面有利于提高非机动车道路权,另一方面保证了非机动车路权及通行安全。

2) 与机动车行道合并设置

主要是在车行道中利用标线或设置隔离带来确定非机动车道范围。

3) 混合型布置

机动车与非机动车在同一平面内行驶,其间无分隔标记。

4. 铺设材料选择

非机动车道路面结构设计视路面上行驶的交通工具(如自行车、电动车、三轮车及其他等)不同而有所区别,其设计应按使用功能要求,根据筑路材料、施工最小厚度、路基土类型、水文地质条件及当地经验,确定结构层组合与厚度,满足整体强度和稳定性要求。

二、交叉口非机动车道设计

交叉口是影响非机动车在整个线网中运行效率的重要节点。非机动车在道路路段上与机动车相互干扰较小,但在交叉口处与机动车的冲突不可避免。路段上非机动车道通过物理隔离设施(如绿化带、分隔墩、分隔栏等或机非隔离线)可一定程度上缓解机非干扰问题。在交叉口处,则可根据实际情况,采用相应的处理方式减少交通冲突,如左转非机动车二次过街、非机动车停止线提前设置、设置非机动车左转待转区、设置非机动车右转专用道等。

交叉口非机动车道设计详见第四章。

三、隔离设施

城市主、次干路和快速路辅路的自行车道,应采用机非物理隔离。城市支路上的自行车道,可采用非连续式物理隔离。隔离设施应能保障安全、坚固耐用、便于安装、易于维护。同一条道路上的隔离设施宜采用统一样式。

机非隔离设施包括绿化带、分隔带、分隔栏杆、分隔柱等,条件允许时应采用绿化带或设施带。其设置应满足以下要求:

(1)主干路上机动车道与非机动车道之间应设置物理隔离(图9-12)。

图9-12 自行车道采用机非物理隔离

(2)交叉口非机动车交通流量较大或路段上机动车与非机动车之间有隔离设施时,应在交叉口设置独立的非机动车进出口道及相应的机非隔离设施。

(3)城市支路采用非连续式物理隔离时,间隔距离不宜过大,既方便行人和自行车灵活过街,又防止机动车驶入自行车道(图9-13)。

图9-13 非连续式物理隔离

(4)非物理隔离形式包括自行车道彩色铺装、彩色喷涂和划线,确需采用时,应有明确的自行车引导标志。

(5)自行车道与步行道应分开隔离设置,自行车道应设置于车行道两侧,保证行人安全。

(6) 在宽度大于3m的自行车道入口处,应设置阻车桩,以阻止机动车驶入自行车道。阻车桩宜选用反光材料,确保安全醒目。如图9-14a)中的自行车行驶区域仅在地面进行了标记,导致机动车在该区域内进行停车,占用了自行车道;图9-14b)中的自行车行驶区域不仅进行了地面标记,而且设置了阻车桩,保障了自行车的行驶权利。

a)　　　　　　　　　　　　b)

图9-14　自行车道入口处设置阻车桩

(7) 当上下游路段自行车道的隔离形式不一致时,应注意路口处的衔接引导,方便骑车人快速识别、规范行为。

(8) 当受条件限制时,可在交叉口附近路段局部设置机非物理隔离,保障交叉口自行车通行安全与秩序(图9-15)。

图9-15　交叉口局部机非物理隔离

城市新建道路的人行道与非机动车道不应共平面设置。既有道路的人行道与非机动车道共平面时,应设置连续的隔离设施保障行人安全。

四、自行车过街带

(1) 自行车过街带应尽量沿骑车人过街期望的最短路线布置(图9-16)。

(2) 自行车过街带宜采用彩色铺装或喷涂,并设置醒目的自行车引导标志。

(3) 宜将自行车过街与机动车右转信号相位分离设置,并实施自行车过街信号优先。

(4) 尽量将交叉口处的自行车停止线靠近交叉口设置;自行车有单独信号控制且实施信号优先的,可将自行车停止线布置在机动车停止线之前(图9-17)。

图9-16 彩色自行车过街带

图9-17 自行车停止线布置

五、非机动车道连续性设计

1. 交叉口非机动车道连续性设计

单独设置非机动车过街设施可使非机动车流独立于行人流,提高非机动化交通过街效率,避免与行人发生冲撞,提高安全性。在交叉口设置彩色铺装或喷涂的非机动车过街带、非机动车专用转弯区域,并设置醒目的非机动车引导标志,明确该区域非机动车优先于机动车的通行权,有利于机动车识别非机动车行驶空间,减少机非冲突,提高交叉口通行的安全性。

2. 机动车出入口自行车道连续性设计

非机动车道遇到机动车出入口时,可在平面上施划标线与自行车标识,设置彩色自行车通行带,保障非机动车优于机动车的通行权,减少机动车与非机动车的冲突,提高非机动车通过机动车出入口时的安全性。在纵断面上,可提升机动车出入口的高度,保障非机动车道在高程上的连续,降低机动车通过非机动车道的车速,保障行人及非机动车的便利和安全。

3. 行人与非机动车共面宽度不足情况下自行车道的连续性设计

在行人与非机动车共面时,如果出现人行道宽度不足的情况,可通过无障碍口以及非机动车行驶方向标志牌的设置,引导非机动车到机动车道骑行。在通过人行道瓶颈路段以后,可以用同样的方法引导非机动车回到人行道上,实现行人与非机动车共面。机非共面路段中,在机动车道上施划自行车专用区域标线,或设置彩色自行车带,能够明确该区域自行车优先于机动车的通行权,同时有助于机动车识别自行车行驶的空间,提高通行安全性。

六、非机动车道标识系统

(1)非机动车道的起点、交叉口入口前应设置非机动车车道标志(图9-18)。

图9-18 非机动车道特色标识

(2)非机动车停放区应设置非机动车专用停车位标志,并配合非机动车专用停车位标线使用。

(3)禁止非机动车进入的路段应在路段入口处设置禁止非机动车进入标志。

(4)在机非混行道路、地下车库出入口处等经常有非机动车横穿或出入的地点,应设置注意非机动车标识。

(5)机非混行道路需要明确行人或非机动车路权的位置,应设置行人或非机动车图形、文字、箭头。

(6)非机动车专用停车位标线可单独设置。

(7)已设置非机动车停车标志的,非机动车专用停车位标线可不施划地面非机动车路面图形标记;未设置非机动车停车标志的,应施划地面非机动车路面图形标记。

第五节 绿 道 设 计

绿道是以自然要素为基础,以自然人文景观和休闲设施为串联节点,由慢行系统、服务设施等组成的绿色开敞空间廊道系统,主要包括人行道、非机动车道等慢行通道,停车场、休息站等旅游休闲配套设施以及相应的绿化缓冲区。绿道设计包括慢行道设计和配套设施设计两大部分,配套设施设计又包括标志系统、服务设施和基础设施等的设计。

一、绿道的组成

绿道由绿廊系统和人工系统两大系统构成,主要包括绿廊、慢行道、驿站、标识和节点5个部分(图9-19)。绿廊系统是慢行道两侧由植物群落、水体等构成的具有一定宽度的绿化景观生态廊道。人工系统由慢行道、驿站、标识和节点4个部分构成。绿道组成要素见表9-10。

图9-19 绿道组成要素示意图

绿道的具体组成要素　　　　　　　　　　　　　　　表9-10

系统名称	要　素	备　注
绿廊	步行道	—
慢行道	自行车道	根据实际情况选择使用
	综合慢行道	
驿站	管理服务设施	包括游客服务中心、治安、信息咨询等
	商业设施	包括售卖、餐饮等
	休憩设施	包括休憩、露营、烧烤等
	安全保障设施	包括医疗、紧急救援设施等
	环境卫生设施	包括垃圾箱、公共厕所、污水收集与处理等
	车辆服务设施	包括自行车租赁、停车场、车辆充电等
标识	信息标识	标明游客在绿道中的位置，并提供绿道设施、项目、活动及游览线路及时间等信息
	指示标识	标明游览方向和线路的信息，大部分指路标志用图形并配以简单文字进行说明
	规章标识	用于标明绿道法律、法规方面的信息及政府有关绿道建设的政策
	警示标识	用于标明可能存在的危险
	安全标识	用于明确标注游客所处的位置，以便为应急救助提供指导
	教育标识	用于标注绿道所在地的独特品质或自然与文化特征
节点	自然景观节点	包括风景名胜区、自然保护区、湿地保护区、森林公园及其他自然景观
	文化景观节点	包括历史文化街区、历史文化名镇、历史文化名村、历史及特色村落、大型文保单位、影视基地等
	休闲游憩节点	包括旅游度假区、主题公园、城市公园、农业观光园、农家乐等
	科普教育节点	包括爱国主义教育基地、地质公园、植物园、动物园、博物馆、科技馆、艺术馆等
	地方特色节点	包括特色市场、特色购物中心、地方民俗节庆活动及场所及地方各类特色项目

二、分级和分类

1. 按等级划分

按照等级划分,绿道可分为区域绿道、城市绿道和社区绿道 3 级。

(1) 区域绿道:指连接城市与城市,对区域生态环境保护和生态支撑系统建设具有重大意义的绿道。

① 生态型绿道:主要沿城镇外围的自然河流、小溪、海岸及山脊线建立,通过对动植物栖息地的保护、创建、连接和管理来维护和培育生态环境和生物的多样性,可供自然科考及野外徒步旅行使用。

② 郊野型绿道:主要依托城镇建成区周边的开敞绿地、水体、海岸和田野,通过登山道、栈道、慢行道等形式,为人们提供亲近大自然、感受大自然的绿色休闲空间。

③ 都市型绿道:主要集中在城镇建成区内,依托人文景区、公园广场和城镇道路两侧的绿地建立,为人们慢跑、散步等活动提供场所。

(2) 城市绿道:指连接城市内重要组团,对城市生态和休闲系统建设有重要意义的绿道。

① 道路型绿道:适用于城市中占用部分道路,以休闲为主,兼具通行功能的混合型绿道。

② 公园型绿道:适用于城市公园中以慢行休闲为主导功能,新建或借道部分园路,兼具通行功能的混合型绿道。

③ 滨水型绿道:适用于城市河道、湖泊旁以慢行休闲为主导功能的绿道。

④ 山林型绿道:适用于城市规划区内以慢行休闲为主导功能的绿道。

⑤ 防护绿地型绿道:适用于部分具有良好通行条件的城市组团隔离绿地、高压走廊防护绿地、卫生隔离防护绿地。

(3) 社区绿道:指连接社区公园、小游园和街头绿地,主要为附近居民服务的绿道。

2. 按绿道所处区域和功能要求划分

按照绿道所处区域和功能要求划分,绿道可分为城镇型绿道、乡野型绿道、山地型绿道 3 种。

(1) 城镇型绿道:指城镇规划建设用地范围内,主要依托和串联各类公园绿地、防护绿地、广场,供居民休闲、游憩、出行、健身等的绿道。

(2) 乡野型绿道:指城镇规划建设用地范围外,依托林地、园地、湿地、水体、农田,连接风景名胜区、旅游度假区、历史文化名镇名村、农业观光区、特色乡村、农家乐等的绿道。

(3) 山地型绿道:针对多山地区的特点而设立的特殊类型绿道,主要沿河流、溪谷、古道、登山路径设立,不能满足普通自行车通行,仅供徒步及攀登使用的绿道。

三、设计要点

1. 绿道网络布局方法

绿道网络的主要构成要素为发展节点和连接这些节点的廊道,绿道网络布局的思路为通过廊道连接发展节点,在空间上有序交织形成网络。

1) 选择构建绿道网络的点状和线状因子

在绿道选线原则的指导下,应充分考虑绿道与发展节点、自然肌理、城乡公共空间、城市交通的关系。根据要素空间形态的不同,一般可分为两大类:点状因子和线状因子。点状因子是指绿道需要串联的各类自然与人文发展节点、城市公共空间、城乡居民点等功能节点。线状要素是指绿道选线所要依赖和考虑的开敞空间边缘和交通线路等线性通廊,包括山体、水系边缘、废弃铁路、公路、城市道路、山路、景区游道、田间道路等。

2)设定评价标准,对节点和廊道进行分级

绿道设计中各类节点的数量可能十分庞大,尤其是在自然和人文景观丰富的地方,为简化成网过程,需确定合理的评价标准,筛选出较为重要的节点作为绿道选线应优先串联的对象。具体可将收集的点状要素按照现行国家、地方对自然和人文景观的相关评定标准进行分类分级,在选线时优先考虑级别较高的节点。其次,将收集的线状要素视为节点潜在的连接通道,依据这些要素的类型、等级判断其作为绿道的适宜程度,并以排队比较的方式赋予合适的相对数值。此外,还应纳入面状要素作为后备的连接通廊。阻力值越小,越适合作为绿道(表9-11)。

各类线状和面状要素的阻力建议值(范围:0~500)　　　　表9-11

类型	要素	阻力值	类型	要素	阻力值
开敞空间边缘	景区游道	10	交通线路	县道	250
	河流	20		城市支路	300
	海岸线	20		城市次干道	350
	山体边缘线	20		城市主干道	400
交通线路	山路	30		国省道	500
	田间道路	50		废弃铁路	20
	村道	150	基底	区域绿地	150
	乡镇道路	200		建设用地	500

3)基于单节点因子,分析廊道的绿道适应性

根据各点的阻力值,可构建整个规划区的阻力面,运用 GIS 的"费用距离"分析,以单一因子中识别的重要节点为源,计算规划区中每个位置对于绿道的适宜性。

适宜性可用以下公式表达:

$$S = \min \sum_{\substack{i=m \\ j=n}} (D_{ij} \cdot R_i) \tag{9-3}$$

式中:S——i 位置的绿道适宜性,值越小表明越适合绿道通行;

D_{ij}——区域中的 i 位置到 j 节点的距离;

R_i——该位置对于绿道活动的阻力值;

m、n——阻力分布矩阵维度。

4)叠加单因子分析,获取综合绿道适宜路径

对以上单项因子通过德尔菲法设定权重,借助 GIS 多因子叠加分析,可得到综合的绿道适宜性分析图,依据适宜值的大小初步得出绿道在规划范围内的优先走向。在用权重来衡量绿道连接节点时,应优先考虑自然节点、人文节点、城市公共空间和城乡居民点。

2. 广场驿站布设与设置

驿站作为绿道服务系统主要的布局方式,是各项服务功能的重要载体,是绿道管理、商业服务、休闲游憩、科普教育、交通换乘和安全保障等相关配套设施的集中设置区(图9-20)。根

图 9-20　绿道驿站

据驿站所处的地段和环境不同,驿站可分为市域内的驿站和市区内的驿站。市域内的驿站主要依托风景名胜区、森林公园等发展节点或绿道沿线城镇及较大型村庄安排布点,市区内的驿站主要依托绿道沿线公园、广场、交通枢纽点、商业中心等重要节点进行建设。

1)驿站的分级

根据驿站的建设规模和服务范围,分为3个等级:

(1)一级驿站是根据绿道网整体规划确定的"区域级服务区",主要承担绿道管理、综合服务、交通换乘等方面功能,是绿道的管理和服务中心。

(2)二级驿站是绿道沿线城市级服务区,主要承担综合服务、交通换乘等方面功能,是绿道的服务次中心。

(3)三级驿站是绿道沿线社区级服务点,主要承担售卖、休憩、自行车租赁等基础服务功能。

2)驿站的功能要求

驿站建设应优先利用现有设施,严格控制新建服务设施的数量和规模;自行车租赁点可包含户外运动用品等设施的租赁;观鸟点、古树古木及珍稀植物观赏点应设置科普及环境保护宣传设施;历史文化遗迹、纪念地、古村落等处应设置相应的解说设施和非物质文化遗产展示设施;主要景点应设置观景平台等设施;垃圾收集应纳入绿道附近城区、镇、乡村的垃圾收集系统。

各级驿站均具备交通换乘的功能,换乘的自行车和游览车可尽量停放在庭院、围廊边等户外空间,搭建雨棚等构筑物遮风挡雨,减少对建筑室内空间的占用。一级驿站人流量大,考虑旅游需求和居民绿色换乘出行,租赁规模较大;二级驿站作为次要的人流汇合点,停车规模适当;三级驿站作为社区级服务点,规模不大,主要配置自行车租赁点,提供自行车停放和归还的场所,各级驿站的自行车数量及停车设施需根据实际的人流量和需求设定。

绿道驿站往往设置在绿道沿线的景观节点,因此,其建筑形象和功能设置显得同等重要。驿站采用的建筑风格、造型、形式、元素符号、装饰等,应符合当地传统建筑的视觉意象及风貌特征,使得驿站建筑具有地域特色和文化传承,注重与周边环境相融合,驿站建筑本身也构成了绿道环境中的一处景点。

四、配套设施设计

1. 标识系统规划设计

绿道标识系统包括信息标志、指路标志、规章标志、警示标志、安全标志和教育标志六大类(图9-21)。各类标志牌必须按统一规范的要求清晰、简洁地设置,从而实现对绿道使用者的指引功能。

标识牌应符合以下设置要求:

(1)各种标志牌一般应设置在游客行进方向道路右侧或分隔带上,牌面下缘至地面高度宜为1.8~2.5m。

(2)同一地点需设两种以上标志时,可合并安装在一根标志柱上,但最多不应超过 4 种,标志内容不应矛盾、重复。

(3)绿道同类标示牌设置间距不应大于 500m。

(4)各市区域绿道的标志要在统一规格的基础上,具有地方特色,应能明显区别于道路交通标志及其他标识。

(5)选用制作标志牌的原材料应体现环保和节约的精神。

a)自行车道警示标志　　　　　　　　b)自行车道导向标志

图 9-21　绿道标识系统

2. 服务系统规划设计

绿道的服务系统由游览设施服务点和管理设施服务点两部分组成。游览设施服务点主要为绿道中的游客提供便民服务,包括信息咨询亭、游客中心、医疗点、露营点、烧烤点、垂钓点等;管理设施服务点主要为绿道的日常管理服务,包括治安点、消防点等。

服务系统规划应该符合如下设置要求:

(1)服务设施的建筑层数一般以不超过林木高度为宜;兼顾观览和点景作用的建筑物高度和层数服从景观需要。

(2)亭、廊、花架、敞厅的楣子高度,应考虑游人通过或赏景的要求;供游人坐憩之处,不采用粗糙饰面材料,也不采用易刮伤肌肤和衣物的构造。

(3)要结合标识系统,在绿道中设立信息咨询亭,以便提供各种便民服务。其区位以绿道入口为宜。信息咨询亭可兼具旅游商品售卖等服务功能,亦可提供饮水和快餐等服务,并配备一定数量急救用品。

(4)可因地制宜设立露营点、烧烤点、垂钓点等,以满足公众亲近自然的需要。

(5)地形险要的慢行道和水岸边应设置安全防护设施(护栏或防护绿带),以保证游人的安全。安全护栏设施的高度宜不低于 1.05m,在竖向高差较大处可适当提高,但不宜高于 1.2m。防护绿带的宽度不宜小于 1.5m,建议乔、灌、草相结合,以保证较好的防护效果。

(6)各项服务系统设施应靠近交通便捷的地区,但应避免在有碍景观和影响环境质量的地段设置。

3. 基础设施规划设计

绿道的基础设施是指保障游憩休闲活动能够正常进行的一般物质条件,具有先行性,包括出入口、停车场、环境卫生、照明、通信、防火、给排水、供电等。

基础设施的设计应符合如下设置要求：

（1）因地制宜地布设基础设施，并充分考虑沿线现有的城市基础设施的综合利用。在生态型绿道内布设的基础设施，不得对绿道所经地区的生态环境造成负面影响。

（2）结合城市总体规划、绿地系统规划、交通系统规划、旅游发展规划的原则规定，特别是以方便游客进出为基本原则，设置绿道的出入口，如设立在已有道路或景观节点附近。

（3）绿道中除必要的消防、医疗、应急救助用车外，原则上应避免游客驾驶机动车进入。必须合理地选择一系列绿道出入口处设置机动车停车场，对城市周边的郊野型绿道尤其如此。机动车停车场应设立在绿道边缘，远离生态敏感地区。

（4）以自行车交通出行速度 8～14km/h 计算，绿道应根据出行入口和出行距离，结合绿道节点系统，每隔 6～10km 设置自行车停车场。

（5）配置的机动车停车场和自行车停车场应尽量利用现有资源，避免大规模修建新的各类停车场。

（6）为严格防止污水和各种生活垃圾对绿道环境的污染和破坏，应配备完善的环境卫生设施，包括固体废弃物收集、污水收集处理、公共厕所等各种设施。

（7）绿道的照明设施包括固定和流动两种形式。在郊野型和都市型区域绿道中可设置固定照明设施，但仅限在慢行道及重要节点上，以保障游客安全通行，而在生态型绿道中则以流动照明方式为主。照明设施应安全可靠、经济合理、节省能源、维修方便、技术先进。

（8）应配备完善的通信系统以及应急呼叫系统，满足游客的沟通、呼叫需求。完善绿道的通信网络，消除手机信号盲点，保障通信的畅通性。

（9）按照"预防为主，积极消灭"的方针，开展绿道的防火工程规划设计。主要包括瞭望、阻隔、预测预报、通信、道路、巡逻、检查、防火机场、防火站等工程建设，应根据地区特点和保护性质，设置相应的安全防火设施，特别是郊野型和生态型绿道。

（10）绿道的给水工程包括生活用水、生产用水和消防用水的供给，给水点宜主要分布在发展节点。

五、设计示例——广州市绿道建设

改革开放以来，广东快速发展，创造了广东"经济奇迹"，但随之带来的是生态破坏、环境污染、城乡建设无序等一系列问题。2009 年，广东省提出全面建设"宜居城乡"，根据广东地区的发展状况，响应世界绿道运动的潮流，果断决策提出珠三角绿道网"一年基本建成，两年全部到位，三年成熟完善"。2010 年，珠三角地区全面启动绿道网规划建设工作，根据目标，广州市规划并建成了遍布市域城乡的 1060km 绿道网络。作为珠三角绿道建设的先河，截至 2012 年底，广州市绿道系统已覆盖全市 12 个区县，串联起 42 个亚运场馆、52 个地铁站、98 个街镇、151 个驿站、320 个主要景点，绿道系统覆盖面积达 3600km^2，超过 800 万的人口可享受绿道的服务，是珠三角线路最长、串联景点最多、综合配套最齐、在中心城区分布最广的绿道网，成为城市绿道建设的典范。

根据"山、城、田、海""组团—轴带式"城市空间格局，广州市绿道布局为四纵两横的主体结构，由区域绿道、城市绿道、社区绿道构成，总体架构以区域绿道为骨干、以城市绿道为支撑、以社区绿道为补充，结构合理、衔接有序、配套完善。区域绿道连接周边城市，城市绿道连接重要功能组团,社区绿道连接社区与公园。绿道网络整体呈"外部环形围绕,内部方格网络状"的布局。外环作为基本框架,是沿珠江航道的区域绿道。城市内部绿道网络按照方格网状划分,形成很多的环形绿道,再与社区绿道网络相连。绿道网络根据自然风貌构建,每一个绿环均能够体现出不同的形态。该绿道是典型的城市组团式环状结构模式,环环相扣。

1. 规划设计原则

绿道规划选线遵循了以下 5 个原则。

(1)地域性原则:串联本地最有特色的风景名胜区、公园广场、文物古迹、商业中心等自然与人文景观资源,构建具有时代特点和地域特点的空间环境。

(2)社会性原则:形成以健康生活为前提、以宜居城乡为目标的绿色载体,提倡公共参与、共同使用。

(3)生态性原则:充分结合现有地形、水系、风向以及生态承载力。

(4)经济性原则:结合城市现有的绿地系统和交通系统,强化绿道建设的可操作性。

(5)历史性原则:尊重历史,保护和利用历史性景观,做到保留在先、改造在后。

绿道线路的具体规划设计过程中,参照了区域绿道建设指引的分类,根据线路特点建设生态型、郊野型和都市型绿道,并因地制宜进行了服务设施设计和配置。

2. 具体特色

1)绿廊系统

《广东省省立绿道建设指引》规定生态型和郊野型绿道必须设置绿化保护带,都市型绿道应设置绿化隔离带,并规定了不等的宽度。广州市绿道绿廊在建设过程中注重保绿、改绿和增绿,在尽可能保护原有地质地貌和水源山体的基础上,串联破碎零散的绿化资源,形成了线、片状的绿廊,提高了行人的舒适度和景观视觉质量(图 9-22)。

图 9-22 绿道绿廊系统

2)慢行道

有的绿道慢行道依托已有的村道、堤围和果园路,沿山边、路边、水边逶迤而行,体现自然特色,如图 9-23 所示;有的以"非机动化"和便捷换乘为目的,与慢行交通、公交和地铁交通、河涌堤岸等相结合,中间有宽度不等的隔离带,但单车道和步行道未分离,如图 9-24 所示;有的虽与市政机动车道并行,但绿化带隔离宽度超过 8m,单车道和步行道分离,如图 9-25 所示;有的与风景名胜区或公园的登山径或水体游览路线重叠;有的为随景新建的木塑栈道,如图9-26所示。总之,广州市绿道慢行道的建设坚持节约、生态、环保等原则,尽量少建、少拆、少破坏,并选用环保型的木塑材料,保持了原有生态系统功能的正常发挥。

图9-23　乡村堤岸

图9-24　未分开的自行车和人行道

图9-25　分开的自行车和人行道

图9-26　木塑栈道

3) 历史和风貌特色

城市内部的都市型绿道以绿色步行系统规划为基础,并注重展现城市历史文脉、现代化新区风貌和近年来人居环境的综合整治成果。

东濠涌是历史上广州城东部的护城河,也是广州"六脉渠"之一。城市化过程中的河水污染和上部高架桥的建设,对原有历史人文特色造成了很大破坏。东濠涌绿道的建设,实现了水质净化,提供了亲水绿色公共空间,同时还利用沿线历史建筑建成了反映地域历史文化传统演变的两处"微型博物馆",重现了广州的山水城市风貌。

4) 服务驿站

在建设服务驿站的过程中,广州市大力推广绿色建材、节能环保材料和可再生能源的使用,并充分利用原有建筑进行改建。截至2014年,已建绿道驿站166个,其中33%由原有建筑改建而成。

二沙岛发展公园驿站以实木搭建,规模适中,具有古风与时尚结合的建设风格,如图9-27所示,同时避免了钢筋、水泥等建筑材料对环境的影响。小洲驿站由白墙黑瓦的楼、琉璃瓦尖顶的亭台、迂回幽静的廊榭及周边服务设施组成,如图9-28所示,可满足游人"吃、行、游、购"等不同需求。生物岛绿道在不同的路段设置了不同风格的驿站,其中的水墨园驿站建设规模宏大,将园、台、亭、廊、桥、塔等岭南建筑与岭南园林相结合,美不胜收,如图9-29所示。蕉门河驿站是简约化的玻璃构造,玻璃屋顶绘制有千姿百态的蝴蝶图案,驿站前有风帆状遮挡棚,呈现现代时尚感,如图9-30所示。莲塘春色驿站由现有的青砖黑瓦的特色民居改造而成,如图9-31所示。大江里驿站的休憩亭等设施多运用竹子、茅草等材料,如图9-32所示,并结合"农家乐"来经营。同时,上述驿站设施多利用太阳能、光能、风能等生态能源,配备手机充电、便民信息终端、无线电话、无线上网等设备,尽可能挖掘周边的"吃、住、行、游、购、娱"等元素,串联成团,可满足游人的不同需求。

图 9-27　二沙岛发展公园驿站

图 9-28　小洲驿站

图 9-29　水墨园驿站

图 9-30　蕉门河驿站

图 9-31　莲塘春色驿站

图 9-32　大江里驿站的休憩亭

5) 配套设施设计

广州市超过 2000km 绿道累计设有指示、信息、救助、警示等绿道标识 1 万多个,标识系统建设按照《珠三角绿道网标识系统设计》规定执行。除强制性统一的标识内容外,广州绿道标识的材质和内容会依据自身特色而设置,力求科学清晰而富有内涵。如小洲绿道的标识牌就是基于水文化而制作,木牌头刻水纹状图案,如图 9-33 所示。同时,广州绿道对穿城、涉水、过路的绿道设置了安全警示和防护标识,并设置了隔离带和护栏、机动车减速带和限速标志等以保障行人的安全,如图 9-34 所示。

图 9-33 绿道木质标识牌

图 9-34 绿道安全警示牌

都市型绿道的服务设施设计着重增加了指示牌、简介引导牌、通信设施(如无线网络 Wi-Fi 接点等)等便民设施;生态型和郊野型绿道的服务设施则动员广大村镇集体进行建设,同时发挥农民主体作用,引导农民开设绿道驿站、农家旅馆、农特产品市场,搞活农村物业,促进农产品流通,提高农产品的附加值。绿道建设整合了农村集体的果园、田塘、林木、村道、旧建筑等资源,村级经营组织成立,进一步发展了农村集体经济。

6) 交通衔接系统

广州市绿道不但与东莞、佛山、中山实行了区域连接,而且与市政路、地铁站、公交站、商业中心、居民小区、公园等实现了无缝接驳。广州市交通委在公交场站、中途站点设置了自行车租赁点 100 多个,调整及新开行中小巴 50 多条,加强了竹料、萝岗等多个区域的驿站公交接驳。各区、县级市积极建立自行车租赁点和周边停车场,且停车场铺设材料都以透水砖为主,如图 9-35 所示。

图 9-35 绿道透水停车场

3. 创新特征

1) 生态保护方式的创新

坚持"四原"保护,高效利用和保护原生态、原产权、原居民、原民俗,不征地,少租地,不占用农田,不大面积土方挖填,不大拆大建。绿道把生态保护与绿色宜居城市建设相结合,通过城乡绿色空间的内外延续和点、线、面的连通,将保护生态、改善宜居环境有效结合起来,在合理保护利用自然资源的同时为市民休闲娱乐开拓了空间。为推进绿道的建设,广州市增加了许多生态公园、绿地广场、岭南花园等,绿道沿线新增大量基础设施,交通设施和环境卫生得到改善,提高了广州居民的生活质量。

2) 城市发展方式的创新

绿道把城市基础设施建设拓展到绿色生态网络建设,改善了密集城区的生态环境和市民的生活环境,将城乡连接得更加紧密,也拉近了人与自然的距离,打造了市民优质生活圈。

3) 城市开放空间建设的创新

绿道建设采取不改变原有土地使用性质的基本方针,以绿化缓冲区为生态基础,串联起破碎化的生态板块和生态廊道,促进了生态网络的完善,增强了生态空间的连通性。

4) 低碳生活新方式的创新

绿道营造了绿色低碳生活新环境,在都市型绿道上慢行、休闲、骑车上下班成为全新的绿色生活方式。近年来,广州中心城区东西向主干道的中山大道自行车出行量比建设前大幅度提高。萝岗区科学城绿道日平均人流量达2.7万人次,自行车流量为3.5万辆次,比绿道建设前分别增长了39%和57%。

5) 生态经济发展方式的创新

绿道树立了广州绿色发展的新形象,同时也有效带动了沿线相关产业发展。增城区绿道网建成后,每月有3万名左右的游客到绿道周边的"农家乐"旅游消费,使沿线的村集体经济比非沿线村集体经济增长快了53.6%。

广州市绿道的建设和使用具有可观的经济效益、生态效益和社会效益,具有较大的现实意义。

在2011年初召开的广州绿道建设工作会议上,广州市提出要在"增量、提质、重管理"三个方面下功夫,提高现有绿道的服务质量,并推进500km新增绿道的规划建设。在绿道建设的过程中,当长度达到一定水平时,广州市便不再急于数量上的提升,而开始注重高质量的建设。尤其近年来,广州市行政版图发生改变,绿道的长度和质量并未受到城市建设的影响,且仍在城市建设的过程中不断得到建设、升级。

第六节 步行街区设计

步行街区是指在交通集中的城市中心区域设置的行人专用道,主要由步行购物中心区、步行通道、广场、公园及艺术画廊等组成。步行街区作为城市开放空间的一个特殊分支,是现代城市空间环境的重要组成部分。步行街区的设计反映了设计者和使用者对以往那种生机勃勃的街道生活的内心向往。从更实际的方面讲,步行街区不只是美化规划的一部分,而且是支持城市商业有机活力的重要构成。

一、功能与分类

1. 功能

城市步行街区是市民共享的重要活动空间,是现代城市空间环境的重要组成部分,它对城市的作用主要体现在以下4个方面:

1）交通方面

城市的中心为经济及休闲活动中心，具有交通流量大、人流密集的特点。设置步行街区可以改善交通环境，疏通人流，保证行人安全，一定程度上鼓励公交系统发展。

2）环境方面

步行街区内没有或只有少量机动车行驶，可以减少空气和视觉污染，美化环境。此外，步行街区本身含有美化城市的各种元素及各项服务设施，可以展现街道和城市的美，完善城市的公共设施。

3）经济效益

步行街区环境安全舒适，可改善和增进零售业，吸引更多的游客和顾客，拉动居民消费水平，提供更多的就业机会，促进城市中心的经济发展。

4）社会效益

步行街区可提供散步、休息、购物、社交聚会的场所，增进人与人之间的交流。同时，它也是城市的象征，可加强人们的地域感与认知感，增加地区吸引力。

2. 分类

根据不同的分类方法，步行街区可分成不同的类型。一般可以按其对车辆的管制程度或其功能性质来分类。

1）按车辆管制程度分类

（1）全封闭式：人车完全分离，禁止任何车辆通行，可以通过平面分离与垂直分离两种方式来进行交通管制。

（2）半封闭式：允许车辆进入，但有所限制，可以在部分时间段进行限制或是对局部地段进行限制。

（3）公交专行道转运式：只允许公交车或在街道内专用的转运交通工具通行，禁止其他车辆进入。

（4）拓宽人行步道：合并安全岛或缩减车道数，将其幅面分配至两侧人行道，增加人行道宽度，有利于行人步行及街道美化。

2）按步行街区的功能分类

（1）商业步行街区：这一类步行街区以谋求中心区的商业利润作为根本目标，同时注重环境质量，打造亲切宜人的氛围，使人们在购物之余，仍愿意留在步行街区中活动。

（2）旅游休闲步行街区：这一类步行街区往往集多种功能于一身，为步行者提供一个宜人的休闲、娱乐环境。在这类步行街区中，人们可以感受到休闲、娱乐的乐趣。

（3）社区生活步行街区：这一类的步行街区是商业步行街区与休闲步行街区的结合，兼具商业功能与休闲、娱乐功能，是与人们生活联系最紧密的一种类型。

二、设计的基本要求

1. 良好的交通体系

步行街的成功与否，交通问题的处理是关键。设计时，应重点考虑步行街区的停车问题、与其他交通方式的衔接、区域内交通组织等。对于停车问题，需着重考虑停车场的设置，以解决停车用地紧张的矛盾。在与其他交通方式衔接方面，应考虑设置非机动车与公交换乘的停车场,使公交与非机动车联系更密切。在交通组织方面,可增加城市支路,引导非浏览、非购物人流通过,兼作步行街的疏散道路和消防通道。

2. 完整的空间环境意象

街道的空间环境意象是建筑和街区空间环境的综合反映,有特色的街道空间环境自然可以反映街道特色,高质量、有特色的街道空间环境比建筑更宜体现街道特色,街道的意象特色依赖于空间环境特色。

3. 丰富的空间形式

步行街区的布局形态可以是丰富多变的,主要的布局形式有以下3种:

(1) 线状沿街道布局——店铺沿街道两侧呈线状布置,鳞次栉比,店面凹凸,街道空间呈现一定的不规则状,如北京琉璃厂、天津古文化街。

(2) 线面组合布置——有明显的步行商业街,与路段上某些商业地块联系起来,形成组合布局,如合肥城隍庙步行商业街。

(3) 面状成片布局——商业街区在城市主干道一侧集中布置,形成网状形态,如上海城隍庙、南京夫子庙等。

4. 独特的景观构成

步行街由两旁建筑立面和地面组合而成,故其要素有:地面铺砖、标志性景观(如雕塑、喷泉等)、建筑立面、展示柜台、招牌广告、游乐设施;街道小品、街道照明、邮筒、休息座椅、绿化植物配置和特殊活动空间(如街头献艺等)。其设计繁杂程度不亚于设施建筑,设计关键在于保证城市环境的整体连续性、人性化设计、类型选择和细部设计。

三、设计要点

1. 限制小汽车交通

分离"过境车辆",增加在商业中心行车的困难,从而使商业中心更加趋向于步行化。如香港通过减少停车泊位、提高停车价格、限制停车时间等措施鼓励汽车出行者寻求其他交通方式(如公交、合乘等)到商业中心。

2. 提高城市商业中心区步行交通效率

要提高步行交通效率,就要求行人设施不再仅仅是单要素布置(如独立设置人行天桥或隧道等),而是要构成彼此连续的线性关系,并与城市中的公共建筑紧密结合,形成能包容城市流动人群相关活动的便捷空间网络。可从以下3个方面进行:

1) 步行系统涵盖或连续穿越城市建筑

作为城市公共空间的步行系统和城市建筑内部空间相互穿插交织,界限模糊,公共领域深入建筑内部,使城市中重要公共建筑成为整体公共空间网络中一连串的活动节点。在这种一体化空间体系中,步行与商业活动互动支持,一方面安全、便捷、舒适,另一方面则带来无限的商机。

2) 步行系统与城市交通换乘系统对应配合

这种对应配合大致包含下列主要内容:步行体系与城市主要交通站点直接相连,与市内公交站点密切结合,步行体系各个接口与停车场(库)(含汽车和自行车)有便捷的联系,步行体系及其各个换乘点与城市人群出行模式相一致。例如,香港湾仔、中环一带的步行体系与轮渡码头、公交巴士、地铁站、机场市内候机楼以及上山缆车站等均有着直接联系,从而成为中心区安全、便捷、舒适的交通换乘体系的主要媒介。

3) 步行系统立体化

随着城市空间综合开发利用的加快,城市步行系统势必走向立体化发展方向。地下形成的步行商业街市与周边地段内城市公共建筑的地下部分、地下停车场直接相连;空中步道将城市建筑彼此连接为整体;三个层次通过建筑内外各种垂直交通设施相互扣结,彼此补充,形成一体化的城市公共空间体系。例如,上海静安寺地区的步行系统规划采用了典型的立体化组织方式,其步行系统在中心开敞空间部分以地铁站下沉广场为核心形成了地下步行体系,外围商业开发地段则以空中步行为主体,通过建筑内部垂直交通设施和外部环境设计要素将空中、地面、地下连成了具有多触点和广泛涵盖面的开放式步行空间系统。

3. 改善气候条件

1) 步行通道

商业中心区的步行活动与气候相关,而气候与城市所处的地理位置直接相关,不同地区有不同的气候,所要解决的问题也不一样:南方城市要求避免高温和阳光的直接照射,夏季高温时应进行遮阳处理;北方城市则应认真研究人们在低温、强风状况下的活动规律,为人们的步行提供条件。

2) 步行街区广场公园

适宜的气温、充沛的阳光、避开强风是日常户外活动理想环境的标准。在商业中心区,高层建筑较多,高层塔楼特别是板式高层建筑常常会引起局部气涡流形成强风,并投下大片阴影,产生不利的气象条件。设计时应使休息、活动区避开这些地段,将其安排在具有良好日照的地段,采用树木、树篱等设施来改善环境景观。

4. 布置室外家具

商业中心区的外部环境是由众多因素构成的,如街道家具、艺术、照明、绿化、指示标识等。街道家具应舒适、耐久、实用、易于维护,并与周边建筑和环境相协调。公共艺术应与周边环境的空间尺度相协调。照明是保证步行环境安全的重要元素,路灯的间距和照度应保证夜间安全,并避免光污染。街道家具与公共艺术应与周边绿化尺度相协调。指示标识应向行人提供连续、有效、充足的服务信息,宜通过与其他街道家具的整合设计构建统一、完整的系统。

5. 增加步行街区的魅力

富有魅力、充满活力的人行道将促使步行出行量的增加,为此而采取的措施包括:修建别致的沿街建筑门面、室外展销,以及采用任何令人感到周围环境新颖、别致的方式。

四、设计示例——上海市南京路步行街

上海的南京路步行街是上海最热闹最繁华的商业大街,是上海的城市标志之一,也是中央商务区的重要组成部分。东起外滩,西止于人民广场,长5.5km。南京路始建于1851年,随着城市的繁荣发展和舶来品的大批涌入,这个区域的商业快速发展,相继开设了大量的商店,南京路遂逐步向西延伸至西藏路、静安寺。

上海市南京路步行街的规划设计学习借鉴了国外商业街建设的成功经验,充分展现了上海作为国际大都市的形象特色,继承和延续了南京路商业街的历史文脉,以人为本,用现代的设计理念和技术手段创造出了具有鲜明时代特征的城市商业环境。南京路步行街的建设体现了时代特征、中国特色、上海特点,是集购物、旅游、商务、展示和文化五大功能为一体的全天候步行街。根据人群购物行为特征分析,采用不对称的布置形式,以 4.2m 宽的"金带"为主线,"金带"上集中布置城市公共设施,如座椅、购物亭、问询亭、广告牌、雕塑小品、路灯、废物箱、花坛、电话亭等,两侧步行区平坦开阔,无任何障碍物。建筑小品多采用简洁的木结构,如树池、座椅等,地面铺装所用的灯光可以很好地衬托出夜景的繁华,与商业步行街景观环境特征相协调。步行街中间休息座椅的间隔,保障了购物时人流穿越的可达性。

1. 设计原则

南京路在 100 多年的发展过程中,形成了各种风格的建筑,而且建筑物高低错落,建筑界面凹凸不平,广告牌形式各异,步行街的设计要求保留并发挥这种特性,使无序与有序有机结合。据此,确定了以下设计原则:

(1)按照内涵式推进发展,不搞外延式发展,要把南京路的特点综合发挥出来,不是大兴土木,而是更有品位,更具特色。

(2)统一规划,分期实施。

(3)步行街的空间环境景观设计应与道路两侧街坊的建筑物(包括规划改建)的空间融为一体,要向支路延伸,使步行街向纵深发展。

(4)南京东路地下管线原则上不再翻排,但对于实现步行街商业功能所需的管线应予以充分考虑。

(5)南京路步行街的路面布局应打破传统的横断面形式,采用一块板布置,取消上下街沿,改变原有狭窄的步行空间。路面结构既能使慢速观光旅游车通行,也能通过国内外重要宾客的观光车队,紧急时也可作为抢险通道,同时考虑设置盲道和无障碍设施。

(6)必须科学合理地组织好交通,要充分利用现用道路,并安排好自行车和机动车的停放。

南京东路的规划理念是"以人为本,打造购物休闲天堂"。南京路步行街更强调强化城市个性,丰富空间层次,增添人文关怀。

2. 具体特色

1)商业街植物景观设计

南京路步行街的绿化设计,通过"点、线、面"结合,弱化现代建筑生硬的材料质感,改善步行街的生态环境。

"点":即贵州路、金华路、浙江路、福建路、河南路口的 5 棵巨型香樟树、部分花箱和树箱(图 9-36)。它们既点缀了环境、为步行街的空间创造了韵律感,又能对游人起到提示路口的作用,同时解决了行道树与商店招牌、霓虹灯广告间的矛盾,改善了南京路步行街的生态环境,柔化了建筑和街道围合的生硬空间。

"线":即"金带"绿化和步行区的行道树。"金带"上布置 32 个方形花坛、11 个圆形花坛,以有规律、有秩序的"点"的形式构成了有序的"线"状空间。32 个花坛主要设置在"金带"的向阳区域,为植物生长提供了很好的光照条件,花坛里主要种植一些四季草花,再配置一些常绿小乔木,构成了一个小植物空间,可为在"金带"区域休息交流的游客提供一个舒适宜人的生态环境。

图 9-36 桂花树木箱

"面":即世纪广场的植物空间。世纪广场的绿化种植形式体现出了多层次性,突出了"把大树引入都市"和回归大自然的主题。整个绿地呈阶梯式,整体绿地分为高、中、低 3 个层次,在绿地最高处种植成群的香樟树,使整个广场的植物背景四季常绿。中间层次主要种植小乔木和大灌木,如桂花和黄杨等,低层次主要种植一些四季草花和常绿地被等。世纪广场整体植物空间层次丰富多样,营造出了自然生态的广场环境。

2) 广场天桥设计

世纪广场用地面积 $8404m^2$,其中广场西侧为近 $4000m^2$ 的绿地,花坛西侧耸立着一座高 3.08m 的东方宝鼎(图 9-37),花坛东侧安置了一座时鸣钟,这是中国和瑞士建交 50 年的纪念物;广场东侧有管理用房、LED 大屏、喷泉、停车场等设施。从步行街进入世纪广场,空间豁然开朗,既丰富了城市景观,又为游人提供了开阔的绿化休闲场所。该处也是举办演出、商品展示等大型活动的理想场所(图 9-38)。

图 9-37 东方宝鼎　　　　　　　　　图 9-38 世纪广场

河南路广场结合地铁通风井、残疾人电梯、车站出入口设计了一个占地 $600m^2$ 的立体花坛,使地铁设施融入绿树丛中,与广场形成了一个整体。

西藏路天桥建于 1985 年,为了配合步行街的建设,对其进行了重新装修:天桥主体部分保留,采用不锈钢栏杆和玻璃护栏,桥面使用彩色水泥,底部用铝合金扣板和弧形肋板吊顶,并安装2400根光纤,由计算机控制形成五种颜色渐变的满天星效果的弧形光环。

3) 商业街铺装设计

南京路步行街的铺装材料基本都采用不易风化、颜色美观的花岗岩。铺装样式主要有3种,分别分布在金带休息区、步行区和道路交接区。

(1) 金带休息区

金带布置在道路中心线偏北1.3m处的主要光照区,地面选用1200mm×600mm×60mm的光面印度红花岗岩,其明确了商业街空间功能的划分,分隔了动与静两种不同活动区域。选用光面花岗岩可以折射太阳和灯光的光线,提高商业街整体光照的效果。

(2) 步行区

步行区铺设600mm×600mm×60mm的芝麻灰火烧面花岗岩,和金带红色光面花岗岩形成鲜明的对比,使得边界更加清晰。另外,在道路每8.4m处设1条盖板排水明沟,所以,每间隔4.2m就会铺设同样材质的初打磨石板,使得铺装具有韵律感和方向指导性。

(3) 道路交接区

同南京路步行街南北向相交的道路共12条,每个道路交叉口之间的距离平均不足100m。其中多数禁行机动车辆,在道路交接处,为了提醒人们注意安全,路口铺设了花岗石,在车行道与步行街的分割处,设有间距3m、直径600mm的石球,并在晚上用地灯照明作为慢行提示,为人们的步行安全提供了保障。

4) 商业街照明设计

商业街的照明设计是根据商业街的功能、性质和类别,综合考虑街区的路、店、标志、市政设施等构景元素的特征,统一规划、精心设计的(图9-39)。

图9-39 夜晚灯光

南京东路步行街的灯光设计除满足照明要求外,更注重与景观环境的协调,充分利用了原有建筑物上霓虹灯、泛光照明、灯箱、橱窗所构成的环境效果。

"金带"上每隔14m会设置1盏路灯,起到基本的照明作用,保障人们休闲购物的安全性。广告灯箱在南京东路上运用较多,采用灯箱和广告结合的方式,既有利于商业的宣传,又有利于形成灯光照明的序列感,引导人们进行正常的休闲购物活动。

在观光车道的南边线布置有一排地灯,既起到标识观光车道的作用,又与"金带"上6m高的路灯相呼应,将整条步行街的灯光贯穿起来。南京路的景观照明设计很好地塑造出了美丽的夜景。白天,人们可以通过日光欣赏商业街的重要节点、建筑以及景观轮廓线,在夜间，人们欣赏景观的能力会受到限制，而不同形式的照明能赋予它们与白天不同的视觉体验。

5）商业街小品设施设计

南京路步行街的街道小品包括报亭、购物亭、电话亭、广告牌、花坛、座椅、垃圾桶、路灯、题字碑、雕塑、窨井盖等。

南京路步行街的街道小品大部分都集中布置在"金带"区域，以报亭为基本单位，75 m 为 1 个标准段，每个标准段都会配备相应街道小品，为人们在商业步行街的各种行为活动提供保障和便捷。"金带"的花岗岩座椅选用和地面铺装一样的材料，整个空间统一而和谐。

在河南路和西藏路的入口处有 2 块题字碑，题字碑选用和"金带"相同的花岗岩材料，上面是"南京路步行街"6 个镏金大字，背面是中英文对照的南京路步行街的建设志，起到了强调边界的作用，是南京路步行街边界的标志性象征，同时也对历史文化进行了宣扬（图 9-40）。

图 9-40　题字碑

在南京路步行街主要有 3 组铸铜雕塑，即"三口之家""少妇"和"母与女"雕塑，均采用真人比例，人物造型栩栩如生，融入步行街上的购物人群之中（图 9-41～图 9-43）。这 3 组雕塑表现了家庭的温馨，给商业步行街增添了温馨之感。

图 9-41　"三口之家"雕塑　　　图 9-42　"少妇"雕塑　　　图 9-43　"母与女"雕塑

南京路步行街平均每 8.4m 会有 1 个刻有不同年份和图案的窨井盖，一共有 37 个，主要是上海开埠以来的代表性建筑物和构筑物浮雕，全部用合金钢浇铸，展现了上海不同时期的特色历史文化（图 9-44）。

图 9-44　刻有不同年份和图案的窨井盖

南京路步行街上还有电力驱动的观光车,其外观模仿了 20 世纪 30—40 年代的有轨电车,是步行街上另一道别致的风景(图 9-45)。

图 9-45　观光车

6)商业街无障碍设计

南京路步行街的无障碍设计主要体现在出入口的盲道、台阶坡道和一些公共服务设施等方面。商业街的主要入口都设置了盲道,地面采用防滑材料,垃圾箱和广告牌的放置等均避开盲道。在商业建筑出入口有台阶的地方,相应设置无障碍坡道和休息平台,并根据实际情况设置扶手和照明设施。公共服务设施(如公共卫生间等)都考虑了残障人士的使用需求。

南京路步行街的景观设计强化了南京路的形象与地位,是外地游客和当地市民都青睐的社会公共活动空间,其建设经验对其他商业步行街的建设具有参考和借鉴意义。

第七节　慢行交通无障碍设计

随着残障人士融入社会、人口老龄化加剧,以及人们对生活质量的要求不断提高,全社会对无障碍环境建设的要求日益迫切。关爱弱势人群,构筑现代化无障碍新型城市,构建平等、友爱、相互尊重的和谐社会氛围,成为目前我国城市道路建设的重要目标。慢行交通无障碍设计是指为保障老、幼、弱、孕妇、残障人士等社会成员通行安全和使用便利,在建设工程中配套进行的服务设计。慢行交通无障碍设计主要涉及盲道设计、路缘石设计、人行天桥、地下通道设计、公交车站设计、临街建筑出入口设计等。

一、盲道设计

盲道是在人行道上铺设的一种固定地砖,使视障者产生不同的脚感,诱导视障者向前行走和辨别方向以及到达目的地。其设计目的就是使视障者安全顺畅地通行。盲道有两种:一种是行进盲道,是利用视障者的脚感和盲杖的触感,可指引视障者直接向正前方行走,表面成条形状,如图9-46所示;另一种是提示盲道,用在盲道的拐弯处、终点处和表示服务设施的位置处等,具有提醒注意作用,表面呈圆点形状,如图9-47所示。

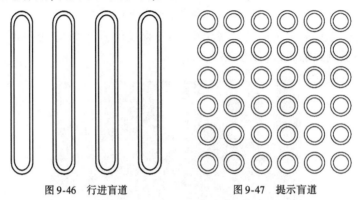

图9-46 行进盲道　　　　　图9-47 提示盲道

1. 盲道设计要求

(1)对于住宅区内部道路、区间路、一般街道可设置盲道,其他类型道路不宜设置盲道。
(2)人行道设置的盲道位置和走向,应方便盲人安全行走和顺利到达无障碍设施位置。
(3)行进盲道应为条形,并且盲道的起点、终点、拐弯处应设圆点型的提示盲道。
(4)盲道表面触感部分以下的厚度应与人行道砖一致。
(5)盲道应连续,中途不应有电线杆、井盖、树木等障碍物,颜色宜为中黄色。

2. 行进盲道的位置选择

(1)人行道外侧有围墙、绿化带等,行进盲道宜设置在距围墙、绿化带0.25~0.50m处。
(2)若人行道内侧有树池,行进盲道可设置在距树池0.25~0.50m处;若没有树池,行进盲道距路缘石不应小于0.5m。
(3)行进盲道的宽度宜为0.30~0.60m,可根据道路宽度选择低限或高限。
(4)人行道呈弧线形时,行进盲道宜与人行道走向一致。
(5)行进盲道的触感条规格应符合表9-12的规定。

盲道的触感条规格(单位:mm)　　　　表9-12

部位	面宽	底宽	高度	中心距
设计要求	25	35	5	62~75

3. 提示盲道的设置要求

(1)行进盲道的起点、终点和拐弯处应设提示盲道(图9-48),其长度应大于行进盲道的宽度。

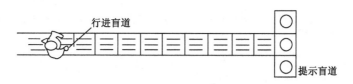

图 9-48　盲道起点与终点提示盲道

（2）若人行道中有台阶、坡道和障碍物等,在相距 0.25~0.50m 处应设置提示盲道。

（3）距离人行道入口、广场入口、地铁站入口等 0.25~0.50m 处应设置提示盲道,提示盲道的长度应和盲道入口的宽度相对应。

（4）提示盲道的宽度应为 0.30~0.60m;提示盲道的触感圆点规格应符合表 9-13 的规定。

盲道的触感圆点规格(单位:mm)　　　　表 9-13

部位	表面直径	底面直径	圆点高度	圆点中心距
设计要求	25	35	5	50

二、路缘石设计

残障人士需要无阻碍的人行道以方便出行,故人行道的各种路口必须设缘石坡道。缘石坡道的设置应遵循以下原则:

（1）缘石坡道应设在人行道范围内,并与人行横道相对应;坡道的面应平整且不光滑。

（2）缘石坡道下口高出车行道的地面不得大于 20mm。

（3）人行道在交叉口、广场入口等处必须设置供轮椅通行的坡道。坡道分为单面坡缘石坡道和三面坡缘石坡道。单面坡缘石坡道可采用方形、长方形或扇形,方形、长方形坡道应与人行道的宽度相对应,扇形坡道下口坡道不应小于 1.5m,设置于道路转角处的单面坡缘石坡道上口宽度不宜小于 2.0m,坡度不应大于 1:20,如图 9-49 所示。三面坡缘石坡道的正面缘石坡道宽度不应小于 1.20m,正面及侧面坡度不应大于 1:12,如图 9-50 所示。

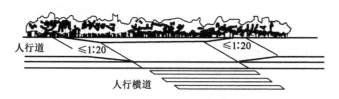

图 9-49　人行横道断面坡缘石坡道

三、人行天桥与地下通道无障碍设计

城市中心区、商业区、居住区及公共建筑设置的人行天桥与人行地道,应设坡道和提示盲道;当设坡道有困难时,可设垂直升降梯。人行天桥、地下通道的坡道应适合乘轮椅者通行;梯道应适合挂拐杖者及老年人通行。坡道和梯道两侧应设扶手。

1. 坡道设计

坡道的坡度不应大于 1:12,困难地段不得大于 1:8;弧线形坡道的坡度按弧线内缘的坡度

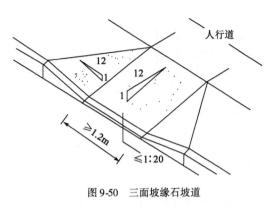

图 9-50 三面坡缘石坡道

计算;坡道每升高 1.50m,应设深度不窄于 2m 的中间平台;坡道的坡面应平整且不光滑。

2. 梯道设计

梯道宽度不应小于 3.5m,中间平台深度不应小于 2m;梯道中部应设自行车坡道;踏步的高度不应大于 0.15m,宽度不应小于 0.30m,踏面应平整且不光滑,前缘不突出。距坡道与梯道 0.25~0.50m 处应设提示盲道。提示盲道的长度应与坡道、梯道的宽度相对应,提示盲道的宽度应为 0.30~0.60m,且应与人行道的行进盲道相连接。

3. 扶手设计

扶手高应为 0.9m。设上、下层扶手时,下层扶手高应为 0.7m;扶手应保持连贯,在起点和终点处外延 0.4m;扶手截面直径宜为 45~50mm,扶手与墙面的距离宜为 45~50mm;在扶手起点水平段应安装盲文标志牌;扶手下方为落空栏杆时,应设高度不小于 0.1m 的安全挡台。

4. 防护设施设计

人行天桥桥下的三角区净空高度小于 2.0m 时,应安装防护设施,并在防护设施外设置提示盲道。人行天桥无障碍设计如图 9-51 所示。

四、公交车站无障碍设计

公交停靠站无障碍设计有两种:一种是建设高位站台,使站台与车厢地板位于相同高度;另一种是提供专用通道,例如巴西的"巴士管道",残障人士可利用坡道或小型升降机进入"巴士管道"等候车辆。等候区与车厢地板同高,方便残障人士上下。

公交车站的无障碍设计必须符合《无障碍设计规范》(GB 50763—2012)的规定:

(1)站台的有效宽度不应小于 1.5m。

(2)在车道之间的分隔带设公交站台时,应方便乘轮椅者使用。

(3)站台距路缘石 2.5~5.0m 处应设置提示盲道,长度与公交站台长度对应,当人行道旁边有盲道时,应与公交站的盲道相连接(图 9-52)。

(4)宜设置盲文站牌或语音提示服务设施,盲文站牌的位置、高度、形式与内容应方便视觉障碍者使用。

图 9-51 人行天桥无障碍设计

五、临街建筑出入口无障碍设计

建筑出入口无障碍设计时,出入口室外的地面坡度不应大于 1:50,公共建筑与高层、中高层居住建筑出入口设台阶时,必须设轮椅坡道和扶手。建筑出入口轮椅通行平台最小宽度应符合表 9-14 的规定。无障碍出入口和轮椅通行平台应设雨棚。

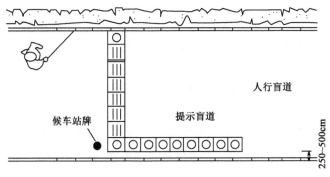

图9-52 公交车站提示盲道

出入口平台宽度（单位：m） 表9-14

建筑类别	大中型公共建筑	小型公共建筑	中高层建筑、公寓建筑	多、底层无障碍住宅、公寓建筑	无障碍宿舍建筑
出入口平台最小宽度	≥2.00	≥1.50	≥2.00	≥1.50	≥1.50

六、交通信号无障碍设计

在城市慢行交通繁忙的路口和主要商业街，应设音响交通信号；残障人士通过街道所需的绿灯时间，按步行速度0.5m/s计算；带按钮的行人过街信号灯，按钮一般不高于1.4m。

第八节 设 计 示 例

吉林大路提升改造工程（人民广场—东盛大街）由长春市市政工程设计研究院于2020年2月完成设计，起点为人民大街，终点为东盛大街。项目分为3段，分别为民康路段、解放大路段、吉林大路段，其中民康路段（人民广场—解放大路）长1.6km，解放大路段（民康路—亚泰大街）长0.6km，吉林大路段（亚泰大街—东盛大街）长2.1km，道路总长4.3km。建设内容主要为对民康路、解放大路、吉林大路沿线车行道、慢行系统，排水管线、架空管线、绿化带、路灯、公交停靠站进行精细化改造。其中，慢行交通系统改造设计方案如下。

一、现状问题分析

（1）人行道路面情况。
①民康路：人行道方砖存在缺角、松动现象；立缘石为宽立缘石，尺寸为18cm×30cm×99cm，外露8cm，部分立缘石存在缺角、破损等病害；人行道铺装材料为方砖。
②解放大路：人行道大部分变形、缺失，建议整体对道路进行罩面、对人行道进行更换；人行道中修维护时间为2013年5月。
③吉林大路：人行道有破损、掉角情况；人行道铺装材料为石材。
（2）民康路与解放大路存在停车位占用人行道现象。
（3）吉林大路的盲道局部不连续。
（4）人行道与绿化带中多种杆体、电力监控设施及交通标志繁杂，影响视觉效果。

(5)绿化情况。

①民康路道路绿化范围主要为中央分隔带和行道树绿带,中央分隔带下层绿篱存在缺苗断档情况,行道树绿带树穴内存在行道树缺失和裸土情况,其中平治街—树勋街路段只有行道树绿带,无中央分隔带。

②解放大路道路绿化范围主要为行道树绿带,行道树绿带内存在行道树缺失和裸土情况。

③吉林大路道路绿化范围主要为中央分隔带和行道树绿带,行道树品种为糖槭,病虫害严重,长势不佳,行道树绿带内地表裸露,中央分隔带内有缺苗断档情况。

二、设计原则

打造成功能集聚、安全绿色、开放互动、继古扬今的具有"生命力"的城市街道;针对现状问题,秉承"绣花般"设计和营造的理念,围绕建筑立面、道路类型、绿化环境、夜景照明四大要素,提升街道与城市品质。具体设计原则如下。

(1)人行舒适:提供平整舒适的行走体验,在视觉上形成整条街道的统一印象。

(2)经济适用:道路维护、改造结合,旧方砖、缘石再利用于其他工程。

(3)景观和谐:市政、环卫、景观、照明、公交等系统统一考虑,有序布置。

三、设计方案与效果

设置全线连续的自行车道,保证自行车通行连续不间断;保障自行车的独立路权,充分提高慢行舒适度,如图9-53所示;优化慢行与轨道的接驳设计,为公共交通"最后一公里"提供设施保障。其中具体的设计亮点如下。

图9-53 慢行交通车道路权保障

1. 人行道铺装整体统一化

为保证民康路和解放大路与吉林大路快速路(东盛大街以东)两侧人行道铺装的整体统一性,对既有慢行系统人行道铺装进行全部更换,更换为600mm×300mm(300mm×300mm)的灰色花岗岩火烧板铺装;更换下来的方砖全部集中堆放,应用于其他需要维护的工程中。改造前后如图9-54所示。

a)改造前　　　　　　　　　　　　b)改造后

图 9-54　人行道铺装整体统一化

2. 停车位与慢行交通系统分离

民康路与解放大路两侧现状商铺门前均有车停放，取消占用人行道上的停车位，保留人行道外停车位，对现状停车位进行整合，将停车位与慢行交通系统分离，在满足设计要求的前提下考虑商户停车需求，优化停车位设计；为保证人行道外侧统一，将人行道外停车场统一罩面。改造前后如图 9-55 所示。

a)改造前

b)改造后

图 9-55　停车位与慢行交通系统分离

3. 机非隔离

优化民康路断面形式，现状两幅路改为一幅路，拆除中央绿化带，设置隔离护栏；分离现状混行的机动车和非机动车，把非机动车道设置在立缘石上，增加路侧绿化带。改造前后如图9-56所示。

a)改造前

b)改造后

图9-56 机非隔离

4. 盲道连续设计

在自行车道上镶嵌石材，实现盲道连续，使其更具安全性和人性化，如图9-57所示。结合周边铺装，采用沥青混凝土薄层铺装和石材铺装，进行隐形井盖设计，达到协调统一的效果，改造前后如图9-58所示。

5. 配套设施设计——多杆合一

为了减少杆体数量，对多种杆体、电力监控设施及交通标志进行集约设置，实现多杆合一、互联互通，如图9-59所示。

6. 与绿化结合

注重与绿化结合，标准断面设有路侧绿化带，种植高大乔木；标准路段外设置绿化带，配以矮灌木及鲜艳的花卉进行点缀，如图9-60所示。

7. 标志优化设计

在非机动车道起始位置设置非机动车道指示标志，以"有杆合杆、无杆画线"为设计原则，如图9-61所示。

图 9-57　横穿非机动车道的盲道设计

a)改造前　　　　　　　　　　　　　　b)改造后

图 9-58　隐形井盖协调设计

图 9-59　多杆合一设计

图 9-60　与绿化结合

图 9-61　标志优化设计

8. 公交、慢行接驳设计

充分缩短与公共交通之间的换乘距离；在站点附近设置自行车停靠点，方便自行车接驳，解决"最后一公里"的问题；公交乘客均到路口进行过街，减少机非冲突，使行人过街安全有序。

【复习思考题】

1. 慢行交通是怎样定义的？其组成包括什么？
2. 慢行交通设计理念主要分为哪几个层面？
3. 行人过街包括哪几种形式？什么是行人二次过街？二次过街设置的条件是什么？
4. 人行道包括哪几部分？其宽度应如何确定？
5. 非机动车道如何分类？其布置方式包括哪几种？
6. 什么是绿道？由什么组成？其功能有哪些？
7. 什么是慢行交通无障碍设计？其主要内容包括哪些？
8. 如何解决国内慢行交通系统的零碎化问题？

9. 某城市一条次干路欲建设完善的慢行交通系统,经调查,高峰小时单向行人流量为 2200 人次,单向非机动车流量为 1800 辆,要求实现机非隔离,那么:

(1) 人行道、非机动车道宽度应设为多少?

(2) 应用本章所学,说明慢行交通系统的设计如何与城市景观、绿化相融合。

第十章
交通安全设计

第一节 交通安全设计基础

交通安全问题已成为一种人类行为所致的"灾害"和世界最大公害,严重影响了人类的生存环境与生命财产的安全,日益严重的道路交通安全问题已成为全世界不得不面对的棘手难题。

交通安全设计以改善道路交通安全为首要目标,运用交通安全分析的基本原理和方法,对道路交通系统存在的交通安全隐患进行排查,制订交通安全改善对策,对存在安全隐患的道路及其设施进行系统的交通设计,以降低道路交通安全风险。交通安全设计是交通设计中不可分割的一部分,是交通设计的一个层面,交通安全设计不能独立于交通设计而存在。

道路对交通安全的影响是全面而深远的。道路交通事故是人、车、路、环境等因素共同作用的结果,其中,"人"的因素改变是一个漫长的过程,"车"的因素受制造业水平的制约,"环境"的因素受经济发展水平等诸多因素的制约,只有"路"的因素,与交通设计的水平有直接的关联,是最可控的因素。可见,交通安全设计是改善道路交通安全状况的有效途径。

一、交通安全影响因素

1. 人的因素

在构成道路交通安全的四个因素中,人是道路交通事故中的主因,是保证道路交通安全的核心,"人"主要包括机动车驾驶人、行人及非机动车驾驶人。其中,驾驶人易受驾驶时间、操作频率、外部环境变化等的影响和制约,加之驾驶人自身生理心理状况的变化,往往会造成驾驶操作的安全性与可靠性下降,诱发交通事故。行人及非机动车驾驶人在道路交通事故中最易受到伤害,同时,受自身生理、心理、行为特征的影响,行人与非机动车驾驶人也是恶性交通事故的重要诱发因素之一。

2. 交通条件

1) 交通组成

城市道路交通组成包括小汽车、大客车、少量货车、摩托车、电动自行车、普通自行车和行人等。除了在快速路和部分主干道上实施完全的人车分离、机非分离外,其余绝大部分城市道路上人车分离、机非分离水平较低,使得混合交通成为我国城市道路交通的重要特点之一。混合交通的突出表现是:车辆间的动力性能、制动性能差别很大,相互干扰严重,交通流总体表现出车辆行驶速度低,行人的安全空间得不到保障,交通秩序混乱,交通事故多发的现象。实践表明,道路交通流的构成越复杂,性能差异越大,对交通安全越不利。

2) 交通量

研究表明,交通事故与交通量的大小有密切关系,交通量越小,交通事故越少,但事故的严重度高;随着交通量的增大,交通事故数及事故严重度均有所下降;若交通量进一步增大,车辆间相互干扰增加,交通事故数也随之增加;当交通量继续增加造成交通拥堵时,交通事故数也快速增加,但事故严重度低。

3. 道路条件

1) 视距对交通安全的影响

视距包括机动车视距与行人视距。机动车视距是指驾驶人在驾驶机动车运行过程中,从发现一定距离处的障碍物或车辆时,采取制动措施到达冲突点所需的最小视野,由三部分组成:车辆制动到达冲突点的安全距离、障碍物与冲突点间距离、机动车与障碍物间距离。而行人视距则是行人在过街时,从发现一定距离处的车辆,到以正常速度通过而不引起机动车减速所需的最小视野。城市道路两边开口、交叉口众多,交通混行,空间结构复杂,视距常被建筑物、绿化带、交通标志等遮挡,为了保证道路使用者的安全,需同时考虑机动车视距和行人视距。

2) 路面对交通安全的影响

由于城市道路车辆多,车速不确定,经常需要刹车,使得城市道路路面磨损较大,常出现路面附着系数下降、开裂、翻浆等,存在极大的安全隐患。因此,需保证路面有足够的粗糙度、强度与刚度,以减少因路面不良而引起的交通事故。

3) 横断面构成对交通安全的影响

道路横断面不仅关系到不同等级道路的基本功能,还直接影响到道路使用者的通行安全。不同断面形式对交通安全影响如下:

(1) 单幅路:机动车与非机动车混行,不同方向机动车流相互干扰,交通安全性最差。

(2) 双幅路:上下行机动车车流用中央分隔带分割开来,但非机动车与机动车之间的运行仍存在互相干扰,交通安全性高于单幅路。

(3) 三幅路:两侧机非分隔,解决了非机动车与机动车之间的互相干扰,但不同方向的机动车流间的相互干扰依然存在,交通安全性高于单幅路。

(4)四幅路:用三条分车带使机动车对向分流、机非分隔,强制机动车与非机动车各行其道,交通安全性最好。

4)交叉口对交通安全的影响

交叉口是道路交通的枢纽,不同方向的车流在交叉口处分流、交织、合流,形成了较多的冲突点,其数量随着交叉口支路数量的增加而急剧增加,因而交叉口往往是交通事故的高发点。除了交通冲突点多以外,影响交叉口交通事故的主要因素还有交通量、控制方式、交叉口大小及车道宽度等。

5)道路沿线设施对交通安全的影响

城市道路两侧空间环境随着道路的延伸而变化,其交通环境也随之变化,相应的交通安全隐患也处于动态变化中,在进行城市道路沿线交通安全设计时,应参考设计规范,重点考虑如下因素:沿线道路接入、中央分隔带、沿线公交站台设置、公交专用车道设计、潮汐车道设置及单行线设计等。

二、交通安全设计的原则

城市道路交通安全的影响因素具有多样性、关联性,并处于动态变化中。因此,交通安全设计应本着"主动预防 + 被动防护"的原则,即将预防事故发生和降低事故后果置于同等重要的地位,以达到减小事故发生率的同时降低事故严重度的目的。

1. 主动预防

从安全的角度出发,通过合理的几何设计,协调出行者路权,既要保证机动车安全、快速、高效通行,又要保障弱势群体的舒适性和便利性;通过合理的视距设计,消除通行盲区,机动车在视距范围内有足够的距离避免交通事故的发生,行人或骑行者在通行过程中及时发现、准确判断交通安全风险;通过合理的交通安全与管理设施设计,对交通流进行有效的诱导,从空间上分离不同类型交通流,减少交通冲突点、规范交通流的运行轨迹;通过合理的交通控制方案设计,从时间上对交通流进行分离,减少交通冲突点。

2. 被动防护

通过合理的安全设施设计,降低交通事故的后果,避免二次事故的发生。

三、交通安全设计内容

交通安全设计贯穿于交通设计全过程,交通安全设计要素包括几何安全设计、视距设计、交通安全与管理设施设计和交通控制方案设计。不同道路设施交通安全设计的侧重点不同,交通安全设计内容也有所不同。本章以平面交叉口和路段为例,说明设计要素在交通安全设计中的应用。

1. 几何安全设计

从安全的角度阐述道路几何设计,主要内容有:平面交叉口几何安全设计、立体交叉口几何安全设计、道路沿线几何安全设计、慢行交通几何安全设计、公共交通几何安全设计等。

2. 视距设计

视距设计是保障出行者安全的重要方面,视距设计按对象分为机动车视距设计与行人视距设计。机动车视距设计详见交叉口与路段部分;在城市道路中,行人视距是行人安全穿越道路的基本保障,可以按照如下方式计算。

行人视距设计应保证行人在过街时能发现机动车且保证其安全过街而不引起机动车减速。行人视距包括两种情况:一种是人行横道处有绿化带、路侧停车带等设施,视距三角形如图 10-1 所示;另一种情况是人行横道旁有公交停靠站,视距三角形如图 10-2 所示。两种情况的视距三角形计算方法见式(10-1)。

$$L_c = v_c \cdot \frac{L_s}{v_s} \tag{10-1}$$

式中:L_c——机动车至冲突点的距离,m;

L_s——行人到达冲突点的距离,m;

v_c——车辆行驶速度,m/s;

v_s——行人步行速度,m/s。

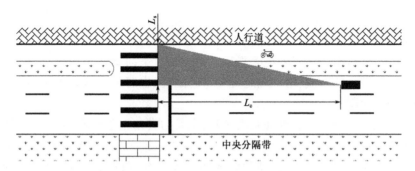

图 10-1　行人视距三角形示意图(情况一)

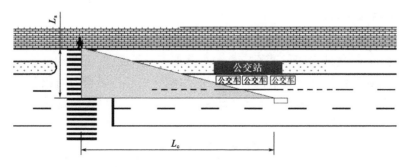

图 10-2　行人视距三角形示意图(情况二)

3. 交通安全与管理设施设计

交通安全与管理设施主要包括交通标志和标线、安全护栏、隔离设施、安全岛等。交通安全与管理设施对于分隔不同类型交通流、引导出行者安全通行、保护弱势群体具有非常重要的作用。

4. 交通控制方案设计

交通控制方案设计是从时间上分隔交通流,减少交通冲突。进行交通控制方案的设计是提高交通运行状况、保障运行安全的行之有效的方法。交通控制方案设计包括交通控制方式选择、信号相位设计及绿灯间隔时间设计等内容。

第二节 平面交叉口交通安全设计

平面交叉口交通行为复杂,交通冲突类型多、数量大;由于历史原因,平面交叉口线形不规范现象十分普遍,X 形、Y 形及错位交叉口大量存在。平面交叉口交通安全设计需要重点考虑的要素包括几何安全设计、交通控制方案设计及视距设计。

一、几何安全设计

在平面交叉口中,影响车辆行车安全性的主要因素之一就是交叉口及功能区范围内存在的交通冲突点。合理的交叉角度、转弯半径、转弯车道布设以及内部渠化设计都能够有效地减少或者分离交通冲突点,降低交通冲突的风险等级,规范交通流的运行轨迹,从而改善交通运行质量和交通安全。

1. 交叉角度设计

平面交叉的角度对于交叉口安全有着很大的影响。平面交叉角度过小,易导致驾驶人难以发现相邻进口道驶入的车流,增加穿越交叉口的距离,也容易造成大型车转弯半径不足,增加交叉口的交通安全隐患。

平面交叉的交角宜为直角。即使是斜交时,交叉的交角也应该不小于 70°;受地形条件或其他特殊情况限制时,应不小于 45°。若交角小于 70°,应加强交通组织管理,并加以渠化,或调整道路线形使得交叉口接近直角,或改线成间距大于 40m 的两个错位 T 形交叉口,或设置合理的控制方式。

2. 交叉口转角空间设计

在交叉口转角处,为了减小右转机动车与过街慢行交通间的相互干扰,应为右转车提供足够的停车等待空间,转角处空间长度不应小于右转车车身长度,常见车辆车身长度见表 4-7。

此外,转角处还应保证其有足够的转弯半径,以减少右转车转弯时对相邻车道直行车的影响。根据《城市道路交叉口规划规范》(GB 50647—2011),交叉口转角路缘石转弯最小半径见表 10-1。

交叉口转角路缘石转弯最小半径 表 10-1

	右转车计算行车速度(km/h)	30	25	20	15
路缘石转弯半径(m)	无非机动车道	25	20	15	10
	有非机动车道	20	15	10	5

交叉口转角路缘石宜做缓坡处理,坡面宽度大于 2m 时应设置阻车桩,防止机动车进入,保护行人安全,如图 10-3 所示。

3. 交叉口内部设计

交叉口内部设计常被忽略,在一些大型交叉口或畸形交叉口经常因通行轨迹不明确而出现交通秩序混乱的现象。为了使交叉口内部的各类交通流安全通行,可设置相应的导向线、导流线与渠化岛,规范机动车行驶轨迹。详细设计见第四章相关内容。

4.慢行交通过街安全设计

行人在交叉口属于弱势群体,在交叉口内暴露的时间越长,其危险性越高。因此,人行横道的设置应尽可能缩短行人过街长度,保障其安全、迅速过街。

当人行横道线顺应行人流的方向,施划在交叉口内部时,如图10-4a)所示,交叉口的范围将会缩小,机动车通过交叉口的时间减小,但是这也造成了人行横道长度增加,行人过街危险系数增加。当人行横道线距离交叉口较远时,如图10-4b)所示,人行横道的长度减小,行人能够较快地通过交叉口,行人过街安全性得到提高,在小型交叉口,这样的处理简单有效。对于大型交叉口,人行横道后移后导致行人绕行距离增加,可采用设置安全岛的方法提高行人过街的安全性,如图10-5所示。

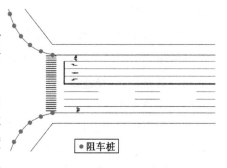

图10-3 交叉口转角设置阻车桩

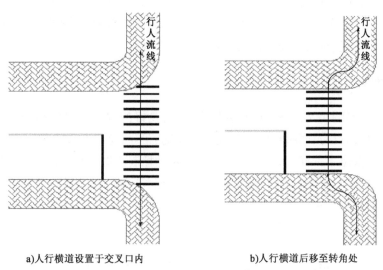

a)人行横道设置于交叉口内　　　　b)人行横道后移至转角处

图10-4 人行横道设置位置

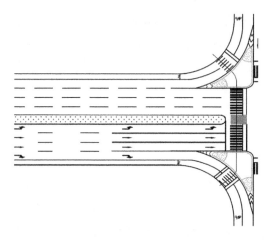

图10-5 设置交通岛减小行人过街距离

二、交通控制方案设计

交叉口是多方向、多类型交通流聚集之处,仅从空间上隔离交通流是远远不够的,更需要对交叉口进行交通控制,从时间上分离交通流,以减少、分离冲突点,提高整个交叉口的安全水平。

1.不同控制方式的安全性分析

交叉口控制方式主要分为信号控制、主路优先控制(停车让行控制、减速让行控制)和全无控制。运用交通安全的分析法分析不同控制方式下的安全性,从交通冲突和交通事故的角度看,信号控制交叉口的安全性最高,主路优先控制交叉口次之,全无控制交叉口最低。

2. 不同控制方式选择的条件和依据

交通控制方式应满足交叉口功能、适应交通量、保障交通安全。因此选择交通控制方式主要从相交道路功能、交通量、交通事故三方面选择。

1) 主路优先控制

主路优先控制包括停车让行控制与减速让行控制。停车让行控制表示车辆必须在进入路口前完全停止,确认安全后才准许通行。减速让行控制指进入交叉口的支路车辆,不一定要停车等候,但必须减速瞭望,让主路车辆先行,寻找可穿越间隙安全通过交叉口。二者设置依据详见第四章第五节。

2) 信号控制

信号控制方式为交叉口各流向的交通流明确了路权,从时间上分离了存在冲突的交通流。合理的信号灯配时能够有效提高行人与车辆的安全和效率,减少交通事故。关于信号控制交叉口的设置条件见《道路交通信号灯设置与安装规范》(GB 14886—2006),该规范对于信号灯的设置条件、安装方式、排列顺序等做出了较为详细的规定。

三、视距设计

交叉口视距是影响交叉口安全的重要因素之一,良好的视距可以使车辆及时感知其他各方向车辆并及时作出反应,同时也能被其他车辆发现。不同控制方式的交叉口,交通运行特征不同,对视距的要求也不一样。因此,有必要根据每种控制类型下交叉口的交通特性计算交叉口的安全视距。机动车视距设计详见第四章第五节相关内容,行人视距可根据交叉口实际条件,参照式(10-1)进行计算。

第三节 道路沿线交通安全设计

城市道路沿线集机动车道、非机动车道、人行道、停车位、公交站台、慢行交通过街设施、交通安全设施、路政设施、绿化带等于一体。如何利用有限的空间资源合理布局各类设施,保证各交通流安全有序通行是沿线交通安全设计的重点。道路沿线交通安全设计要素包括沿线几何安全设计、交通安全设施设计、视距设计。

一、几何安全设计

1. 沿线出入口安全设计

城市道路沿线各类出入口较多,这些出入口会干扰主线交通流运行,增加交通事故的发生概率。研究表明,路段交通事故率会随两侧出入口数量的增加而增加,见表10-2。为了减少两侧用地内的交通流与主线交通流的冲突,保障交通安全,须采取适当的措施控制道路两边的开口数量,合理选择开口形式,保障开口视距。

道路连接开口数与相对事故率　　　　表 10-2

双向道路开口数(处/km)	6	12	19	25	31	37	44
相对事故率	1.0	1.4	1.8	2.1	2.5	3.0	3.5

1) 采取辅路的出入口设计

在一些三幅路与四幅路,常利用辅路控制道路沿线出入口,为保障车辆从主路安全进入辅路或从辅路安全进入主路,须合理设置开口加、减速车道,如图 10-6 所示,其中,加、减速车道的长度应满足式(10-2)的要求。

$$L = \frac{v_1^2 - v_2^2}{26\alpha} \qquad (10\text{-}2)$$

式中:v_1——正线平均车速,km/h;

v_2——辅路平均车速,km/h;

α——汽车平均加(减)速,m/s²。

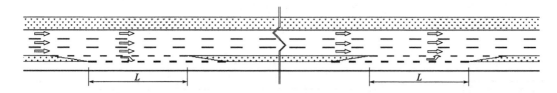

图 10-6　辅路开口设置示意图

2) 开口交通组织设计

若主干路沿线出入口较为密集,其进出交通流将对主干路产生较大影响,增加交通事故发生的概率。因此,主干路开口应采用右进右出方式对其交通流进行组织管理。对于需要左转进入沿线地块的交通流,一般不允许在路段上直接左转,而是利用邻近交叉口左转进入支路,通过交通组织进入目的地;或者利用沿线掉头车道变左转为右进。对于无中央分隔带,且道路一侧开口,可设置左转等待车道;对于两侧均存在开口的道路,开口间距不大,且车行道宽度允许的情况下,可将中间车道设计为双向共用左转车道,以减少左转车辆对主路的干扰,如图 10-7 所示。

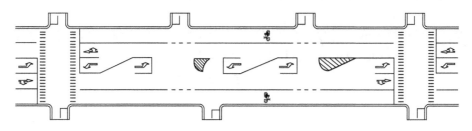

图 10-7　双向共用左转车道出入口设计

2. 道路横断面安全设计

城市道路的断面形式主要有单幅路、双幅路、三幅路、四幅路,不同的断面形式存在的安全隐患不同。据研究表明,各类道路交通事故率从大到小依次是单幅路、三幅路、双幅路、四幅路。可见,机动车与对向机动车无隔离、机动车与非机动车混行是导致交通事故的主要原因之一。

单幅路主要分布于城市次干路或支路上,此种类型道路主要为生活性道路,道路狭窄、路边划分有大量的路边停车位,机动车与非机动车常混行于同一平面,致使交通秩序混乱、交通冲突点多、交通事故频发。为了减少交通事故,可设置机非分隔栅,其断面布局可参照图 10-8。

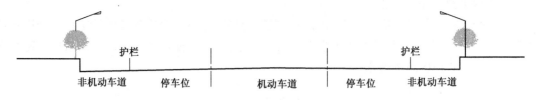

图 10-8 单幅路断面示意图

三幅路主要的问题是相向车辆常占用对向车道,造成冲突。同时,部分三幅路常将机动车道与人行道之间道路作为辅路或公交专用车道,致使该区域机非混行,事故常发。为了避免上述问题,可设置中间分隔设施,隔离不同方向的交通流。同时,将机动车与慢行交通进行空间隔离,减少其相互干扰与冲突,具体方案如图 10-9 所示。

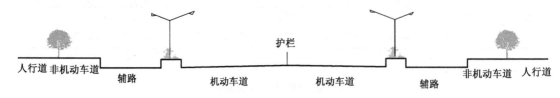

图 10-9 三幅路断面示意图

双幅路与四幅路的主要问题是存在机动车与非机动车冲突,可采取慢行交通一体化处理方式,将非机动车与行人置于同一平面,使机动车与慢行交通在空间上分离。

3. 公交停靠站安全设计

公交停靠站是供公交车停靠、乘客候车与乘车的场所,其位置的布局、站台形式的选择及站台规模的设计直接影响到乘客的安全性、公交车的运行效率,并对其他交通造成影响。因此,公交站点的安全设计主要是公交站点布局设计和公交停靠方式设计。

1) 站点布局设计

公交站点的设置位置不同对公交与乘客的安全影响程度也不同。如表 10-3 所示,公交站台布置于交叉口下游和路段远离人行横道的位置安全性最高。

公交站点位置安全性分析　　　　　　　　　　　　　表 10-3

位置		交叉口		路段	
		下游	上游	远离人行横道	靠近人行横道
安全性	乘客活动安全性	高	低	高	低
	公交行驶安全性	高	低	高	低

(1) 交叉口附近公交站点布局

位于交叉口附近的公交站台宜设置在交叉口的出口道,并与出口道展宽段进行一体化设计,如图 10-10 所示。公交站点的距离不仅要满足公交车进入出口道后所需的停车距离和高峰小时公交排队长度,还要考虑高峰小时出口道最大交通量。

$$L = \max\left\{L_1 + \frac{v^2}{2a}\right\} \qquad (10\text{-}3)$$

式中：L——公交站台距出口道起点的距离，m；

L_1——高峰小时公交排队长度，m；

v——公交车进入出口道的速度，m/s；

a——公交进站停靠时的平均减速度，m/s²。

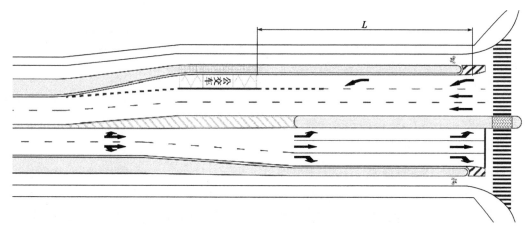

图 10-10　交叉口下游公交站安全设计

(2)路段公交站点布局

路段公交站点的布局需要考虑乘客到达公交站台或换乘的安全性与便捷性。路段设置公交停靠站应尽量选择背向错开形式，且两站台中点错开距离不小于 60m，同时应在停靠站上游设置行人过街横道，如图 10-11 所示。当公交车辆排队过长妨碍行人过街时，应选择迎面错开形式，且两站沿车辆行进方向错开距离应达到 30m，同时需满足行人安全视距，安全行车视距设置见视距设计相关内容，如图 10-12 所示。

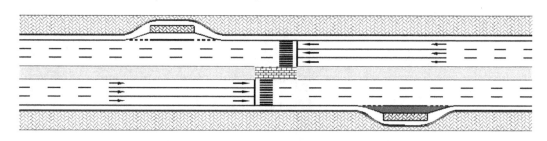

图 10-11　背向错开式公交站点

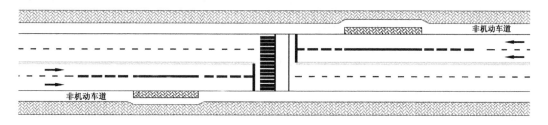

图 10-12　迎面错开式公交站点

2）公交停靠方式设计

公交停靠方式分为直线式和港湾式两类，其优缺点见表10-4。

两类公交停靠方式优缺点对比　　　　表10-4

依靠方式	优　　点	缺　　点
直线式	①公交进出站简单，减少车辆站点延误； ②设计简单、占地少、易改造	①占用车道，降低道路通行能力； ②与同一车道车辆存在追尾冲突、尾随车辆变道存在变道冲突
港湾式	①车辆停靠与乘客上下车安全； ②降低对直行交通的干扰，减少直行交通延误	①公交出站时存在变道冲突，站点延误大； ②占地多、费用高、难改造； ③对直行慢行交通妨碍大

从上述对比不难发现，港湾式公交停靠站交通安全状况优于直线式停靠站，当道路条件允许时，宜优先考虑港湾式停靠站。

4．路段平面过街安全设计

路段平面过街的安全设计主要考虑慢行交通过街的视距与视认性、人行横道的长度及与其他交通设施的衔接。通过交通安全设计，减少慢行交通与机动车的交通冲突，保障慢行交通过街的安全性与舒适性。

慢行交通过街时易受路边停车、绿化带等干扰，导致视距不足，引发交通事故。为提高机动车驾驶人对过街横道的视认性，可设置人行横道标志、人行横道预告标示等，必要时可采用凸起斑马线、彩色路面等。具有单向两条及以上机动车道的道路，机动车停止线距离人行横道线不宜小于3m，以减少交通信号交替时可能导致的行人与机动车冲突，并宜设置阻车桩防止机动车进入非机动车道，以保护非机动车和行人安全。路段人行横道设置如图10-13所示。

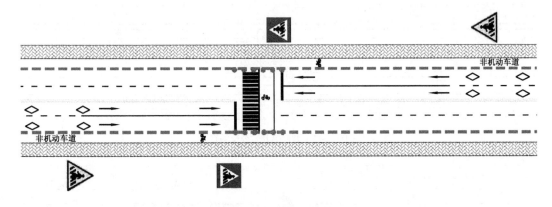

图10-13　路段人行横道设置

5．慢行通道连续性

城市道路常出现不同交通方式混行的重要原因是慢行通道常被其他设施占用而处于中断、不连续状态。为了保证慢行通道的连续性，在进行交通安全设计时，应正确处理好慢行交通与路边停车、公交站台、路边出入口之间的关系。

1)非机动车道与路边停车协调设计

当设置路侧停车泊位时,道路横断面宜按车行道—停车带—机非隔离带—非机动车道的顺序依次布置(图10-14)。

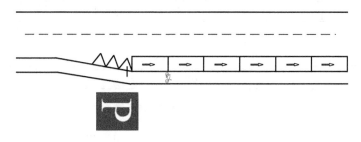

图10-14　非机动车道与路边停车协调设计

2)非机动车道与公交站台协调设计

路边公交站台常占用非机动车道,为了减少非机动车与公交车、乘客之间的冲突,非机动车道宜采取外绕公交停靠站的模式。当道路有机非分隔带时,公交站台可设在机非分隔带上,如图10-15a)所示;当道路无机非分隔带时,可在机非分隔线位置加设公交站台,如图10-15b)所示。

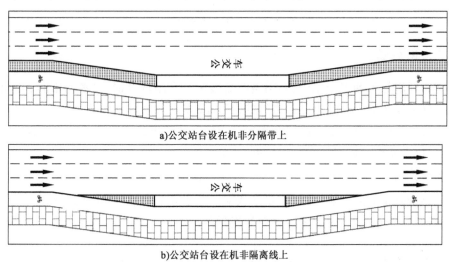

a)公交站台设在机非分隔带上

b)公交站台设在机非隔离线上

图10-15　非机动车道与公交停靠站协调设计

3)非机动车道与路边出入口协调设计

城市道路两侧的大量开口是妨碍慢行通道连续性的重要因素。机动车出入口的设置以不影响步行和自行车交通的通行为前提,在行人和自行车流量较大的道路以及对街道环境品质要求较高的路段,应减少机动车出入口的数量。在进行交通安全设计时,机动车出入口宜利用设施带设置垂直式缘石坡道,如图10-16所示。人行道高程应保持不变,并采用差异化的铺装形式予以提示,同时宜设置阻车桩,防止机动车驶入人行道。对于开口比较密集的路段,应利用辅路或地块内部道路合并出入口,减少对慢行通道的阻断,如图10-17所示。

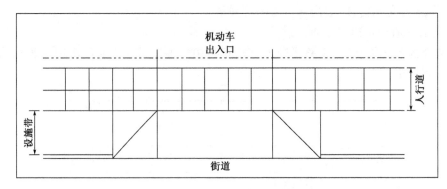

图 10-16　机动车出入口垂直式缘石坡道方式

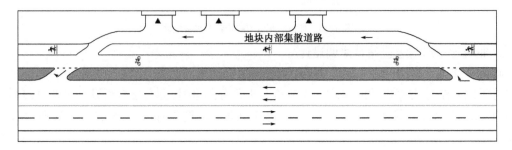

图 10-17　路边出入口合并设置

二、安全设施设计

路段交通环境处于动态变化中,不同类型交通流经常出现合流、分离与混行,合理的交通安全设施不仅可以从空间上隔离不同类型的交通流,减少交通事故的发生,而且可以在一定程度上减轻交通事故的严重程度。路段交通安全设施设计的主要内容为:隔离设施设计、交通标志标线设计、行人立体过街设施安全设计等。

1. 隔离设施设计

路段隔离设施主要是分隔设施,主要是从物理上分隔不同类型的同向或对向交通流,防止交通事故的发生。隔离设施主要有连续与非连续两种。

1)连续隔离设施

连续隔离设施按其设置的位置不同可分为路侧分隔栏(图 10-18)、中央分隔栏。不同位置分隔栏的安装标准应根据其功能、道路条件、交通组成、车辆运行速度等确定。路侧分隔栏主要用于隔离机动车与非机动车,也具有一定的视线诱导作用,其设置等级的要求较低;中央分隔栏起分离对向车流与视线导向作用,同时具备一定的被动防护功能,对于其安装标准与防护等级均有所提高。此外,护栏本身也是一种障碍物,可能导致次生事故,应视实际情况设置护栏,分隔栏应按照《城市道路交通设施设计规范》(GB 50688—2011)的规定设置。

2)非连续隔离设施

非连续隔离设施一般设置于机动车与非机动车处于同一平面的单幅路或双幅路上,用以明确非机动车路权;或设置在宽度大于 3m 的非机动车道入口处、人行横道开口处等,以阻止机动车驶入非机动车道(图 10-18)。阻车桩宜选用反光材料,确保安全醒目。

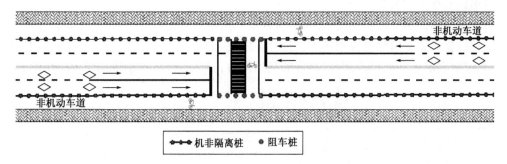

图 10-18　设置于路段的路侧分隔栏与人行横道开口处的非连续分隔设施

2. 交通标志标线设计

道路沿线交通标志标线的作用是提示驾驶人道路信息、路况变化,指导驾驶人安全行驶。基于交通安全的交通标志标线主要设置于限速路段、道路中存在障碍物路段、车道数变化路段、道路断面形式变化路段等。

1) 限速路段

限速路段内,因道路交通条件发生变化,需要设置不同速度的限速标志,但应符合车辆的制动性能及驾驶人的驾驶习惯,当相接路段限速差值超过 20km/h 时,从高限速路段到低限速路段需进行限速过渡,并且应在限速路段终点处设置解除限速标志。解除限速的限速值应按照限速路段终点前限速标志的限速值制订,如图 10-19 所示。

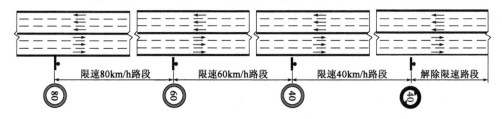

图 10-19　限速路段限速标志安全设置

2) 道路中存在障碍物

(1) 当路段前方有不能移走的障碍物或路段上同向行驶的车道之间局部有分隔带或障碍物需向左或向右绕行时,应设置接近障碍物标志和标线以指示路面有固定性障碍物,警告车辆驾驶人谨慎行车,引导交通流顺畅驶离障碍物区域。相关标志标线的设置见《城市道路交通标志和标线设置规范》(GB 51038—2015)。

(2) 当障碍物为中央分隔墩、隧道洞口、收费岛、实体安全岛或导流岛、灯座、标志基座等立体实物时,应在实体立面上设置立面或实体标记,地面标线处可配合设置防撞设施。标线距离实体障碍物的距离为 30~60cm。

3) 车道数变化路段

在车道数变化路段,应根据车道数量变化情况,在距渐变段起点不小于停车视距的位置设置车道数减少标志/车道数增加标志,并可设置限制速度标志。同时,应设置路面宽度渐变段标线,在车行道渐变段内侧和外侧都可采用填充线进行填充。渐变段长度以及标志标线设置可参照第六章相关内容。

4) 道路断面形式变化路段

对于道路断面形式发生变化的路段,应根据车道数量变化情况,在距渐变段起点不小于停车视距的位置设置双向交通警告标志,对向应在中央分隔带上设置靠右行驶标志和线形诱导标志,并应根据断面变化形式,设置相应的交通标线,标志标线设置示例如图 10-20 所示。

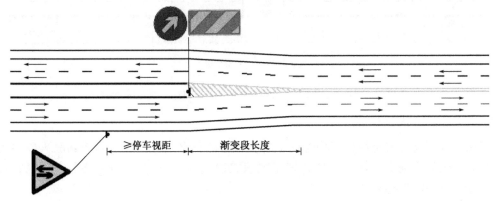

图 10-20　道路断面形式变化路段标志标线设置

3. 行人立体过街设施安全设计

立体过街设施主要有人行天桥和地下通道,立体过街方式从空间上将慢行交通与机动车隔离,保证了慢行交通过街的安全。然而,立体过街设施增加了慢行交通过街阻力,降低了过街的舒适程度。因此,在进行立体过街设施安全设计时应充分考虑立体过街设施的设置条件与设置形式。具体内容参照慢行交通设计章节。

三、视距设计

视距是影响沿线交通安全的重要因素之一,良好的视距空间能减少道路使用者之间的冲突,降低交通事故发生的可能性。但是在现有的标准规范中,视距设计大多从机动车的角度进行考虑,忽略了行人的视距。行人作为城市交通系统的弱势群体,也需要相应的视距来保证其通行安全。行人视距按照式(10-1)计算,路段行人视距的保障主要分为以下几种情况。

1. 分隔带视距设计

行人通过中央分隔带或机非分隔带时,会与路段机动车流存在交通冲突,若分隔带视距不良,如存在树木遮挡,则可能存在安全隐患。分隔带的视距设计应保证行人能在不会引起机动车减速情况下顺利通过待穿越车道所需的视距三角区,如图 10-21 所示。

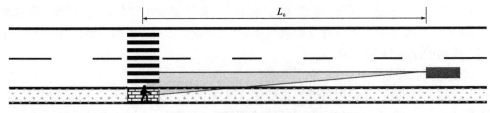

图 10-21　分隔带行人视距三角区

2. 有路边停车带的视距设计

当道路存在路边停车情况时,停车带上停放的车辆容易遮挡行人和驾驶人视线,因此,人行横道上游的路边停车带应后退一定距离,以保证行人能在不会引起机动车减速情况下顺利通过待穿越车道所需的视距三角区,如图 10-22 所示。

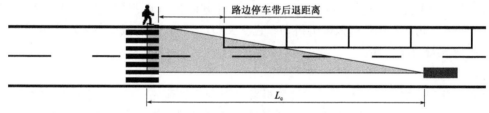

图 10-22　有路边停车带的行人视距三角区

3. 高架桥下人行横道的视距设计

位于高架桥下的人行横道类似于中央分隔带人行横道,不同之处在于高架桥的桥墩会对视距产生影响,且桥墩无法移动。设置人行横道时应保证车辆正常行驶距离与主路内侧车道中心线至人行横道中央分隔带等待区所组成的视距三角区,如图 10-23a)所示。如果条件无法满足双向车辆的视距三角形,则可以错位设置人行横道来满足视距三角形,如图 10-23b)所示。

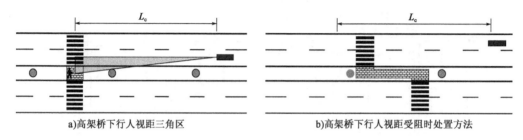

a)高架桥下行人视距三角区　　　　b)高架桥下行人视距受阻时处置方法

图 10-23　高架桥下人行横道的行人视距三角区

第四节　交通宁静化设计

顾名思义,交通宁静化是为了让忙碌的交通平静下来,其首要目的是营造一个舒适的居住环境和生活街区。交通宁静化设计是指通过系统的硬设施与软设施,改善驾驶人的驾驶行为,降低机动车对居民生活环境的负效应,改善行人及非机动车通行环境,使道路的各种功能得到协调发展。交通宁静化是一系列设计方法、措施的总称,这些方法和措施的目的是控制街道、居民区的交通速度和流量以降低机动车辆使用带来的安全隐患,改变驾驶人行为与改善街道上行人和非机动车辆使用者的交通环境,最终达到街道空间上各种功能的协调发展。在设计方法上,交通宁静化设计与传统的交通设计有着本质上的差异,有些甚至是相矛盾的,因此,对于交通功能高的道路或区域,要慎重使用。

一、交叉口宁静化措施

交叉口区域交通宁静化措施主要包括:交叉口凸起、环形道、减速带、窄点、半转向交叉口、交通岛或行人安全岛等。通过这些措施以达到降低车速、减少车流量、减少交通冲突、减少对环境影响、合理分流、有效组织交通的目的。

1. 交叉口凸起

此项措施的做法是将交叉口抬高一定高度,各方向进口道用坡度很小的下坡连接,如图 10-24 所示。此种方式能有效降低机动车在交叉口的运行速度,减少各种冲突的严重程度,营造良好的人行与车行环境。

2. 环形交叉口

环形交叉口是指在交叉口的中心位置设置一个圆形导流岛,车辆通行时绕逆时针方向行驶,可以有效地降低车速,减少事故率。圆形导流岛可以进行景观设计或其他改进,优化道路的行车环境,如图 10-25 所示。

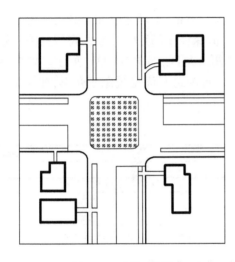

图 10-24 交叉口凸起

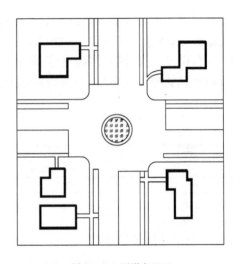

图 10-25 环形交叉口

设计时需要考虑以下 4 个方面:①导流岛须为物理岛,以便驾驶人遵守;②配套设置速度控制措施如减速带;③对于可能会出现的机动车挤占非机动车道的情况,设计时可以使入口适当偏移一定角度,迫使机动车减速,保障行人安全;④有大型车通行时需要慎重选择。

3. 半转向交叉口

半转向交叉口只允许车辆向右(左)转向,同时允许行人通行,如图 10-26 所示。此项措施能减少道路交通负荷,为社区提供良好的慢行交通环境。

二、路段交通宁静化设计

路段交通宁静化措施主要包括:减速带、减速丘(台)、抬高人行横道、路口收窄、道路封闭、减速弯道、道路分隔带、道路中心线偏移等。通过这些措施可以减少或限制车辆进入社区道路、降低车辆在社区的运行速度、保护路段慢行交通安全、为居民营造舒适的景观

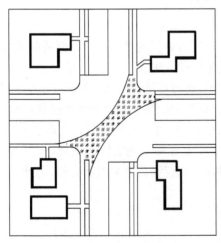

图 10-26 半转向交叉口

环境。

1. 设置减速带或减速丘(台)

减速带通常用于居住区道路纵坡不大于8%的路段上,但不适用于主干路、公交路线、应急道路以及交叉口处,如图10-27所示。

减速丘(台)主要用于地区集散道路、连接小型社区的主要道路,其长度应不小于一辆小汽车的轴距,如图10-28所示。减速丘(台)可以与路段过街人行横道联合设置。

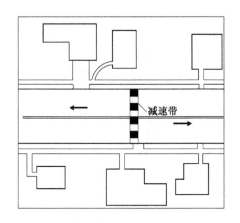

图10-27 减速带设置　　　　　　　图10-28 减速丘(台)设置

2. 抬高人行横道

在居民区与办公区,行人与非机动车较多,机动车相对较少、车速较快,抬高人行横道能迫使机动车减速,达到保护弱势群体的目的,如图10-29所示。

3. 路口收窄

路口收窄常设置于社区进口道。社区进口道常连接城市主干路或次干路,此措施既可以减少大型车进入社区,又可以降低进入该道路的行驶速度,同时缩短行人过街距离,保护行人安全,如图10-30所示。

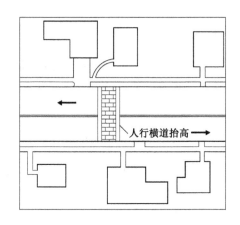
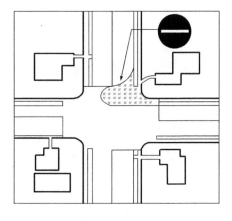

图10-29 抬高人行横道　　　　　　图10-30 路口收窄

4. 道路封闭

在一些宁静化程度要求高的居民区、办公区及高新科技区,可采取道路封闭的措施,避免车辆的噪声与振动对社区的影响,如图10-31所示。道路封闭时应尽量将人行道、非机动车道与机动车道分离,道路封闭应不影响行人和非机动车的正常通行。

5. 道路分隔带

为了美化社区环境,为居民提供良好的自然景观,减少车辆在交叉口的冲突,可利用道路中心岛将道路两侧建筑分离,避免相互干扰,如图10-32所示。

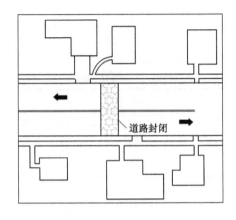

图10-31 道路封闭

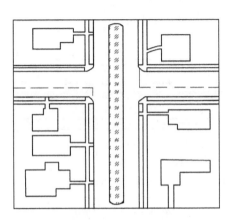

图10-32 道路分隔带

第五节 设计示例

由于交通安全设计是交通设计的一部分,交通安全贯穿交通设计的全过程,因此,无法通过几个示例阐述其全部设计方法。因此,本节分别从交叉口与路段两个示例来展示交通安全设计的过程与方法。

一、交叉口

图10-33所示为位于杭州市萧山区的一个X形信号控制交叉口,西南向东北走向的塘湄路为主干路,双向六车道,横断面为四幅路。南北走向的所前北路为城市次干路,双向四车道,横断面为三幅路。该交叉口大型车与非机动车较多、交通秩序混乱、交通事故频发、交通安全水平低,亟待改善。

1. 交通安全问题分析

1)几何设计方面

(1)交叉口呈X形交叉,内部空间较大,缺

图10-33 X形交叉口现状示意图

少相应渠化,导致车辆行驶轨迹不固定,交通冲突位置不固定、冲突数量增加。

(2)交叉口功能区内开口过多,扰乱交叉口的正常运行秩序。

(3)货车流量大,缺少加减速车道。

(4)人行横道设置不利于行人与非机动车通行。

2)安全设施方面

(1)交叉口内部路政设施过多且杂乱,妨碍车辆转弯、掉头。

(2)缺少限速标志、禁止停车标志。

(3)缺少行人过街保护设施。

2. 交通安全设计

(1)所前北路北侧进口道停止线后退10m,南侧进口道停止线后退10m;塘湄路南侧进口道停止线及中分带后退10m。

(2)塘湄路南侧出口道设置加速车道,渐变段30m,展宽段55m。

(3)拆除交叉口范围内的减速带,封闭交叉口内部开口,两侧车辆由辅路出入。

(4)清除交叉口内部路政设施。

(5)重新施划人行过街横道,设置行人过街安全岛。

(6)人行横道开口处设置阻车桩,禁止机动车出入。

(7)塘湄路交叉口出口道设置限速标志、禁止停车标志与禁止鸣笛标志。

经过交通安全设计后的交叉口如图10-34所示。

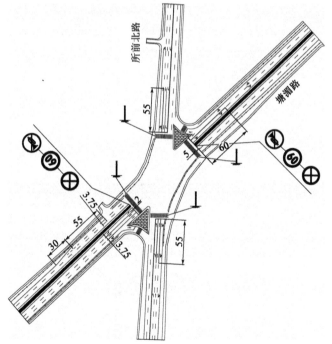

图10-34　X形交叉口交通安全设计方案图(尺寸单位:m)

二、路段

图10-35为位于杭州市萧山区的一条主干路,为双向四车道,双幅路,限速60km/h。路侧

开口密集,妨碍主线交通流运行。

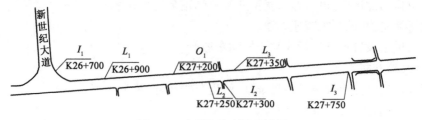

图10-35 主干路开口位置示意图

1. 交通安全问题分析

(1)该道路为城市主干路,路侧接入道路过多,由于接入道路交通流与主线交通流数据的差异性,将影响主线交通流的正常运行。

(2)路侧无非机动车道,非机动车与机动车混合行驶。

2. 交通安全设计

(1)将原有主线与辅路的直接开口用护栏封闭。

(2)分别在上述两段按先设置减速车道(主线进入辅路)后设置加速车道(辅路进入主线)的顺序完成主线与辅路的安全连接,如图10-36所示。

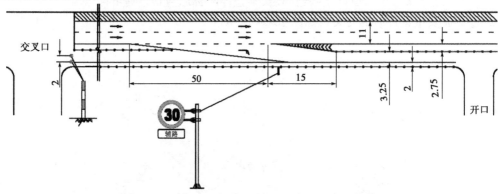

a)主线至辅路减速车道

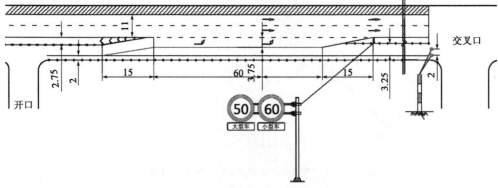

b)辅路至主线加速车道

图10-36 辅路设计(尺寸单位:m)

(3) 将交叉口辅路入口端面按 2m 间隔设置示警桩(或石桩),禁止客货机动车驶入辅路;将交叉口辅路出口端面按 2m 间隔设置示警桩(或石桩),禁止客货机动车驶入辅路。

(4) 减速车道(主线进入辅路)渐变段末尾辅路边缘线处设置辅路 30km/h 限速标志;加速车道(辅路进入主线)合流点下游 5m 主线边缘线与护栏中间设置大货车 50km/h,小客车 60km/h 限速标志。

(5) 在辅路外侧设置非机动车道。

【复习思考题】

1. 简述交通设计与交通安全设计的内在联系与区别。
2. 不同类型的交叉口交通安全设计主要侧重于哪些方面?
3. 如何处理路段机动车与路边停车、公交站台及慢行通道之间的关系?
4. 何为行人过街视距?其与传统的视距有何区别?
5. 某城市道路横断面结构如图 10-37a)所示,该道路设计速度为 50km/h。现需在该路段某过街横道上游设置直线式公交站台,如图 10-37b)所示。已知行人步行速度为 1.2m/s,公交车宽度为 2.8m,试计算公交站台距离行人过街横道的距离 L。

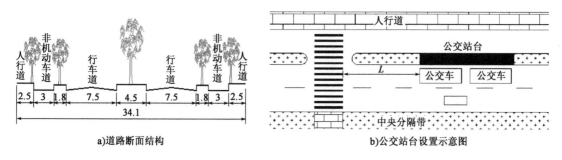

图 10-37 题 5 图(尺寸单位:m)

第十一章
交通环境设计

　　交通环境是作用于道路交通参与者(Road Users)的所有外界影响的总和,主要包括视觉环境、听觉环境和振动环境。在出行者获取的信息中,通过视觉来认知的信息占到80%以上,其余感官的交通信息获取量总和不足20%。因此,视觉环境对行车安全至关重要。

　　视觉环境是出行者在出行中获得的视觉信息的来源,包括道路的线形组合、相关交通工程设施(如交通标志、标线、信号灯等)、道路绿化、车流和人流等。视错觉是指当人或动物观察物体时,基于经验主义或不当的参照而形成的错误感知和判断。在道路行车过程中,当周围缺乏参照物时,物体的大小及形状信息将会按照驾驶人认知习性被估计,容易发生感知及判断失误,诱发视错觉。引起驾驶人视错觉的因素很多,既有主观方面的因素,也有客观方面的因素(如道路线形的设计缺陷、路边环境的视觉污染等)。其中,由于道路线形和环境引起的视错觉主要有速度错觉、距离错觉、方向错觉、位置错觉、弯道错觉、坡道错觉和宽度错觉等。

　　从事故预防的角度出发,对交通环境进行优化设计,重点改善视觉环境,营造"路适应人"的行车氛围,能够提高驾驶人行车过程中对速度、距离、方向、位置等交通信息的有效感知能力,引导其做出合理的行为决策,并降低驾驶任务操作难度。

　　在以往的交通事故致因分析中,人们很少把视觉环境与交通事故原因联系起来,较少去质疑视觉环境的营造是否具有合理性,往往忽视了道路线形及路边环境引起视错觉这一隐性缺陷。许多交通事故表面上看来是因驾驶人分心、疏忽大意造成的,但深究其原因,就会发现是事故地点周围的交通环境对驾驶人的心理、生理等造成了不良影响,使驾驶人在行车过程中产生视错觉所致。资料表明,在道路交通事故中由于道路线形及路边环境引起视错觉而酿成车祸的比例高达30%以上。

不良线形及线形的组合会影响驾驶人操纵的平顺性,使其心理、生理反应发生急剧的变化,从而造成驾驶人产生视错觉,容易引发事故。常见的不良线形有长直线、陡坡、急弯等。而道路线形与周围环境的不协调,加上缺少必要的视线诱导设施,会加剧视错觉的严重程度。

第一节　交通环境需求与视觉参照系

一、交通环境的典型问题

路权、人因、驾驶任务是评价交通环境质量的关键指标。其中,交通环境设计中涉及的路权主要是空间路权。空间路权具体包括纵向路权、横向路权与竖向路权,表示在有通行权的前提下,车辆可以合法行驶的长度(即距离)、宽度与高度。行车过程中,驾驶人会搜索交通环境线索,确保获得必要的交通信息,但是由于驾驶人的视距、视区有限,同时很容易出现视觉感知及判断错误,因此各种交通工程设施需要从驾驶人因(即驾驶人生理心理因素,重点为驾驶人视觉特性)的角度考虑,进行合理的信息组合,确保安全视距、视区,同时将视错觉控制在合理范畴。此外,在出行过程中,驾驶任务从低到高需要控制车速、保持车距、主动选择路径,具体而言就是驾驶人对本身车辆的控制、与周边车辆和周边环境的关系均能保持较好的状态。

交通环境设计的重点正是从驾驶人因的角度出发,通过对视觉环境进行优化升级,提高驾驶人对路权的正确感知能力,合理分配其驾驶任务,从而达到改善安全行车状态的目的。人行横道、中央分隔带安全岛、公路隧道紧急停车带、桥隧结合段、邻水弯道、桥下阴影、城市特大桥梁、隧道中部等是较为典型的道路交通环境(图11-1),交通环境设置不当的话,往往容易发展成为交通事故多发地。因此,驾驶人在此类交通环境中,对良好行车环境的需求更高。

a)人行横道

b)中央分隔带安全岛

c)隧道紧急停车带

d)桥隧结合段

e)邻水弯道

f)桥下阴影

图 11-1

g)城市特大桥梁　　　　　　h)公路隧道中部　　　　　　i)城市隧道中部

图 11-1　典型道路交通环境

图 11-1a)~i)的设置均存在典型问题,它们的设施特征以及在路权、人因、驾驶任务方面的问题分析见表 11-1。

典型问题分析　　　　　　　　　　　表 11-1

典型问题	设施特征	空间路权	人因	驾驶任务
图 11-1a) 人行横道	视线诱导设施缺失	路侧障碍物位置不明确,轮廓诱导不足	标志显著性较差,可视距离较短,尤其在夜间及阴雨天视认性不良	信息偏少,驾驶任务重
图 11-1b) 中央分隔带安全岛	轮廓诱导设施缺失	岛头有一定的警示性,路权较清晰,但岛头与中央分隔带线形诱导不连续,且刚性示警桩对出行者存在二次伤害风险	对视距有一定引导作用,但在夜间及阴雨天的视认效果欠佳	方向指示标志可适当分解驾驶任务,降低驾驶负荷
图 11-1c) 隧道紧急停车带	线形及轮廓诱导不足,与侧墙亮度及颜色对比不明显	视认效果较差,横向/纵向路权不明确	停车带右侧灯光亮度过高,方向诱导有误	方向辨识及路径选择任务难度增加;环境单调,长时行车疲劳感明显
图 11-1d) 桥隧结合段	线形诱导及防护设施缺失,隧道入口轮廓诱导设施缺失	线形诱导及轮廓诱导信息不足,横向/纵向/竖向路权不清晰	对视距、视区无优化,黑/白洞效应明显,隧道入口位置及轮廓视认难度大	诱导信息不足,需经历明暗适应过程,增加驾驶负荷
图 11-1e) 邻水弯道	诱导及防护设施缺失、水面反光	线形诱导及轮廓诱导信息不足,纵向/横向路权不清晰	反光水面易产生视错觉,尤其在夜间极易过度吸引驾驶人注意力,产生方向错觉	驾驶人对行车方向的判断难度增加,水面反光造成视觉负荷,加重驾驶任务
图 11-1f) 桥下阴影	轮廓诱导及方向诱导设施缺失	方向诱导及轮廓诱导信息不足,纵向/横向/竖向路权不清晰	阴影下视距视区受限,斜交桥梁易产生方向错觉	非对称诱导,桥下诱导信息显著性差,驾驶任务重
图 11-1g) 城市特大桥梁	视线诱导设施缺失	桥梁建筑限界不显著,横向路权不清晰	对视距、视区无优化,对速度、距离、位置的感知能力降低,环境单一,易产生疲劳	车距、速度、行车方向等控制难度增加,驾驶任务重

续上表

典型问题	设施特征	空间路权	人因	驾驶任务
图11-1h)公路隧道中部	视线诱导设施缺乏	轮廓诱导、线形诱导等不足，纵向/横向/竖向路权不清晰	对速度、距离、方向、位置的感知不敏感，对视距、视区无优化，环境单一，易产生疲劳	车距、位置、速度、方向等控制难度大，环境昏暗单调，对障碍物视认难度增加，驾驶任务重
图11-1i)城市隧道中部	竖向条纹不明显，检修道侧向不明显	行车道边界及隧道轮廓不明显，横向/竖向路权不清晰	对速度、距离的感知不敏感，环境单调，易产生疲劳	速度、车距控制难度较大，信息不足，驾驶任务重

二、视觉参照系的定义

道路视觉参照系主要包括各种交通工程设施(如照明灯具、标志、标线等)、车辆、道路景观、广告等，单个设施也称为视觉参照物，为驾驶人提供视觉线索，驾驶人可以用来判定自身的运动位置、车速、方向和车距，从而达到安全快速操纵车辆的目的。

比如驾驶人通过静态参照物(如路缘石上施划的立面标记线和车道分界线设置的道钉等)闪过的频率来判断自身的行车速度，特别是通过与固定等距离的参照物以及与其他车辆或障碍物的相对位置来判断车距。驾驶人都有寻找参照物并构建视觉参照系的能力，这也是驾驶人适应性的一种(图11-2、图11-3)。

图11-2　城市道路驾驶人常见视觉参照系　　　　图11-3　视觉参照系为驾驶人提供视觉线索

三、视觉参照系的分层

马斯洛需求层次理论是人本主义科学的理论之一，由美国心理学家亚伯拉罕·马斯洛于1943年在《人类激励理论》中提出。依据马斯洛需求层次理论(从低到高划分为生理需求、安全需求、社交需求、尊重需求和自我实现需求)，结合道路交通中驾驶人的行车需求特点，将交通环境需求划分为以下4种。

(1)功能性需求：基本的道路及交通工程设施符合国家标准及行业规范，车辆可在道路上正常行驶，驾驶人可看清路面信息及障碍物。

(2)安全性需求：能基本满足系统安全，基本保证车辆行驶安全，满足驾驶人对于速度、距离、位置、方向等的信息需求。

(3)舒适性需求:符合驾驶人视觉特性,长期行驶不疲劳。

(4)美观性需求:驾驶人驾驶轻松愉悦,十分舒适,同时具有美的享受。

基于交通环境需求,对视觉参照系进行分层,具体如图11-4和表11-2所示。

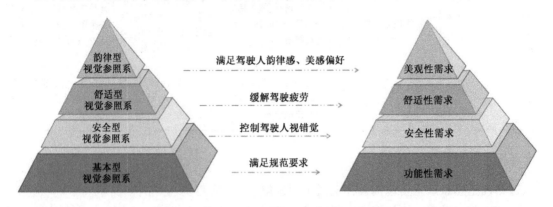

图11-4 视觉参照系的需求层次

基于需求层次的视觉参照系分层　　　　　　　　　　　　　　　表11-2

层数	名　　称	作　　用	主要参照物
第一层	基本型视觉参照系	按照规范设置,主要实现道路附属设施的基本功能,满足功能性需求	道路上的普通标志、标线、诱导标、轮廓标等
第二层	安全型视觉参照系	控制驾驶人视错觉,有车距保持、车速控制等功能,满足安全性需求	边缘率减速标线、警告标线、标志等
第三层	舒适型视觉参照系	符合驾驶人视觉特性,能有效降低疲劳,满足舒适性需求	绿化设施、蓝天、白云等景观
第四层	韵律型视觉参照系	满足驾驶人的韵律感、美感偏好,为连续、渐变、起伏的参照系	如多色彩、景观丰富的城市道路

韵律有4种典型类型:①连续韵律;②交错韵律;③渐变韵律;④起伏韵律。借助韵律,既可加强整体的统一性,又可以求得丰富多彩的变化。韵律美广泛体现于建筑、音乐、舞蹈、自然、道路(桥梁)景观中。人类对韵律信息具有天生的偏好,余音绕梁的音乐、婀娜多姿的舞蹈、波涛起伏的大海、波澜壮阔的山脉都具有一定韵律感,可提升环境美感,让人愉悦兴奋,有效缓解疲劳。日本一些音乐公路则通过振动音符标线,从振动效果与视觉方面来控制驾驶人车速(图11-5)。隧道群由多个单体隧道组成,本身具有一定连续重复性、交错性,利用驾驶人对韵律性信息的偏好及公路隧道群本身的韵律性,构造韵律型视觉参照系,是实现隧道群交通安全与照明节能协调统一的有效途径。

四、视觉参照系的分类

在实际行车过程中,驾驶人会观察到各种交通环境中的视觉参照系。根据划分方式的不同,可将视觉参照系进行不同的分类(图11-6)。

a) 常见韵律信息　　　　　　　　b) 日本的音乐公路

图 11-5　人类对韵律信息的偏好

a) 剧烈过渡参照系

b) 平缓过渡参照系

c) 弱视觉参照系

d) 强视觉参照系

e) 单调参照系

f) 韵律型视觉参照系

图　11-6

g) 局部参照系

h) 整体参照系

图 11-6　参照系类型示例

(1) 按照强弱划分：景观丰富、车辆多、照度高,则为强视觉参照系；反之,景观单调、车辆少、照度低,则为弱视觉参照系。

(2) 按照复杂程度划分：如景观少且缺少变化,则为单调视觉参照系（如一般的高速公路或隧道中部,视觉环境单一,缺乏变化）；如景观多且富于变化,则为韵律型视觉参照系（如连绵的山脉、起伏的波浪）。

(3) 按照参照系形状划分：对称（长直线路段）和非对称（弯道）视觉参照系。

(4) 按照色彩划分：单色和多色视觉参照系。

(5) 按照参照系变化划分：平缓过渡的视觉参照系（弯道）和剧烈变化的视觉参照系（如隧道进出口、交叉口等）。

(6) 按照道路类型（使用特点）划分：城市道路视觉参照系和公路视觉参照系。城市道路视觉参照系一般具有汽车、绿化、街景、广告等,不断运动的汽车、丰富的街景以及大幅度的广告信息等构成了强视觉参照系；公路中特别是沙漠公路、草原公路、公路隧道,景观少且缺少变化,为弱视觉参照系。

(7) 按照参照系面积划分：局部视觉参照系和整体视觉参照系。局部视觉参照系包括参照点、参照线段、参照环,建设及运营养护成本较低,强调安全经济,是轮廓光,起到诱导作用；整体视觉参照系包括参照面、参照体,建设及运营养护成本较高,强调美观舒适,是环境光,起到照明的作用。

第二节　交通环境改善思路

通过对道路交通事故成因进行分析发现,由于驾驶人观察和判断错误造成的交通事故占84.1%,因操作错误引起的占7.9%,其他原因造成的占8.0%,而不良的视觉参照系正是驾驶人产生视错觉的主要原因。从驾驶人视觉特性的角度出发,利用交通安全设施构建科学合理的视觉参照系,主动诱导驾驶人安全驾驶,是改善道路交通环境,提高交通安全水平的有效途径。

一、视觉交通环境特征

良好的交通环境视觉参照系具有以下几个特征：作为背景存在,不应干扰驾驶人对车道内目标物的辨识,不应增加驾驶人的负担;规律性的常见信息,应符合驾驶人心理预期,否则会分散驾驶人的注意力,容易发生事故;尽量避免在中心视野(特别是当前车道内及相邻车道)出现,否则会干扰驾驶人对障碍物的辨识;可优化视距、视区,调控视错觉。

不良的交通环境视觉参照系特征主要有3种。第一种是强视觉参照系,视觉刺激过于强烈丰富,驾驶人在驾驶过程中接收到的刺激过强或者冗余信息过多,前者不利于驾驶人正常行驶,后者不利于驾驶人及时获取所需必要的信息。研究表明,路侧冗余信息会对指路标志视认产生一定程度的干扰,干扰影响程度大小依次为:路名(地名)标志、明星广告、汽车广告、道路景观。第二种是弱视觉参照系,对高速公路长大隧道或者沙漠公路等尤为突出,其驾驶环境单调且一般路程较长,驾驶人易驾驶疲劳,同时麻痹低估车速,从而造成超速甚至引发交通事故。第三种是剧烈过渡或缺少变化的视觉参照系,如隧道的进出口的"黑/白洞"效应,隧道内视觉环境差、照度低、驾驶环境单一,如图11-7所示,隧道外光照强、景观多、视觉信息丰富,如图11-8所示,照度、空间、参照物剧烈过渡导致驾驶人视觉心理发生较大差异,易导致驾驶人"瞬盲"现象,高估距离、低估车速,甚至诱发追尾、撞端墙等事故。

图 11-7　隧道内视觉环境　　　　　　　图 11-8　隧道外视觉环境

对道路交通环境进行优化的目标,即在合理控制成本投入的基础上,通过对各种交通工程设施进行组合设置,对不合理的视觉参照系进行重构,从而改善局部视觉参照系,将强/弱视觉参照系调和为中等视觉参照系,平缓视觉环境过渡剧烈的区域,将单调的视觉环境变化为富有韵律感的视觉环境,充分利用交通工程设施,将其融入道路景观环境之中(如长大公路隧道的侧墙、高速公路的护栏、一般公路的边坡及公路路面等均是可进行视觉参照系改善的着手点)。视觉环境改善目标见表11-3。

视觉环境问题分析及改善目标　　　　　　　　　　表11-3

不良环境	环境特征	典型路段	改善目标
强视觉参照系	视觉刺激过于强烈丰富,驾驶人接收到的刺激过强或者冗余信息过多,前者不利于驾驶人正常行驶,后者不利于驾驶人及时获取所需必要的信息	城市道路	调和为中等视觉参照系,避免无关信息对驾驶人造成干扰
弱视觉参照系	弱视觉环境,行车过程中容易出现视错觉,且行车环境昏暗单调,加剧驾驶疲劳感	隧道中部、沙漠公路、草原公路	调和为中等视觉参照系,充分利用交通工程设施,将单调视觉环境营造为富有韵律感的环境,将简单视觉环境调控为相对复杂的环境

续上表

不良环境	环境特征	典型路段	改善目标
剧烈过渡视觉参照系	照度、空间、参照物剧烈过渡导致驾驶人视觉心理发生较大差异,产生视错觉	隧道出入口	平缓视觉环境过渡剧烈的区域,控制视错觉,提高驾驶人行车安全感

二、自解释道路

早在1995年,人们就明确了自解释道路(Self-explaining Roads)的概念:"通过其自身设计即可引导安全行为的一种交通环境",旨在通过优化道路环境布局来减少交通中潜在错误的发生。

自解释道路并非指实体性的道路结构,而是在道路交通工程规划设计时应追寻的崇高理念。其基本核心理念与目标在于强调使道路交通工程设计更接近实质安全的境界,且符合驾驶人的生理及心理特性。道路的自解释程度越高,交通安全设施越少。自解释性是影响驾驶人心理的重要因素,道路设计应符合驾驶人的预期,表现在驾驶人的主观道路分级与实际道路分级相一致,其期望车速与道路设计车速相一致。

在最初提出自解释道路的概念时,研究者认为这种道路环境应符合驾驶期望、减少潜在的危险接触,其固有的自我解释特性对于道路安全起着重要作用。在后期的研究中,自解释道路理念被逐步完善为需具有功能性、同质性、可预测性3项属性。

自解释道路的属性归纳于表11-4中。

自解释道路属性　　　　　　　　　　表11-4

属　性	说　明
功能性	道路分类明确,明确各类道路的特有功能属性
同质性	在同类道路上,驾驶人的车速及驾驶方式相同
可预测性	轻松识别道路类型,驾驶行为与之匹配

在设计中,自解释道路应为道路适应人,不应为人适应路,更不可以迫使人改变长期养成的驾驶习惯来适应道路的缺陷,从而减轻驾驶人的驾驶信息负荷与工作负荷,达到降低安全隐患、提升交通安全的目的。

自解释道路的设计方法可总结为:在驾驶操作简易、驾驶期望一致、道路环境友善的设计理念的基础上,明确道路类别的功能属性和设计特征,在道路设计中相同类型道路呈现的设计特征相同,以此确保驾驶人轻松识别道路类型,在满足驾驶期望的情况下采取相匹配的驾驶行为,进而实现轻松、安全行驶。可通过设置自解释视线诱导系统来重构视觉参照系,改善交通环境。

三、自解释视线诱导系统

随着道路交通的快速发展,道路环境的复杂程度不断提高。随之而来的交通标志越来越多、信息量越来越大、驾驶人需要处理及反应的时间越来越长。引导驾驶人快速认知道路线形、前车、路侧障碍物,需要通过更好的设计来实现。视线诱导系统是一种低成本的交通环境改善方法,通过重构交通环境视觉参照系,帮助驾驶人明确路权,调控视错觉,提升速度感、距离感、方向感、位置感。通过自解释诱导系统的设置对视觉参照系进行优化来提升道路的自解释程度,是改善交通环境安全性的有效手段。

结合自解释道路的设计理念与主动诱导的基本属性,将自解释视线诱导系统的作用总结如下:符合驾驶人的生理及心理特性,通过自解释设计引导安全行为,使行驶环境适应人的驾驶习惯,避免驾驶人信息负荷和工作负荷过载。

自解释视线诱导系统应符合以下3个特性:①操作简易性:符合驾驶人的生理及心理特性,提供操控车辆时操作简易的驾驶环境。②期望一致性:诱导线形、轮廓与驾驶期望一致,符合驾驶人的心理期望。③环境友善性:视距视区清晰、反应时间充足,提供极为清晰、友善的道路行驶环境。上述3个特性分别对应驾驶任务、路权、驾驶人因3个层面,如图11-9所示。

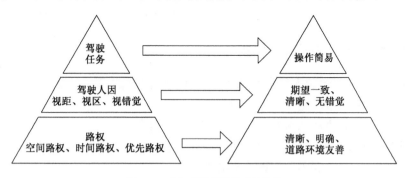

图11-9 自解释视线诱导系统特性

第三节 视线诱导系统设计方法

一、典型的视线诱导设施

《公路交通安全设施设计规范》(JTG D81—2017)对视线诱导设施的规定包括:①应对驾驶人进行有效视线诱导;②应加强视线诱导设施的设置;③不同视线诱导设施之间应协调设置。根据《公路交通安全设施设计细则》(JTG/T D81—2017),狭义视线诱导设施包括线形诱导标、合流诱导标、轮廓标、隧道轮廓带、示警桩(墩)、道口标柱等。广义视线诱导系统包括突起路标、标线、立面标记、弹性交通柱等具备视线诱导功能的设施。

典型的视线诱导设施、设置密度及其主要作用见表11-5。

典型视线诱导设施及其作用　　　　　　　　　　　　　　表11-5

视线诱导设施	设置密度	主 要 作 用
突起路标	高密度设置	警告、诱导或告知驾驶人道路轮廓或道路前进方向,明确路权,作为标线的辅助设施;某些情况下,密集排列的突起路标也可取代标线的功能
标线	连续设置	管制引导交通和分散交通流
立面标记	低密度设置	体现线路走向及轮廓,防止发生碰撞
弹性交通柱	高密度设置	警示危险物和分隔车流,对行驶的机动车起到警示作用

续上表

视线诱导设施	设置密度	主要作用
线形诱导标	低密度设置	引导行车方向,提醒驾驶人谨慎驾驶,注意前方线形变化
轮廓标	中等密度设置	显示道路边界轮廓,指引车辆正常行驶
轮廓带	中低密度设置	提高隧道轮廓辨识度,提升空间感、方向感,可辅助驾驶人判断车距
示警桩	高密度设置	警告道路前方存在危险路段,提高驾驶人警惕性
防撞桶	高密度设置	警示、隔离危险物,减轻碰撞冲击

二、视线诱导设施系统设计原则

在不同路段行车时,驾驶人视觉需求不同,视线诱导设施类型、布设位置及形式也有所差异。视线诱导设施整体布设应符合以下原则:

(1)低位诱导:依据驾驶人注视点分布特性,诱导信息应主要设置在较低的位置,与驾驶人、行人注视点分布高度大体一致,起到良好的视觉参照作用。如隧道内诱导信息设置优先顺序为:右下(路缘) > 左下(路缘) > 侧壁 > 洞顶。

(2)一致性与连续性:各诱导信息的基本设置形式、尺寸、频率等应尽量保持一致,且不同区域间诱导信息也应尽量避免存在较大差异,道路线形及轮廓诱导等信息应保证其布设连续性,形成连续、重复、相似的视觉参照系,以满足驾驶人的心理预期,同时符合驾驶人生理及心理节律。如在隧道路段,高频设置的突起路标应连续设置,闪现率保持不变,中频设置的反光条闪现率应保持一致。

(3)差异化与美观性:在道路交通环境中,根据各路段特点,视线诱导设施设置可以略有差异。如在隧道各路段低频设置的反光环可以适当采用彩色,避免隧道内环境的枯燥,并具有提升美感和提醒行程的作用。

(4)多级对称诱导:在隧道、特大桥梁等特殊路段,视线诱导设施布设应满足多级对称原则,将小尺度高频率、中尺度中频率、大尺度低频率等信息组合设置。如在隧道横断面上,高、中、低频信息由低到高、由内到外依次设置在道路边线、检修道路缘、隧道侧壁、隧道洞顶,构建多级诱导信息,以提升驾驶人对行车速度、距离、方向的感知。同时在前进方向内隧道两侧,特别是隧道接近段、入口段,诱导信息应尽量对称,避免对驾驶人产生不良的方向诱导。

三、视线诱导设施组合方法

视线诱导设施相对于普通标志而言,设施文字少、驾驶人反应时间短,可以更好地体现道路的线形、轮廓。各类典型视线诱导设施的自解释程度如图11-10所示。不同类型视线诱导设施的线形诱导、轮廓诱导性能比较如图11-11所示。

对于一般的直线路段,点状、短线段等设施具有较好的线形诱导作用,而对于桥、隧、急弯路段等危险地形,则需要较多的轮廓诱导。各类设施的设置、诱导功能及适用路段等见表11-6。

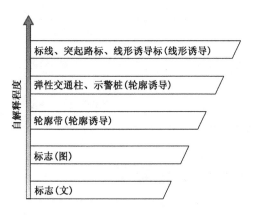

图 11-10 自解释程度排序

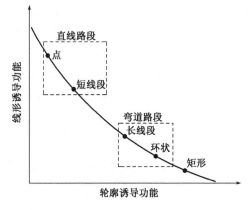

图 11-11 线形诱导与轮廓诱导性能示意

各类设施的设置及诱导功能对比　　　　　表 11-6

设施信息形状	设施名词	密度	高度	线形诱导功能	轮廓诱导功能	适用路段
点	突起路标	高	低	强	弱	无护栏的普通路段
短线段(<2m)	路缘轮廓标、护栏立柱立面标记、弹性交通柱、轮廓桩、示警桩、线形诱导标	较高	较低	较强	较弱	有护栏的普通路段
长线段(≥2m)	条形轮廓带(反光条)、竖向设置的线形诱导标、桥墩立面标记	中等	中等	中等	中等	桥梁、隧道、急弯路段或其他危险地形
环形	环形轮廓带(隧道反光环)、隧道洞门端墙立面标记	低	高	弱	强	隧道
矩形	门架立面标记、逃生通道立面标记	很低	高	弱	强	高速公路出入口、隧道逃生通道、隧道出入口

如表 11-7 所示,各类设施的组合可分为以下 4 种形式:①组合 d:点,适用于无护栏的普通路段;②组合 c:点 + 短线段,适用于有护栏的普通路段;③组合 b:点 + 短线段 + 长线段,适用于桥梁、隧道、急弯路段或其他危险地形;④组合 a:点 + 短线段 + 长线段 + 环,适用于隧道路段。随着道路交通环境复杂程度的增加,应结合各类设施的特性合理组合,以期实现安全有效的线形诱导和轮廓诱导效果。

各类设施的组合形式　　　　　表 11-7

设施编号	设施特征	设施形式	组合形式	适用范围
(1)	环		a:(1)、(2)、(3)、(4)	隧道
(2)	长线段		b:(2)、(3)、(4)	桥梁、隧道、急弯路段或其他危险地形

续上表

设施编号	设施特征	设施形式	组合形式	适用范围
(3)	短线段	|　　|　　|　　|	c:(3)、(4)	有护栏的普通路段
(4)	点	● ● ● ● ● ● ● ●	d:(4)	无护栏的普通路段

第四节　评价体系框架及优化应用

一、基于自解释理念的交通环境评价体系

交通环境是影响交通安全的重要因素。现有的交通安全评价研究中，事故率、伤亡人数、事故成本等是交通事故严重程度的表征，路权是安全通行的基本保障，视距、视区、视觉感知特性、疲劳程度是驾驶人因素评价的有效指标，驾驶任务评价多通过车速、车距、车道保持等指标来衡量。

于道路交通环境而言，上述指标可以对交通安全的某一方面进行评判，但不免存在片面性。结合视线诱导的特点，综合考虑各指标的特性，基于自解释理念的交通环境评价体系可以从路权、驾驶人因、驾驶任务3个方面进行综合评价，各类评价及其要求见表11-8。

各类评价及其要求　　　　表11-8

评价	分类	要求
路权	空间路权	纵向/横向/竖向等空间范围内路权清晰
	时间路权	允许通行的时间明确
	优先路权	通行的优先级清晰明确
驾驶人因	视距	前方的安全距离清晰明视
	视区	前方的动态视野广度清晰明视
	视错觉	对速度、位置、车距、方向的感知偏差较小
驾驶任务	车速控制	车速变动、车速差控制在一定范围
	车距保持	前后车辆车距控制在一定范围
	车道保持	车辆控制在当前车道内

二、交通环境优化设计及评价

针对道路交通环境现状的典型问题，可利用面向主动诱导的自解释道路环境优化理念进行优化设计与评价分析。

(1) 人行横道

图11-12所示为一处人行横道自解释视线诱导优化的实际案例。在人行横道的两端迎车方向设置行人过街标志，并设置箭头标志，使行人的过街路权位置及方向更清晰。菱形荧光黄绿标志的逆反射系数高，可以增加标志可视距离，优化机动车驾驶人的视距，人行横道两端对

称的行人过街警示标志有助于远端驾驶人确定行人过街位置。两侧对称设置可以压缩视区，使驾驶人将注意力集中于人行横道。同时，菱形警示标志、箭头标志、立柱立面标记更好地勾勒了路侧障碍物（标志结构），增加了驾驶人对路侧障碍物的可视距离。路侧行人等候区还可增加设置多个示警桩，加强对行人等候区的警示及诱导，帮助驾驶人与行人相互感知，在白天、夜间均能起到良好的效果。人行横道自解释视线诱导评价见表11-9。

图 11-12　人行横道自解释视线诱导优化案例

人行横道自解释视线诱导评价　　　　　　　　　　　表 11-9

设施特征	空间路权	驾驶人因	驾驶任务
对称设置荧光黄绿菱形警示标志及方向指示标志	①勾勒路侧障碍物轮廓；②有助于远处驾驶人确定行人过街位置及方向；③横向/纵向路权清晰	①压缩视区，使驾驶人将注意力集中于人行横道；②增加驾驶人对行人过街方向的感知能力；③标志显著性高，增加驾驶人对路侧障碍物的可视距离	①标志从高到低设置，有利于驾驶人从远到近逐步视认，分解驾驶任务；②标志视认性能良好，减轻驾驶人认知负荷；③降低对路侧障碍物及行人过街方向/位置的认知难度

（2）中央分隔带安全岛

图11-13所示为一处中央分隔带安全岛自解释视线诱导的实际案例。利用座式轮廓标、菱形（九空）反光片、靠右侧道路行驶指示标志、突起路标等诱导分向行驶，岛头立面标记、菱形反光片、标志立柱立面标记体现岛头障碍物轮廓，多个座式轮廓标体现线形诱导，可有效避免安全岛线形对驾驶人转向的不良影响。中央分隔带安全岛自解释视线诱导评价见表11-10。

a）白天效果　　　　　　　　　　　　　　　b）夜间效果

图 11-13　中央分隔带安全岛自解释视线诱导设计

中央分隔带安全岛自解释视线诱导评价 表11-10

设施特征	空间路权	驾驶人因	驾驶任务
岛头菱形反光片、路缘座式轮廓标、立柱立面标记、方向指示标志、突起路标	①采用岛头立面标记、菱形反光片、标志立柱立面标记体现岛头障碍物轮廓，路权很清晰； ②具有更好的线形诱导功能	①菱形反光片位置较高，增加驾驶人识别视距； ②突起路标及路缘座式轮廓标在夜间的视认性能良好，增加了对障碍物及方向的视认距离； ③方向指示标志指向清晰，缓解、减少驾驶人方向错觉	①方向指示标志对驾驶人形成有效的行车走向诱导，可分解并降低驾驶任务； ②菱形反光片及座式轮廓标勾勒出障碍物位置及轮廓，从高到低设置，有利于驾驶人从远到近逐步认知，分解驾驶任务，降低对障碍物的认知难度

（3）公路隧道紧急停车带

公路隧道紧急停车带自解释视线诱导系统如图11-14所示。

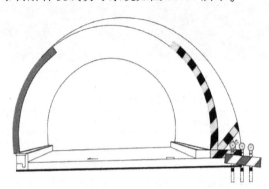

图11-14　公路隧道紧急停车带自解释视线诱导系统

公路隧道紧急停车带自解释视线诱导设置方案如下：在紧急停车带端墙设置反光面积较小的弧形立面标记与箭头反光标识，勾勒出隧道紧急停车带轮廓，提升其方向诱导性。同时在端墙前设置波形梁护栏，以增强端墙的防护能力过渡。为构成对称的诱导系统，于端墙对侧设置隧道轮廓带。弧形立面标记、反光条建议设置高度为4~4.5m，宽度为30~40cm，紧贴隧道建筑界限。公路隧道紧急停车带自解释视线诱导评价见表11-11。

公路隧道紧急停车带自解释视线诱导评价 表11-11

设施特征	空间路权	驾驶人因	驾驶任务
端墙设置弧形立面标记与箭头反光标识，端墙前设置波形梁护栏，对称设置反光条	采用弧形立面标记与对称设置反光条勾勒出隧道轮廓，横向/竖向路权清晰	①弧形立面标记与箭头反光标识增加了驾驶人对紧急停车带位置的视认距离； ②对称设置隧道轮廓带，压缩行车视区，提高驾驶人对行车方向的准确感知能力； ③采用右侧弧形立面标记及箭头反光标识勾勒出紧急停车带位置及轮廓，减少了方向及位置错觉	①波形梁护栏缓和端墙防护能力剧烈过渡，提前分解驾驶任务； ②箭头反光标识及对称设置的隧道轮廓带降低了驾驶人对紧急停车带位置及轮廓的判断难度

（4）桥隧结合段

桥隧结合段自解释视线诱导系统如图11-15所示。

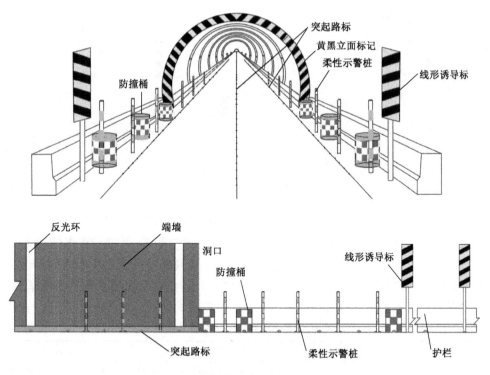

图 11-15 桥隧结合段自解释视线诱导系统

桥隧结合段自解释视线诱导设置方案如下：桥隧连接段的设施设置需要重点考虑车辆的防护及诱导车辆保持在当前车道行驶,利用竖向设置的线形诱导标(与隧道内轮廓带保持视线诱导的一致性、连续性,同时在一定程度上实现隧道路段空间的缓和过渡)、弹性交通柱(推荐采用荧光黄绿柔性反光膜)、防撞桶进行综合改善,通过对连接段的视觉环境进行改善设计,以实现桥隧连接段交通工程设施安全与效益的统一。桥隧结合段自解释视线诱导评价见表 11-12。

桥隧结合段自解释视线诱导评价　　　　表 11-12

设施特征	空间路权	驾驶人因	驾驶任务
竖向设置的线形诱导标、弹性交通柱、防撞桶、突起路标、立面标记、隧道内轮廓带	①桥隧路段连续设置,纵向/横向路权清晰;②采用隧道入口立面标记勾勒出洞口轮廓及位置,横向/纵向/竖向路权清晰;③采用隧道内轮廓带,勾勒出隧道轮廓及线形走向,横向/纵向/竖向路权清晰	①交通设施对称设置,压缩视区,减少视错觉;②视线诱导设置具有连续性、一致性,实现桥隧路段交通环境缓和过渡,减少桥隧过渡段视觉环境突变冲击;③隧道入口位置及轮廓清晰可见,增加隧道入口可视距离	①交通工程设施组合对称设置,降低了车道保持任务难度;②设置高频交通工程设施,提高了驾驶人对速度的感知能力,降低了车速控制任务难度

(5)邻水弯道

邻水弯道路段自解释视线诱导系统如图 11-16 所示。

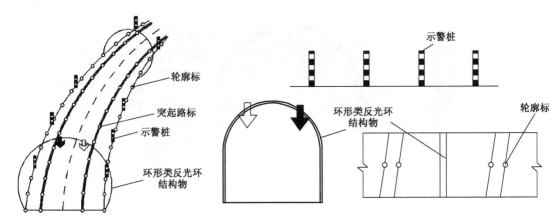

图 11-16 邻水弯道路段自解释视线诱导系统

将当前道路前进方向的弱视觉参照系改善为强视觉参照系,并提供更多的视觉参照(突起路标、轮廓标、示警桩、反光环结构物),便于驾驶人根据诱导信息选择合理的车道和车速。该诱导系统可以提高驾驶人在弯道处的车道保持能力,避免在夜间邻水弯道出现车辆误入水中的情况发生。邻水弯道路段自解释视线诱导评价见表 11-13。

邻水弯道路段自解释视线诱导评价　　　　　　　　　表 11-13

设 施 特 征	空 间 路 权	驾 驶 人 因	驾 驶 任 务
轮廓标、突起路标、示警桩、环形结构物	①轮廓标、突起路标、示警桩对称设置,车道边缘及线形走向明确,横向/纵向路权清晰; ②采用反光环结构及行车道指示箭头显示出线形轮廓及行车位置,纵向/横向/竖向路权清晰	①轮廓标、突起路标、示警桩等设施对称设置于行车道两侧,与反光环配合使用,压缩视区、优化视距、削弱水面反光导致的视错觉; ②交通工程设施连续、对称、组合设置,提高驾驶人对车速、位置、方向、距离的感知能力,减少视错觉	①配有行车道指示箭头的反光环降低了驾驶人车道保持任务难度; ②路侧轮廓标、突起路标、示警桩组合设置,降低了车速控制、车距保持任务难度; ③各种交通工程设施组合设置,将驾驶人行车视区压缩于行车道范围内,降低了车道保持及行车方向选择任务难度

(6)斜桥下阴影效应

桥下阴影路段自解释视线诱导系统如图 11-17 所示。

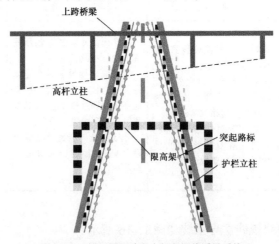

图 11-17 桥下阴影路段自解释视线诱导系统

采用正交限高架(或门架式标志结构)遮挡上跨桥梁立面,避免桥梁立面不良的斜向诱导。路侧设对称的中等频率的护栏立柱立面标记(设高等级反光膜)和对称的高频突起路标、低频高杆立柱(设高等级反光膜的立面标记)。变前进方向弱视觉参照系为强视觉参照系,变斜交形成的非对称视觉参照系为对称视觉参照系。桥下阴影路段自解释视线诱导评价见表 11-14。

桥下阴影路段自解释视线诱导评价　　　　表 11-14

设施特征	空间路权	驾驶人因	驾驶任务
正交限高架、突起路标、高杆立柱、护栏立柱立面标记	①采用正交限高架勾勒桥梁限高程度,竖向路权清晰; ②护栏立柱立面标记、突起路标、高杆立柱组合设置,勾勒出线形走向及道路边界,横向/纵向路权清晰	①正交限高架与桥下高杆立柱压缩视区,减弱了斜桥立面、桥下斜向阴影、桥梁斜向墩柱导致的方向错觉; ②路侧设施组合对称设置,压缩视区,优化视距,提高了驾驶人对方向、距离、位置、速度的感知能力,减少了视错觉	①采用正交限高架遮挡上跨桥梁立面,避免斜桥阴影对驾驶人形成的方向误导,降低了行车路径选择及车道保持任务难度; ②对称的高频突起路标与中频护栏立柱立面标记提高了驾驶人对车速和距离的感知能力,降低了车速、车距保持任务难度

(7) 城市特大桥梁

城市特大桥梁自解释视线诱导系统如图 11-18 所示。

 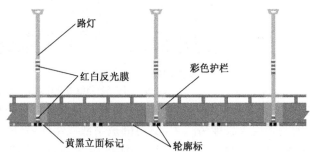

图 11-18　城市特大桥梁自解释视线诱导系统

城市特大桥梁自解释视线诱导设置方案如下:在路中双黄线上设置弹性交通柱,提高警示效果,起到优化视距、压缩视区的效果。在路缘侧壁设置高频的轮廓标,并间隔设置高频黄黑立面标记(预成型标线带),勾勒路缘轮廓,明确路权,同时利用高频信息提升速度感。在灯柱底部和中部高度 2.5m 左右处设置红白反光膜,便于小车、大车驾驶人感知路侧危险,从而偏离路侧障碍物(路缘石、路灯灯柱)。人行栏杆上间隔设置彩色栏杆,可以体现路段变化,增加视觉刺激,缓解驾驶疲劳。城市特大桥梁自解释视线诱导评价见表 11-15。

城市特大桥梁自解释视线诱导评价　　　　表 11-15

设施特征	空间路权	驾驶人因	驾驶任务
弹性交通柱、轮廓标、立面标记、红白反光膜、彩色护栏	①路中双黄线上设置弹性交通柱,路缘侧壁设置轮廓标及立面标记,道路线形及行车边界线明确,横向/纵向路权清晰; ②灯柱底部及中部设置红白反光膜,便于驾驶人感知路侧障碍物,横向路权清晰	①两侧对称设置轮廓标、立面标记、红白反光膜,路中设置弹性交通柱,压缩视区、优化视距; ②采用路缘侧壁轮廓标及立面标记,提高驾驶人对速度的感知能力; ③采用彩色栏杆增加道路韵律感,缓解驾驶疲劳	①采用路中双黄线弹性交通柱,降低驾驶人对行车边界线的视认任务难度; ②采用路缘侧壁轮廓标及立面标记,降低驾驶人控制车速、保持车距、控制方向任务难度; ③采用灯柱红白反光膜,降低驾驶人对路侧障碍物视认任务难度;采用弹性交通柱、路缘立面标记、灯柱反光膜,使相邻车道车辆轨迹适当偏移,提升交通安全

(8) 公路隧道中部

公路隧道中部自解释视线诱导系统如图 11-19 所示。

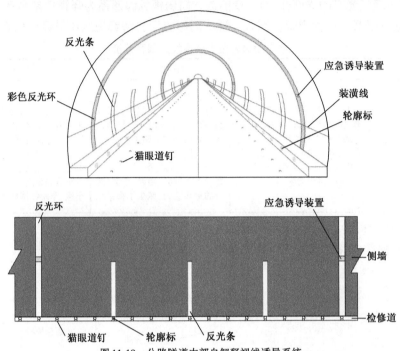

图 11-19 公路隧道中部自解释视线诱导系统

驾驶人在长隧道内驾驶,由于长时处于昏暗单调和缺乏变化的环境中,尤其是在隧道中部,容易产生驾驶疲劳。因此,对隧道中部视觉环境进行改善,主要是提高驾驶人的速度感、距离感和方向感,故考虑设置高频、中频、低频组合。隧道中部设置提醒段,设 2 道彩色反光环,提醒段每 1km 可设置一处,通过照明灯具与侧壁竖向条纹(反光条)信息强化隧道侧壁轮廓,帮助驾驶人更好地感知隧道横向宽度及道路限界,降低隧道侧壁效应对驾驶人的影响,起到行程提醒和缓解驾驶人疲劳的作用。公路隧道中部自解释视线诱导评价见表 11-16。

公路隧道中部自解释视线诱导评价　　　　表 11-16

设施特征	空间路权	驾驶人因	驾驶任务
彩色反光环、轮廓标、突起路标、腰带线、反光条	①采用反光条及彩色反光环勾勒隧道轮廓,显示隧道边界,横向/竖向路权清晰; ②轮廓标、突起路标、腰带线、反光条协同设置,体现行车走向,纵向路权清晰	①轮廓标、突起路标、腰带线、反光条对称、连续设置,压缩视区、优化视距、减少方向错觉; ②轮廓标与突起路标高频设置,提高驾驶人对速度的感知能力,减少速度错觉; ③采用反光条提高驾驶人对距离和位置的感知能力,减少距离错觉与位置错觉; ④采用彩色反光条对驾驶人起到行程提醒作用,缓解驾驶疲劳	①轮廓标与突起路标高频设置,降低驾驶人速度控制任务难度; ②采用反光条降低驾驶人车距保持任务难度; ③交通工程设施对称设置,勾勒出隧道轮廓及线形走向,降低驾驶人方向控制难度

注:隧道轮廓带按照组合形状和长度可分为反光环形轮廓带(简称反光环)和反光条形轮廓带(简称反光条)。工程应用中,如无特殊说明,反光环应从隧道检修道上延伸至洞顶,而反光条一般应从隧道检修道延伸至腰带线,高度为 2.2~2.5m。

(9) 城市隧道中部

城市隧道中部路自解释视线诱导系统如图 11-20 所示。

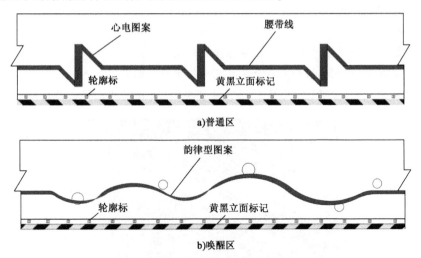

图 11-20 城市隧道中部自解释视线诱导系统

相较于公路隧道,城市隧道对景观要求较高,中部普通区主要控制驾驶人的速度感、距离感,利用腰带线、心电图案、轮廓标、立面标记等构成多频率、多尺度组合信息,缓解视错觉,规范交通行为;唤醒区满足驾驶人韵律感需求,通过韵律型图案阶段性地给予驾驶人视觉刺激,缓解驾驶疲劳,提高驾驶人的舒适性,并提升隧道中部环境美感。城市隧道中部自解释视线诱导评价见表 11-17。

城市隧道中部自解释视线诱导评价　　表 11-17

分区	设施特征	空间路权	驾驶人因	驾驶任务
普通区	腰带线、心电图案、轮廓标、立面标记	①采用轮廓标、黄黑立面标记勾勒隧道行车边界,体现道路走向,横向/纵向路权清晰; ②腰带线、心电图案协同作用,侧壁边界、坡度变化、道路线形等信息明显,横向/纵向/竖向路权清晰	①腰带线、心电图案、轮廓标、立面标记对称、连续设置,压缩视区、优化视距、减少方向错觉; ②轮廓标、立面标记高频设置,心电图案中频设置,提高驾驶人对速度的感知能力,减少速度错觉; ③采用心电图案提高驾驶人对距离的感知能力,减少距离错觉	①轮廓标、立面标记、心电图案协同作用,降低驾驶人速度控制任务难度; ②心电图案降低驾驶人车距保持任务难度; ③各交通工程设施连续、对称设置,勾勒出隧道轮廓及线形走向,降低驾驶人方向控制难度; ④心电图案对驾驶人心理产生一定的刺激作用,缓解驾驶疲劳
唤醒区	韵律型图案、黄黑立面标记、轮廓标	①采用黄黑立面标记、轮廓标勾勒出车道边界,体现道路走向,横向/纵向路权清晰; ②采用韵律型图案体现侧壁边界、道路走向等信息,横向/纵向/竖向路权清晰	①轮廓标、立面标记高频设置,韵律型图案起伏变化,提高驾驶人对速度的感知能力,减少速度错觉; ②韵律型图案、黄黑立面标记、轮廓标对称、连续设置,压缩视区、优化视距、减少方向错觉	①唤醒区与普通区行车环境体现差异性,行车环境的变化对驾驶人形成一定的视觉刺激作用,改善其行车单调、疲劳感; ②韵律型图案给驾驶人提供轻松、舒适、愉悦的视觉感受,缓解驾驶疲劳感; ③各交通工程设施连续、对称设置,勾勒出隧道轮廓及线形走向,降低驾驶人方向控制难度

【复习思考题】

1. 简述交通环境设计的重点。
2. 何为自解释道路?
3. 何为自解释视线诱导系统?其主要特点有哪些?
4. 基于自解释理念的交通环境评价体系有哪些考量指标?
5. 基于自解释理念,分析图11-21所示交通环境特征,并对其进行优化设计。

图 11-21　题 5 图

参 考 文 献

[1] 中华人民共和国住房和城乡建设部.城市综合交通体系规划标准:GB/T 51328—2018[S].北京:中国建筑工业出版社,2018.

[2] 中华人民共和国交通运输部.道路交通标志和标线 第7部分:非机动车和行人:GB 5768.7—2018[S].北京:中国标准出版社,2019.

[3] 中华人民共和国住房和城乡建设部.城市道路交通设施设计规范(2019年版):GB 50688—2011[S].中国计划出版社,2012.

[4] 中华人民共和国住房和城乡建设部.城市道路交叉口规划规范:GB 50647—2011[S].北京:中国计划出版社,2012.

[5] 中华人民共和国住房和城乡建设部.无障碍设计规范:GB 50763—2012[S].北京:中国建筑工业出版社,2012.

[6] 中华人民共和国住房和城乡建设部.城市道路交通标志和标线设置规范:GB 51038—2015[S].北京:中国计划出版社,2015.

[7] 中华人民共和国住房和城乡建设部.城市公共交通分类标准:CJJ/T 114—2007[S].北京:中国建筑工业出版社,2007.

[8] 中华人民共和国住房和城乡建设部.城市快速路设计规程:CJJ 129—2009[S].北京:中国建筑工业出版社,2009.

[9] 中华人民共和国住房和城乡建设部.快速公共汽车交通系统设计规范:CJJ 136—2010[S].北京:人民交通出版社,2010.

[10] 中华人民共和国住房和城乡建设部.城市道路交叉口设计规程:CJJ 152—2010[S].北京:中国建筑工业出版社,2011.

[11] 中华人民共和国住房和城乡建设部.城市人行天桥与人行地道技术规范:CJJ 69—1995[S].北京:中国建筑工业出版社,2012.

[12] 中华人民共和国住房和城乡建设部.城市道路工程设计规范(2016年版):CJJ 37—2012[S].北京:中国建筑工业出版社,2012.

[13] 中华人民共和国住房和城乡建设部.城市道路路线设计规范:CJJ 193—2012[S].北京:中国建筑工业出版社,2013.

[14] 中华人民共和国交通运输部.公路隧道交通工程设计规范:JTG/T D71—2004[S].北京:人民交通出版社,2004.

[15] 中华人民共和国公安部.公交专用车道设置:GA/T 507—2004[S].北京:中国标准出版社,2021.

[16] 中华人民共和国公安部.城市道路路内停车位设置规范:GA/T 850—2021[S].北京:中国标准出版社,2021.

[17] 中华人民共和国公安部.城市道路路内停车管理设施应用指南:GA/T 1271—2015[S].北京:中国标准出版社,2015.

[18] 中华人民共和国住房和城乡建设部.建标128—2010城市公共停车场工程项目建设标准[S].北京:中国计划出版社,2010.

[19] 中华人民共和国住房和城乡建设部.城市步行和自行车交通系统规划标准:GB/T 51439—2021[S].北京:中国建筑工业出版社,2021.

[20] 江苏省住房和城乡建设厅.江苏省城市道路交通设计指南[S].2015.

[21] 宁波市公安局.宁波市城市道路指路标志及车道行驶方向标志设置细则[S].2016.

[22] 王炜,过秀成.交通工程学[M].南京:东南大学出版社,2011.

[23] 杨晓光.交通设计[M].北京:人民交通出版社,2010.

[24] 陈峻,徐良杰,朱顺应,等.交通管理与控制[M].北京:人民交通出版社,2012.

[25] 陆键,张国强,马永峰,等.公路交通安全设计理论与方法[M].北京:科学出版社,2011.

[26] WILLIAMS K M, STOVER V G, DIXON K K, et al. Access management manual[M]. 2nd Edition Washington D.C.: Transportation Research Board, 2014.

[27] ROESS R P, PRASSAS E S, MCSHANE W R. Traffic Engineering [M]. New Jersey: Pearson/Prentice Hall, 2011.

[28] MICHALE D MEYER. Urban Transportation Planning [M]. New York: McGraw-Hill, 2000.

[29] TINDALE STEVEN A. Toolbox on Intersection Safety and Design[C]//Intersection Safety: Achieving Solutions Through Partnerships. 2004.

[30] 王炜,杨新苗,陈学武,等.城市公共交通系统规划方法与管理技术[M].北京:科学出版社,2002.

[31] 关宏志,刘小明.停车场规划设计与管理[M].北京:人民交通出版社,2003.

[32] 吴瑞麟.城市道路设计[M].北京:人民交通出版社,2003.

[33] 周蔚吾.公路平面交叉设计和实施技术手册[M].北京:知识产权出版社,2008.

[34] 李杰.城市道路设计[M].北京:高等教育出版社,2007.

[35] 陈峻,周智勇,梅振宇,等.城市停车设施规划方法与信息诱导技术[M].南京:东南大学出版社,2007.

[36] 过秀成.城市停车场规划与设计[M].北京:中国铁道出版社,2008.

[37] 邓学钧.路基路面工程[M].北京:人民交通出版社,2008.

[38] 项乔君.道路交通冲突分析技术及应用[M].北京:科学出版社,2008.

[39] 孟祥海.交通工程设施设计[M].哈尔滨:哈尔滨工业大学出版社,2008.

[40] 刘洪波.互通式立体交叉计算机辅助设计[M].南京:东南大学出版社,2009.

[41] 杨林.高速公路[M].北京:科学出版社,2010.

[42] 李铁柱.城市公交专用道规划理论与方法[M].北京:科学出版社,2012.

[43] 刘浩学.道路交通安全工程[M].北京:人民交通出版社,2013.

[44] 杨建明.城市道路交叉设计[M].北京:中国建筑工业出版社,2013.

[45] 宋瑞.城市公共交通[M].北京:北京交通大学出版社,2014.

[46] 温学钧,袁胜强.城市道路交通标志和标线设置手册[M].北京:中国建筑工业出版社,2015.

[47] 保罗·塞克恩,劳拉·詹皮莉,等.慢行系统步道与自行车道设计[M].贺艳飞,译.桂林:广西师范大学出版社,2016.

[48] 彭庆艳,蒋应红.大城市快速路交通矛盾分析与改善方案研究——以苏州市内环快速路为例[C]//中国城市交通规划2011年年会暨第25次学术研讨会论文集.2011.

[49] 朱胜跃.城市快速路出入口设置探讨[J].城市交通,2004,2(4):59-63.
[50] 周年兴,俞孔坚,黄震方.绿道及其研究进展[J].生态学报,2006,26(9):3108-3116.
[51] 赵国峰.浅谈城市交通中的无障碍设计[J].北方交通,2006(9):20-22.
[52] 云美萍,杨晓光,李盛.慢行交通系统规划简述[J].城市交通,2009,7(2):57-59.
[53] 杨波.行人过街系统规划研究[D].成都:西南交通大学,2009.
[54] 夏天.城市慢行交通系统设计策略分析[J].交通信息与安全,2010(5):4.
[55] 庄荣,高阳,陈冬娜.珠三角区域绿道规划设计技术指引的思考[J].风景园林,2010(2):81-85.
[56] 吴剑平.基于GIS的绿道网络布局初探[J].城市建设理论研究(电子版),2011(24):1-5.
[57] 王琛.城市道路立交方案设计[J].公路工程,2011,36(2):5.
[58] 万军,丁文霞.城市慢行交通发展研究[J].武汉理工大学学报,2011,35(5):1001-1004.
[59] 袁秀萍.浅议城市慢行交通系统设计[J].城市建设理论研究(电子版),2013(15):1-4.
[60] 程文,王宇飞.哈尔滨市自行车道路系统设计初探[C]//2013中国城市规划年会.2013.
[61] 郑维刚.城市商业中心步行街区的规划与设计[J].科技致富向导,2013(12):57.
[62] 陈竹.浅析城市慢行系统设计要点[J].城市建筑,2014(2):1.
[63] 黄岩,张胜,廖祖杏.非机动车系统规划设计研究[J].城市道桥与防洪,2014(8):249-252.
[64] 杜志刚,万红亮,郑展骥,等.城市路侧冗余信息对指路标志视觉干扰试验[J].公路交通科技,2014,31(3):119-124.
[65] 黄春雯.城市道路交通标志设计与设置研究[J].建筑工程技术与设计,2015(31):967.
[66] 郑展骥,冯超,杜志刚,等.城市跨江桥梁交通景观改善方法及评价[J].武汉理工大学学报:交通科学与工程版,2015,39(1):108-112.
[67] 汤震.生态型地面停车场的交通协调设计研究[J].上海公路,2015(1):16-18,10.
[68] 余庆荣.昆明公交专用车道的实施与展望[J].人民公交,2006(6):29-30.
[69] 吴洪洋.城市慢行交通系统[M].北京:人民交通出版社股份有限公司,2016.
[70] 深圳市规划和国土资源委员会,等.深圳市步行和自行车交通系统规划[S].2013.
[71] 中华人民共和国公安部.城市道路交通组织设计规范:GB/T 36670—2018[S].北京:中国标准出版社,2018
[72] 邵春福,张旭.城市交通设计[M].北京:北京交通大学出版社,2016.
[73] 中华人民共和国住房和城乡建设部.城镇道路路面设计规范:CJJ 169—2012[S].北京:中国建筑工业出版社,2012.
[74] 中国标准化研究院,等.公共信息导向系统 导向要素的设计原则与要求 第1部分:总则:GB/T 20501.1—2013[S].北京:中国标准出版社,2013.
[75] 中华人民共和国住房和城乡建设部.城市客运交通枢纽设计标准:GB/T 51402—2021[S].北京:中国建筑出版传媒有限公司,2021.
[76] 中华人民共和国住房和城乡建设部.绿道规划设计导则[S].2016.
[77] 中华人民共和国工业和信息化部.电动自行车安全技术规范:GB 17761—2018[S].北京:中国标准出版社,2018.

[78] 王丹.路段非机动车交通流特性研究[D].西安:长安大学,2014.
[79] 周澍临,严伟,刘艳,等.上海市南京路步行街设计[J].新建筑,2001(3):1-5.
[80] 张耀,许兰.上海南京路步行街景观设计分析[J].中国园艺文摘,2012,28(11):90-91.
[81] 姜媛媛,赵家敏,吴华清.广州市绿道效益及其存在问题研究[J].安徽农业科学,2016,44(12):205-208,225.
[82] 陈勇,黄鼎曦,何洁妍.广州市绿道网络规划建设的实践与思考[C]//中国城市规划学会,南京市政府.转型与重构——2011中国城市规划年会论文集.2011.
[83] 熊咏梅,黄东义,吴毓仪,等.广州市绿道网建设特色和功能开发现状[J].广东园林,2012,34(05):28-32.
[84] 杨涵.长春市绿道网络规划探索[D].长春:吉林建筑大学,2017.
[85] 粟娟,何清.广州绿道建设研究[J].中国城市林业,2014,12(2):55-57.